DE SHOWMAN

Simon Shuster

De showman

De invasie die de wereld schokte en van
Volodymyr Zelensky een leider maakte

Vertaald uit het Engels door Rob de Ridder en Janet Limonard

HOLLANDS DIEP
AMSTERDAM
2024

Voor Nina en Marie

Oorspronkelijke titel: *The Showman*
Oorspronkelijk uitgegeven door: William Morrow, 2024

Omslagontwerp: Margo Togni, naar een ontwerp van Elina Cohen
Typografie: Crius Group, Hulshout
Cartografie: Lon Tweeten, bewerkt door Crius Group, Hulshout
Foto auteur: © Debora Mittelstaedt

ISBN 978 90 488 7212 1
ISBN 978 90 488 6811 7 (e-book)
NUR 320

www.hollandsdiep.nl
www.overamstel.com

OVERAMSTEL
uitgevers

Hollands Diep is een imprint van Overamstel Uitgevers bv

Inhoud

Voorwoord 9

DEEL I

1 Dageraad 23
2 Het doelwit 48
3 Bandietenstad 64
4 Meneer Groen 84
5 Annexatie 97

DEEL II

6 De slag om Kyiv 113
7 De bunker 136
8 Blanco blad 152
9 De favoriet 170
10 Vertrouw niemand 180

DEEL III

11 Het kerkhof 201
12 Paard van Troje 222
13 De snode prins 245
14 Welkom in Ragnarok 258
15 Shoot to kill 279
16 Blizzard 2022 293

DEEL IV

17	De slag om de Donbas	313
18	Bovengronds	328
19	De politiek is terug	346
20	Onafhankelijkheidsdag	364
21	De tegenaanval	385
22	De bevrijding	398
	Nawoord	421
	Dankwoord	430
	Noten	433

1 APRIL 2022

Oekraïne na de eerste opmars van Rusland

1 DECEMBER 2022

Na terugdrijven Russische troepen en herovering grondgebied

Russisch gezag en opmars

Oekraïense tegenaanvallen

Voorwoord

Op de avond waarop we elkaar voor het eerst ontmoetten, in het voorjaar van 2019 achter de schermen van zijn show, leek Volodymyr Zelensky banger dan ik hem een tijdlang zou zien. Het was niet alleen podiumvrees, die hem vaak parten speelde voor een optreden. Die avond leek hij wel verstomd van angst, zijn lippen tussen zijn tanden geklemd, zijn ogen op de grond gericht terwijl hij in zijn smoking heen en weer beende en zich niet bewust was van het kabaal en de mensen om hem heen. Op dat moment was zijn gooi naar het presidentschap van Oekraïne een maand of drie oud en zijn nieuwe variétéprogramma zou over nog geen uur in première gaan. Zelensky zou de hoofdrol spelen, de ringmeester van zijn heel eigen vorm van vaudeville, en miljoenen mensen zouden kijken naar de uitzending op televisie, zijn favoriete medium.

Om de show live te kunnen bijwonen in het Paleis van Oekraïne, de grootste concertzaal in Kyiv, moest voor de beste plaatsen meer worden neergeteld dan het gemiddelde maandsalaris van een Oekraïner, maar toen ik arriveerde stond er een grote menigte voor de ingang. Het was niet alleen de high society van Kyiv die voor de metaaldetectors bij de deuren stond te wachten. Er waren ook gepensioneerden bij, hipsters en kantoormedewerkers, jonge stellen op een duur afspraakje, het hele scala van de middenklasse die in Oekraïne was ontstaan na de val van de Sovjet-Unie. Allemaal waren ze fans van Zelensky. Allemaal zouden ze ook zijn kiezers zijn.

Voor aan de massa trok een van zijn media-adviseurs, Olha Roedenko, die die zomer zou profiteren van Zelensky's succes en in het parlement kwam, me naar binnen en liet me zien hoe ik achter het toneel moest komen, waar de spelers zich al hadden omgekleed. Enkele kwamen me bekend voor van hun films, al viel het niet mee iemand te herkennen tussen de vele medewerkers en achtergronddansers, de acteurs in het gewoel bij de deur naar het toneel, de grimeurs en de mensen van het licht, het koor van meisjes met hun krullend haar in hun witte jurken. De oudere leden van het gezelschap wisten dat je de ster niet moest storen voor een optreden. 'Geef hem even,' zei Roedenko toen ze zag dat ik voorzichtig zijn kant op liep. 'Ik stel je voor wanneer het voorbij is.'

Hij had veel aan zijn hoofd. Eerder die dag had iemand het Paleis van Oekraïne gebeld met een bommelding. De anonieme beller zei dat het hele gebouw vol explosieven lag en dat die tijdens de voorstelling zouden ontploffen. Het klonk als nep en Zelensky had tegen zijn gezelschap gezegd dat ze niet bang hoefden te zijn. Het was het meest waarschijnlijk, bedacht hij, dat een al te geestdriftige aanhanger van de andere kandidaten in de verkiezingsstrijd probeerde zijn grote première te saboteren. Maar ze waren wettelijk verplicht voorzorgsmaatregelen te nemen. De politie kwam met een eenheid honden die in en rondom de garderobe en de buffetten snuffelden. Ze vonden niets verdachts, maar de politie adviseerde om voor de zekerheid toch te evacueren. Die middag overlegde Zelensky met het management van het theater en ze besloten de show door te laten gaan. Tegen de bezoekers zeiden ze niets over de bommelding. Toen ik in de kleedkamers arriveerde, zaten er al meer dan drieduizend mensen in de zaal, voldoende voor een stormloop op de uitgangen als Zelensky het hun zou vertellen. Hij deed dus alsof er niets aan de hand was en liet het publiek in onwetendheid van het programma genieten.[1]

Zelfs de artiesten waren niet allemaal op de hoogte. Ze zaten in de kleedkamer rond hun kostuumkoffers, aten snacks en dronken zich moed in. Enkele van hen traden al sinds hun jeugd met Zelensky op en dit zou de laatste grote show zijn voordat hij door de spiegel van satire de politiek in stapte. Ze wisten dat hij misschien nooit meer terug zou komen en vroegen zich af of hij hen zou meenemen naar het presidentiële kantoor. 'Het is niet dat ik een bepaald baantje wil hebben,' zei Oleksandr Pikalov tegen me nadat hij me een scheut whisky had ingeschonken in een plastic bekertje. 'Maar volgens mij zou ik een behoorlijk goede minister van Defensie zijn.'

In zijn openingstoespraak ging Zelensky in op de absurditeit van zijn campagne en gaf hij toe dat het schrijven van de grappen deze keer niet eenvoudig was geweest. Juristen hadden het script bekeken op overtredingen van de wet op de verkiezingen. Er waren grenzen aan wat hij als koploper in de peilingen voor het presidentschap op tv kon zeggen. Hij kon niet openlijk zijn kijkers oproepen om op een bepaalde kandidaat te stemmen, al waren de wettelijke richtlijnen vaag als het ging om het gebruik van ironie en humor. 'Er wordt geen campagne gevoerd,' zei hij met een knipoog en een lachje tegen het publiek. 'Het is slechts een voorstelling. Eerlijk waar. Bovendien hebben jullie daarvoor betaald.' Na een korte pauze om even diep adem te halen om het rare van de situatie door te laten dringen, voegde hij eraan toe: 'De wereld heeft zoiets nooit eerder gezien.'

De menigte vond het fantastisch. Komediant of kandidaat, het deed er niet toe. Ze leken van hem te houden, in welke rol dan ook. Na de show bracht Zelensky nog een uur door met zijn fans, die selfies met hem maakten en hem alle lof toezwaaiden. Hij zag er vermoeid maar gelukkig uit, de vrees was van zijn gezicht verdwenen toen een van zijn assistenten ons aan elkaar voorstelde. Later vertelden zijn vrienden me dat hij verslaafd was aan applaus, aan toejuichingen. Hij had er net weer een dosis van ontvangen en dat was te merken aan hoe makkelijk er nu een glimlach op zijn gezicht verscheen en hoe hij zijn schouders rechthield. 'Het podium op gaan roept twee emoties bij me op,' zei hij eens over dat moment. 'Eerst komt de angst, en pas als je de angst hebt overwonnen, komt het plezier. Dat is wat me er altijd weer naartoe trekt.'[2] Zijn leven lang had hij achter dat gevoel aangejaagd, vanaf toen hij als tiener comedy begon te doen, en ik vond het vreemd dat hij alles wat hij had opgebouwd nu achter zich ging laten.

De politiek zou ook zo haar momenten hebben, maar de respons van het publiek op zijn optredens waar Zelensky aan gewend was, van de soldaten die hij vermaakte aan het front, van de tv-presentatoren die hem uitnodigden voor hun ochtendprogramma's om te praten over zijn films – niets hiervan zou hij meenemen naar het presidentschap. Zijn leven stond op het punt veel minder leuk te worden, en veel gecompliceerder. Hij zou niet langer filmster zijn. Ongeacht hoezeer hij ook zou proberen de metamorfose te weerstaan, de baan zou vroeg of laat dát van hem maken waarvan hij zei dat hij het verachtte: een politicus.

Om te beginnen zouden de media hem eerst vragen gaan stellen en zich dan tegen hem keren. Er zouden flaters zijn en schandalen, protocollen, pracht en praal. Het ergste was echter dat er een oorlog moest worden uitgevochten. Begin 2019, toen Zelensky zijn campagne voor het presidentschap begon, was Oekraïne al vijf jaar in oorlog met Rusland om de heerschappij over de oostelijke gebieden. Bijna wekelijks kwamen er gesneuvelde soldaten in doodskisten terug. Er waren al meer dan tienduizend mensen gedood tegen de tijd dat Zelensky de politiek in ging. Wilde hij die baan echt? Was hij er zelfs maar een beetje klaar voor? En zo ja, waarom zou hij zijn leven als acteur opgeven en verder afdrijven van de mensen die hij liefhad – zijn vrouw, zijn vrienden, het bedrijf dat ze samen hadden opgebouwd? Was het de macht die hij wilde? Verveelde hij zich?

Zelensky had geen gevatte of overtuigende antwoorden op zulke vragen toen hij die avond na de voorstelling terugging naar zijn kleedkamer voor ons gesprek. Terwijl hij daar stond, wierp hij een blik op zijn eigen spiegelbeeld in de met lampen omlijste spiegel. Het kostuumrek links van hem, dat volhing met keurig geperste smokings, nam het grootste deel van de ruimte in beslag, zodat we nergens konden gaan zitten. Hij leunde daarom maar tegen zijn make-uptafel en beantwoordde mijn vraag met een tegenvraag: 'Zijn het dan allemaal snobs?' zei hij, verwijzend naar de wereldleiders. 'Is geen van hen gewoon leuk?'

Het klonk als een grap, maar hij zei met klem dat hij het serieus bedoelde. Hij wilde alleen de leuke ontmoeten en zou zijn 'beroeps' naar de rest sturen. 'Ik wil mijn leven niet veranderen,' zei hij. 'Ik wil niet politiek correct worden. Dat is niet mijn ding.' Misschien was het overmoed, of misschien was hij naïef over wat de baan precies inhield. Maar hij leek echt te geloven dat het leiderschap niet van hem zou vergen dat hij veranderde. Zijn leven als showman had hem geleerd wat ervoor nodig was om voor president te spelen en hij was echt van zins de persoon te blijven die zijn ervaring had gesmeed. 'Als je het geloof in jezelf verliest,' zei hij, 'dan zak je weg in het moeras.'

Het werd laat. Hij zag er doodmoe uit en zijn vrienden stonden op hem te wachten voor de afterparty. Voordat we afscheid namen, vroeg ik hem nog naar de bommelding. Wat dacht hij ervan? 'Nou, daar heb je het antwoord op je eerste vraag.' Hij bedoelde mijn vraag naar zijn motieven om zich kandidaat te stellen. De politieke klasse had zich ontwikkeld tot een stelletje boeven en vandalen, zei hij. Ze zaten op het juiste spoor om de economie binnen een paar jaar op te blazen. De zinloze oorlog in het oosten putte het land uit. Hij ging zo nog even door met grappen en vergelijkingen over de noodzaak Oekraïne te redden van de huidige leiders en beschreef hun fouten als een bedreiging van alles wat hij in zijn leven had geschapen. 'Als ik niet voor het presidentschap zou gaan, dan zou dit alles gauw voorbij kunnen zijn,' zei hij, terwijl hij naar de spiegel en het kostuumrek gebaarde. 'Zomaar,' zei hij, 'voorbij.'

Het kwam die avond noch de daaropvolgende maanden ooit bij me op dat ik een boek zou schrijven over Zelensky. Nu lijkt het voor de hand te liggen dat deze ontmoeting in het Paleis van Oekraïne juist dat mogelijk heeft gemaakt. Het was de eerste keer dat Zelensky's team toestond dat ik naar zijn kleedkamer ging en een tijdje in zijn gezelschap doorbracht. Nadat hij later dat voorjaar de verkiezingen had gewonnen, versloeg ik zijn presidentschap voor *TIME*. Ik volgde hem toen hij worstelde met het regeren, met het onderhouden van relaties met het Witte Huis van Donald Trump en met het onderhandelen over een blijvende vrede met Vladimir Poetin. Ik volgde hem toen zijn gesprekken met Poetin werden afgebroken en de Russen zich voorbereidden op een totale invasie, en ik bleef zo dicht mogelijk bij hem toen die invasie was begonnen.

Als ik in die periode van enkele jaren thuiskwam van een reis naar Kyiv, vroegen mensen me vaak wat ik van hem vond. In de loop van de tijd veranderden mijn antwoorden, net als zijn karakter. Tijdens de campagne kwam hij op me over als een naïeve charmeur die zich voorbereidde op het betreden van de wereld van cynici, oligarchen en bandieten die hem nu nog beschouwden als een makkelijk doelwit, en niet zonder reden. Tegen de tijd dat we elkaar in de herfst van 2019 weer ontmoetten in het presidentieel complex, had hij al iets van het vergif uit die wereld ingenomen en was een groot deel van zijn onschuld verdwenen. Maar zijn omgang met de macht had hem niet harder gemaakt, nog niet tenminste, en zeker niet lang genoeg om hem voor te bereiden op een persoonlijke ontmoeting met Poetin.

De grootste veranderingen in Zelensky, de veranderingen die in het middelpunt kwamen te staan van dit boek, vonden plaats gedurende de eerste paar maanden van de Russische invasie in Oekraïne, toen hij een unieke oorlogspresident werd in ons tijdperk van instant informatie. Koppig, zelfverzekerd, wraakgierig, apolitiek, moedig tot het peil van overmoedig, bestand tegen druk, onverbiddelijk voor hen die in zijn weg stonden – daarmee stuurde hij de woede en de veerkracht van zijn volk en drukte die helder en doelbewust uit naar de wereld, waarmee hij een symbool werd van het soort vastberadenheid waarvan alle leiders hopen dat ze die kunnen opbrengen als ze ertoe geroepen worden. Maar het was Zelensky's talent als showman dat hij ruim twintig jaar had gekoesterd als acteur en als filmproducer waardoor hij zo effectief was in het vechten in deze oorlog – een oorlog die van Oekraïne niet alleen eiste dat het de aandacht van de wereld op zich gericht hield, maar ook dat het de sympathie moest zien te winnen van mensen en hun regeringen over de hele wereld. De technologie stelde hem daartoe in staat. In het openbaar zeiden zijn vrienden en medewerkers dat Zelensky altijd al de kwaliteiten had gehad om het goed te doen. Privé moesten ze toegeven dat ze geschokt waren door zijn nieuwe zelf. De meeste Oekraïners hadden niet gedacht dat hij het in zich had. Ik ook niet.

Zijn succes als leider in de eerste uren van de invasie berustte op het gegeven dat moed besmettelijk is. Toen iedereen besefte dat de president zijn plek niet had verlaten, verspreidde die moed zich door de politieke rijen van Oekraïne. De andere functionarissen die verantwoordelijk waren voor het bijeenhouden van de staat sloten zich daarna bijna allemaal bij hem aan. In plaats van te vluchten voor hun leven grepen veel Oekraïners naar welk wapen ze ook maar konden vinden en haastten zich hun steden te verdedigen tegen een invasiemacht, die bewapend was met tanks en straaljagers.

Hoeveel van de eer verdient Zelensky voor dat verzet? Hij was er al vanaf het begin van de invasie van op de hoogte dat de Russen zich op Kyiv richtten en zijn regering wilden verdrijven en hij gaf bevel om hen met alle beschikbare middelen tegen te houden. Maar het leger van Oekraïne had zijn oproep helemaal niet nodig. De machinerie van hun verdediging was al in beweging en Zelensky stond niet aan het roer. Hij was maanden bezig geweest het risico op een totale oorlog zo klein mogelijk voor te stellen, zelfs toen de geheime diensten van de VS waarschuwden dat die voor de deur stond. En toen die begon, gaf hij de legerleiding de vrijheid te leiden op het slagveld terwijl hij zich richtte op die dimensie van de oorlog waarop hij het effectiefst kon zijn: Oekraïne in de krantenkoppen houden en de wereld overhalen te hulp te komen.

Deze doelen dreven hem gedurende de eerste maanden van de invasie en vormden de manier waarop hij reageerde op mijn plan om dit boek te schrijven. Hij stond er ambivalent tegenover. Midden in de oorlog was het voor Zelensky noodzakelijk om zijn boodschap binnen seconden over de wereld te verspreiden en de sociale media boden hem die macht. Net als de televisie. Boeken deden er veel te lang over en hij maakte me meer dan eens duidelijk dat het mijne wat al te voorbarig was. Nu hij drie jaar president was en nauwelijks halverwege de veertig, had hij het gevoel dat hij niet lang genoeg had geleefd en niet genoeg had bereikt om het onderwerp te zijn van een biografie. 'Zo oud ben ik nog niet,' zei hij me eens met een glimlach. Zolang de oorlog in Oekraïne voortduurde vond hij het ook moeilijk zich voor te stellen hoe een boek over de oorlog zou aflopen. Toen we het hierover in het voorjaar van 2022 in zijn kantoor in Kyiv voor het eerst hadden, op de vijfenvijftigste dag van de Russische invasie, vroeg hij me wanneer ik van plan was het boek te voltooien, waarop ik hem vertelde dat ik min of meer het eerste jaar van de oorlog wilde vastleggen en daarna publiceren. Hij schrok zichtbaar toen hij me dat hoorde zeggen. 'Denk je dan dat de oorlog niet binnen een jaar afgelopen zal zijn?'

Uiteindelijk duurde het veel langer om het boek te voltooien en de oorlog woedde nog altijd. Toen de strijd een jaar aan de gang was, had hij al honderdduizenden levens gekost, waren miljoenen Oekraïners ontheemd en waren overal ter wereld illusies over een duurzame vrede in Europa tientallen jaren na het einde van de Koude Oorlog uiteengespat. Zelensky en ik hoopten allebei dat deze oorlog zou eindigen in een overwinning voor de Oekraïners en dat de poging van Rusland om het buurland te onderwerpen of vernietigen zou uitlopen op gerechtigheid voor de oorlogsmisdadigers in Moskou, maar Zelensky wist net zo goed als ieder ander dat de machtsbalans niet in zijn voordeel was. Hij liet me echter doorgaan met mijn verslaglegging.

Als het epicentrum van deze oorlog een fysieke locatie had, aanwijsbaar met een stel coördinaten, dan zou dat waarschijnlijk Zelensky's kantoor zijn in de regeringswijk in Kyiv, het presidentieel complex aan de Bankovastraat 11, van zijn gebarricadeerde poorten tot de sombere en verouderde vertrekken. De president en zijn team stemden ermee in dat ik daar gedurende het eerste jaar van de invasie een groot deel van mijn tijd doorbracht, terwijl ik keek naar hoe ze te werk gingen en hen interviewde over de stand van zaken aan het front, over de spanningen in hun regering, over hun hoop, hun plannen, hun angsten en hun herinneringen. Na een tijdje begon de plaats vertrouwd aan te voelen, soms bijna normaal ondanks het luchtalarm, en de stafleden raakten aan mijn aanwezigheid gewend. We maakten samen grapjes, dronken koffie, wachtten op het begin of het einde van een bijeenkomst en we vertrouwden erop dat de soldaten, onze immer aanwezige begeleiders, ons zouden waarschuwen voor gevaar en ons zouden wegvoeren, terwijl ze met zaklantaarns de donkere gangen verlichtten en we voorbij hun kamers liepen, waar ze op de grond sliepen.

Enkelen van Zelensky's medewerkers, en dan vooral degenen die verantwoordelijk waren voor zijn veiligheid, konden niet altijd waarderen hoeveel toegang de president me gaf, vooral niet op dagen waarop hij me uitnodigde om met hem mee te gaan naar het front. Hij legde nooit uit waarom hij dat deed. Zijn staf vertelde me dat hij erop vertrouwde dat ik een eerlijk verslag schreef. Hij kende inmiddels mijn werk en begreep dat ik dit project niet zomaar had opgepakt. Ik deed al sinds 2009 – dat wil zeggen zo goed als mijn hele carrière als verslaggever – bij tijd en wijle verslag vanuit Kyiv en de stad was mijn tweede thuis geworden. Mijn halve familie is Oekraïens, de andere helft Russisch. Mijn vader groeide op in het centrum van Oekraïne, niet ver van Zelensky's geboortestad. Hij ontmoette mijn moeder in een voorstad van Moskou, waar we de eerste zes jaar van mijn leven woonden voordat we in 1989 naar de VS vluchtten, twee jaar voor de val van de Sovjet-Unie. Thuis in San Francisco waar ik opgroeide werd Russisch gesproken, waardoor Zelensky en ik een taal gemeen hebben.

Aan de Bankovastraat waren de voornaamste doelen van mijn verslaggeving de geschiedenis van de oorlog vastleggen zoals die zich ontrolde, de gebeurtenissen begrijpen die hadden geleid tot de Russische invasie, en de wijze waarop Zelensky en zijn team dit ervaarden verslaan. Tot mijn spijt hielden ze geen dagboek of een zorgvuldig verslag bij van de gebeurtenissen, in elk geval niet iets wat ze met me wilden delen, terwijl de appjes en de foto's die ze me op hun telefoons lieten zien weinig weergaven van hun emoties, hun uitputting en hun angst.

De president had de gewoonte op hun berichtjes te reageren met een duimpje-omhoog-emoji, wat zijn medewerkers moeilijk te interpreteren vonden. Als het gesprek de kant op ging van zijn innerlijke wereld, kon hij vaag en gesloten zijn, geneigd tot een geruststellende scherts of afleidingen die verhulden hoe de oorlog hem had veranderd.

In de loop van de tijd onthulde hij veel over zichzelf, maar de interviews alleen zouden voor mij niet voldoende zijn geweest om dit boek te schrijven, niet zonder de verhalen van zijn vrienden en zijn vijanden, zijn adviseurs, ministers, stafleden en misschien wel van de belangrijkste van hen allemaal: zijn vrouw, first lady Olena Zelenska. Zij heeft meer dan wie ook gedaan om zaken te verhelderen en heeft bij talloze gelegenheden de herinnering van haar man aan bepaalde gebeurtenissen gecorrigeerd. De verhalen die ik heb gehoord van al deze bronnen, al deze getuigen, hebben veel meer onthuld over Zelensky's leiderschap ten tijde van oorlog dan hijzelf ooit had kunnen doen. Soms riep hij er midden in een verhaal zijn lijfwacht of een medewerker bij om details te checken. Vaak herinnerden zij zich dingen anders.

Geheugens werken nu eenmaal zo. Ze misleiden ons nogal eens, en het kan zijn dat sommige van zulke misleidingen dit boek hebben gehaald, ondanks mijn verwoede pogingen ze te vermijden. Sommige vergissingen zijn echter van mijzelf, als ik iemand verkeerd heb begrepen of details verkeerd genoteerd. Soms zullen de herinneringen van gesprekspartners onnauwkeurig blijken, inclusief die van de president. Ik zou hun dat niet kwalijk nemen. Zoals een van zijn naaste adviseurs me over de eerste weken van de invasie vertelde: 'Elke nieuwe dag wiste de voorgaande dag totaal uit, waar je was, wat er gebeurd was.' Het schijnt een gebruikelijke reflex te zijn in een tijd waarin men in doodsgevaar verkeert. De geest wijdt zijn kracht aan overleven, niet aan vastleggen.

Hoewel ik getuige ben geweest van veel van de gebeurtenissen die in dit boek worden beschreven, zijn veel andere me verteld door de betrokkenen zelf. Enkele van hen spraken met me terwijl de gebeurtenissen zich nog afspeelden of kort daarna, toen de herinneringen nog vers waren en voordat hun verhalen waren opgenomen in een algemeen aanvaard narratief over wat er was gebeurd. Ik heb mijn best gedaan om hun verhalen te checken bij verschillende bronnen en slechts die weergaven van de gebeurtenissen op te nemen die het veelzeggendst zijn en het belangrijkst voor het publiek om de oorlog te kunnen begrijpen. Naar mijn beste weten zijn ze allemaal waargebeurd.

Wat ze onthullen over Zelensky is niet altijd vleiend. Soms brachten zijn lovenswaardige kwaliteiten, zoals zijn moed, hem in groter gevaar dan noodzakelijk leek voor het doel. Als ik met hem meereisde, wenste ik soms dat hij meer van de angst voelde die ik die avond in het Paleis van Oekraïne op zijn gezicht had gelezen. Angst kan ons beschermen. Ook kan angst ons laten wegrennen, en het vermogen van de president met zijn angst om te gaan, om hem te overwinnen, hangt nauw samen met de manier waarop Oekraïne deze bedreiging van zijn bestaan het hoofd biedt. Misschien dat een andere levensweg hem beter had voorbereid op het leiden van een land in oorlog. Maar op dit moment, nu ik terugkijk, weet ik dat nog niet zo zeker.

Deel I

1

Dageraad

Volodymyr Zelensky was niet heel erg gehecht aan het huis dat hij achter zich liet toen de invasie begon. Anderhalf jaar lang was het een fijn plekje geweest voor hem en zijn gezin, met een apart huis op het terrein voor de lijfwachten en een hectare of wat grond waarop de honden konden rennen tot ze moe waren. Op een gewone dag nam de reis van zijn werk in Kyiv naar huis nog geen halfuur in beslag, het was net ver genoeg om aan het kabaal van de stad te ontsnappen en wat frisse lucht in te ademen voordat hij naar bed ging. Maar het huis zelf – met een neoklassieke gevel van gele steen dat lag op kavel 29 van de omheinde woonwijk Kontsja-Zaspa – vond de voormalige komiek en acteur iets te plechtstatig, opzichtig bijna. Het voelde met andere woorden te presidentieel voor Zelensky.[3]

Ook leek hij met dat huis wel hypocriet. Toen hij in de lente van 2019 op eenenveertigjarige leeftijd het ambt van president aanvaardde, beloofde hij plechtig dat hij niet in een van de woningen zou gaan wonen die in Oekraïne waren voorbehouden aan regeringsofficials, en zeker niet in dat huis in Kontsja-Zaspa, dat van alle villa's daar nog het meest op een paleis leek. Op de begane grond bevonden zich een biljartkamer en een thuisbioscoop, en er was een zijvleugel met een zwembad onder een sierlijke glazen koepel. Presidenten die de villa eerder hadden bewoond, hadden hem volgepropt met protserig meubilair. Zelensky had hen tijdens zijn carrière als cabaretier erom te kijk gezet.[4] 'Hé, mensen, als we nu eens een stelletje van onze kinderen een tijdje in die huizen laten wonen, weet je wel, als in een soort zomerkampen,' zei hij aan het begin van zijn ambtsperiode. 'Het is net alsof je met zo'n groepsreis door Europa reist en je die oude paleizen van die grote koningen ziet,' zei hij. 'En wat zijn het nu? Ze zijn er alleen om te bezichtigen.'[5] En hier zat hij dan, niet om de vertrekken te bezichtigen maar om erin te wonen, om elke dag binnen te komen door de ingang waar een paar uit steen gebeeldhouwde leeuwen naast stonden, levensgroot, in een kleur die overeenkwam met die van het grind van de oprijlaan. Hier begroette hij zijn kinderen in de hoge hal en beklom hij de marmeren trap naar zijn slaapkamer.

Voor een man die zijn hele werkzame leven acteur was geweest en net zo snel van rol kon wisselen als zijn toneelknechten het podium voor de volgende sketch, ergerde Zelensky zich aan de grote, majesteitelijke rol van president. Die botste met de persona die hij tientallen jaren had gecultiveerd op het scherm en het podium, de grijnzende moppentapper, de onvermoeibare charmeur, de joviale gelovige die dacht dat het uiteindelijk wel goed zou komen met de wereld. Met zijn lengte van slechts een meter achtenzestig, met zijn glanzende, wat bolle ogen onder zijn donkere, expressieve wenkbrauwen steunde Zelensky's succes in zowel komedie als politiek op zijn vermogen die rol te kunnen spelen, om op een familielid te lijken, normaal, een van de jongens. In Oekraïne hadden miljoenen mensen die figuur in de loop der jaren zien uitgroeien tot de grootste satiricus van zijn generatie, wiens gevatheid elk publiek voor zich wist te winnen door politici openlijk aan het kruis te nagelen. Als dat huis in Kontsja-Zaspa dat imago moest schragen, dan deed het Zelensky geen goed. Het was gebouwd voor politici, niet voor politieke komedianten, en de president noemde het slechts met moeite zijn huis. 'Voor mij is het eerder een hotel, anders zou ik er nooit in zijn gaan wonen,' zei hij verontschuldigend nadat het gezin er in de zomer van 2020 in was getrokken.[6]

De pers heeft het hem nooit vergeven. Tot op de dag waarop hij president in oorlogstijd werd en zo goed als immuun voor kritiek hielden journalisten ervan om Zelensky te herinneren aan enkele van de beroemdste uitspraken die hij in zijn carrière op televisie had gedaan. In de afsluitende scène van zijn populairste tv-serie, die de route zou zijn naar zijn presidentschap, steekt de figuur die Zelensky speelt – een geschiedenisleraar aan de middelbare school – een tirade af tegen de hebberigheid van de politieke elite en dan vooral tegen hun weelderige onderkomens:

> Deze motherfuckers komen aan de macht en het enige wat ze doen is stelen en shit verkopen, shit verkopen en stelen. Het is elke keer dezelfde shit en het kan niemand een fuck schelen. Jullie kan het geen fuck schelen. Mij kan het geen fuck schelen. Geen van ons kan het een fuck schelen, zelfs niet een heel klein beetje fuck. Maar als ik maar één week in de regering zat, één week maar, dan zou ik ze eens wat laten zien! Fuck de autocolonnes! Fuck de extra's! Fuck de fucking chalets! Fuck jullie allemaal, motherfuckers! Laat nou eens één keer een eenvoudige leraar leven als een president en laat de fucking president leven als een leraar.[7]

Die speech, die in 2015 voor het eerst in Oekraïne werd uitgezonden, was de geboorteschreeuw van Zelensky's carrière als politicus. Hij werd erdoor de politiek in gelanceerd. De toespraak zou hem later achtervolgen en zou helpen verklaren waarom hij niet een erg populaire leider was gedurende de derde winter van zijn presidentschap, toen Russische troepen vanuit het noorden, oosten en zuiden optrokken naar Oekraïne. Hij was een gefrustreerde leider die vrede had toegezegd, maar niet had kunnen leveren. Hij was de joker die dacht dat hij een natie van 44 miljoen zielen kon besturen zoals hij zijn filmstudio's had bestuurd. Hij was de hervormer die had beloofd politici uit hun landhuizen te zetten en te dwingen naar hun werk te fietsen. Maar in die vreselijke nacht, toen het geluid van Russische bommenwerpers de bewoners van Kontsja-Zaspa wekte, baadde Zelensky in zijn eigen landhuis in het zachte licht van de kroonluchter.

◆

Het was stil boven in huis toen de bommen begonnen te vallen.[8] De eerste die er erg onrustig van werden, waren de dieren. De Duitse herder stond op en begon heen en weer te lopen. Dat ging de papegaai ook doen, een zenuwachtig beest genaamd Kesja dat in een kooi zat bij het raam van de keuken op de begane grond. Op de ochtend van 24 februari 2022 rond halfvijf bereikte de drukte die de huisdieren maakten de slaapkamer van de president, waar de presidentsvrouw, Olena Zelenska, nog sliep. Het duurde even voordat het lage gedreun dat door de ramen naar binnen kwam tot haar doordrong. Het had eerst wel iets weg van vuurwerk. Ze sperde haar ogen open, voelde in het donker naast zich en merkte dat het bed aan de kant van haar echtgenoot leeg was. De president stond, al gekleed in een donkergrijs pak, in de kamer ernaast en bereidde zich voor om naar zijn werk te gaan. Toen ze hem daar zo aantrof bracht de blik van verwarring op haar gezicht Zelensky ertoe een enkel woord tegen haar te zeggen in het Russisch, de taal die ze thuis het meest spraken. *Natsjalos*, zei hij. 'Het is begonnen.'

Ze begreep wat hij bedoelde. In Oekraïne werd in het nieuws al maandenlang gewaarschuwd dat er een oorlog ophanden was. In talkshows werd gesproken over welke officials en parlementsleden er waarschijnlijk vandoor zouden gaan. In een programma werden adviezen gegeven over wat je in je koffer moest stoppen voor het geval je moest vluchten. De meest serieuze voorspellingen kwamen van de westerse bondgenoten van Oekraïne, vooral van de Amerikaanse inlichtingendiensten, die tot de conclusie waren gekomen dat Rusland van plan was van drie kanten tegelijk binnen te vallen en de hoofdstad vermoedelijk binnen een paar dagen zou innemen. Het doel van de Russen was, volgens hen, het grootste deel van het land te veroveren en Zelensky's regering af te zetten.

Voor de meeste Oekraïners waren deze vooruitzichten absurd, volstrekt ondenkbaar. De aanval, als die al zou komen, zou naar zij verwachtten niet verder gaan dan het oostelijke grensgebied. Al zo'n acht jaar lang voerden Oekraïne en Rusland een zich voortslepende oorlog om twee separatistische regio's in het oosten van het land. Er waren maar weinig mensen in Kyiv die geloofden dat de laatste escalatie zich tot ver buiten die gebieden zou uitstrekken. Nog minder mensen geloofden dat ze ooit hun huizen zou treffen. Tot in die laatste uren geloofde Zelensky dat zelf ook niet. Hij waarschuwde zijn vrouw niet om zich voor te bereiden. Pas op de vooravond van de invasie prentte de presidentsvrouw in haar geheugen dat ze een koffer moest pakken, of op zijn minst de paspoorten van het gezin en andere documenten klaar moest leggen. Maar ze kwam er nooit aan toe. De dag ging, zoals zo vaak, te snel voorbij in een overvloed aan routines en andere zaken. Ze deed het huishouden en huiswerk met de kinderen. Ze aten en keken tv.

De president kwam ver na middernacht thuis en zei niets wat zijn vrouw zorgen zou kunnen baren. Hij was er betrekkelijk zeker van dat ze thuis veilig zouden zijn en het was nooit zijn stijl geweest haar ongerust te maken. Vaker verstopte hij zijn zorgen achter grapjes en glimlachjes, om zich dan te verontschuldigen als ze erachter kwam wat hij verborgen had gehouden. Die nacht gingen ze naar bed zonder iets te plannen voor een oorlog en ze sliepen pas een paar uur voordat het bombarderen begon. Nu kon de presidentsvrouw aan de blik in zijn ogen zien dat het veel ernstiger was dan ze zich had voorgesteld.

'Emotioneel,' zei ze later, 'was hij als een snaar op een gitaar,' zijn zenuwen zo gespannen dat ze op het punt stonden te knappen. Maar ze herinnert zich geen verwarring of angst op zijn gezicht. 'Hij was zelfverzekerd, gefocust.' Zo gefocust, zo leek het, dat hij de kans miste zijn kinderen te wekken en gedag te zeggen. Hij keek alleen even naar hun slapende gezichten en vroeg zijn vrouw hun te vertellen wat er aan de hand was. Hij beloofde haar later te bellen met instructies over wat ze dan moest doen. 'We waren nog bezig met het te verwerken,' vertelde ze. 'We hadden nooit gedacht dat zoiets als dit zou kunnen gebeuren, omdat al dat gepraat over oorlog alleen maar gepraat was geweest.' Het kabaal van de explosies had hen kennis laten maken met een nieuwe werkelijkheid en beiden hadden iets meer nodig dan dat ene moment boven aan de trap om eraan te wennen. 'Hij had verder niets te zeggen,' vertelde ze me later over dit gesprek, een van de weinige gesprekken die ze in maanden privé zouden hebben. 'En ik wist niet wat ik moest vragen.'

◆

Buiten liep de president gehaast naar de oprijlaan en stapte in de klaarstaande auto. Het ijzeren hek gleed open en zijn chauffeur reed noordwaarts de laan op die door Kontsja-Zaspa loopt. Er waren zo vroeg nog maar weinig auto's op weg naar de stad, maar de andere kant op was het verkeer al drukker aan het worden. Zij die het geluk en de vooruitziende blik hadden gehad om hun koffers te kunnen pakken en hun benzinetank vol te gooien, probeerden uit Kyiv te vertrekken zo gauw de eerste explosies klonken. Tegen zonsopkomst stond het verkeer op alle wegen Kyiv uit muurvast.[9]

Nu reed Zelensky langs het bekende landschap over de E40 naar zijn werk, met rechts het voetbalveld, links een kapel met gouden koepels en bij elke afrit reclameborden voor koopflats. Het was de laatste keer voor vele maanden dat hij deze dingen in hun vreedzame staat zag, met alle bruggen nog intact, zonder militaire checkpoints, zonder tankvallen en verwrongen metaal op de wegen. Binnen een dag of twee zou Kyiv weer op een fort lijken, opnieuw in de staat van beleg waarin de stad in haar geschiedenis zo lang had verkeerd. Anderhalf millennium lang hadden de Europese rijken gestreden om deze oude stad op de oevers van de Dnipro. De Vikingen, Ottomanen, Mongolen, Litouwers en Polen hadden allemaal aanspraak gemaakt op Kyiv, op zijn centra van handel en wetenschap, zijn kloosters en kathedralen. De Russen plunderden de stad voor de eerste keer al in de twaalfde eeuw. Nu probeerden ze het weer.

Zelensky was stil achter in de auto, zijn blik gefixeerd op zijn telefoon. Een stroom gesprekken en appjes kwam binnen terwijl ze in het donker voortraasden. Een van de eerste gesprekken kwam van Denys Monastyrsky, de minister verantwoordelijk voor de nationale politie en de grensbewaking. Hij was een paar jaar jonger dan Zelensky maar zag er ouder en onverzettelijker uit, met het lichaam van een beroepsbokser. De afgelopen drie dagen had Monastyrsky in zijn kantoor in het ministerie van Binnenlandse Zaken geslapen in afwachting van signalen van de Russische aanval, en nu was het zijn taak de president te informeren dat die was begonnen.

Zelensky vroeg waar precies, welke richting het Kremlin had gekozen om aan te vallen.

'Alle richtingen,' antwoordde Monastyrsky.

Langs de hele oostelijke en noordelijke grens bestookten vijandige troepen de Oekraïense posities met artillerie, raketlanceerinrichtingen en bommenwerpers. Russische jachtvliegtuigen doken neer op de grote steden om te proberen de Oekraïense luchtverdediging uit te schakelen en te heersen in de lucht. Aan de lijn was het even stil. De president had even nodig om de informatie te verwerken. Toen sprak hij een zinnetje dat Monastyrsky nooit zou vergeten: 'Sla ze terug.'

Dat soort zelfvertrouwen, zelfs als de kans op slagen heel erg klein lijkt, is altijd een van Zelensky's sterke kanten geweest. Maar op dat moment leek het misplaatst, op de rand van waanzin. Hij wist dat het Oekraïne ontbrak aan middelen om de Russen terug te drijven. Op z'n hoogst kon het hen een paar dagen tegenhouden, lang genoeg voor de militaire en politieke leiding om hun posities in te nemen, bronnen te mobiliseren en die delen van het land zeker te stellen die niet door de eerste aanvalsgolf zouden worden overlopen. Door wat Zelensky vóór de invasie had gedaan, was hij ten minste deels schuldig aan de beroerde staat van de defensie van het land. Wekenlang had hij het risico op een grootschalige aanval gebagatelliseerd en zijn mensen ervan verzekerd dat alles goed zou komen. Hij had het advies van zijn militair commandanten in de wind geslagen om alle beschikbare reserves op te roepen en in te zetten voor de grensverdediging. Naast de ramp van de invasie zelf moest de president zien om te gaan met het gegeven dat hij de aanval niet had voorzien. Maar dat kwam later wel. Op dit moment kampte hij met wat voor hem lag, met Russische tanks en oorlogsvliegtuigen, met raketten die boven Oekraïense steden vlogen om neer te komen op de huizen van burgers, die onder het puin bedolven werden.

Veel later zou hij zich die eerste minuten van de oorlog herinneren als een reeks losse geluiden en beelden, waarvan vele vaag of onbetrouwbaar. Fragmenten, zo noemde Zelensky ze: 'Sommige dingen herinner ik me op fragmentarische wijze.' Hij zat die ochtend geen moment achter het stuur van de auto, maar hij had het idee dat hij zo hard ging dat de wereld aan de randen van zijn gezichtsveld vaag was. Hij dwong zichzelf het te negeren. 'Het is een kwestie van focus,' zei hij later tegen me. 'Als je wordt afgeleid door mensen die voor je voorruit langs rennen, met lampen in je gezicht schijnen, schreeuwen, zwaaien, of als muziek of een of andere jingle hard door de radio klinkt, als je je daardoor laat afleiden, dan is de kans dat je komt waar je moet zijn – bij je tussendoel, laten we het zo noemen – heel erg klein. Niet helemaal nul, maar wel heel klein.'

Het doel op dat moment was zijn kantoor in de Bankovastraat te bereiken, al was dat niet de veiligste plek voor hem. Het presidentieel complex staat midden in een buurt vol appartementencomplexen, drukke cafés en met kasseien bestrate steegjes met boetieks. De dichtstbijzijnde flats lagen op zo korte afstand van Zelensky's kantoor dat iemand zomaar een granaat door het raam naar binnen zou kunnen gooien. Toen hij rond vijf uur aankwam, leken de straten wel erg druk voor dat tijdstip. Mensen bereidden zich voor op de vlucht, haalden hun koffers en hun huisdieren naar beneden, klikten de autogordels van hun kinderen vast. Zelensky's lijfwachten hadden geen idee of een van de langs de stoeprand geparkeerde auto's niet door Russische saboteurs was volgepakt met explosieven. Rondom zijn huis in Kontsja-Zaspa lag tenminste nog een strook grond en stond een hek met een ijzeren poort. Het presidentieel complex had dat soort veiligheidsvoorzieningen niet, maar Zelensky stond erop dat ze daar eerst naartoe gingen. Het is de zetel van de presidentiële macht en zijn boodschap was dezelfde voor zijn adviseurs en zijn ministers die hem die morgen belden of appten: *Ga naar kantoor, ik zie jullie daar.*

◆

Oleksi Danilov, de secretaris van de Nationale Verdedigings- en Veiligheidsraad, had de president niet nodig om hem te vertellen waar hij naartoe moest. Hij was een van de weinige officials in Zelensky's kringetje die geloof hechtten aan de waarschuwingen dat er een invasie op komst was. Soms leek het vooruitzicht Danilov minstens net zozeer op te winden als bang te maken. Hij had het onderbuikgevoel dat Oekraïners zich heftig zouden verdedigen en dan wilde hij in de voorste linies staan. Danilov, een eigenzinnige figuur met een bril met bifocale glazen op het puntje van zijn neus, was negenenvijftig jaar en daarmee ruim tien jaar ouder en veel ervarener in staatszaken dan de meesten van Zelensky's adviseurs, die, als hij iets adviseerde, vaak met hun ogen rolden zoals je deed achter de rug om van een brallende oom. Je kon het hun nauwelijks kwalijk nemen. Hij had geen enkele militaire rang, maar hij gedroeg zich graag als een oudere guerrillacommandant, droeg zelfs een zelfverzonnen, compleet zwart uniform met op zijn borst een stukje stof met daarop zijn achternaam.[10]

Op de ochtend van de invasie had hij zich al aangekleed voordat de eerste Russische raket neerkwam op een luchtmachtbasis niet ver van zijn huis aan de rand van Kyiv, dichtbij genoeg om de ruiten in de sponningen te laten rammelen. De klap, zoals hij zich die later herinnerde, bezorgde hem het onverwachte gevoel van opluchting. Vooruitlopend op de oorlog hadden zijn vrouw en zoon de stad al verlaten en Danilov vond het niet te verdragen dat hij nu alleen woonde in afwachting van een aanval, die elk moment kon beginnen. Nu het wachten voorbij was, wist hij precies wat hij moest doen, welke verdedigingsmechanismen in werking moesten worden gezet. Het was die week mooi weer geweest in Kyiv, veel mooier dan normaal aan het einde van de winter in Oekraïne. Maar terwijl Danilov in zijn gepantserde Land Cruiser op weg was naar het presidentieel complex, ging de mist over in regen en met een glimlach deed hij de ruitenwissers aan. Oekraïners zeggen vaak dat regen geluk brengt.

Toen Danilov de Bankovastraat in reed, keek hij hoe laat het was: elf minuten over vijf in de ochtend. Hij stampte de trap op naar Zelensky's kantoor. Tot zijn verrassing was de president daar in een schoon wit overhemd. Die keuze leek niet direct geschikt en niet passend bij de president. Zelensky kwam altijd in zijn groen met zwarte gelukstrui, die niet zou misstaan op een *Star Trek*-bijeenkomst. Maar net vandaag had hij besloten eens geen vrijetijdskleding te dragen. Hij was gekleed alsof hij zo het podium op zou gaan. Wat Danilov ook verraste was Zelensky's houding. Hij was kalm, zijn stem vast, zijn ogen niet wijd open. Het eerste wat hij over de oorlog tegen Danilov zei, was hetzelfde als wat hij een uur eerder tegen zijn vrouw had gezegd: 'Het is begonnen.' Daarop stelde hij een vraag in nogal grof Russisch, die moeilijk te vertalen is. Het komt ongeveer neer op: 'Zullen wij ze eens afdrogen?'*

Maar op dat moment waren het vooral de Russen die hen afdroogden. Bij de openingsfase van hun invasie waren zeventigduizend man en zevenduizend pantservoertuigen betrokken, die vanuit het noorden Kyiv naderden over beide oevers van de Dnipro, die door de stad stroomt. Het leek wel een blitzkrieg, precies zoals het Kremlin in de loop der jaren elders had gevoerd, met verwoestende gevolgen. Tijdens Operatie Wervelstorm in 1956 hadden de Sovjettroepen nog geen vier dagen nodig gehad om de Hongaarse hoofdstad Boedapest te bezetten en de regering omver te werpen; de regeringsleider, premier Nagy, werd gearresteerd, gemarteld, na een geheim proces schuldig bevonden aan landverraad en twee jaar later opgehangen. De invasie van de Sovjets in 1968 van Tsjechoslowakije duurde twee dagen, waarin het land werd

* In het origineel vroeg hij 'будем хуячиться?' – een standaardzinnetje in het lexicon van een straatvechter.

ingenomen en de hoofdstad Praag bezet, terwijl de Sovjetcommando's op de avond van 27 december 1979 slechts een paar uur nodig hadden om het zwaar versterkte paleis in Kabul, Afghanistan, in te nemen en de leider van het land, president Amin, te vermoorden.

Danilov, een enthousiaste lezer over militaire geschiedenis, had dat soort precedenten in gedachte terwijl hij Poetins plan voor de verovering van Oekraïne probeerde te doorgronden. Hij geloofde niet dat de Russen het hele land konden bezetten en bezet houden. Het was te groot, met een oppervlak van bijna twee keer dat van Duitsland, en de wilskracht van het volk om zich te verzetten zou een snelle bezetting niet mogelijk maken. Wat Danilov zorgen baarde, was het Kabulscenario: een bliksemaanval op het presidentieel complex om het staatshoofd gevangen te nemen of om te brengen. Al dagen voor aanvang van de invasie hadden de geheime diensten van Oekraïne drie moordcommando's opgespoord, die de taak hadden Zelensky te vermoorden. Alle drie waren afkomstig uit Tsjetsjenië, in het zuiden van Rusland, waar de meedogenlooste en trouwste commando's van Poetin vandaan kwamen. 'We hielden ze al een tijdje in de gaten,' vertelde Danilov me. 'En we beschikten over specifieke inlichtingen dat zij de verantwoordelijkheid op zich hadden genomen om onze president te liquideren.' In het dagelijkse inlichtingenoverzicht dat Danilov op 22 februari, twee dagen voor de invasie, had gekregen, stonden gedetailleerde waarschuwingen over het plan en Danilov had het zeer geheime document die avond meegenomen naar Zelensky's kantoor om hem van het gevaar op de hoogte te brengen. Maar de president had het weggewuifd. Hij weigerde te geloven dat in de eenentwintigste eeuw, dertig jaar na het einde van de Koude Oorlog, moordenaars zouden proberen een Europees staatshoofd te vermoorden. Ook kon hij zich niet voorstellen dat Poetin een totale oorlog zou beginnen, een invasie over land op een schaal die in Europa generatieslang ongekend was geweest.[11]

'Op dat moment dachten we nog dat het slechts dreigementen waren,' vertelde Zelensky later aan de BBC. 'We spraken met de geheime diensten, met die van ons en van onze partners. Iedereen schatte de risico's anders in.' Sommigen van zijn bondgenoten in Europa, inclusief de leiders van Frankrijk en Duitsland, verzekerden hem dat de Amerikaanse voorspellingen dat er een invasie op komst was overdreven waren. 'Ze belden me terug en zeiden: "We hebben met Poetin gepraat. Poetin zal niet binnenvallen."'[12]

Ze hadden het mis. Om precies vijf uur 's ochtends Kyivtijd zette het Kremlin een video op zijn website om het begin van de invasie te markeren. Op het filmpje zien we Poetin in zijn met hout betimmerde kantoor, die zich met rode ogen en droge mond met beide handen vasthoudt aan zijn bureau, alsof hij steun zoekt. De lijst vijanden en klachten die hij opsomde om de oorlog te rechtvaardigen ging tientallen jaren terug en niet één keer noemde hij de naam Zelensky. Ook beschouwde Poetin Oekraïne niet als het ultieme doel. In de eerste twintig minuten van zijn oorlogsverklaring richtte hij zich in plaats daarvan op de VS en de oorlogen die dat land had gevoerd in Joegoslavië, Libië en Irak, en de 'fundamentele dreiging' die de VS volgens hem voor Rusland vormden.

Al sinds de val van de Sovjet-Unie, zo zei hij, hadden de VS steeds meer Europese landen opgenomen in de NAVO en daarmee het zoals Poetin het noemde 'rijk van leugens' steeds verder opgeschoven richting de Russische grenzen. Nu lagen er NAVO-bases verspreid in delen van Europa die Poetin beschouwde als zijn rechtmatig rijk en hij zou niet toestaan dat Oekraïne ook die weg op zou gaan en zijn doel, aansluiting bij het bondgenootschap, zou bereiken. 'Op ons historisch grondgebied,' zei hij, verwijzend naar het grondgebied van Oekraïne, hadden de VS en bondgenoten 'een vijandig anti-Rusland' geschapen. Vroeg of laat zouden ze Oekraïne gebruiken om een oorlog te beginnen tegen Rusland zelf, en het zou 'onverantwoord' zijn, zei hij, voor het Russische leger om niet eerst aan te vallen om de dreiging teniet te doen.

Die toespraak zat, zoals veel van Poetins tirades tegen het Westen in de loop der jaren, boordevol onwaarheden en paranoia. In werkelijkheid hadden de VS en hun Europese bondgenoten al die tijd geweigerd

Oekraïne een duidelijke route aan te bieden naar aansluiting bij het bondgenootschap. De NAVO-leiders blokkeerden al vijftien jaar lang alle verzoeken van Oekraïne om lid te mogen worden, en hun angst om Poetin boos te maken weerhield hen ervan Oekraïne van de wapens te voorzien die het land nodig had om zich te verdedigen. Iets van die angst was ongetwijfeld gerechtvaardigd. Terwijl Zelensky's pad naar de macht in 2019 berustte op zijn faam als komiek, had Poetins route naar de macht twintig jaar eerder berust op zijn overwinning in een oorlog tegen Tsjetsjenië, een afvallig staatje aan de Russische zuidgrens waarvan hij de steden in 1999 en 2000 tot puin bombardeerde, waarbij tienduizenden burgers omkwamen. Die smerige onderwerping van het Tsjetsjeense volk, en het vermoorden van de leiders, zette voor een groot deel de toon van Poetins heerschappij en was een voorafschaduwing van zijn poging hetzelfde te doen in Oekraïne. Terwijl de westerse leiders zich de handen wrongen en het risico van escalatie afwogen, nam Poetin het besluit om Kyiv aan te vallen en zijn toespraak bood geen enkele ruimte voor twijfels aan zijn bedoelingen. Het leiderschap in Kyiv, zei hij, was een stelletje genocide plegende neonazi's en hij had het op zich genomen om hun regering omver te werpen, om Oekraïne te 'demilitariseren en denazificeren'. En aan elk ander land dat probeerde hem ervan te weerhouden, had Poetin een versluierd dreigement: dat hij zou reageren met kernwapens. 'Wie ons probeert tegen te houden,' zei hij, 'of ons land of ons volk bedreigt, moet weten dat Ruslands reactie onmiddellijk zal komen en zal leiden tot gevolgen die je in de geschiedenis nog niet hebt meegemaakt. We zijn klaar voor elke onverwachte wending, alle nodige beslissingen wat dit aangaat zijn al genomen. Ik hoop dat ik duidelijk ben.'[13]

♦

Niemand kon in die eerste uren van de invasie zeggen of Zelensky en zijn team zouden blijven. Het leger en de geheime diensten hadden al maanden allerlei scenario's voor de invasie uitgespeeld, maar hun projecties konden die vraag nooit beantwoorden. Zou de president in paniek raken? Zou doodsangst zijn leiderschap aantasten? 'Dat is die ene factor die je nooit kunt weten,' vertelde Danilov me later. 'Voordat je je in die situatie bevindt, is er geen enkele manier om te weten hoe je zult reageren.'

Historische precedenten steunden de pessimisten. Slechts zes maanden vóór de invasie van Oekraïne was de president van Afghanistan, Ashraf Ghani – een leider met veel meer ervaring dan Zelensky – zijn hoofdstad ontvlucht toen de taliban naderden. Een van Zelensky's voorgangers, Viktor Janoekovytsj, verliet Kyiv toen demonstranten tijdens de revolutie van 2014 zijn kantoor omsingelden. Aan het begin van de Tweede Wereldoorlog waren de leiders van onder meer Albanië, België, Tsjechoslowakije, Griekenland, Polen, Nederland, Noorwegen en Joegoslavië gevlucht voor de opmars van de Wehrmacht om de oorlog in ballingschap door te brengen. Zelfs Iwan de Verschrikkelijke, de eerste Russische leider die zich tsaar noemde, vluchtte weg uit Moskou toen de Ottomanen en hun regionale bondgenoten de stad in 1571 aanvielen.

Weinig tot niets in Zelensky's verleden suggereerde dat hij iets anders zou doen. Hij was nooit in militaire dienst geweest en had nooit enige belangstelling voor het leger getoond. Zijn professionele instinct was teweeggebracht door een leven lang als acteur op het toneel te staan, als specialist in de geïmproviseerde komedie en als producer in de tv- en filmwereld. Zijn ervaring als staatsman was welgeteld zo'n twee jaar en negen maanden, minder dan nodig is om een bachelor internationale betrekkingen te halen. Voor zo'n beetje iedereen in zijn positie was de drang om ervandoor te gaan net zo logisch als de drang om in leven te blijven. Een paar Russische bommen van het type dat die ochtend op Oekraïense militaire bases neerregende zou voldoende zijn geweest om de wijk met regeringsgebouwen voor het grootste deel plat te leggen, inclusief de parlements- en regeringsgebouwen, die aan dezelfde straat staan als het presidentieel complex. Dit deel van de stad, soms wel de Driehoek genoemd, is nooit makkelijk te verdedigen geweest. De demonstranten die in 2014 Janoekovytsj wegjoegen, waren erin geslaagd delen ervan te bezetten met niet meer dan schilden en stokken. Nu stonden de autoriteiten voor het vooruitzicht dat er Russische tanks door de straten aan kwamen rollen. Toen Danilov regeringsofficials begon te bellen, verraste het hem niet dat sommige hun telefoon hadden uitgezet en naar de grens in het westen waren gevlucht zo gauw het bombarderen was begonnen. 'Een heel stelletje raakte in paniek,' zei hij.

Het meest door zulk verraad werd de voornaamste geheime dienst getroffen, de SBU. 'Vooral in de hoogste en middelste rangen ontstonden veel problemen,' vertelde een andere hoge veiligheidsadviseur van Zelensky me. 'Veel mensen van de veiligheidsdiensten hadden iets van: "Laten we maken dat we wegkomen. Verzet is zinloos. De Russen zullen ons verslaan."' Met hun exodus verdween de kern uit de rangen van de dienst. Tientallen officieren liepen over naar de kant van de indringers, waarmee ze in wezen de sleutels naar delen van Zuid-Oekraïne overhandigden. Maar het leiderschap in Kyiv hield grotendeels stand en Danilov had geen enkele moeite binnen een uur na aankomst in de Bankovastraat het quorum van de veiligheidsraad te halen.

Een van de eerste officials die hij te pakken kon krijgen was de voorzitter van het parlement, Roeslan Stefantsjoek, die in die eerste uren een belangrijke rol zou spelen. Als Zelensky omkwam, dan was Stefantsjoek de eerste in lijn om het bevel op zich te nemen. Ook had hij de taak het parlement bijeen te roepen, de Verchovna Rada, de ziel van de democratie die Rusland juist wilde vernietigen. Stefantsjoek, een lange man van ruim honderddertig kilo, was buiten adem toen hij van huis in de Bankovastraat was aangekomen. Hij kende de president langer dan de meeste leden van de regering. Stefantsjoek trad in de jaren negentig in het cabaretcircuit op in Rusland en Oekraïne als lid van een groep met de naam De Drie Dikke Kerels, die door Zelensky als tiener bewonderd werd. Toen ze elkaar begroetten in het kantoor van de president, werd Stefantsjoek getroffen door de uitdrukking op het gelaat van zijn oude vriend, als een spiegelbeeld van zijn eigen gezicht. 'Het was geen angst,' zei hij me later. 'Het was een vraag: "Hoe heeft dit kunnen gebeuren?"' De parlementsvoorzitter en de president begrepen beiden dat er een echte oorlog was begonnen, maar geen van beiden kon helemaal overzien wat dat betekende. 'Misschien klinkt het vaag of dikdoenerig,' aldus Stefantsjoek, 'maar we hadden het gevoel dat de wereld instortte.'

◆

Rond zes uur die ochtend kwam de veiligheidsraad bijeen in Zelensky's kantoor op de vierde verdieping van het complex, met de president aan het hoofd van de vergadertafel, recht tegenover de deur. Een kort verslag van de militair commandanten gaf een idee van de schaal van de invasie. Het voornaamste doel leek Kyiv te zijn, waar raketten een militaire commandopost, een munitiedepot, een garnizoen van de Nationale Garde en andere doelen hadden getroffen. Van alle mogelijke scenario's voor de invasie had Poetin de agressiefste gekozen en Zelensky had het gevoel dat hij niet anders kon dan voor het hele land het krijgsrecht van toepassing te verklaren. De veiligheidsraad was het met hem eens. Onder deze omstandigheden leek het een formaliteit, maar het zou in de maanden daarna grote gevolgen hebben. Volgens de regels van het krijgsrecht zoals die in de Oekraïense grondwet zijn opgenomen, krijgt de president de enorme macht om per decreet te regeren en de democratische rechten en vrijheden van de Oekraïners op te schorten zolang de oorlog duurde. Er kon een avondklok worden ingesteld en iedere man van militaire leeftijd, dat wil zeggen tussen achttien en zestig jaar, kon worden opgeroepen voor de dienstplicht en verboden worden het land te verlaten. Het normaal functioneren van het parlement werd opgeschort, terwijl eigendommen van staatsbedrijven én particulieren in beslag konden worden genomen ten behoeve van de nationale verdediging.

Toen Zelensky deze declaratie eenmaal had ondertekend, haastte Stefantsjoek zich door de straat om haar tot wet te laten verheffen tijdens een spoedbijeenkomst van het parlement. Hij had verscheidene plaatsen overwogen om de parlementsleden naartoe te laten komen. Het parlementsgebouw met zijn iconische glazen koepel leek wel heel erg kwetsbaar voor een Russische aanval vanuit de lucht. Een van de alternatieve ruimten was een gehoorzaal onder het Moederland-monument, dat in elk geval de schok van een raket kon weerstaan. Maar Stefantsjoek besloot dat idee te schrappen. Hij wilde niet de indruk laten ontstaan dat de parlementsleden hun post hadden verlaten en hij riep hen op bijeen te komen in de plenaire zaal, de plaats waar ze gewoonlijk discussieerden over begrotingsvoorstellen en onderwijsbeleid.

Sommige leden waren de stad al ontvlucht, andere hadden moeite met de auto het parlementsgebouw te bereiken. Rond het regeringscentrum waren soldaten en vrijwilligers begonnen met het opwerpen van barricades, het afsluiten van een paar wegen met kiepwagens en autobussen. In de hele stad ontstonden lange rijen voor banken en benzinestations en het belangrijkste treinstation was vol mensen die probeerden ervandoor te gaan. Alle passagiers en stafleden kregen te horen dat ze het belangrijkste vliegveld van Kyiv moesten verlaten. Er brak paniek uit en Zelensky besefte dat paniek de hoofdstad sneller kon overnemen dan Russische tanks. Hij moest de bevolking ervan overtuigen dat het veilig was om thuis te blijven en zijn eerste poging daartoe deed hij om halfzeven.

Hij zat achter zijn bureau, zette de microfoon recht voor zich en drukte op 'RECORD'. De boodschap, die zesenzestig seconden duurde, had weinig van het zelfvertrouwen dat Zelensky later in zijn videoboodschappen zou uitstralen. Hij las te snel een paar zinnetjes voor, waarmee hij de natie informeerde dat Poetins troepen waren binnengevallen, dat in heel het land explosies te horen waren en dat de bondgenoten van Oekraïne al bezig waren met de voorbereidingen van een internationale reactie. Daarna praatte hij wat langzamer en verscheen er zelfs iets van een glimlach op zijn gezicht. 'Wat nu van u wordt gevraagd is kalmte, van u allemaal,' zei hij in de camera. 'Ik zal binnen heel korte tijd weer te zien zijn. Geen paniek. We zijn sterk. We zijn klaar voor wat dan ook.'

Het eerste deel van zijn toespraak klopte, de rest niet. Zelensky wist wel beter dan dat de mensen veilig zouden zijn als ze thuisbleven, zoals hij suggereerde. Sommigen van zijn medewerkers hadden hun gezin de stad al uit gestuurd en afscheid van ze genomen alsof het de laatste keer was dat ze elkaar zagen. Andri Sibiga, de hoofdadviseur buitenlandbeleid van de president, had die ochtend de hand van zijn vrouw vastgepakt en uitgelegd dat ze weleens het contact met elkaar konden verliezen als zij en hun drie kinderen eenmaal de stad uit waren. 'We keken elkaar aan en zeiden: "Goed, dit is het dan. We hebben onze kinderen, we hebben mooie tijden gekend." Dat was de toon waarop we eindigden.'

Zelensky's ouders, beide begin zeventig, zouden ook algauw geëvacueerd moeten worden. Hun woonplaats in het zuidoosten van Oekraïne lag op de route waarlangs de Russische troepen vanaf het schiereiland de Krim noordwaarts zouden opmarcheren. Tijdens hun eerste telefoongesprek die ochtend probeerde Zelensky zijn moeder – of misschien zichzelf – nog gerust te stellen door te zeggen dat het allemaal goed zou komen. 'Jij bent de moeder van de president,' zei hij volgens een medewerker die bij het gesprek aanwezig was. 'Jou kan niets overkomen.'

Na het afkondigen van het krijgsrecht verlieten de meeste leden van de veiligheidsraad, onder wie de hoofden van het leger en van de inlichtingendiensten, het presidentieel complex om het bevel op zich te gaan nemen in hun eigen hoofdkwartier. Ze hadden de duidelijke opdracht om het slagveld in de gaten te houden, inlichtingen te verzamelen en de troepen aan te voeren. De rol van de president was minder duidelijk omschreven. Hoewel zijn positie als opperbevelhebber hem het oppergezag over alle gewapende troepen verschafte, had hij geen enkele ervaring en niet de neiging hun voor te gaan. Hij vertrouwde de generaals het vechten toe en richtte zich in plaats daarvan op de taak van de diplomatie, de noodzaak de wereldleiders te hulp te roepen. Het eerste nummer dat hij belde terwijl hij in zijn kantoor heen en weer beende was dat van Boris Johnson, de Britse premier. Op dat moment was het in Londen twintig voor vijf in de ochtend en nog aardedonker, maar Johnson nam op en begroette Zelensky als een vriend. De twee waren in de maanden voor de oorlog aan elkaar gehecht geraakt; Johnson probeerde meer dan de meeste andere leiders de Oekraïners gerust te stellen door zijn steun toe te zeggen. Zijn regering had in de weken voor de invasie ook een van de grootste wapenleveranties gestuurd, met onder meer antitankgeschut. 'We zullen vechten, Boris! We zullen niet opgeven,' riep Zelensky in zijn smartphone. Een paar passen bij hem vandaan vond Danilov de scène zo ontroerend dat hij die met zijn telefoon filmde.[14]

Toen in West-Europa de ochtend aanbrak, begonnen leiders vanuit Washington, Parijs, Berlijn, Ankara, Wenen, Stockholm, Brussel en elders contact op te nemen met Zelensky, het lampje op zijn beveiligde telefoon flikkerde om de tien of twintig minuten op. Geen van hen klonk zo bemoedigend als Johnson, en sommigen stelden zelfs in bedekte termen ultimatums om Zelensky te overtuigen van het gevaar waar hij voor stond. 'Er waren vanaf de eerste dag al dreigementen,' aldus Sibiga, de adviseur buitenlandbeleid, die voor deze telefoontjes gespreksonderwerpen op een rij zette en over het bureau van de president leunde om te kunnen meeluisteren. 'De kern ervan was: ga in op de eisen van Rusland of jij en je familie zijn dood,' vertelde Sibiga me. Verschillende buitenlandse leiders boden aan te bemiddelen voor Oekraïne bij onderhandelingen over de voorwaarden voor overgave. 'Er waren aanbiedingen in de zin van: "Aanvaard de voorwaarden! Kijk eens hoe machtig ze zijn!"'

Het Russische leger, dat geschat werd op zo'n negenhonderdduizend actieve soldaten, was minstens vier keer zo groot als dat van Oekraïne. De Russen hadden vijf keer zoveel pantservoertuigen en tien keer zoveel vliegtuigen. Het defensiebudget van Oekraïne was met zo'n 4,5 miljard dollar ongeveer een tiende deel van wat Rusland jaarlijks aan het leger uitgaf.[15]

Zelensky's bondgenoten kenden die machtsbalans allemaal en wisten wat het betekende. En dus bleven ze hem aan het begin van bijna elk telefoongesprek maar vragen of hij van plan was Kyiv te verlaten voor zijn eigen veiligheid en hoe ze konden helpen. De presidentiële lijfwacht had een heel rijtje veiliger oorden voor hem om naartoe te gaan. Aan de randen van de stad waren bunkers in gereedheid gebracht. Verder naar het westen, bij de grens met Polen, zouden verscheidene regeringsfaciliteiten de president de vrijheid geven het land te leiden zonder de directe dreiging van moord of omsingeling door Russische troepen. Verschillende Europese leiders boden aan hem, zijn familie en zijn medewerkers te helpen vluchten. Een van de veiligste opties leek om vanuit een gebouw in het oosten van Polen, onder de nucleaire paraplu van de NAVO, de defensie aan te voeren. Amerikaanse officials, onder wie president Joe Biden, zouden Oekraïne graag helpen om een regering in ballingschap op te zetten.

Zelensky waardeerde zulke uitnodigingen, maar vond ze ook wel enigszins beledigend, alsof zijn bondgenoten hem al hadden afgeschreven. 'Ik werd hier moe van,' vertelde hij later over al die voorstellen om te ontsnappen die, in zijn woorden, 'van alle kanten binnen kwamen vliegen'. Hij probeerde elke conversatie terug te voeren naar wat Oekraïne nodig had om zich te verdedigen – grote hoeveelheden wapens, het sluiten van het luchtruim – en raakte geïrriteerd als hij in reactie hierop nog meer hulp kreeg aangeboden om te vluchten. 'Neem me niet kwalijk,' zei hij, 'het zijn gewoon slechte manieren.'[16]

Zijn frustratie bleek toen hij die ochtend sprak met Emmanuel Macron, de president van Frankrijk, die zijn telefoon voor hun gesprek op de speaker zette zodat zijn medewerkers konden horen hoe Zelensky het begin van de invasie beschreef. 'Het is compleet oorlog,' zei Macron. 'Ja,' klonk het antwoord, 'compleet oorlog.' Zelensky zuchtte diep. Als de Russen van plan waren Kyiv binnen enkele dagen in te nemen, dan kon Zelensky er niet op vertrouwen dat de invoer van wapens vanuit het Westen snel genoeg zou gaan om zijn kans op overleven te vergroten. Hij begreep ook dat de VS en Europa geen kernoorlog met Rusland wilden riskeren door eigen troepen te sturen om Oekraïne te redden. Daarvan hadden de westerse leiders, ook president Joe Biden, de Oekraïners wel weten te overtuigen. Zelensky had het idee dat zijn enige hoop, hoe naïef of wat voor hersenspinsel dan ook, was dat het Westen het Kremlin ervan moest overtuigen dat de aanval werd gestopt en de troepen werden teruggetrokken. 'Het is heel belangrijk, Emmanuel, dat jij met Poetin praat,' zei hij tegen Macron. 'Wij zijn ervan overtuigd dat Europese leiders en Biden met hem in gesprek kunnen gaan. Als zij hem bellen en zeggen dat hij moet stoppen, dan zal hij stoppen. Hij zal luisteren.'[17]

◆

Thuis in Kontsja-Zaspa wachtte het gezin op een telefoontje van de president. Toen Olena naar de kinderen ging om hen te wekken, waren ze al wakker. Ze wist niet precies hoe ze het nieuws over een invasie moest vertellen aan een negen- en aan een zeventienjarige, en Zelensky had haar wat dit betreft geen enkele raad verschaft. 'Hij heeft nooit gezegd om eerlijk te zijn tegen de kinderen of juist niet,' zei ze over hun laatste gesprek thuis. 'Hij zei alleen dat ik het hun allemaal maar moest uitleggen.' Geen van de kinderen stelde veel vragen. Kyrylo, een speelse, gevoelige jongen die snel afgeleid was, gehoorzaamde zijn moeder kalm en geconcentreerd en pakte een paar van zijn spullen in een kleine rugtas: een paar viltstiften, een puzzelboek, stukken van een deels in elkaar gezette Lego-set. Oleksandra, door de familie Sasja genoemd, bleef in contact met haar vriendinnen via sociale media en probeerde een idee te krijgen van wat er buiten allemaal gebeurde. Het viel niet mee om je voor te stellen hoe groot het gevaar was als je alleen afging op newsfeeds en tv-uitzendingen. De koppen waren slechts gericht op wat zich direct had voorgedaan – de gevolgen van een raketinslag, ergens een tank gespot – en mensen moesten maar raden naar antwoorden op belangrijker vragen, zoals de kans van het land om vol te houden.

Zelensky's gezin kon door de ramen van hun huis het gebulder horen van de batterijen luchtafweergeschut die probeerden Russische raketten, vliegtuigen en helikopters neer te halen. Op een gegeven moment stond de presidentsvrouw voor het raam terwijl een straaljager zo laag overvloog dat ze het geluid in haar ribbenkast kon voelen. Haar lijfwacht zei dat ze de kinderen naar de kelder moesten brengen. Het risico bestond dat de Russen hen vanuit de lucht zouden bombarderen.* De kleinste van hun honden, een dwergschnauzer, was doodsbang voor vuurwerk en onweer en was nu bijna in shock door het lawaai van de explosies. Olena nam hem in haar amen en droeg hem de trap af. Ze zou die ochtend nog een paar keer die trap op en af lopen, in de kelder wachtend tot de lijfwachten zeiden dat het veilig was om naar boven te gaan om daar dan water op te zetten voor thee, dat zou koken op het moment waarop het volgende luchtalarm hen dwong weer naar de kelder te gaan. Maar zelfs toen wilde Olena niet wegvluchten uit Kontsja-Zaspa. Toen de president eindelijk belde, zei ze tegen hem dat ze zich thuis veiliger voelde dan op een of andere geheime plek en dat ze hun huisdieren niet wilden achterlaten. (Behalve de papegaai en de twee honden waren er nog een cavia in huis en een kater, Lyova, die vooral in Sasja's kamer zat.) 'We probeerden hem ervan te overtuigen, maar het was zinloos.' Hun huisadres was al lang geleden in de pers verschenen en ze moesten aannemen dat de Russen op hun kaarten een rondje om Kontsja-Zaspa hadden gezet.

Zonder enig idee waar ze naartoe zouden gaan en voor hoelang pakte Olena de papieren van het gezin en pakte ze een rolkoffer in voor haar en de kinderen. Alle huisdieren werden overgelaten aan de goede zorgen van de huishoudhulp en de bewakers, van wie er enkele bij het huis achterbleven. Tegen de tijd dat zij wegreden, was er totale paniek uitgebroken in de stad en de voorsteden. Verkeer was van de

* Begin maart, in de tweede week van de invasie, werden stukken van een raket gevonden op het terrein van de presidentswoning in Kontsja-Zaspa. Zelensky postte een foto van de brokstukken op sociale media. Ernaast schreef hij: 'Mis.'

volle hoofdwegen naar de plattelandswegen uitgeweken. Bij benzinestations stonden lange rijen en ze konden zien dat bij het stadscentrum de eerste barricades werden opgeworpen om Russische tanks tegen te houden. In de Bankovastraat brachten de lijfwachten hen naar de suite van de president, waar spanning heerste maar geen paniek. Niemand schreeuwde of was erg emotioneel. Het hardste geluid was dat van een metaaldetector in de hal van de derde verdieping, die elke keer jankte als er een soldaat met een geweer voorbijkwam. Verder klonk geluid gedempt. Medewerkers dromden samen bij een paar varens naast de ramen of staarden geconcentreerd naar het scherm van hun laptop of telefoon, schreven aan toespraken, stuurden appjes en hielden het nieuws in de gaten.

Verslagen over de aanval stroomden sneller binnen dan iemand kon bijhouden. In het westen van Oekraïne, niet ver van de Poolse grens, stonden verscheidene vliegvelden in brand. Tientallen soldaten werden vermist, ze waren vermoedelijk omgekomen na een raketaanval op hun basis bij Kyiv. Medewerkers van de president probeerden al deze informatie te schiften en brachten alleen dat nieuws naar Zelensky dat zijn directe aandacht verdiende. Maar elke ontwikkeling leek alarmerender dan de vorige. 'Het is moeilijk je daarop voor te bereiden,' zei Andri Jermak, de stafchef van de president die al sinds de vroege ochtend bij hem was. 'Zoiets hadden we tot dan toe alleen in films gezien of erover gelezen in boeken.'

Net als veel van de adviseurs van de president was Jermak [illegible] bol, ongeschoren gezicht, om zijn polsen handgemaakte armbanden van leer en houten kralen – afkomstig uit de entertainmentindustrie. Als filmproducent had hij een paar gangsterfilms op zijn naam staan, vol namaakbloed en machodialogen, die Jermak nog lang citeerde nadat de films waren geflopt. (Een van zijn favoriete uitspraken: 'Alles op zijn tijd.') Voordat zijn vriend president werd, diende Jermak als jurist voor Zelensky's productiebedrijf. Nu had hij de taak een oorlog te managen en telefoongesprekken van generaals aan het front en het Witte Huis af te handelen. Op een gegeven moment die ochtend kreeg Jermak een telefoontje van een hoge official van het Kremlin, Dmytro Kozak, die hij goed kende van hun eerdere vredesgesprekken. Wekenlang hadden ze in het geheim met elkaar gesproken en vruchteloos geprobeerd een aantal concessies overeen te komen, die Poetin zouden kunnen overhalen af te zien van de aanval. Deze keer belde Kozak niet om te onderhandelen. Hij zei dat het tijd was dat Oekraïne zich overgaf op de voorwaarden van Rusland. Jermak liet hem uitpraten, zei toen dat hij de boom in kon en hing op.[18]

Als Jermak op dat moment enige angst voelde, dan was dat niet om zijn eigen veiligheid, vertelde hij. 'Maar voor onze geliefden, ja.' De vijftig jaar oude vrijgezel had geen gezin om uit Kyiv te laten vertrekken en hij had op zich genomen bij Zelensky te blijven, wat er ook gebeurde. Voor veel van zijn collega's was de keuze echter niet zo gemakkelijk. Sommige waren die ochtend in de Bankovastraat gearriveerd met hun gezin en koffers in de auto in de verwachting dat de staf van de president er georganiseerd vandoor zou gaan. Zelensky hield hen niet tegen. Zolang deze medewerkers toestemming vroegen hun dierbaren de stad uit te brengen, mochten ze gaan. 'We zijn allemaal mensen,' zei hij. 'En sommige beslissingen moesten nu eenmaal snel worden genomen.'

De president zelf besloot dat zijn gezin moest vluchten. Het risico op een bombardement was te groot en hij stelde meer eisen aan hun veiligheid dan aan die van zichzelf. Hun afscheid die dag verliep niet bijzonder sentimenteel. Het presidentsgezin trok zich zelfs niet terug in een aparte kamer om even te praten. Ze omhelsden elkaar in de gang en zeiden haastig nog wat tegen elkaar terwijl Zelensky zich van de ene afspraak naar de andere spoedde. Zijn vrouw herinnert zich niet dat hij iets geruststellends tegen haar heeft gezegd. Na een huwelijk van bijna twintig jaar verbaasde het korte afscheid Olena niet. Ze wist uit ervaring dat haar man zijn werk voor alles liet gaan. Daar in die gang beloofde Zelensky haar niet dat alles goed zou komen. 'Hij weet dat ik daardoor alleen maar in paniek zou raken,' vertelde Olena me. Het gevaar voelde voor beiden nog altijd onwerkelijk en de reactie van de presidentsvrouw was om te doen alsof ze zichzelf volledig in de hand had. 'We konden er geen heftig afscheid van maken,' zei ze. 'De kinderen hadden daar geen behoefte aan.' Hun optreden voor de kinderen zorgde ervoor dat het moment veel minder ernstig leek dan het was. 'Het was alsof ik op vakantie ging,' zei ze, 'een absoluut normaal, rustig gesprek, een goede reis gewenst.'

In werkelijkheid vluchtten Olena en de kinderen voor hun leven. Op het centraal station van Kyiv stond een trein klaar om hen de stad uit te brengen naar een geheime bestemming die zelfs niet bekend was bij de nauwste medewerkers van de president. De spoorwegdienst had opdracht van de lijfwacht van de president om op een ander spoor een locomotief gereed te houden, klaar voor vertrek, voor het geval Zelensky besloot de stad te verlaten. Nu en dan ging een groepje bewakers, vooruitlopend op zijn komst, door de wagons om te controleren of alles veilig was. Maar Zelensky kwam niet. De trein van het gezin vertrok zonder hem en verliet ratelend het station met zijn vrouw, hun twee kinderen, hun lijfwacht en hun ene rolkoffer.[19]

2

Het doelwit

Om twintig over elf op de ochtend van de invasie liep Zelensky met zijn lijfwacht naar de begane grond van het hoofdkwartier van de president, waar zijn medewerkers een groep verslaggevers bij elkaar hadden gebracht in een raamloze perszaal. De president was nog altijd gekleed in zijn zakelijke pak en overhemd, maar zijn boodschap was in die eerste uren van de invasie wel veranderd. Toen hij het podium betrad, zagen Oekraïners niet langer de gespannen en wat vaderlijke glimlach van een leider die bij er bij hen op aandrong kalm te blijven, thuis te blijven en nadere instructies af te wachten. Nu riep Zelensky zijn volk op om op te staan en op alle mogelijke manieren mee te vechten. Alle veteranen moesten zich melden bij het dienstplichtkantoor om onmiddellijk weer dienst te nemen. Iedereen die gezond genoeg was om bloed te geven, moest dat gaan doen in het plaatselijke ziekenhuis. Iedereen die een geweer wilde hebben, aldus Zelensky, kon er een krijgen bij een van de distributiekantoren die overal in de stad geopend werden. 'We delen al wapens uit en we blijven ze uitdelen aan iedereen die ons land wil verdedigen.'

Zelfs de verzamelde verslaggevers waren niet vrijgesteld van deze wapenoproep. De stroom Russische propaganda was met het begin van de aanval alleen maar groter geworden en op sociale media verschenen valse verslagen dat de regering gevallen was. Zelensky wilde van elke nieuwsdienst in Oekraïne dat ze hem hielpen mee te vechten in de informatieoorlog en 'de vechtlust van het land te mobiliseren'. 'Maak algemeen bekend hoe dapper onze soldaten vechten,' zei hij vanaf dat podium. 'Ze hebben de steun nodig van onze burgers.'

Enkele minuten later, na afloop van de persconferentie, begon het luchtalarm weer te loeien. In Kyiv had het eerste al geklonken bij zonsopkomst en de staf van de president negeerde de rest van de ochtend de sirenes en bleef aan het werk. Deze keer klonk het anders. Omstreeks het middaguur werd de bewaking van de president gewaarschuwd voor een luchtaanval op de Bankovastraat en de bewakers verspreidden zich over het complex om een begin te maken met de evacuatie. Zelensky's lijfwachten zeiden hem dat het tijd was zich terug te trekken in de bunker.[20]

De president had een paar jaar eerder al, aan het begin van zijn presidentschap, een toer gemaakt door het gebouw en nu herinnerde hij zich de deur, een dikke staalplaat met isolerend rubber langs de randen. Die kwam uit op een netwerk van trappen, gangen en liften die tot diep onder de grond gingen. De tocht naar beneden nam nog geen tien minuten in beslag, maar leek bij die eerste afdaling veel langer te duren, terwijl hun stemmen en voetstappen door de tunnels echoden, die zo lang waren als de gebouwen erboven.

Ze waren op weg naar een ruimte die dateerde uit het hoogtepunt van de Koude Oorlog, ontworpen en gebouwd voor het geval Kyiv een atoomaanval te verduren kreeg. Veel steden in het Oostblok hadden van dat soort ondergrondse holen. De Sovjet-Unie was nooit in staat geweest een auto te produceren die op de wereldmarkt zou kunnen concurreren, maar ze konden wel de allerbeste bunkers ter wereld bouwen. Voor Oekraïne had deze erfenis zijn voor- en zijn nadelen. Omdat de schuilplaats in de Sovjettijd was gebouwd, had Oekraïne alleen hoeven te betalen voor het onderhoud, niet voor de bouw van de bunker, die stevig was, praktisch en diep genoeg aangelegd om een voltreffer van een kernraket te weerstaan. Nadeel was natuurlijk dat de bunker in Moskou was gepland en ontworpen. Ergens in de archieven van de KGB hadden de Russen vermoedelijk de plattegrond ervan, tot de plaats aan toe waar de presidentiële wc zich bevond.

Toen ze er arriveerden, kwam de plek sommigen van Zelensky's medewerkers merkwaardig bekend voor. Hele stukken leken op de ondergrondse van Kyiv, die rond dezelfde tijd was aangelegd en waarvoor grotendeels dezelfde technieken waren gebruikt. Zelfs de verf op de muren had de glans en textuur die je zou verwachten in het kantoor van de stationschef van de metro. Het hele bouwplan leek ook wel op een reusachtig station van de ondergrondse, met twee verdiepingen en ingericht in de stijl van een kantoorgebouw. In een lange gang konden honderden mensen worden ondergebracht. Links en rechts waren kleine kamers om in te werken of te slapen, sommige zo klein dat een gevangeniscel er ruim bij leek. De bedden waren slechts smalle matrassen op de grond, zoals je die zou kunnen aantreffen op stapelbedden in een kinderzomerkamp. Er waren gemeenschappelijke badkamers en douches, en er was een eetzaal met voldoende stoelen voor enkele tientallen mensen om tegelijk te eten.

Afgezien van een paar vernieuwingen en renovaties – de flatscreen-tv in de eetzaal bijvoorbeeld – was er in de bunker sinds de bouw weinig veranderd. De gelige gloed van de oude lampen was vervangen door het harde witte licht van leds of halogeen. De oude houten deuren van de kamertjes waren vervangen door nieuwe, die waren gemaakt van goedkope kunststof panelen en slecht isoleerden. Danilov had het complex als hoofd van de veiligheidsraad een paar maanden voor de invasie geïnspecteerd en ervoor gezorgd dat er veel meer internetverbindingen waren dan strikt noodzakelijk. Op de vraag die de presidentiële staf het meest bezighield was zijn antwoord: ja, er is wifi in de bunker.

Zelensky was onder de indruk. Het was geen Kontsja-Zaspa, maar hij had in de loop der jaren tijdens tournees in veel smoezelige hotelletjes geslapen, waardoor hij veel minder kieskeurig was dan het gemiddelde Europese staatshoofd en zijn kamers in de bunker vond hij prima – en zeker comfortabeler dan die van zijn medewerkers. Zijn bed was klein, niet meer dan een veldbed. Maar op de benedenverdieping had hij zijn eigen kitchenette met een koffieapparaat, zijn eigen eetkamer met een tafel voor zes, of desnoods acht. Hij had een eigen badkamer en douche en op de grond van zijn suite lag vaste vloerbedekking, ongeveer zoals in zijn kantoor boven de grond. Verder lagen er in de bunker koude, bruine tegels op de vloer.

Toen ze eenmaal hadden rondgekeken, riep Zelensky zijn medewerkers bij elkaar in de vergaderzaal en vroeg hun om nu te kiezen. 'Vanaf morgen,' zei hij, 'kan het zijn dat we niet meer de kans krijgen om te vertrekken.' Kyiv zou dan omsingeld kunnen zijn. Russische troepen zouden kunnen zijn opgesteld rondom het presidentieel complex en de uitgangen van de bunker blokkeren. 'Iedereen heeft zijn eigen leven en moet zelf een beslissing nemen,' zei Zelensky. 'Kies of je wilt blijven of naar een veiliger oord wilt gaan.' David Arachamja, een oude vriend van de president, had moeite met een keuze maken en wat het zou vereisen van degenen die bleven. Later vertelde hij dat het gesprek overkwam als een droom. Toen die voorbij was, ging hij naar een ander vertrek en belde zijn vrouw. 'Ze antwoordde me heel duidelijk, mogelijk met enige humor,' zei Arachamja later tegen *The Washington Post*. 'Ze vertelde de kinderen liever dat ik eenmaal een held was dan vele keren een deserteur.'[21]

◆

Toen Zelensky en Jermak die middag weer naar boven gingen, stonden de gangen vol soldaten in gevechtstenue. Er bestonden geen protocollen voor een staat van beleg binnen het presidentieel complex en dus moesten de bewakers improviseren; elke ingang hadden ze gebarricadeerd met wat ze maar konden vinden. Voor de ramen hadden ze zandzakken gelegd. Ze hadden een oude vrachtauto bij een van de poorten geparkeerd en volgestopt met mijnen, die zouden ontploffen zo gauw iemand hem probeerde weg te rijden. Sommige van hun versterkingen leken meer op bergen vuilnis. Een ingang van het gebouw aan de Bankovastraat was geblokkeerd met een bureau, een paar fietsenrekken en enkele blikken politieschilden, allemaal dingen die een kogel of zelfs een vastberaden duwtje niet zouden tegenhouden. Maar het was het enige wat ze hadden.

In het complex openden de veiligheidsagenten hun wapenkasten en haalden voldoende geweren tevoorschijn voor Zelensky en zijn medewerkers. De meeste hadden geen idee hoe ze met zo'n wapen moesten omgaan. Een van de weinigen die dat wel wist, was Oleksi Arestovytsj, een woordvoerder van de president die ooit had gediend in de militaire inlichtingendienst. 'Het was een absoluut gekkenhuis,' vertelde hij me. 'Automatische geweren voor iedereen.' De wapens, die lagen opgestapeld naast een berg kogelwerende vesten, konden de medewerkers en hun familieleden, bij wie de paniek toenam, niet meteen geruststellen. Tientallen mensen dromden samen in kantoren of renden door de gangen in een poging een idee te krijgen van de gevechten buiten, van hoe ver de Russen al waren en of Oekraïne de middelen had om ze tegen te houden. In de vertrekken gingen geruchten rond, afkomstig van sociale media, vermengd met beetjes informatie die van militaire bronnen en buitenlandse inlichtingendiensten binnendruppelden. Een aanhoudende waarschuwing luidde dat er elk moment een golf Russische parachutisten in het centrum van de hoofdstad zou kunnen landen.

In de helft van de stad, zo vertelde Arestovytsj me, 'was niets ter verdediging, lagen geen betonblokken in de straten, was geen enkele tankval. Niets.' Als woordvoerder militaire aangelegenheden van de president was het zijn taak om in de perszaal te verschijnen en de aanwezigen ervan te overtuigen dat alles onder controle was, dat de Russen een wanhopige vergissing hadden begaan en binnen de kortste tijd zouden worden teruggeslagen en vernederd. 'Ik werd het nationale slaapmiddel,' zei Arestovytsj. Die rol paste goed bij hem. Zeventien jaar lang had hij als acteur gewerkt bij Theater het Zwarte Plein in Kyiv, een toneelgroep die bekendstond om de improvisatieproducties. Ook had hij het uiterlijk en het air van een spion, met zijn zachte, geruststellende stem die algauw het gevoel van kalmte zou gaan symboliseren waarmee Zelensky's team probeerde de verschrikkelijke gebeurtenissen die om hen heen plaatsvonden toe te dekken.

'Dit moet je goed begrijpen,' zei Arestovytsj tegen het Oekraïense volk tijdens een van zijn persconferenties die dag. 'De tweehonderdduizend soldaten die Poetin aan de grens met Oekraïne heeft gestationeerd, zijn niet voldoende om het land aan te vallen en te bezetten en zo. Het enige waarop ze kunnen rekenen is paniek.' En in Kyiv heerste paniek. Later zou de burgemeester schatten dat de helft van alle inwoners, dat wil zeggen 2 miljoen mensen, de stad was ontvlucht. Zij die dat niet konden of wilden, zochten bescherming in de ondergrondse, in bunkers en in kelders. In de straten van de regeringswijk gingen Oekraïense soldaten van deur tot deur om in de huizen naar Russische saboteurs te zoeken en er bij de bewoners op aan te dringen te vertrekken. Als de ruiten van een auto die in de Bankovastraat geparkeerd stond donker getint waren, dan braken veiligheidstroepen hem open om te zien of er geen explosieven of wapens in verborgen waren.[22]

Hoeveel zelfvertrouwen de president en zijn medewerkers ook probeerden uit te stralen, ze bereidden zich voor op het ergste. Een van Zelensky's juridisch medewerkers, Andri Smyrnov, vertelde hem dat de Russische troepen het Oekraïense rechtssysteem zouden kunnen overnemen en uitspraken konden gaan doen om de bezetting te legitimeren of het presidentieel gezag te ondermijnen. Om dit te voorkomen spoedden Smyrnov en een officier van de veiligheidstroepen zich naar een rechtbank in het centrum van Kyiv, braken de deur open en rukten de kabels uit alle computerservers – het juridisch equivalent van een brug opblazen om de opmars van vijandige tanks te stoppen. 'In termen van de scheiding der machten is dit vermoedelijk niet wat je moet doen,' vertelde Smyrnov me. 'Maar dit waren bijzondere tijden.'[23]

Op bevel van de president begonnen de militairen en de politie in Kyiv hun wapenkamers leeg te halen en geweren uit te delen aan inwoners. Ze wilden de stad voorbereiden op een guerrilla. Maar ook waren de commandanten bang dat de voorraden in handen van de vijand zouden vallen. 'Als we de wapens niet uitdeelden,' aldus Denys Monastyrsky, minister van Binnenlandse Zaken, 'dan zouden de Russen ze meteen te pakken hebben gekregen.' Een wapenopslagplaats in een van de noordelijke voorsteden van Kyiv moest meteen worden leeggehaald toen Russische troepen het terrein naderden.

Aan de andere kant van de stad, op ongeveer drie kilometer ten westen van de Bankovastraat, stegen rookpluimen op van burnpits op de binnenplaats van het ministerie van Defensie en van de generale staf. Van de hoogste leiding was het bevel gekomen om te beginnen met het vernietigen van gevoelige documenten die lagen opgeslagen in hun hoofdkwartieren, een complex van neoklassieke gebouwen, geschilderd in pastelblauw. De enige manier om zo veel dossiers binnen enkele uren te vernietigen, was ze verbranden. Maar voor die taak lagen geen plannen of materialen klaar. De hoge pieten hadden niet verwacht dat de Russen al op de eerste dag van de invasie rechtstreeks op Kyiv af zouden gaan. Nu pas drong het tot hen door dat hun kantoren met al hun documenten en archieven konden worden bezet. In het hele complex haalden teams van ambtenaren en soldaten archiefkasten leeg, deden de inhoud in dozen en brachten die naar de binnenplaats om ze daar op de grond in brand te steken. De rest van de dag drong de rook via de sponningen naar binnen en dwarrelde er as, en soms ook stukken papier met daarop nog vage regels geheime tekst, als herfstbladeren door de lucht.[24]

De minister van Defensie, Oleksi Reznikov, racete inmiddels door de stad met zijn gezelschap bewakers, terwijl hij in nauw contact stond met de president. 'Om veiligheidsredenen kon ik niet op één plaats blijven,' vertelde hij me. 'In Kyiv zaten groepen saboteurs en verkenningstroepen. Dat wisten we allemaal.' Van deze groepen werd aangenomen dat ze functioneerden als slapende cellen, bestaande uit eenheden van Russische commando's en hun plaatselijke collaborateurs. Zelensky en zijn regering geloofden dat velen hiervan al lang geleden in Kyiv waren aangekomen, doelen hadden vastgesteld en wapens in de stad hadden opgeslagen. 'Een jaar geleden al huurden deze mensen op veel plaatsen appartementen en huizen,' aldus Zelensky. 'Zij waren in de positie om met het werk van de bezetters te beginnen.'

Op de middag van de invasie ontving Zelensky uit verschillende bronnen rapporten over wat ze uitvoerden en werd het gevoel geschapen dat de vijand al in de stad was en opdrong. Dit kan hun doel zijn geweest, zei Reznikov. Zelfs als ze Zelensky niet konden doden of gevangennemen, dan konden de Russische sabotage-eenheden proberen hem in paniek te brengen en op de vlucht laten slaan. 'De Russische tactiek was om de president uit Kyiv te verdrijven,' zei hij. 'Ze testten onze zenuwen.'

Op een gegeven moment trof een kogelregen de noordgevel van het hoofdgebouw van het ministerie van Defensie en raakte de parketvloer bezaaid met glasscherven. Het salvo leek afkomstig van een flatgebouw in aanbouw, de Manhattan City-torens, drie half voltooide wolkenkrabbers aan de overkant van de spoorbaan. De torens werden op dat moment niet bewaakt. Iedereen kon de bouwplaats op lopen en over de trappen naar de hogere verdiepingen klimmen. Een sluipschutter of iemand met een mitrailleur kon daar een goed plekje vinden met onbelemmerd zicht op het ministerie van Defensie. Toen de schoten klonken, zochten medewerkers in het gebouw meteen dekking achter bureaus en muren. Verscheidene officieren grepen hun kalasjnikov en begonnen terug te schieten in de richting van de torens. 'Ik schreeuwde tegen ze: zet dan tenminste eerst de ramen open!' aldus een medewerker, Ljoedmila Dolhonovskaja, die zich zorgen maakte om de koude februariwind die door de kapotte ramen naar binnen waaide. Een paar minuten lang floten er kogels over het voetbalveld van het ministerie, het stadion van de Centrale Legervoetbalclub. Het nabijgelegen hoofdgebouw van het ministerie van Infrastructuur aan de Avenue van de Overwinning lag toevallig in de vuurlinie. Het werd door een paar salvo's getroffen, waardoor ruiten op de vierde en vijfde verdieping sneuvelden. Er raakte niemand gewond. Later kamden commando's van het Oekraïense leger de Manhattan City-torens uit, maar ze vonden geen enkel teken van Russische saboteurs of waar ze zouden hebben gezeten. Het incident droeg echter wel bij aan de sfeer van paranoia die in Kyiv heerste.

Op sociale media verschenen de hele dag door verslagen van schotenwisselingen met Russische agenten in de buurt van het centrum. Volgens zo'n verhaal zou een eenzame schutter het vuur hebben geopend op soldaten bij een station van de ondergrondse. Volgens een ander was aan de rand van het stadscentrum een truck vol saboteurs aan flarden geschoten. Deze incidenten konden niet worden bevestigd, laat staan onderzocht, maar de bewakers van de president namen geen enkel risico. En het leger deed dat ook niet. Bij het aanbreken van de tweede dag van de invasie gaf het Oekraïense leger op zijn Facebookpagina een waarschuwing af aan de inwoners van Kyiv: er zaten al vijandige troepen in de stad. 'Maak molotovcocktails,' beval de verklaring. 'Schakel de bezetters uit!'

◆

Tegen de middag van de eerste dag, ongeveer zeven uur na het begin van de invasie, nam de shock bij Zelensky wat af en kreeg hij meer greep op wat zijn rol in oorlogstijd van hem zou eisen. Zijn korte carrière als staatsman had hem niet kunnen voorbereiden op dit moment, maar zijn intuïtie als acteur had zeker bepaalde voordelen. Zelensky paste zich snel aan, hij was erin getraind niet zenuwachtig te worden voor een enorm publiek. Nu, besefte hij, was zijn publiek een groot deel van de wereld, heel Oekraïne, iedereen die hij kende of nog zou ontmoeten. Als hij nu in paniek raakte en zijn hoofdstad zou overgeven aan de Russen, dan zou schaamte, zo wist hij, hem de rest van zijn leven achtervolgen, en die angst voor onwaardigheid leek zwaarder te wegen dan de angst om te worden gedood of gevangengenomen te worden tijdens de verdediging van zijn land. Hij herinnert zich dat hij zichzelf een peptalk gaf die de rest van de dag in zijn hoofd zou blijven spelen. 'Ze kijken toe,' zei hij tegen zichzelf. 'Jij bent een symbool. Je moet doen zoals een staatshoofd moet doen.'

In de loop van de dag konden Zelensky's medewerkers zien dat zijn houding koeler werd. Zijn toon werd afgemeten en hij begon vanuit zijn kantoor op de vierde verdieping een serie bevelen te geven. De meeste van zijn besluiten vonden geen werkelijke basis in ervaring of planning. Zelensky bezat op dat moment geen van beide om zich door te laten leiden, maar dat leek hem niet te deren. Zijn klim vanuit de wereld van de comedy naar het presidentschap zou niet mogelijk zijn geweest zonder het vermogen vertrouwen uit te stralen, ook al ontbrak het hem daaraan. Nu ging dat vermogen in overdrive en werd Zelensky wat een van zijn medewerkers noemde een 'beslissingengenerator'.

'De Russen hadden op allerlei manieren pech,' aldus Mychajlo Podoljak, die die dag bij de president doorbracht. 'Dit was er een van.' Ze leken te denken dat, door Oekraïne van verschillende kanten aan te vallen, de commandostructuur in Kyiv wel zou instorten, overweldigd door het grote aantal dreigingen die een onmiddellijke respons vereisten. Enige verslapping van het gezag, al was het maar een pauze om de opties van het land af te wegen, zou ertoe leiden dat officials aan het front zelf dan maar beslissingen gingen nemen en dat zou in veel gevallen neerkomen op ervandoor gaan. Maar op de radio was niet één keer zo'n pauze, een moment van stilte te horen, omdat het kantoor van de president dan snel bevelen begon te geven. Sommige zouden op tragische wijze mislopen, zoals het bevel dat Zelensky gaf om wapens uit te delen aan zo'n beetje iedere volwassene met een Oekraïens paspoort en een wijsvinger. De overvloed aan wapens maakte van delen van Kyiv algauw een schiettent.

Maar in die eerste uren van de oorlog, toen het overleven van Oekraïne op het spel stond, had Zelensky geen tijd om risico's af te wegen of data te analyseren en veel aanmoediging had hij niet nodig om zijn staf instructies te geven, zoals altijd gelardeerd met vloeken. Ten gevolge hiervan, aldus Podoljak, 'hadden mensen in de hele hiërarchie geen tijd om aan zichzelf te twijfelen'. Bij de eerste van verscheidene telefoongesprekken die dag met regionale gouverneurs leken sommige versteend van angst, niet in staat antwoord te geven op Zelensky's vragen over hoe het er in hun regio voor stond, of ze zelfs maar te bevatten. Het was hun nauwelijks kwalijk te nemen. De Russische opmars dreigde sommige van die regio's binnen enkele uren te overspoelen en de gouverneurs moesten afwegen hoe groot hun kans was om te worden gedood als ze niet op de vlucht gingen of ermee instemden te collaboreren met de indringers. Toen Zelensky dit in de gaten kreeg, gaf hij strenge, zij het ook wat vage instructies: blijf op je post, neem contact op met het leger en zorg ervoor dat je openstaat voor de behoeften van het volk. 'Dat kalmeerde mensen,' aldus Podoljak. 'Ze hielden op met denken en gingen aan het werk.'*

Kort na dat telefoongesprek kwamen bij Zelensky verslagen binnen over een Russische luchtaanval aan de rand van Kyiv, op zo'n vijftien kilometer ten westen van het presidentieel complex. Hij wist meteen wat het doel was: een groot vliegveld bij de stad Hostomel. Een paar weken daarvoor had hij een waarschuwing over dat vliegveld gekregen van de CIA, die het beschouwde als een van de kwetsbaarste plekken van het land. William Burns, directeur van de CIA, had midden januari een bezoek gebracht aan Kyiv om de laatste informatie van de Amerikaanse inlichtingendiensten over Poetins oorlogsplannen over te brengen en hij had toen uitgelegd dat de Russische strategie gebaseerd was op het laten landen van voldoende troepen op Hostomel om Kyiv in te nemen.[25] Op dat moment was Zelensky niet overtuigd. Volgens hem zaten er in de Russische plannen niet voldoende troepen om een stad met 4 miljoen mensen te bezetten. Zelensky verwachtte dat veel mensen zouden opstaan om zich te verzetten. Bovendien wist de Amerikaanse informatie hem niet te overtuigen. Die leek erop te wijzen dat dit een van de opties van Rusland was, misschien wel de agressiefste, maar niet de waarschijnlijkste. Poetin zelf had Kyiv de 'moeder aller Russische steden' genoemd, de wieg van de beschaving die hij beweerde te verdedigen. Slechts gekte kon hem ertoe brengen die stad aan te vallen,

* Uiteindelijk bleek overlopen door regionale leiders veel minder te zijn voorgekomen dan werd verwacht. Slechts een van hen liep echt over naar de Russen. Sommigen die de nauwste historische banden hadden met en sympathie voor Moskou, zoals de burgemeester van Charkiv, vlak bij de Russische grens, bleken tot de felste verdedigers van Oekraïne te behoren.

haar kerken te bombarderen en haar inwoners te onderwerpen. Tijdens al hun besprekingen, de telefoongesprekken, de topontmoetingen en de vredesonderhandelingen was Poetin op Zelensky overgekomen als koud en berekenend, bitter en verongelijkt, maar niet gek, niet uit op genocide. 'Hoe kun je dit nu geloven?' vroeg hij later aan een verslaggever. 'Dat ze mensen zullen martelen en dat dit hun doel is? Niemand geloofde dat dat zo zou worden.'[26]

De CIA bleek echter wel degelijk gelijk te hebben gehad, in elk geval over de voornaamste aanvalslinie van Poetin. Rond elf uur die ochtend vloog er een vloot van ten minste dertig Russische aanvalshelikopters over het stuwmeer ten noorden van Kyiv, waarbij ze laag genoeg over het water vlogen om de luchtafweer te ontwijken. De Oekraïners haalden een van de helikopters neer bij het naderen van Hostomel. Maar de andere waren in staat een troepenmacht van enkele honderden soldaten af te zetten, voldoende om het vliegveld in bezit te nemen. Terwijl de veldslag zich ontrolde, wendden Zelensky en zijn medewerkers zich tot hun laptops en telefoons en keken naar de beelden en updates die vanuit Hostomel binnenkwamen.[27] Een paar medewerkers waren verrast door de reactie van de president. Ze hadden hem nog nooit zo boos gezien. 'Hij gaf de hardst mogelijke bevelen,' aldus Podoljak. '"Toon geen enkel medelijden. Gebruik alle beschikbare wapens om alles wat daar Russisch is weg te vagen."'[28]

Maar de Oekraïners hadden niet de troepen in de buurt om het vliegveld te verdedigen. Ondanks de waarschuwing van de CIA was de Russische aanval op Hostomel een verrassing voor de legerleiding. Veel soldaten die in de buurt gelegerd waren geweest, waren ter versterking naar het oostfront gezonden, waar hun commandanten hadden verwacht dat de invasie zou beginnen. Degenen die op het vliegveld waren achtergebleven, zaten binnen een paar uur al zonder munitie en ze hadden geen andere keus dan zich onder hevig vuur terug te trekken. Toen de Russische commando's eenmaal de startbanen hadden bezet, bereidden ze zich voor op de komst van versterkingen in reusachtige militaire transportvliegtuigen, die vol zaten met soldaten en transportmiddelen. 'Ze zetten tien van die vliegtuigen aan de grond,' aldus Monastyrsky, minister van Binnenlandse Zaken, 'en plotseling zaten we met vijfduizend Russische soldaten die door de straten van Kyiv marcheerden.'

◆

Terwijl de slag om het vliegveld die avond werd uitgevochten, verscheen Zelensky via een videolink op een noodconferentie van Europese leiders. De meeste namen deel aan de top via videoverbinding en vormden samen een schaakbord van bezorgde gezichten op ieders scherm. De presidenten van Polen en Litouwen hadden de dag vóór de invasie nog een bezoek gebracht aan Kyiv om hun solidariteit met Zelensky te betuigen, maar de eerste golf bombardementen had hen gedwongen er snel vandoor te gaan. Terwijl ze er nu bij hun collega's op aandrongen om in actie te komen, werd er geen enkele consensus bereikt over welke straf Rusland verdiende. De ergste handeling van militaire agressie in Europa sinds de Tweede Wereldoorlog was op zichzelf niet voldoende om de Europese Unie te verenigen.[29]

De leiders van Duitsland, Oostenrijk, Cyprus en anderen wilden de banden met het Russische stelsel van banken niet doorsnijden, omdat dat de handel in olie en gas zou hinderen. Olaf Scholz, toen net drie maanden bondskanselier, durfde zelfs te suggereren dat Europa, voordat er nieuwe sancties overeen werden gekomen, eerst die moesten implementeren die Rusland al voor de invasie waren opgelegd. Wat met dit standpunt niet hardop werd gezegd, was het idee dat er niets was veranderd. Een tijdlang ging de discussie nergens heen en hield men zich aan de gebruikelijke regels van netheid en decorum. Niemand was in staat een beroep te doen op de kracht van het geweten, dat op dat moment vereist was, tenminste niet totdat Zelensky inbelde. Bleek en moe, met de stoppels van zijn oorlogsbaard die net op zijn kin verschenen, zat de president in zijn bunker aan een kleine tafel onder de grond die algauw het epicentrum van zijn leven zou worden. Veel vertrouwen in het vermogen van buitenlanders om hem te redden had hij niet, en zijn pessimisme was voelbaar.

'Dit kan weleens de laatste keer zijn dat u me in leven ziet,' zei Zelensky tegen de Europeanen.[30] In plaats van te vragen om te worden gered, eiste hij antwoord op de vraag die Oekraïne al tientallen jaren stelde: zou het land ooit mogen toetreden tot de Europese Unie? Zou het ooit mogen toetreden tot de NAVO? Geen van de leiders gaf een direct antwoord. Maar zijn opmerkingen, waar hij slechts vijf minuten voor nodig had gehad, hadden een grotere invloed op hun besluitvaardigheid dan de vele maanden, zo niet jaren, van discussies over Rusland in Brussel. Hier konden ze in real time de president zien van een Europese democratie, opgesloten in een bunker, die zich voorbereidde op zijn eigen dood en de onderwerping van zijn land, alleen vanwege de uitbreidingsambities van het buurland in het oosten. Hun eindeloze debatten over de dreiging die Rusland was voor Europa zouden nooit meer slechts theoretisch zijn. Ze zouden het niet langer hebben over afschrikking en crisisdiplomatie, omdat de misdaad van agressie zich voor hun ogen afspeelde. Ze konden het slachtoffer zien, die hun om hulp smeekte. Ze konden zien dat Poetin in het tweeëntwintigste jaar van zijn heerschappij de grootste Europese oorlog in generaties had ontketend. Hij had zijn soldaten gestuurd om Zelensky te doden of gevangen te nemen om de eenvoudige reden dat die weigerde toe te geven of te vluchten. Zelensky maakte dat de Europeanen maar al te duidelijk. Daarna verbrak hij de verbinding en ging hij weer naar boven om vanuit de perszaal opnieuw een boodschap aan zijn volk te richten. De buitenlandse officials die hij die dag had gesproken, hadden geen enkele bereidheid getoond om op te staan en samen met Oekraïne te strijden. 'We zijn alleen gelaten om ons land te verdedigen,' zei Zelensky vanaf dat podium. Maar dat betekende niet dat het volk van Oekraïne moest terugdeinzen of zich overgeven. 'Wij zijn niet bang,' zei hij. 'Wij zijn niet bang voor Rusland.'[31]

In het openbaar weigerden ze te laten zien hoe bang ze waren. Maar dat waren ze allemaal in de uren die volgden. Denys Monastyrsky bleef bovengronds en dwaalde door de regeringswijk om het werk van de politie en de Nationale Garde te coördineren. Terwijl op de tweede dag van de invasie de gevechten in de buitenwijken van Kyiv voortduurden, gebruikte de minister zijn telefoon om de eerste van twee afscheidsboodschappen op te nemen voor zijn familie. Hij wilde ze klaar hebben op het moment waarop hij besefte dat hij zou worden gedood. 'Mijn zonnestraaltjes,' zei hij in de camera. 'Ik zal deze opname kort houden. Ik heb besloten in de stad te blijven.' Als de Russen die zouden veroveren, dan hadden zijn ondergeschikten het bevel gekregen uit Kyiv te vertrekken en in westelijk Oekraïne een uitvalsbasis te stichten, waar zijn familie al naartoe was gevlucht. 'Wees niet bang,' vervolgde hij. 'We doen op alle mogelijke manieren ons best Kyiv te verdedigen. We zijn voorbereid op alle scenario's, zelfs de meest tragische. We zullen terugvechten.' Zijn stem stokte in zijn keel toen hij zich tot zijn twee jonge kinderen richtte. 'Jullie moeten doorgaan met leven,' zei hij, 'zoals jullie ziel aangeeft. Die ziel kan alleen worden gevonden in het hart, in jullie eigen hart. Ik hou van jullie.' Voordat hij de camera uitzette, dwong hij zichzelf te glimlachen en voegde eraan toe: 'Ik ben er klaar voor.'[32]

Rond dezelfde tijd gaf Zelensky in de Bankovastraat een vergelijkbare boodschap af voor heel Oekraïne. Hij besloot die avond om de relatieve veiligheid van het complex te verlaten, voor de eerste keer sinds de invasie begon. Zijn lijfwachten verlichtten met zaklantaarns de weg terwijl hij door de verduisterde gangen liep, langs de geïmproviseerde barricades voor de deur en zo de binnenplaats op aan de Bankovastraat. De beveiligers, helm op het hoofd en geweer in de hand, vormden een losse kring om hem heen en scanden de ramen en daken. Een van zijn medewerkers kreeg het angstaanjagende gevoel bloot te staan aan de Russische bommenwerpers in de lucht, vertelde hij me later, 'alsof we daar naakt stonden'. Hun adem steeg als damp op onder de straatlantaarns, die een oranje licht op hun gezichten wierpen. In zijn linkerhand hield Zelensky zijn telefoon op enige afstand van zijn lichaam en hij tikte op 'RECORD'. Vier van zijn nauwste medewerkers stonden achter hem en vulden het beeld. De president noemde een voor een hun namen en gaf toen een duidelijke boodschap af, die die avond in heel de wereld weergalmde. 'Wij staan hier met ons allen,' zei hij. 'We verdedigen onze onafhankelijkheid, ons land. Zo zal het gaan.'[33]

3

Bandietenstad

In de eerste dagen van de invasie had Olena Zelenska weinig tijd om te wanhopen. Het was allemaal te onecht en te verbijsterend. Ze droeg een masker van evenwichtigheid en vrolijkheid, deels als reflex, deels voor de kinderen. Maar de angst was zichtbaar rond haar ogen en haar gelaatsspieren begonnen pijn te doen van het glimlachen waartoe ze zichzelf dwong. Soms gaf het vreemde van die dagen waarin ze met de kinderen op de vlucht was haar het gevoel dat ze los was van de werkelijkheid, zei ze later, alsof ze gevangenzat in een computerspelletje en haar bewegingen door de afstandsbediening van een of andere arbitraire kracht werden beheerst. Andere momenten deden haar denken aan een zinnetje in *Through the Looking Glass*, een van haar favoriete kinderboeken: 'Je moet zo hard mogelijk rennen om op dezelfde plaats te blijven.'[34]

Hun ontsnapping uit Kyiv was begonnen met uit beeld te verdwijnen. De lijfwachten van de president stonden erop dat ze hun mobiele telefoons aan hen gaven; die konden immers door de Russen gebruikt worden om hen op te sporen. Olena en haar dochter stuurden een paar afscheidsappjes aan vrienden en familie voordat ze hun telefoons afgaven: ze schreven dat ze enige tijd onbereikbaar zouden zijn en dat niemand zich zorgen hoefde te maken. De presidentsvrouw logde ook in op haar Facebook-account en postte op de eerste dag van de invasie om dertien minuten over vijf 's middags haar laatste boodschap. Ze richtte die tot de bevolking van Oekraïne, ook al lazen delen eerder als een beroep op zichzelf: 'Vandaag zal ik niet in paniek raken en niet huilen. Ik zal kalm zijn en vol vertrouwen,' schreef ze. 'Mijn kinderen kijken naar me.'

Toen de evacuatietrein die avond Kyiv uit reed, wist Olena niet waar ze naartoe gingen. Verscheidene Europese regeringen hadden eerder de president onderdak aangeboden voor zo lang de oorlog duurde en die uitnodiging gold natuurlijk ook voor zijn gezin. Maar Olena en de kinderen werden niet uit het land weggetoverd. Ook werden ze niet in een of andere bunker onder de grond opgesloten. Ze bleven in Oekraïne en reisden rond om de bedreiging van hun veiligheid voor te blijven. De voorzorgsmaatregelen voor het gezin van de president gingen verder dan die voor staatsofficials en de inzet was dan ook veel groter. Als de Russen erin waren geslaagd Olena en de kinderen op te sporen en te ontvoeren zou de daaropvolgende gijzelingscrisis het verloop van de oorlog totaal veranderen, en de presidentsvrouw was zich van dit risico maar al te bewust. Ze wilde haar man niet in de positie brengen dat hij moest kiezen tussen het beschermen van hun kinderen en toegeven aan de Russische eisen. Ze wist dat ze, om dat scenario te vermijden, de veiligheidsprotocollen moest aanvaarden, ook al vond ze ze vaak verstikkend.

Voor Olena Zelenska was de aanwezigheid van lijfwachten al een probleem sinds lang voordat haar man zijn huidige ambt aanvaardde. Ze had haar privacy altijd gekoesterd en haar houding van nature voordat de oorlog begon, vóór de politiek, was er een geweest van gereserveerdheid. Op vreemdelingen kon dat weleens overkomen als koel en afstandelijk, een beetje snobistisch zelfs, behalve dan als je de grapjes hoorde die Olena maakte: droog en met een stalen gezicht, gewoonlijk sarcastisch. Dat gevoel voor humor diende haar haar hele leven als schild en steun, tenminste, totdat de beperkingen van haar rol binnen het presidentschap haar dwongen haar sarcasme te matigen en de geleidelijke inperking van haar vrijheid te accepteren. De noodzaak al haar bewegingen te plannen, dat er gewapende mannen bij haar in de auto zaten, bij haar in het restaurant, haar kinderen van school ophaalden – deze aspecten van het feit dat haar man in de schijnwerpers stond hadden haar altijd gestoord. Ze zogen het gemak en de spontaniteit weg die ze zich herinnerde van het leven en hun vriendengroep van eind jaren negentig, toen ze na de middelbare school allemaal begonnen met samen comedy schrijven en opvoeren. Zelensky, de ster en aanvoerder van de groep, had altijd al in de schijnwerpers gestaan, voor foto's met fans geposeerd en handtekeningen uitgedeeld. Olena had de schoonheid en slimheid om naast hem te stralen in zijn romantische komedies, maar liever werkte ze als een van de schrijvers van zijn team. Zij bedacht de grappen en de sketches en ontwikkelde scripts voor zijn films, en die rol paste goed bij haar karakter. Hierdoor kon ze achter de schermen blijven en ze waardeerde het dat ze zich kon terugtrekken, kon opgaan in de massa, niet bang hoefde te zijn dat ze werd herkend.

Haar eerste ervaring met leven onder professionele bescherming had ze in 2014, toen iemand de auto van haar man in brand stak met een brandbom. Het incident kwam op Olena eerder over als bizar dan angstaanjagend, zelfs in de context van al het geweld dat zich dat jaar in Oekraïne afspeelde. Zij en haar man hadden die winter op het nieuws en in de straten gezien dat zich een revolutie ontrolde in Kyiv, waar het centrale plein getransformeerd werd tot slagveld waarop demonstranten en politie elkaar bestreden. Geen van hun vrienden behoorde tot de tientallen demonstranten die tijdens die opstand omkwamen, de meeste doodgeschoten door sluipschutters van de regering. Maar ze waren geschokt door het geweld. En door de reactie van Rusland. Toen deze revolutie pas slechts enkele dagen op gang was en de leiders van het oude regime waren gevlucht, gaf Poetin zijn troepen opdracht tot de bezetting van de Krim, Oekraïnes juweel in het zuiden van het land. Plotseling was het schiereiland bezet door Russen, als eerste van de regio's die Rusland in de lente en zomer van 2014 van Oekraïne zou proberen af te nemen. Maar toen, aan het begin van het verhaal, in de eerste dagen van de oorlog die uiteindelijk heel Oekraïne zou treffen, probeerde Olena nog enige afstand tot de politiek te bewaren. Zij en haar man hielden zich bij de wereld van comedy en showbusiness. Ook al waren hun grapjes vaak politiek en patriottisch, waarom zou iemand proberen hun auto in brand te steken?

Het gebeurde midden in Kyiv in december, tijdens Zelensky's optreden in de grootste concertzaal van de stad, het Paleis van Oekraïne. Zijn Range Rover stond buiten bij de dienstingang geparkeerd toen er een fles brandende vloeistof op de auto werd gegooid en versplinterde. Niemand raakte gewond en Olena kon niet geloven dat het een moordpoging was. Hij zat midden in de voorstelling toen de auto in vlammen opging. Ook was ze sceptisch over het motief. Die herfst had Zelensky een Russische bobo beledigd, Ramzan Kadyrov, de leider van de Zuid-Russische regio Tsjetsjenië die zich uitgaf voor een van Poetins trouwste uitvoerders en beschermelingen. Eerlijk gezegd was Zelensky's grap niet heel erg smaakvol geweest: hij maakte Kadyrov belachelijk omdat hij had gehuild bij zijn vaders begrafenis. De woede in Tsjetsjenië schokte Zelensky. Zelfs nadat hij openlijk verontschuldigingen had aangeboden, bleven er doodsbedreigingen binnenstromen. In het Russische parlement zei een van de vertegenwoordigers van Tsjetsjenië dat de acteur zich moest voorbereiden op zijn eigen begrafenis. In Oekraïne hebben onderzoekers nooit de persoon gevonden die twee maanden later die bom op Zelensky's auto gooide. Ze zeiden tegen hem dat het incident vermoedelijk te maken had met zijn grapje over Kadyrov. 'Ze probeerden ons daarvan te overtuigen,' vertelde Olena me. 'Maar we wisten niet wat er precies was gebeurd. Het kon van alles zijn geweest. Ze deden onderzoek en pakten niemand op. Het is een raar idee dat iemand zijn auto in brand steekt tijdens het optreden. Hij was op dat moment natuurlijk binnen en niet in zijn auto bij de dienstingang. Je kunt het dus niet eens een serieuze moordaanslag noemen.'

Na de aanslag zag ze geen enkele noodzaak grote veranderingen door te voeren in haar levenswijze. Wat ze beslist niet wilde waren kleerkasten met oortjes die haar volgden als ze de supermarkt in liep. 'Maar iedereen werd zenuwachtig,' vertelde ze. Vrienden en collega's zeiden: 'De kinderen zijn klein. We moeten iets doen.' Dat gezeur vrat aan haar. Ze stemde ermee in een paar maanden lang de diensten van een particulier beveiligingsbedrijf te proberen. De overeenkomst werd al snel beëindigd. 'Een paar maanden lang accepteerde ik het, en toen zei ik dat ze me met rust moesten laten.'

Acht jaar later, terwijl ze met haar kinderen en een team gewapende beveiligers in de geheime evacuatietrein zat, kon Olena niet langer vragen om met rust te worden gelaten. Ze zat eraan vast. In de eerste jaren van Zelensky's presidentschap was ze tenminste gewend geraakt aan haar hoofdlijfwacht, Jaroslav, de man die haar overal als een schaduw volgde, soms zelfs voor de deur van de wc op haar wachtte. Deze onaangedane en waakzame reus leek op de mythische god van de Scandinavische uitsmijters. Maar onder zijn boze blik school een babyface en hij was aardig tegen de kinderen. Zij noemden hem Jarik. Op 23 februari, aan de vooravond van de invasie, hadden ze zelfs nog zijn verjaardag gevierd in hun huis in Kontsja-Zaspa, alsof het familietraditie was. Geen van allen konden ze zich voorstellen dat ze de volgende dag samen op de vlucht zouden zijn, met Jarik in de rol van de vader-beschermer, die zelf besloten had in zijn presidentiële bunker te blijven.

Het leek allemaal zo plotseling. 'Een zwartezwaangebeurtenis', zoals een van Zelensky's adviseurs het uitdrukte. Maar het hoorde ook op het continuüm dat al jaren eerder was begonnen. Het land Oekraïne was, net als de familie Zelensky, het gevoel van veiligheid in 2014 gaan kwijtraken en nu naderde dat proces zijn hoogtepunt. Het was niet langer mogelijk je naar binnen te keren en het gevaar te negeren. Als de lijfwachten tegen Olena zeiden dat er een luchtalarm was, moest ze met de kinderen de kelder in gaan. Als ze zeiden dat alle lampen uit moesten, betekende dat dat ze in het donker zaten. Als ze zeiden dat het tijd was om te vluchten, moesten ze wat van hun spullen inpakken en zich gereedmaken om naar het volgende onderduikadres te vertrekken.

Ze kan zich niet herinneren dat ze direct gevaar voelde; de Russen leken hen nooit op de hielen te zitten. 'Niemand zat achter me aan met een pistool,' zei Olena met een glimlach toen ik haar hiernaar vroeg.

Maar de angst verdween nooit helemaal. Gedurende de eerste dagen van de invasie verhuisden ze zo vaak dat Olena nooit wist waar ze op een bepaalde dag de nacht zouden doorbrengen. Ze leerden al snel het beste te maken van alle voorzieningen die op elk adres aanwezig waren, omdat het niet mogelijk was te weten of het volgende huis wel een fatsoenlijke douche zou hebben.

Gedurende al die dagen op de vlucht deed Olena haar best de kinderen bezig te houden. Soms speelden de lijfwachten met Kyrylo en op een van de schuiladressen waren honden waarmee hij kon spelen. Ook was de jongen urenlang aan het tekenen: afbeeldingen waar zijn moeder nerveus van werd. In plaats van de gebruikelijke schetsen van Batman en Spider-Man waren het nu beelden van oorlog en verwoesting. Oleksandra, Sasja, ervaarde het rare van het moment met grote volwassenheid. 'Volgens mij zijn kinderen niet zo naïef als we weleens zouden willen,' zei haar moeder tegen me. 'Ze begrijpen alles.' Sasja hielp tijdens hun onderduik met het eten bereiden, en als Kyrylo het niet kon horen, spraken zij en Olena over de oorlog. Het verbod sociale media te gebruiken bleek toch niet zo moeilijk voor de zeventienjarige als haar moeder had verwacht. 'Het was goed zo,' zei Olena. 'Het bleek dat ze toch niet zo zwaar verslaafd was aan haar telefoon.'

Een van de adviseurs van de president vertelde me dat Zelensky zijn gezin weleens bezocht op een schuiladres, maar dat hij dan altijd zijn telefoon achterliet in het presidentieel complex om er zeker van te zijn dat de Russen het signaal niet konden gebruiken om hen op te sporen. Maar niemand wilde bevestigen dat deze bezoeken echt hebben plaatsgevonden. Olena bleef erbij dat ze niet eens via videogesprekken mocht communiceren met de president. Beveiligde telefoonlijnen, waar van tevoren voor was gezorgd, waren wekenlang hun enige communicatiemiddel. De hele dag door stemde het gezin af op de persconferenties van de president en zijn boodschappen aan de natie 's avonds, wat een geruststelling betekende voor de kinderen, vertelde Olena me. 'Ze konden zien dat papa aan het werk was en er gezond uitzag.' In sommige opzichten voelde de regeling bekend aan. Het was een steeds terugkerend grapje in het gezin dat zijn kinderen zijn gezicht voornamelijk op televisie zagen.

◆

Zelensky was al een beroemdheid toen hun eerste kind in 2003 geboren werd. In die jaren zat Olena vaak bij haar ouders thuis en zag ze haar man optreden op tv, terwijl ze hun baby in haar armen wiegde. Ze leefden toen voornamelijk apart. Hij zat in Kyiv, zij was achtergebleven in hun geboorteplaats Kryvy Rih, de stad die Zelensky later de eer zou gunnen dat ze zijn karakter heeft gevormd. 'Mijn grote ziel, mijn grote hart,' noemde hij die stad later. 'Alles wat ik heb, heb ik van daar.'[35] De naam van de stad, Kryvy Rih, betekent 'Gebogen Hoorn', maar in gesprekken verwijzen Zelensky en zijn vrouw gewoonlijk naar de plaats in het Russisch als *Krivoy*, 'scheef', maar ook 'gewetenloos'. Ze zijn allebei geboren in de winter van 1978, ongeveer drie weken na elkaar.

Geen stad in Oekraïne had in die jaren een slechtere reputatie voor geweld en verval. De grootste werkgever in de stad was de Lenin Staalfabriek, waarvan de reusachtige hoogovens op een gegeven moment meer roodgloeiend staal uitbraakten dan enige andere fabriek in de Sovjet-Unie. In de Tweede Wereldoorlog werd de fabriek eerst met de grond gelijkgemaakt door de Luftwaffe toen de nazi's Oekraïne bezetten. In de jaren vijftig en zestig werd ze herbouwd en kwamen er veel oorlogsveteranen werken. Net als veroordeelden die uit Russische dwangarbeiderskampen waren vrijgelaten. De meeste vestigden zich in flatgebouwen van de fabriek, bijenkorven van gewapend beton waar wat betreft ontspanning, cultuur of zelfontplooiing zo goed als niets te beleven viel. Er waren lang niet voldoende theaters, sportzalen of sportvelden om de plaatselijke jeugd bezig te houden. Eind jaren tachtig, toen de bevolking op haar hoogtepunt meer dan zevenhonderdvijftigduizend zielen telde, verviel de stad tot wat Zelensky later een *banditsky gorod* zou noemen: een bandietenstad.

Olena heeft betere herinneringen. 'De stad zat volgens mij niet vol bandieten,' vertelde ze. 'Misschien dat jongens en meisjes in verschillende kringen verkeren als ze opgroeien. Maar ja, er is wel iets van waar. Er was een periode in de jaren negentig met veel misdaad, vooral onder jongeren. Er waren bendes.' De jongens die zich bij deze bendes aansloten, grotendeels tieners, waren bekend als *begoeny* – letterlijk 'hardlopers' – omdat ze in groepen door de straten renden, hun rivalen sloegen en staken, auto's omverwierpen en ramen ingooiden. Sommige van die bendes stonden erom bekend dat ze zelfgemaakte explosieven en geïmproviseerde vuurwapens gebruikten, die ze maakten van ijzeren pijpen die werden volgestopt met kruit en vishaken. 'Sommigen kwamen om,' aldus Olena. Volgens verslagen in lokale kranten waren er midden jaren negentig tientallen dodelijke slachtoffers. Nog veel meer 'hardlopers' raakten verminkt, werden met knuppels in elkaar geslagen of werden blind door de scherven van hun zelfgemaakte bommen. 'Elke buurt had ermee te maken,' aldus de presidentsvrouw. 'Als jongeren van zekere leeftijd de verkeerde buurt in liepen, dan konden ze zomaar worden geconfronteerd met de vraag: uit welk deel van de stad kom jij? En dan konden de problemen weleens beginnen.' Het was bijna onmogelijk, zei ze, om je niet bij een bende aan te sluiten. 'Je kon zelfs in je eigen deel van de stad naar huis lopen, en dan kwamen ze op je af en vroegen bij welke bende je hoorde, wat je daar deed. Het was angstaanjagend om alleen te lopen. Dat deed je niet.'

Eind jaren tachtig waren de bendes op hun hoogtepunt: de stad telde er tientallen, die samen uit duizenden 'hardlopers' bestonden. Velen die hadden overleefd tot in de jaren negentig kwamen in de georganiseerde misdaad terecht, die tijdens de plotselinge overgang in die tijd naar het kapitalisme in Kryvy Rih bloeide. Stukken van de stad veranderden in krottenwijken vol boeven en alcoholverslaafden. Maar grotendeels dankzij zijn familie wist Zelensky de aantrekkingskracht van de onderwereld te vermijden.[36]

Zijn grootvader van vaderskant, Semyon Zelensky, was hoofdagent bij de politie en deed onderzoek naar de georganiseerde misdaad, of zoals zijn kleinzoon het later uitdrukte, 'hij ving de slechteriken'. Verhalen over zijn diensttijd in de Tweede Wereldoorlog maakten diepe indruk bij de jonge Zelensky, net als de trauma's van de Holocaust. Beide kanten van de familie zijn Joods en tijdens de oorlog zijn veel familieleden verdwenen. Van moederskant wist zijn familie voor een groot deel te overleven omdat ze bij aanvang van de Duitse bezetting in 1941 naar Oezbekistan werden geëvacueerd. Een jaar later nam Semyon, een tiener nog, dienst in het Rode Leger en kreeg uiteindelijk het bevel over een mortierpeloton. Zijn drie broers vochten ook in de oorlog en overleefden het niet. Evenmin als hun ouders, Zelensky's overgrootouders, die tijdens de bezetting van Oekraïne door de nazi's werden doodgeschoten, samen met meer dan 1 miljoen andere Oekraïense Joden, in wat bekend werd als de 'Holocaust door kogels'.

Zelensky's familieleden vertelden aan de keukentafel vaak over deze tragedies en over de misdaden van de Duitse bezetters. Maar over de martelingen waaraan Jozef Stalin Oekraïne had onderworpen werd weinig gezegd. Zelensky herinnerde zich dat hij, toen hij nog klein was, zijn beide grootmoeders eens in vage bewoordingen had horen praten over de jaren waarin er Sovjetsoldaten kwamen om al het eten dat in Oekraïne was geproduceerd, die enorme graanoogsten, in beslag te nemen en met geweer in de aanslag af te voeren. De actie maakte deel uit van Stalins poging begin jaren dertig om de Sovjetsamenleving te transformeren en leidde tot de catastrofale hongersnood die bekend zou worden als de *Holodomor* – 'moord door honger' – waarbij in Oekraïne minstens 3 miljoen mensen omkwamen. Op scholen in de Sovjet-Unie was dit onderwerp taboe, ook op de scholen waar Zelensky's beide grootmoeders als onderwijzer werkten; een van hen onderwees Oekraïens, de andere Russisch. Als het over de hongersnood ging, aldus Zelensky, 'dan spraken ze er heel omfloerst over, dat er een periode was geweest waarin de staat alles wegnam, al het eten'.

Als ze al enige bedenkingen hadden ten aanzien van de Sovjetautoriteiten, dan wist Zelensky's familie wel beter dan die in het openbaar uit te spreken. Maar zijn vader Oleksandr, een stugge man met eigenzinnige principes, weigerde zijn hele leven lid te worden van de Communistische Partij van de Sovjet-Unie. 'Hij was er categorisch tegen,' vertelde Zelensky me, 'zelfs al schaadde dat absoluut zijn carrière.' Als hoogleraar cybernetica was Oleksandr Zelensky het grootste deel van zijn leven werkzaam op de gebieden mijnbouw en geologie. Zelensky's moeder Rimma, opgeleid tot ingenieur, stond dichter bij hun zoon en was minder streng voor hem; ze adoreerde hem meer dan ze hem bestrafte.

In 1982, toen Zelensky vier jaar was, nam zijn vader een prestigieuze baan aan bij een mijnbouwbedrijf in het noorden van Mongolië en verhuisde het gezin naar Erdenet, een stad die pas acht jaar daarvoor was gesticht om er een van de grootste kopervoorraden ter wereld te exploiteren. (De naam Erdenet is Mongools en betekent letterlijk 'met rijkdom'.) Naar Sovjetmaatstaven werd de baan goed betaald, maar het gezin moest daarvoor wel de milieuverontreiniging verduren rondom de mijnen en de ontberingen van het leven in een nieuwe stad. Het eten was saai en onbekend. Een lokaal basisvoedsel was gefermenteerde paardenmelk en het gezin at erg veel lamsvlees, met in de zomer af en toe een watermeloen, waar Zelensky en zijn moeder uren voor in de rij moesten staan.

In dat harde klimaat ging Rimma's gezondheid achteruit en na een jaar of vier besloot ze om terug te gaan naar Oekraïne. Zelensky zat in de eerste klas van een Mongoolse basisschool en begon net iets van de taal op te pikken toen ze in 1987 terugkeerden. Zijn vader bleef achter en de daaropvolgende vijftien jaar – dus zo goed als Zelensky's hele jeugd – verdeelde hij zijn tijd tussen Erdenet, waar hij aan de ontwikkeling van een automatisch systeem voor het beheer van de mijnen bleef werken, en Kryvy Rih, waar hij aan de faculteit cybernetica van een plaatselijke universiteit werkte. Zelensky's ouders zaten in die jaren vaak vijf tijdzones en zo'n zesduizend kilometer bij elkaar vandaan. Maar zelfs op die afstand bleef zijn vader dominant aanwezig in Zelensky's leven.[37]

'Mijn ouders gunden me geen enkele vrije tijd,' vertelde hij. 'Altijd gaven ze me voor iets op.' Zijn vader schreef hem in voor een van zijn wiskundecursussen aan de universiteit en begon de jongen voor te bereiden op een carrière in de computerwetenschappen. Zijn moeder stuurde hem naar pianoles, dansles en turnen. Om ervoor te zorgen dat hij zijn mannetje stond tegenover de plaatselijke boeven, schreven Zelensky's ouders hem ook in voor lessen Grieks-Romeins worstelen. Geen van deze bezigheden was echt zijn eigen keuze, maar hij deed het allemaal toch uit een soort plichtsgevoel ten aanzien van zijn ouders. 'Ze waren altijd streng met de discipline,' zei hij. Vooral zijn vaders benadering van onderwijs was streng. Zelensky noemde die 'maximalistisch'. Maar dat was kenmerkend voor Joodse families in de Sovjet-Unie, die vaak het idee hadden dat overdreven je best doen de enige manier was om rechtvaardig behandeld te worden in een systeem dat tegen hen was. 'Je moet beter zijn dan wie dan ook,' zo vatte Zelensky de benadering van onderwijs van zijn ouders samen. 'Dan is er misschien een plekje voor je tussen de allerbesten.'[38]

Veel instellingen in de Sovjet-Unie, waaronder universiteiten en staatsbedrijven, stelden limieten aan het aantal Joden die topposities mochten bekleden. Het deed er niet toe dat de meeste Joden in de Sovjet-Unie seculier waren. De familie Zelensky eerbiedigde sjabbat niet en toonde geen berouw op Jom Kipoer. Ze aten varkensvlees. Maar in hun Sovjetpaspoorten stond nog altijd de beruchte 'vijfde regel', waar onder de naam en geboortedatum van de persoon zijn of haar nationaliteit stond. En bij de familie Zelensky stond daar *evrey* – Jood – waarmee ze werden blootgesteld aan de vooroordelen van iedere ambtenaar die hun papieren controleerde. Zelensky's vader was er door hard werken in geslaagd alle hindernissen uit de weg te ruimen en het hoogste punt in zijn vak te bereiken, en hij was vast van plan zijn zoon te helpen om net zo ver te komen. Bovenal wilde hij dat zijn zoon excelleerde in wiskunde om computerwetenschap te kunnen gaan studeren, maar dat ging maar moeizaam. 'Hij had problemen met rekenen,' vertelde Zelensky's vader over zijn zoon. 'In mijn hele leven heb ik hem één keer een tik gegeven, waarna hij alle sommen in drie of vier dagen oploste.' De oudere Zelensky had er wel spijt van dat hij ooit zijn hand had opgeheven tegen zijn zoon. Zijn ambities zouden er ook niet door veranderen.[39]

◆

Zelensky was het kind van een tijdperk van verandering. Hij was te jong om de Sovjet-Unie te ervaren als de stagnerende, repressieve gerontocratie zoals zijn ouders haar hadden meegemaakt. Hij was pas acht toen hij in 1987 met zijn moeder terugkeerde in Sovjetstaat Oekraïne. Op dat moment was de aanloop naar de val van het rijk vier jaar later al begonnen. Moskou was failliet. Het grote experiment in socialisme was mislukt. Michail Gorbatsjov, de aarzelende hervormer met het zachte zuidelijke accent, was twee jaar aan de macht als secretaris-generaal van de Communistische Partij en zijn pogingen het systeem open te breken zonder het af te breken waren in volle gang. De veranderingen konden zelfs iemand van Zelensky's leeftijd moeilijk ontgaan. Hij zag ze weerspiegeld in de lege schappen bij de kruidenier, de eindeloze rijen voor basisgoederen als worst en wc-papier. En hij zag ze, zo duidelijk als wat, op tv.

Eind jaren tachtig gingen de censors van de Sovjettelevisie steeds meer toestaan, een weerspiegeling van de bredere drang onder Gorbatsjov om de staatscontrole over de media te verminderen. Een van de populairste tv-programma's van die tijd was KVN, dat staat voor 'De club van de grappigsten en de slimmerds'. Het was comedy, maar niet van het soort dat de meeste mensen in de VS en Europa met die term in verband zouden brengen. Het was geen stand-upcomedy van Richard Pryor of Eddie Murphy. Hier gold geen enkel minimalisme, geen cynicus die in zijn eentje achter de microfoon staat om taboes te doorbreken.

KVN leek meer op een sportcompetitie, maar dan met comedy in plaats van sport. En in het Russisch. Het was een strijd tussen gezelschappen van acteurs, vaak studenten, die sketches speelden en improviseerden voor een panel juryleden, die aan het einde van het programma besloten welk team het grappigst was. Midden jaren negentig had de gemiddelde universiteit en zelfs een enkele middelbare school in de Russischtalige wereld minstens één KVN-team. In veel grote steden waren er wel tien of meer, die allemaal streden in lokale competities en wedijverden om een plaats in de hoogste divisie. Het was meestal nogal harkerig allemaal, met veel dijenkletsers en flauwe grappen. Van de teams werd ook verwacht dat ze dansten en zongen. Toch kon KVN op zijn eigen pathetische manier best leuk zijn om naar te kijken. Voor Zelensky en zijn vrienden was het een obsessie.

De meeste gingen naar School Nr. 95, die niet ver van de centrale markt van Kryvy Rih lag, en iets ten zuiden van de universiteit, waar Zelensky's vader directeur was van de faculteit cybernetica. Tussen de lessen en na school repeteerden ze sketches en comedynummers en improviseerden op de onderwerpen die ze op tv hadden gezien bij de profbond. 'We vonden het allemaal geweldig, de KVN, de humor, en we deden het voor de ziel ervan, voor de lol,' vertelde Vdim Pereverzev, die Zelensky ontmoette bij Engels in de zevende klas. De topcompetities KVN in Moskou boden ook een kaartje naar de eeuwige roem op een manier die hun makkelijker leek dan via Hollywood, en een stuk grappiger dan de carrières die openstonden voor jongeren uit al die steden met hun vervallen ijzerfabrieken als die van hen. 'Het was een harde arbeidersklasseplaats en daaruit wilde je gewoon weg,' zei Pereverzev tegen me. 'Volgens mij was dat een van onze voornaamste beweegredenen.'

Hun amateuropvoeringen in de aula van de school trokken algauw de aandacht van een lokaal comedygezelschap dat in een theater voor studenten optrad. Een van hen, Oleksandr Pikalov, een knappe knul met een aanstekelijke glimlach met kuiltjes in zijn wangen, kwam naar School Nr. 95 om het talent te scouten. Hij viel toevallig binnen tijdens een repetitie waarin Zelensky een gebakken ei speelde, waarbij hij iets onder zijn overhemd had gestopt bij wijze van eidooier. De act maakte indruk op Pikalov en algauw gingen ze samen optreden. Pikalov was twee jaar ouder en zat op de universiteit, en hij introduceerde Zelensky bij een paar hoge omes van de plaatselijke comedyscene, onder wie de gebroeders Sjefir, Boris en Serhi, beide ongeveer dertig jaar oud. Ze zagen Zelensky's capaciteiten en werden zijn vrienden, mentoren, producenten en uiteindelijk zijn politiek adviseurs voor het leven.[40]

In hun buurt vielen Zelensky en zijn maten in de jaren negentig meteen op. In plaats van joggingbroeken en leren jacks die de schooiers en de 'hardlopers' droegen als ze naar school gingen, trokken zij een soort jarenvijftigretro aan: geruite blazers en stropdassen met stippen, wijde broeken met bretels, geperste witte overhemden, lang haar dat met veel gel naar achteren gekamd was. Zelensky zelf droeg een oorring. In de tijd waarin Nirvana door de radio klonk, zongen hij en zijn vrienden liedjes van The Beatles en luisterden naar ouderwetse rock-'n-roll. Voor hen was dit een vorm van rebellie, hoofdzakelijk omdat die van henzelf was. Niemand deed zo in hun stad, en het kwam niet altijd goed over.

Op een keer, in zijn late tienerjaren, wilde Zelensky weleens proberen met zijn gitaar liedjes te zingen in een tunneltje. Hij had het mensen zien doen in de film. Maar dit was Kryvy Rih en Pikalov waarschuwde hem dat hij het tweede nummer niet eens zou halen voordat iemand hem een schop onder zijn kont kwam verkopen. 'En inderdaad, er gaat een halfuur voorbij,' vertelde Pikalov, 'en er komt iemand die zijn gitaar sloopt.' Maar Zelensky moest lachen. Hij had de weddenschap gewonnen. 'Hij zei dat hij het derde liedje had gehaald.'

Maar dan nog leken de uitvoerende kunsten geen geloofwaardige carrière voor Zelensky. Zijn ouders drongen erop aan iets praktisch te gaan studeren en dicht bij huis te blijven. Toen hij een beurs had gewonnen voor een reis naar Israël, verbood zijn vader hem de reis, met weer ruzie tot gevolg, waarin de schoenen door het appartement vlogen.[41] Zelensky ging uit huis en woonde een tijdlang bij vrienden uit de KVN-scene. De rebellie duurde niet lang. Hij had bewondering voor zijn vader, maar totaal niet de bedoeling diens levenspad te volgen en dat kwam eindelijk over na een paar drankjes en een sigaret. 'We namen een paar borrels en ik zei: "Papa, je moet me begrijpen. Ik wil de beste zijn in mijn vak. Als ik naar jou kijk, dan kan ik nooit beter zijn dan jij. En slechter zijn dan jij in jouw vak is niet wat ik wil. Begrijp je wel? Ik wil de beste zijn." Dat maakte papa wel bedroefd. Mannen zijn gierig met hun tranen, snap je. Maar toen liet hij me los, als een vis uit zijn handen.'[42]

Nadat hij zijn middelbare school had afgemaakt, aanvaardde Zelensky een compromis dat door zijn moeder was bekokstoofd. Hij stemde ermee in rechten te gaan studeren aan een universiteit in Kryvy Rih met het vage idee diplomaat te worden en betrokken te zijn bij belangrijke internationale onderhandelingen. Pereverzev, vriend en klasgenoot, besloot dezelfde studie te gaan doen. Maar hun droom veranderde niet. In hun eerste studiejaar haalden ze een paar jaargenoten bij elkaar om hun eigen KVN-gezelschap te vormen en begonnen ze op te treden in de lokale bond.

Zijn optredens rond die tijd trokken de aandacht van zijn toekomstige vrouw. Op School Nr. 95 waren hij en Olena elkaar regelmatig tegengekomen in de gangen. Maar hun klassen waren rivalen – 'als de Montagues en de Capulets', zei ze eens[43] – en het was pas na het eindexamen, toen Zelensky op weg was een lokale beroemdheid te worden, dat ze zich tot elkaar aangetrokken begonnen te voelen. Olena zat ook in de KVN-scene. Om ze met elkaar kennis te laten maken leende Pikalov, een wederzijdse vriend, een videocassette van haar, een exemplaar van *Basic Instinct*, en Zelensky gebruikte het terugbrengen van de video als smoesje om haar thuis op te zoeken. 'Toen werden we meer dan vrienden,' vertelde ze me. 'We werden ook creatieve collega's.' Met hun acts gingen ze competities winnen rond Kryvy Rih en elders in Oekraïne. 'We waren al die tijd bij elkaar,' aldus Olena, 'en alles ontwikkelde zich zo'n beetje naast elkaar.'

De grote doorbraak kwam eind 1997, toen ze optraden bij een internationale KVN-wedstrijd in Moskou. Er namen meer dan tweehonderd teams uit de voormalige Sovjet-Unie deel en Zelensky's gezelschap, dat toen Transit heette, moest de eerste plaats delen met een team uit Armenië. Dat was een opvallend debuut voor Zelensky, maar hij voelde zich bestolen. Er bestaat nog een video-opname waarop hij na de show, een knappe tiener met hese stem die zijn handen aan zijn knieën afwrijft, voor de camera vertelt hoe boos hij is. De producent had valsgespeeld, zei hij, door de jury niet toe te staan een andere beslissing te nemen dan gelijkspel. Zelensky somde deze klachten met een ontwapenende glimlach op, maar hij was duidelijk niet bereid de kroon met wie dan ook te delen. Hij moest winnen. Jaren later, toen hij vertelde over zijn jeugdoptredens en competities op het toneel, gaf Zelensky toe dat voor hem 'verliezen erger is dan de dood'.[44]

◆

Hoewel het kampioenschap in Moskou geen regelrechte overwinning voor Zelensky was geworden, kwam hij nu wel in de buurt van roem. Een van zijn teamleden, Olena Kravets, zei dat ze zich nauwelijks hadden kunnen voorstellen dat ze die kans hadden gekregen. Voor jonge komieken uit een plaats als Kryvy Rih, zei ze, was de hoogste divisie van KVN 'niet slechts de voet van de Parnassus' – het huis van de muzen in de Griekse mythologie – 'dit was de Parnassus zelf'. De top zat in het noorden van Moskou, in de studio's en de *greenrooms* rondom de televisiezendmast de Ostankino-toren, waar de grootste omroepen van de Russischtalige wereld gevestigd zijn. De eredivisie van KVN had daar haar voornaamste productiecentrum en Zelensky was er algauw binnen.

Een jaar na hun doorbraak in Moskou gingen ze voor de eerste keer de strijd aan onder de naam Kvartal 95 – Wijk 95, een knipoog naar de buurt waarin ze waren opgegroeid. Samen met de gebroeders Sjefir, die de voornaamste schrijvers en producers van het team waren, huurde Zelensky een appartement in het noordelijke deel van Moskou en wijdde zich aan zijn doel: kampioen worden. Voor alle KVN-teams gold dat ze in de gunst moesten zien te komen van de eeuwige presentator van de bond, Alexandr Masljakov. Masljakov, een parmantige oude baas met de glimlach van de Cheshire Cat, was gastheer van alle grote competities. Onder de artiesten was zijn bijnaam de Baron en hij en zijn vrouw, de Barones, bestierden de competitie als een familiebedrijf. 'KVN was hun rijk,' vertelde Pereverzev me, 'het was hun show.'

In het begin mocht de Baron Zelensky en zijn gezelschap wel en bood hij hun toegang tot het grootste toneel in Moskou en de vleugjes roem die dat meebracht. Maar er waren honderden teams die wedijverden om zijn aandacht en de strijd tussen hen was gemeen. 'Iedereen daar leefde met die constante emotionele druk,' vertelde Olena me. 'Je kreeg de hele tijd te horen wat je plaats was. Al die tijd waarin we in Moskou optraden, werd er tegen ons gezegd: "Vergeet niet waar jullie vandaan komen. Leer hoe je een microfoon vasthoudt. Dit is Centrale Televisie. Je moet blij zijn." En zo leefden al die teams, alleen de teams die zo gelukkig waren dat ze uit Moskou zelf kwamen, niet zo erg. Zij waren geliefd.'

In de eredivisie van KVN kwam Zelensky oog in oog te staan met een soort Russisch chauvinisme dat zich in een lelijker vorm twintig jaar later bij de Russische invasie in Oekraïne opnieuw zou manifesteren. Zoals Olena het uitdrukte toen we het over de KVN-bond hadden: 'Degenen die niet uit Moskou kwamen, werden altijd behandeld als slaven.'* De informele hiërarchie, zei ze, kwam overeen met hoe Moskou zichzelf zag als de hoofdstad van een rijk. 'Gezelschappen uit Oekraïne stonden zelfs nog lager op de ladder dan die uit welke Russische stad ook. Zij konden bijvoorbeeld leven met Ryazan' – een stad in het westen van Rusland – 'maar een plaats als Kryvy Rih, dat was

* Het woord dat zij gebruikte, *cholopi*, heeft een pijnlijke geschiedenis in Oekraïne. Het verwijst naar de status van slaafgemaakten die de Russische leiders in de middeleeuwen sommigen van hun onderdanen gaven, inclusief degenen die rondom Kyiv woonden. Een paar eeuwen lang was een *cholop* een mens die gekocht of door zijn meester verkocht kon worden, gedwongen kon worden om te werken en ingezet om schulden af te lossen. Het moderne Oekraïens heeft het woord ontdaan van zijn deprimerende geschiedenis. Nu is het woord *cholopets*, 'kleine cholop', een informele verwijzing naar iemand, vooral een man, op een vriendelijke of grappig bedoelde manier.

iets heel anders. Ze hadden die nog nooit op een kaart zien liggen. En dus moesten we ons elke keer weer bewijzen.'

De ongeschreven regels van de bond weerspiegelden de rol die KVN in de Russischtalige wereld speelde. Tussen de puinhopen van de Sovjet-Unie viel het op als een zeldzame culturele instelling die Moskou verbond met haar vroegere vazalstaten. Het gaf jongeren een reden om binnen Ruslands culturele matrix te blijven in plaats van voor de aantrekkingskracht van Hollywood te vallen. De bond had vertegenwoordigers in alle uithoeken van het voormalige Sovjetrijk, van Moldavië tot Tadzjikistan, en er werd door allemaal opgetreden in het Russisch. Zelfs teams uit de Baltische staten, de eerste landen die zich in 1991 ontworstelden aan de heerschappij van Moskou, namen deel aan de KVN-competitie; de grootste jaarlijkse bijeenkomst werd gehouden in Letland aan de kust van de Oostzee. In een vriendelijk licht bezien waren deze wedstrijden een vehikel voor de Russische soft power op ongeveer dezelfde wijze als Amerikaanse films voor kijkers over de hele wereld definieerden hoe de goodguys en de badguys eruit horen te zien. Minder vriendelijk gezegd kon de bond beschouwd worden als een door het Kremlin gesteund programma van cultureel kolonialisme. In beide gevallen was het zwaartekrachtcentrum van KVN altijd Moskou, en nostalgie naar de Sovjet-Unie was een maatstaf voor elk team dat hoopte te winnen. Zelensky's team was hierop geen uitzondering, zeker niet toen hun roem begin jaren 2000 samenviel met een machtswisseling in het Kremlin. Met de verkiezing van Vladimir Poetin in 2000 omarmde de Russische staat de symbolen en iconen van het verleden als een rijk en werd het volk aangemoedigd zich niet langer te schamen voor de Sovjet-Unie. Een van Poetins eerste handelingen als president was de melodie van het volkslied terugveranderen naar dat van de Sovjet-Unie.

Poetin was altijd een enthousiaste fan geweest van KVN. Vaak was hij aanwezig bij KVN-kampioenschappen en dan beklom hij graag het podium om een peptalk af te steken voor de deelnemers. In ruil daarvoor namen ze hem af en toe als onderwerp van hun grappen, al was er nooit eentje echt scherp. In de eerste van deze grappen, in 1999 toen hij nog premier was, werden de snelstijgende peilingen op de korrel genomen na de Russische bombardementen op Tsjetsjenië die zomer: 'Zijn populariteit is die van Mickey Mouse al voorbijgestreefd,' aldus de komiek, 'en komt nu in de buurt van die van Beavis and Butt-Head.' Poetin, die in de zaal zat naast zijn lijfwacht, liet zich grinnikend onderuitzakken in zijn stoel. Nog geen jaar later maakte hij duidelijk dat scherpere grappen in zijn richting niet getolereerd zouden worden. In februari 2000, tijdens Poetins eerste presidentscampagne, werd hij in de satirische tv-show *Kukly*, 'Poppen', neergezet als een gnoom door wiens kwalijke betovering mensen gingen geloven dat hij een prachtige prinses was. Verscheidene beroemde en invloedrijke figuren, die hem bij campagnebijeenkomsten ophemelden, eisten dat de schrijvers van de sketch in de gevangenis werden gegooid. Het programma werd algauw van de buis gehaald en de omroep die het had uitgezonden, werd overgenomen door een staatsomroepbedrijf.

Zelensky, die op dat moment in Moskou woonde en werkte, bezag de ommekeer naar een autoritair systeem in Rusland met dezelfde bezorgdheid als al zijn collega's in de showbusiness en net als iedereen paste hij zich aan. Om aan de top te blijven zou het nu niet verstandig zijn, vond zijn team, om grappen te maken over de nieuwe leider van Rusland. In 2001 deed Zelensky's karakter in een sketch een beroep op Poetin als degene die beslist 'niet alleen over mijn lot, maar dat van heel Oekraïne'.[45] In een optreden een jaar later, dat overliep van nostalgie naar de Sovjet-Unie, zei een lid van Zelensky's gezelschap dat Poetin 'een aardige kerel bleek te zijn'.[46] Maar dat soort directe verwijzingen naar de Russische president kwamen zelden voor in Zelensky's vroege optredens. Wel maakte hij grapjes over de beroerde relatie tussen Oekraïne en Rusland, zoals in zijn beroemdste sketch uit 2001, die hij ten beste gaf tijdens het KVN-kampioenschap in Oekraïne.

In de sketch, getiteld 'Man geboren om te dansen', speelt Zelensky de rol van een Rus die niet kan ophouden met dansen terwijl hij een Oekraïner zijn levensverhaal vertelt. De tekst is platvloers en de humor kinderlijk. Zelensky grijpt naar zijn kruis als Michael Jackson en doet de pantomimebewegingen na van de clown Bip, als die doet alsof hij in een doos zit. Aan het einde van de scène bespringen de Rus en de Oekraïner elkaar afwisselend van achteren. 'Oekraïne naait Rusland altijd,' zegt Zelensky, 'en Rusland naait Oekraïne altijd.' Niets van deze punchline komt ook maar in de buurt van de satire die het Rusland van Poetin nodig had en verdiende. Maar als een stukje fysieke komedie is de sketch memorabel, briljant zelfs. Zelensky's bewegingen lijken, veel meer dan zijn woorden, het publiek aan te steken met een soort vrolijkheid als hij zijn tekst opzegt terwijl hij in een strakke leren broek schokkerig heen en weer loopt en zijn benen in de lucht gooit. Het meest onweerstaanbare aan de sketch is echter hijzelf, de grijns op zijn gezicht, het zichtbare plezier dat hij beleeft aan elke seconde op dat podium. De jury vond dat optreden zo leuk dat ze Zelensky's grootste wens die avond in vervulling lieten gaan. Voor een publiek van miljoenen tv-kijkers werden hij en zijn team uit Kryvy Rih kampioen van de competitie in hun eigen Oekraïne. Maar op het grootste podium, in Moskou, zou de overwinning hun telkens blijven ontgaan.

4

Meneer Groen

Zelensky hield het niet lang vol in de eredivisie van de KVN. Nadat ze drie jaar achtereen hadden meegedaan aan internationale kampioenschappen en hadden verloren, vertrok hij met zijn gezelschap in 2003 uit Moskou. Leden van het team zijn het erover eens dat hun vertrek verre van vriendelijk was geweest, al lijken ze het zich allemaal iets anders te herinneren.[47] Een van hen vertelde me dat het breekpunt met de KVN het onderhuidse antisemitisme was. Tijdens een repetitie stond een producent op het toneel en zei hardop, verwijzend naar Zelensky: 'Waar zit die kleine jid?' In Zelensky's versie van het verhaal bood het management in Moskou hem een baan aan als producent en schrijver voor de Russische televisie. Dan moest hij wel zijn gezelschap opheffen en de anderen terugsturen naar Oekraïne. Zelensky weigerde en ze gingen allemaal samen terug naar huis.

Ze waren halverwege de twintig, succesvol in de showbusiness en beroemdheden in Oekraïne. Maar het was nog altijd moeilijk voor Zelensky's ouders om comedy te aanvaarden als carrière voor hun zoon. 'Zonder enige twijfel,' zei zijn vader jaren later, 'hebben we hem aangeraden iets anders te gaan doen en dachten we dat zijn belangstelling voor KVN tijdelijk zou zijn, dat hij zou veranderen, dat hij een echt vak zou kiezen. Per slot van rekening is hij jurist. Hij is aan ons instituut afgestudeerd.'[48] Zelensky had inderdaad zijn studie afgemaakt en een graad in de rechten behaald tussen de optredens voor KVN door. Maar hij had niet de intentie om als jurist aan het werk te gaan. Hij vond het saai. Toen ze weer thuis waren in Kryvy Rih vond eerst een reeks huwelijken plaats, op drie zaterdagen achter elkaar. Olena Kyjasjko trouwde op 6 september 2003 in hun geboorteplaats met Volodymyr Zelensky, en Oleksandr Pikalov en Vdim Pereverzev trouwden met hun vriendinnen. Tegen het einde van dat jaar, toen Olena zwanger was van hun dochter, verhuisde Zelensky naar Kyiv om er zijn nieuwe productiestudio op te zetten, Studio Kvartal 95.

Zelfs in die vroege fase van zijn carrière had Zelensky meer zelfvertrouwen dan de kenmerkende snoeverij van een jongeman die ondersteboven is van zijn vroege succes. Hij twijfelde geen seconde aan het vermogen van zijn team om er iets groots van te maken en als hij zelf enige angst voelde, dan hield hij dat voor iedereen verborgen, ook voor zijn vrouw. Voor een bijna failliete toekomstige vader van midden twintig moet het aanbod van een baan in Moskou aanlokkelijker zijn geweest dan hij liet merken. Nog afgezien van het geld zou het hem een plekje hebben opgeleverd tussen de *glitterati*, de producenten en presentatoren op de grootste markt van de Russischtalige wereld. Maar in plaats daarvan nam hij het risico en wierp hij zijn hengel uit in een veel kleinere vijver, vertrouwend op zijn team vrienden die naar hem keken voor leiderschap en hem het gevoel gaven thuis te zijn, waar hij ook was.

Na aankomst in Kyiv regelde Zelensky een ontmoeting met een van de grootste mediabazen van het land, Alexander Rodnyansky, het hoofd van de omroep die de de KVN-competitie in Oekraïne produceerde en uitzond. Hij kende Zelensky uit het circuit als een 'slimme jonge Joodse knul', vertelde hij me. Maar hij had niet verwacht dat die knul zijn kantoor zou komen binnenstappen met een risicovol zakelijk voorstel. Zelensky was in gezelschap van de gebroeders Sjefir, die tien jaar ouder waren en meer ervaring hadden in deze bedrijfstak, maar hij voerde het woord. Hij wilde met zijn team op het grootste podium van Kyiv verschijnen voor een landelijk tv-optreden en hij had Rodnyansky nodig om hem zendtijd te geven en te betalen voor een deel van de productie, marketing en andere zaken. 'De *chutzpah*, de grenzeloze brutaliteit van die jongen, dat is wat ik me herinner,' vertelde hij me. 'Hij had een rotsvast vertrouwen in zichzelf, met zijn doordringende ogen.' Jaren later zou Rodnyansky begrijpen welk gevaar er in die kwaliteit stak. Het zou Zelensky naar de verkeerde aanname voeren dat hij, in de rol van president, Poetin te slim af kon zijn en met onderhandelen een totale oorlog kon voorkomen. 'Volgens mij heeft dat zelfvertrouwen hem uiteindelijk verraden,' zei hij. Maar op dat moment won Zelensky's charme het in de onderhandelingen met Rodnyansky, die akkoord ging en een deel van het risico van het optreden op zich nam.

Het werd een dusdanig groot succes dat Kvartal 95 een overeenkomst kon sluiten om een serie variétéprogramma's te maken die in Rusland en Oekraïne zouden worden uitgezonden. Hun toon week af van de vriendelijke, wat verlegen stijl van KVN. De grappen kregen een scherper randje en werden veel openlijker politiek. Pereverzev, een van de schrijvers van het programma, vertelde me dat het hun doel was om een versie te maken van *Saturday Night Live* met elementen van Monty Python. Dat was nooit eerder geprobeerd op de Oekraïense tv. En er was geen enkele manier om erachter te komen of het publiek er wel klaar voor was. 'Dat was Groens stijl,' zei hij, waarbij hij Zelensky's bijnaam gebruikte. (Het woord voor 'groen' is in het Oekraïens en het Russisch hetzelfde, *zeleny*.) 'Dat was zijn voornaamste kwaliteit als leider. Hij zei gewoon: "Laten we het doen." Dan werden we allemaal bang en zei hij alleen dat we hem maar moesten vertrouwen. Ons hele leven lang ging dat zo. En op een gegeven moment gingen we hem ook vertrouwen, want als hij zei dat het werkte, dan was dat ook zo.' Vanuit de kamer van de schrijvers in Kyiv zagen ze algauw dat de geschiedenis zich in hun voordeel ontwikkelde: ze konden geen beter moment hebben uitgekozen om een nieuw soort politieke comedy te lanceren.

◆

Eind 2004 brak in Oekraïne een volksopstand uit die bekend zou worden als de Oranjerevolutie, waarvan de hoofdrolspelers waren gemaakt voor satire. Maandenlang domineerde de revolutie in heel Europa de krantenkoppen, deels omdat de personages voor de media onweerstaanbaar waren. Je had de echte schurk, Viktor Janoekovytsj, een door het Kremlin geleide sukkel wiens betwiste overwinning in de presidentsverkiezingen de opstand op gang had gebracht. Dan had je nog de heldin, Joelja Tymosjenko, die de demonstraties op het Onafhankelijkheidsplein aanvoerde met haar goudkleurige vlecht die als een kroon om haar hoofd was gewonden. En dan had je de televisiegenieke leider van de revolutie, Viktor Joesjtsjenko, het slachtoffer van vergiftiging door voormalige agenten van de KGB, waardoor zijn gezicht vreselijk verminkt was. De gebeurtenissen leken wel een opera, waardoor het nauwelijks in het oog te houden viel wat ze voor Oekraïne vertegenwoordigden: de afwijzing door het volk van Russische invloed en een fundamentele draai naar het Westen.

Dat was wat de demonstranten van de Oranjerevolutie eisten en wat het Kremlin nu juist wilde tegenhouden. Voor Vladimir Poetin, van wie het einde van zijn eerste termijn als president naderde, was de opstand een serieuze uitdaging. Een van zijn adviseurs noemde het 'onze 9/11'.[49] Als het Kremlin toestond dat Oekraïne definitief brak met Rusland en lid werd van de NAVO en de Europese Unie, dan zou er geen enkele hoop meer zijn op het herstel van de macht en invloed die Rusland was kwijtgeraakt met het uiteenvallen van de Sovjet-Unie. Aan het begin van zijn ambtstermijn had Poetin de ineenstorting van de Sovjet-Unie 'de grootste geopolitieke catastrofe van de twintigste eeuw' genoemd en zijn plan om dit recht te zetten was afhankelijk van het behoud van de banden tussen Kyiv en Moskou. De Oranjerevolutie dreigde die banden te verbreken en Poetin was vastbesloten daar een einde aan te maken.

Tien jaar later, in 2014, zou dezelfde dynamiek resulteren in een tweede, veel bloediger opstand op het Onafhankelijkheidsplein in Kyiv. En acht jaar daarna culmineerde dat in de Russische invasie. Maar tijdens die eerste manifestatie maakte deze impasse over taal en geschiedenis, over corruptie en verantwoording, het makkelijk genoeg om te geloven dat Rusland Oekraïne zijn eigen gang zou laten gaan, vredig en zonder dat er bloedvergieten nodig was. Tijdens de Oranjerevolutie vloeide er geen bloed op het Onafhankelijkheidsplein. Er was slechts een zee van mensen, meer dan honderdduizend mensen, die wekenlang midden in de winter op dat plein stonden en patriottische liederen zongen, toespraken gaven en ernaar luisterden, met oranje vlaggen zwaaiden samen met de vlaggen van Oekraïne en de Europese Unie.

En het eindigde met het allerzeldzaamste in het politieke leven van Oekraïne: een happy end, tenminste, voor de inwoners die naar het Westen wilden kijken. In januari 2005 wees het hooggerechtshof na twee maanden van demonstraties in Kyiv de betwiste verkiezingsuitslag af en beval nieuwe verkiezingen. Geen enkele steun van het Kremlin kon Janoekovytsj nu nog redden van een nederlaag. Ondanks de gevolgen van het gif, die zo sterk zichtbaar waren in zijn gezicht, lag Viktor Joesjtsjenko voor in de peilingen en hij kwam dat voorjaar aan de macht met de belofte zijn land aansluiting te laten zoeken bij het Westen en definitief te breken met Rusland.

Maar het was geen verpletterende overwinning geweest. Zelfs nadat de internationale media zijn doel maandenlang hadden opgehemeld, kreeg Joesjtsjenko slechts 52 procent van de stemmen, met een overtuigende meerderheid in het westen en midden van het land. Janoekovytsj, met het charisma van een zak aardappelen, genoot nog altijd de steun van 44 procent van de kiezers. In het zuiden en oosten van Oekraïne en op de Krim had de door Rusland gesteunde kandidaat een stevige meerderheid behaald. Voor het Kremlin was dit een teken dat Oekraïne nog niet verloren was. Grote delen van het land, vooral het industriegebied in het Donetsbekken, of in het Oekraïens de Donbas, in het oosten, hadden weinig belang bij Joesjtsjenko's plannen voor aansluiting bij de NAVO en de Europese Unie. Miljoenen mensen in deze regio's spraken Russisch, keken naar Russische tv-programma's, raadpleegden Russische nieuwsbronnen en handelden met Rusland voor hun levensonderhoud. Als Poetin hen kon motiveren om het opschuiven van het land naar het Westen te frustreren, dan kon hij de invloed in Oekraïne krijgen die hij wilde via de politiek – en zonder de noodzaak van geweld.

◆

Binnen Zelensky's kringetje van vrienden en familie waren de meningen over steun aan de Oranjerevolutie sterk verdeeld. Zijn ouders stemden op Janoekovytsj, terwijl zijn comedygezelschap de steeds dieper wordende kloof tussen de oostelijke en de westelijke regio's als een serieus professioneel dilemma beschouwden.[50] Hun nieuwste amusementsprogramma, *Een avondje Kvartal*, moest in de maanden na de Oranjerevolutie van start gaan en politieke comedy zou de kern vormen. Ze konden zich niet permitteren een van de twee kanten van de scheidslijn die door het land liep van zich te vervreemden of te beledigen. Het project werd financieel gesteund door partners in zowel Rusland als Oekraïne en ze wilden kijkers in beide landen. Al in de eerste aflevering bleek dat Zelensky's politieke standpunt niet heel ver van dat van zijn ouders af stond. Bovendien was hij opgegroeid in een arbeidersstad en sprak hij Russisch. Zelfs al was hij in zijn jaren in Moskou als acteur tegen het glazen plafond van vooroordelen tegen Oekraïners gestoten, hij geloofde nog altijd dat de twee landen met elkaar verbonden waren, ten goede of ten kwade, door een gedeelde geschiedenis en cultuur.

In zijn eerste respons als komiek op de Oranjerevolutie deelde hij steken uit naar beide kanten, zij het niet even hard. In dit programma maakte Pikalov zijn debuut met zijn tot in de puntjes perfecte imitatie van Janoekovytsj, met zijn zangerige, plattelandse manier van praten, de ijzige blik die liet zien dat de radertjes in zijn hoofd aan het werk waren. Maar de benadering was mild, genereus bijna, vergeleken met de kleinering die Joelja Tymosjenko, het icoon van de Oranjerevolutie die net was benoemd tot premier van Oekraïne, ten deel viel. Zelensky zelf deed haar na. Aansluitend aan zijn gebruikelijke stand-upcomedy als opening kleedden hij en drie anderen van het gezelschap zich om in Tymosjenko-kostuums: slordige vlechten op hun hoofd, oranje strepen op hun armen met het Engelse woord *Revolution*. 'Ik kan niet zonder jou leven, Poetin,' zongen ze in koor. 'Maar zonder jouw liefde loop ik over naar de NAVO.'[51]

De humor was grof, maar ook heel slim in de manier waarop op het politieke koord gebalanceerd werd. De komieken kozen geen partij voor de ene of de andere kant over de doelen van de Oranjerevolutie. In plaats daarvan richtten ze hun pijlen op haar heldin en beeldden ze haar uit als een berekenende opportunist, die bereid was haar loyaliteit te verschuiven van Oost naar West en terug. Vijftien jaar later herinnerde Tymosjenko zich nog altijd de belediging toen ze, tot haar enorme verrassing, tegenover Zelensky kwam te staan in een presidentsverkiezing – en verloor. Maar het optreden was toen het werd uitgezonden, geen politieke beginselverklaring. Het maakte alleen duidelijk dat Zelensky in zijn comedy niet erg vriendelijk zou zijn voor welke politicus dan ook, zelfs als ze aan de macht waren en populair. 'We reageerden op wat er in de politiek op dat moment gebeurde, maar altijd gebaseerd op het gezichtspunt van de mensen,' vertelde Olena me. 'We waren geen politiek specialisten. We maakten grappen over de dingen waar de mensen over praatten in hun keuken. Ons gezichtspunt was altijd van buitenaf, en het was behoorlijk oppervlakkig.'

Het meeste materiaal van *Een avondje Kvartal*, dat op zaterdagavond op primetime landelijk werd uitgezonden, ging helemaal niet over politiek. Het waren slapsticks, onderbroekenlol, imitaties van beroemdheden. Maar de beste sketches waren gewoonlijk die waarin de machtigen belachelijk werden gemaakt. Niemand werd gespaard. In een sketch werd aangenomen dat alle hoofdpersonen van de Oranjerevolutie aan geheugenverlies leden en niet in staat waren zich te herinneren wie van hen nu eigenlijk de president was. Het was gebaseerd op een formule die zo oud is als satire: politici hebben geen principes, alleen honger naar macht. Terwijl Zelensky's ouders zulke grappen in hun oude appartement in Kryvy Rih hoorden, maakten ze zich ongerust dat zijn onbeschoftheid hem nog eens problemen met de autoriteiten zou bezorgen. 'Het was angstaanjagend, echt angstaanjagend,' vertelde zijn moeder Rimma. 'Mijn man was ertegen, heel erg tegen. Hij zei: "Vova, kap ermee, hou op met die grappen over de president!"'[52]

Jongere kijkers, die het Sovjetinstinct van eerbied voor de staat van zich af hadden geschud, vonden de satire hilarisch. Het programma werd zo'n grote hit dat Zelensky's productiebedrijf binnen een paar jaar te vinden was in elk hoekje van de tv-industrie. Het maakte aan de lopende band sitcoms en romcoms, realityshows en kookprogramma's, stand-upspecials en songfestivals. Zelensky verscheen in de Oekraïense versie van *Dancing with the Stars*, eerst als deelnemer (hij won) en later als producent. Naast hun werk voor op de buis toerde het gezelschap ook nog door Oekraïne en Rusland en trad op in uitverkochte theaters en feestzalen. 'Onderweg gingen we wel twee of drie keer bijna dood,' vertelde Pikalov me. Op een keer kreeg hun touringcar midden in niemandsland pech terwijl de temperatuur tot min veertig graden zakte. En een andere keer brak in de Russische stad Nizjni Novgorod een messengevecht uit in de menigte en de leden van het gezelschap werden meegezogen in het strijdgewoel. 'Op een of andere manier kwamen we er altijd weer zonder kleerscheuren vanaf,' aldus Pikalov. Maar hij herinnert zich dat hij tegen Zelensky zei: '"Jij leeft onder een geluksster. Pas maar op dat die zich niet een keer van je afkeert." Het enige wat we konden doen was bidden tot God: laat het niet vandaag zijn, morgen misschien.'

◆

Het succes van de studio had van Zelensky een rijk man gemaakt tegen de tijd dat hij in 2008 dertig werd. Zijn zakenpartners, de gebroeders Sjefir, gingen hun geld elders onderbrengen, voornamelijk in Cyprus, het favoriete belastingparadijs van de Russische en de Oekraïense elite. Er vloeiden miljoenen dollars naar het bedrijf, die buiten het bereik van de Oekraïense belastinginspecteurs bleven, en een groot deel ervan was afkomstig van de oligarchen die eigenaar waren van de televisiemaatschappijen die Zelensky's producties uitzonden en betaalden.[53]

Hoe meer kapitaal hij vergaarde, hoe terughoudender hij werd over het onderwerp. 'Ik praat niet over mijn inkomen,' zei hij eens. 'Ik schaam me daar echt voor.' Hij maakte zich zorgen dat hij, schatrijk en beroemd, het risico liep de band met zijn publiek te verliezen. De meeste mensen die naar zijn programma's keken en kaartjes kochten voor zijn films waren arm, naar westerse maatstaven tenminste. Na veertig jaar te hebben gewerkt als ingenieur en boekhouder kreeg Zelensky's moeder het gebruikelijke pensioen van zestienhonderd hryvnia per maand, omgerekend ongeveer tweehonderd dollar. 'Mensen zijn totaal bankroet,' antwoordde Zelensky op een vraag van een journalist naar zijn rijkdom. 'Ik wil het hun niet onder de neus wrijven. Ze hebben het al moeilijk genoeg.'[54]

Toen details van zijn in het buitenland gestalde rijkdom in 2021 aan het licht kwamen bij het enorme datalek dat bekend werd als de *Pandora Papers* was Zelensky, in het tweede jaar van zijn termijn als president, gedwongen om een paar ongemakkelijke excuses te maken. Hij ontkende dat hij geld witwaste en belasting ontweek. Maar hij gaf toe dat hij een belastingparadijs gebruikte om zijn bezit te 'beschermen' tegen de staat. 'Alle omroepen hebben bedrijven in het buitenland,' zei hij, 'omdat ze daardoor de mogelijkheid hebben politieke invloed te vermijden.'[55]

Terwijl het aantal kijkers van zijn programma's in de miljoenen liep, kreeg Zelensky te maken met druk van de politici die hij op de hak nam, en dat werd nog erger na de presidentsverkiezingen van 2010, die wel een revanchewedstrijd leken van de Oranjerevolutie. De favoriet was Joelja Tymosjenko, die beloofde de integratie van Oekraïne in het Westen voort te zetten. Maar Janoekovytsj deed ook weer mee, en deze keer besloot het Kremlin hem wel te steunen, daarbij vertrouwend op een groep goedgezinde miljardairs om zijn weg naar de macht te smeren. Een van hen huurde een team opiniepeilers en imagovormers in om de boodschap van Janoekovytsj te polijsten, terwijl anderen hun omroepmaatschappijen in Oekraïne gebruikten om die boodschap af te leveren aan het electoraat. Tijdens talkshows en discussies op primetime beweerde Janoekovytsj dat Oekraïne sinds de Oranjerevolutie de weg kwijt was, dat het land op het juiste spoor terug moest komen, de banden met Rusland moest herstellen en de rechten van de Russischtalige bevolking in het oosten en zuiden moest respecteren. De boodschap was klinkklare flauwekul, er werd weinig moeite gedaan de bevolking van het westen van het land aan te spreken, waar de meeste mensen Oekraïens spreken. Door hun uitgebreide opiniepeilingen kreeg de club van Janoekovytsj de indruk dat hun belofte van economische groei en hun beroep op Russisch tribalisme voldoende stemmen zouden opleveren in het oosten en zuiden om de balans in hun voordeel te laten doorslaan. En de strategie werkte.

Toen de uitslagen binnenkwamen, bleek de electorale kaart doormidden gescheurd. De westelijke regio's hadden met grote meerderheid op Joelja Tymosjenko gestemd, maar de veel dichter bevolkte gebieden in het oosten en zuiden gaven Janoekovytsj een kleine overwinning in de strijd, die door internationale waarnemers als vrij en eerlijk was bestempeld. Voor Poetin was dit een triomf. Het enige wat hij had hoeven doen om de vernedering van de Oranjerevolutie te wreken, was enkele jaren geduld hebben en een paar slimme investeringen van de oligarchen in zijn hofhouding. De favoriete kandidaat van het Kremlin heerste nu over heel Oekraïne en was geïnstalleerd zonder bloedvergieten, trouw als hij was en legitiem. Om zijn populariteit te behouden, bleef Janoekovytsj gesteund worden door de grootste mediatycoons van Oekraïne, hun omroepen bleven hem maar aanprijzen.

Een van die omroepen, Inter TV, was op dat moment toevallig Zelensky's opdrachtgever en stuurde cheques naar zijn productiemaatschappij en haar vestiging in het buitenland. Na de verkiezingen beloonde Janoekovytsj de eigenaar van de omroep met een van de populairste baantjes in zijn bestuur: directeur van de veiligheidsdienst van Oekraïne, de grootste spionagedienst van het land. Het jaar daarop werd Zelensky algemeen producent van Inter TV en verantwoordelijk voor alle programma's, behalve het nieuws. 'Ik had altijd ruzie met de nieuwskant,' vertelde hij. Ze drongen er bij hem op aan de satirische toon van *Een avondje Kvartal* te matigen en weg te blijven van de politiek. Een van de bondgenoten van Janoekovytsj deed zelfs een bod op zijn loyaliteit. Het bod, beweerde Zelensky later, was 100 miljoen dollar. 'Maar ik nam het niet aan. Ik ben niet stapelgek,' zei hij. 'Mijn leven, mijn reputatie en mijn gezin zijn meer waard dan dat.'[56]

In het tweede jaar van Janoekovytsj' presidentschap besloot Zelensky zijn producties te verhuizen naar een andere omroep.[57] Het beleid bij Inter TV, zei hij, maakte het 'fysiek onmogelijk' voor hem om er nog langer te werken. Maar zijn gezelschap bleef wel optreden voor de politieke elite, ook voor Janoekovytsj en de leden van diens kringetje, die meer dan twintigduizend dollar betaalden voor een particulier optreden tijdens een feestje. Zelensky hield niet van die optredens. Hij verlangde naar het gelach van een mensenmassa als hij op het toneel klom, niet naar het getinkel van messen en vorken tegen mooi porselein.

Zelfs naar de belachelijke maatstaven van Oost-Europese plutocraten viel de rijkdom die door Janoekovytsj bij elkaar geharkt werd op. Onderzoekers kwamen later tot de conclusie dat hij en zijn makkers gedurende zijn vier jaar aan de macht 100 miljard dollar aan overheidsgeld naar rekeningen in het buitenland hebben gesluisd, een bedrag dat gelijk is aan ongeveer de helft van het bruto nationaal product van Oekraïne in het jaar van zijn verkiezing.[58] De machtsbasis van Janoekovytsj in het oosten van het land zag een enorme toename van staatsinvesteringen. Donetsk, de grootste stad in de Donbas, kreeg een nieuwe internationale luchthaven en een nieuw stadion, die precies op tijd klaar waren voor het Europees Kampioenschap voetbal in 2012, dat Janoekovytsj even liet proeven van internationaal prestige en erkenning. Zijn trawanten namen topposities in in heel het land, kwamen in de hogere echelons van de politie, de veiligheidsdiensten en de rechtbanken, die meteen zijn plaaggeest Joelja Tymosjenko in de gevangenis gooiden op beschuldiging van landverraad en ambtsmisbruik. Zo veel van deze officials waren afkomstig van zijn bastion in de Donbas dat de grap rondging over een zwerver die ergens in Oost-Oekraïne op straat slaapt, waar de politie hem oppakt en in een bestelbus smijt. 'Waar brengen jullie me naartoe?' schreeuwt hij. 'Naar West-Oekraïne,' antwoorden de agenten. 'Daar is een burgemeesterspost vrijgekomen.' De zomer daarop voelde Janoekovytsj zich zo stevig in het zadel zitten dat hij akkoord ging met een interview aan de westerse pers. Op een middag in juni 2012 namen zijn assistenten me mee naar de presidentiële vertrekken in de Bankovastraat om hem te ontmoeten, dezelfde kamers waarin ik later met president Zelensky sprak. 'Ik herinner me je gezicht,' zei Janoekovytsj tegen me. We hadden elkaar jaren eerder eens ontmoet tijdens de verkiezingscampagne. 'Vooral die glimlach. De Amerikaanse glimlach.'[59]

Ik werd die dag niet vergezeld door een fotograaf. Maar de president had toch een laag make-up opgesmeerd, voor het geval dat, en een pak met vierkante schouders aangetrokken dat glom in het licht van de kroonluchters. De vertrekken om ons heen, met hun accenten in goud en ivoor, het heraldieke wandtapijt waarop een krijger en een leeuw stonden, pasten uitstekend bij Janoekovytsj. Samen met de glimmende das en het dankzij haarlak wijduitstaande kapsel waren dit de machtssymbolen die hij zo graag in de spiegel wilde zien. Wat me op dat moment het meest interesseerde was zijn besluit om Tymosjenko in de gevangenis op te sluiten. Afgezien van de overduidelijke schending van haar rechten had het geen enkele politieke zin. Ze was geen serieuze bedreiging voor zijn heerschappij. De beschuldigingen tegen haar hoorden bij een kinderachtige vendetta. Begreep hij niet dat hij hiermee een precedent had geschapen? Ooit zou er een moment komen waarop hij zijn ambt moest neerleggen en dan zouden zijn vijanden ook wraak willen nemen. 'Natuurlijk is dat mogelijk,' zei hij met een zucht. 'We proberen nu juist deze cyclus te doorbreken.'

Maar hij leek zich geen al te grote zorgen te maken. Hij zat pas een paar jaar in de eerste termijn van zijn presidentschap. Hij had de steun van het Kremlin en leek de macht stevig in handen te hebben. 'Als er een einde komt aan deze rechtszaken,' zei hij, onder verwijzing naar de vervolging van zijn tegenstanders die op dat moment nog aan de gang was, 'dan zouden we moeten ophouden met deze praktijk. Het zou nooit meer moeten gebeuren.' Na een uur vroeg een assistent me mijn spullen in te pakken en vroeg ik Janoekovytsj nog naar het laatste nieuws. De dag ervoor had zijn partij een wet doorgedrukt waarmee Russisch een officiële taal was geworden in het oosten van Oekraïne. Oekraïense nationalisten en aanhangers van de Oranjerevolutie hadden binnen en buiten het parlement tegen de wet geprotesteerd. Voor hen leek het een buiging van leenmanstrouw naar Moskou. Gedurende een debat de week ervoor hadden zij het podium in de plenaire zaal geblokkeerd en was er een knokpartij uitgebroken. Tientallen parlementariërs schopten en sloegen elkaar precies op de plek waar Janoekovytsj twee jaar eerder zijn ambtseed had afgelegd. Toen het voorbij was, moest een volksvertegenwoordiger van de oppositie, van wie het bloed over zijn gezicht stroomde, naar het ziekenhuis gebracht worden.

Waar ging dit over? Oekraïners hadden altijd al Russisch mogen spreken als ze dat wilden. De succesvolste productiestudio in het land, Kvartal 95, maakte films en tv-programma's in het Russisch die landelijk werden uitgezonden. Waarom moest Janoekovytsj zo nodig dat wetsvoorstel tot wet laten verheffen? De president antwoordde met een tegenvraag. 'Vind ik het leuk als dit zo doorgaat in het parlement? Natuurlijk vind ik dat niet leuk,' zei hij, verwijzend naar het geweld. 'Het is wel een heel laag cultuurniveau. Het is de taal van ultimatums en geweld. Maar het komt van beide kanten. Eerst slaat de ene kant de andere, dan slaat de andere de eerste. Op een gegeven moment zal ook dit ophouden. We moeten blijven geloven dat dat gebeurt.'

5

Annexatie

De volgende revolutie begon als een wake. Niemand verwachtte dat die zou uitgroeien tot iets veel groters. Politiek op straat in Oekraïne, en vooral in de hoofdstad, was sinds de Oranjerevolutie een heel gewoon tijdverdrijf geworden, waarbij demonstraties en bijeenkomsten dienden als tegengif voor cynisme en als uitstalkast voor de vele frustraties van de jongeren, de behoeftigen, van degenen zonder stem. Ze vonden bijna elke week plaats en de demonstratie die zou uitgroeien tot een opstand leek bescheiden naar de maatstaf van protesten in Kyiv, vooral als je de beroering die eruit zou voortkomen erbij betrekt.

Op die eerste avond eind november 2013 verzamelden demonstranten zich op het Majdan Nezalezjnosti, het Onafhankelijkheidsplein, het grote kruispunt in het centrum dat bekend is als het Majdan, het Plein. De meeste waren studenten en allemaal voelden ze zich die avond bedrogen en verraden. Al enkele maanden lang beloofde president Viktor Janoekovytsj om een economisch verdrag met de Europese Unie te tekenen. Veel hoop bood dat niet op een snelle aansluiting van Oekraïne bij de Europese Unie, maar de overeenkomst beloofde in elk geval een blijvende draai westwaarts, naar het soort hervormingen die al hadden plaatsgevonden in Polen, de Baltische staten en andere voormalige satellietstaten van Moskou sinds de val van de Sovjet-Unie; tot nu toe was Oekraïne vergeleken met deze landen ver achtergebleven in termen van levensstandaard en rechtspraak.

Janoekovytsj had beloofd de overeenkomst dat najaar te tekenen, tijdens een topontmoeting van de Europese Unie in Litouwen. Maar op het allerlaatste moment veranderde hij van gedachten toen Poetin hem overhaalde met een lening van 15 miljard dollar en dreigde met een economische blokkade als Oekraïne verderging met die verschuiving richting West-Europa. Voor de studenten op het plein was die ommekeer deels zo pijnlijk omdat die zo plotseling was gekomen. Ze vonden dat zij het meest te verliezen hadden met die beslissing. Voor hen betekende het dat ze hun productiefste jaren zouden doorbrengen in hetzelfde Oekraïne als hun ouders. Ze noemden het *sovok*, hun jargon voor al die armzalige restjes van het Sovjetbestaan: de haperende economie, de corrupte bureaucratie, de sullige zelfgenoegzaamheid en stagnatie die Janoekovytsj in hun ogen belichaamde. En dus kwamen ze bij elkaar op het Majdan en bouwden er een protestkamp van tenten en vlaggen, zongen en scandeerden, vastbesloten niet te vertrekken tot de president zijn ambt had neergelegd of de overeenkomst met Europa getekend.

In het begin was de sfeer eerder feestelijk dan boos of beladen, en zo bleef het een paar dagen totdat de oproerpolitie arriveerde. In de nacht van 30 november bestormden politiemannen het kamp, zwaaiden met hun wapenstok en haalden tenten en vlaggen neer. Het was een van de keerpunten die winter. De menigte op het plein zwol daarna gauw aan, meer woedend over de behandeling van de eerste groep demonstranten dan om een of andere abstracte politieke kwestie van Europa-versus-Rusland. Het kamp werd weer opgebouwd en nu versterkt met barricades van wat men ook maar te pakken kon krijgen op een hoop gegooid: autobanden, vuilnisbakken, balken, bakstenen. Mensen uit verschillende steden en van alle rangen en standen kwamen naar het plein; ze zongen en scandeerden leuzen en sliepen in hun tenten onder de vlaggen van Oekraïne en de Europese Unie. Elk uur werd het volkslied gezongen. De revolutie was onderweg.

Het was de tweede opstand die Oekraïne binnen tien jaar meemaakte en opnieuw keek de familie Zelensky van afstand toe. Veel van de beroemdste Oekraïense entertainers, en zelfs een paar Russische, traden die winter op het Onafhankelijkheidsplein op voor de demonstranten, maar Zelensky bleef ervandaan. Gedurende deze opstand bracht hij zijn tijd grotendeels door in Moskou. Zijn productiebedrijf had er een kantoor en hij werkte aan een paar grote projecten, een romcom en een sitcom, beide met Russische sterren en sponsors. De sitcom, getiteld *Koppelaars*, moest in 2014 uitgezonden worden op het net Rossiya 1, eigendom van het Kremlin, waarvan de nieuwsafdelingen druk bezig waren de revolutie in Oekraïne te bestempelen als een anti-Russische coup die zou zijn georkestreerd door de CIA.

Zelensky schaamde zich ervoor in eigen land, maar hij ging ermee door. Eenmaal was er tijdens een persbijeenkomst om zijn romcom te promoten een journalist die vroeg wat hij vond van de opstand in Kyiv, die toen in zijn tweede maand was. De vraag leek Zelensky te ergeren. 'We staan achter het volk,' zei hij met weinig overtuiging en hij herinnerde de journalist eraan dat de persbijeenkomst bedoeld was om over een film te praten, niet over politiek. 'Kom op,' zei hij, 'we kwamen hier voor een komedie.'[60]

Dat soort zijwegen waren natuurlijk niet eeuwig te bewandelen. Eind 2013 was de revolutionaire beweging overal om hem heen. Het was het voornaamste onderwerp van de grootste talkshows in zowel Rusland als Oekraïne. Elke nieuwsuitzending begon ermee en het werd aan elke eettafel besproken. Zelensky en zijn vrienden hadden privé dezelfde gesprekken. Maar uit de comedy konden de fans slechts raden aan welke kant ze stonden. 'Het was niet dat we niet meeleefden met de aanhangers van de revolutie,' zei Olena tegen me. Maar de opstand voelde te bekend, als een herstart van de Oranjerevolutie. In hun comedy zocht Zelensky hetzelfde neutrale terrein op waarop ze zich eerder hadden geroerd. Ze maakten politici belachelijk, alle politici, terwijl ze probeerden de mensen aan beide kanten van de politieke kloof niet te beledigen. Daar slaagden ze niet altijd in. Op de laatste dag van 2013 presenteerde Zelensky de jaarlijkse nieuwjaarsspecial op de Oekraïense tv en vertelde een grapje dat bij hem terugkwam en hem nog lang zou achtervolgen. Tijdens de openingssketch suggereerde een van de spelers dat de beweging die de politie maakte met de wapenstok tegen de demonstranten gebruikt kon worden om alternatieve energie op te wekken, zoals een windmolen. Sommige aanvoerders van de revolutie zouden later het grapje veroordelen als een belediging voor de slachtoffers van politiegeweld. Afgezien van dit foutje vermeden Zelensky en zijn team grappen te maken over de demonstranten.[61]

Een paar leden van zijn gezelschap brachten tijdens de revolutie enige tijd door op het Onafhankelijkheidsplein. Pikalov, die het bekendst was door zijn imitatie van Janoekovytsj, had veel fans onder de demonstranten en verscheidenen van zijn vrienden zaten op het plein. Hij en anderen van Kvartal 95 steunden het kamp en gaven geld, spullen, eten en autobanden voor de barricades. Maar ze hingen hun betrokkenheid niet aan de grote klok. 'We deden het niet voor de foto's, voor een goede pr,' aldus Jevhen Kosjovy, de acteur die de grap maakte over het zwaaien met wapenstokken door de politie. 'Goede daden houden van stilte.'[62]

Maar ze hadden ook een financieel motief om zich tijdens de revolutie niet op het Onafhankelijkheidsplein te vertonen. Ongeveer 85 procent van de omzet van de studio was afkomstig van de Russische markt. Het succes was afhankelijk van Zelensky's partners en toeschouwers in Rusland en de kant kiezen van de revolutie zou die allebei van hem vervreemden. Er was naast het zakelijke motief nog een andere reden om afstand te houden: Zelensky had een hekel aan de leiders van de opstand. De energie op het Onafhankelijkheidsplein werd gevoed door activisme van onderaf – wat Oekraïners graag 'zelforganisatie' noemen. Maar veel gevestigde politici probeerden die in te zetten in hun eigen voordeel, net als tijdens de Oranjerevolutie was gebeurd. De meest prominente aanvoerder van de opstand van 2014 was Petro Porosjenko geweest, een voormalige ondernemer die een fortuin had verdiend in de snoepgoedindustrie. Hij bezat een van de toonaangevende omroepen van Oekraïne, Kanaal 5, dat in 2004 en 2005 de Oranjerevolutie had gesteund en tien jaar later een spreekbuis werd van wat bekend zou worden als de Revolutie van Waardigheid, of ook wel de Majdanrevolutie. Andere leiders waren onder meer Vitali Klytsjko, voormalig wereldkampioen boksen, en een heel scala aan radicaal-rechtse politici en volksmenners.[63]

Aan zijn carrière in politieke satire had Zelensky een groot wantrouwen overgehouden jegens populisten, die beweerden namens het volk te spreken, en veel aanvoerders van de Majdanrevolutie deden precies dat. Zelensky bewaarde afstand tot deze mensen. Maar toen de impasse in Kyiv gewelddadiger werd, werd het steeds moeilijker voor hem om zijn houding van artistieke neutraliteit vol te houden. Na twee maanden revolutie begon het Onafhankelijkheidsplein te lijken op een middeleeuws slagveld. Er braken felle gevechten uit tussen demonstranten en politie. De oproerpolitie, bekend als de Berkoet, spoot midden in de winter met waterkanonnen en bedekte zo het plein met een laag ijs. De demonstranten schoten terug, eerst met vuurwerk, later met echte kogels. Sommige maakten katapulten van hout om projectielen op de politie af te schieten. Als de politietroepen naderden, staken de demonstranten vaak hun barricades in brand, hoge bergen autobanden, gedrenkt in dieselolie, met enorme wolken dikke zwarte rook tot gevolg. Dit soort scènes speelden zich die winter ook in andere steden in heel het land af. Demonstranten uitgerust met knuppels, schilden en helmen bestormden overheidsgebouwen. De politie probeerde hen te verdrijven met de wapenstok, traangas, flitsgranaten en rubberkogels. In de meeste gevallen faalden ze.

Voor Janoekovytsj werden de botsingen algauw onhoudbaar. Het regeringshoofdkwartier in Kyiv was verlamd. De Bankovastraat werd belegerd. Vanuit het westen kwam de president onder steeds grotere druk te staan om geweld te vermijden, met de demonstranten te onderhandelen en concessies te doen. Vanuit het oosten drong het Kremlin er bij hem op aan de opstand neer te slaan. Om aan de macht te blijven nam de regering in januari met spoed een reeks wetten aan waarmee de vrijheid van meningsuiting en die van vergadering werden ingeperkt. Maar het optreden had averechtse gevolgen. Het kamp groeide alleen maar en de botsingen met de politie liepen uit op een steeds grimmiger strijd, die niet meer om de politieke doeleinden van de opstandelingen ging, maar om pure wraak. Er werden brandbommen naar de agenten van de oproerpolitie gegooid, die helemaal onder de brandende vloeistof kwamen te zitten. Veel demonstranten werden van straat gehaald en in de cel geslagen en gemarteld. Sommige verdwenen.

In de Bankovastraat nam met het toenemen van het geweld ook het gevoel van paniek rondom Janoekovytsj toe en zijn bondgenoten begonnen hem in de steek te laten. Eind januari diende de premier zijn ontslag in, al snel gevolgd door zijn hele kabinet. De president klemde zich nog een paar weken vast aan zijn baan, waarin hij probeerde een compromis te sluiten met de leiders van de revolutie. Hij stemde zelfs in met vervroegde verkiezingen en bood alle demonstranten amnestie aan. Maar het was te laat. Er was zo veel bloed gevloeid dat zijn tegenstanders geen wapenstilstand meer wilden aanvaarden. Verschillende steden in het westen van Oekraïne waren door demonstranten bezet. Ze hadden de wapenvoorraden van politiebureaus in handen gekregen en dreigden op te trekken naar de hoofdstad. Ook al was de politieke oppositie in Kyiv bereid een overeenkomst te sluiten, hun radicalere bondgenoten in de revolutionaire beweging eisten dat Janoekovytsj de macht afstond. In die impasse gedurende de koudste dagen van de winter kwam geen beweging, tot de laatste uitbarsting van geweld.

Op 18 februari 2014 stak een groep demonstranten het kantoor van de partij van Janoekovytsj in brand en probeerde opnieuw de regeringswijk stormenderhand te bezetten. De oproerpolitie en veiligheidstroepen reageerden met een aanval op het Onafhankelijkheidsplein en staken het vakbondsgebouw in brand, dat gediend had als hoofdkwartier van de revolutie. In deze chaos kwamen minstens zeven politieagenten en een stuk of tien demonstranten om. Twee dagen later bereikte het geweld een afschuwelijk hoogtepunt toen scherpschutters van de politie al vroeg het vuur op demonstranten bij het plein opende en er tientallen doodschoten. Het was een slachting als Oekraïne sinds de Tweede Wereldoorlog niet meer had meegemaakt. Na afloop lagen er hele rijen lijken op het plein, hun gezichten bedekt met lakens en dekens, vlak voor het hotel waarin ik verbleef. In een hotel aan de overkant van het plein was de hal ingericht als geïmproviseerd noodhospitaal, de vloer glibberig van het bloed. Buiten op straat bood het Sint-Michielsklooster in het centrum van Kyiv bescherming aan de demonstranten, die vluchtten voor de kogels. De monniken, van wie sommige uitgerust waren met helm en kogelwerend vest, verzorgden de begrafenissen. In totaal kwamen in die dagen van hevige gevechten dertien politiemannen om. Van de demonstranten waren het er wel honderd.

Wekenlang was de revolutie op weg geweest naar zo'n soort ramp. En toch was de overweldigendste reactie er een van shock toen het eindelijk zover was. Niemand had kunnen geloven dat de politie met echte kogels zou gaan schieten op mensen die gewapend waren met niet meer dan knuppels en schilden. Het was het keerpunt in de opstand, en zelfs Janoekovytsj leek te beseffen dat hij niet kon aanblijven. De volgende avond ging hij aan boord van zijn helikopter en vluchtte de hoofdstad uit, eerst naar het oosten van het land, daarna de grens over naar Rusland, het enige land dat hem bescherming wilde bieden. De revolutie had haar doel bereikt. Algauw zou Rusland de prijs opeisen.[64]

◆

Slechts weinig mensen besteedden in de dagen volgend op de revolutie veel aandacht aan de Krim. Er heerste te veel verwarring in de rest van het land. Demonstranten bestormden het weelderig ingerichte huis van Janoekovytsj buiten Kyiv en hun foto's van zijn idiote eigendommen gingen viraal over de hele wereld: een ren vol struisvogels, een brood van goud, een privérestaurant ingericht als piratenschip, vloeren in het saunacomplex ingelegd met halfedelsteen. (Helaas bleek het gerucht van gouden toiletpotten een mythe.)

Vanuit zijn ballingschap in Rusland probeerde Janoekovytsj nog altijd terug te keren aan de macht. Zes dagen nadat hij was afgezet, gaf hij een krankzinnige persconferentie in de Russische stad Rostov. 'Niemand heeft me afgezet,' zo begon hij. 'Ik was gedwongen Oekraïne te verlaten vanwege een directe dreiging voor mijn leven en de levens van mijn naasten.' De mensen die in zijn plaats de macht hadden gegrepen, zei hij, zijn 'nationalisten en profascistische criminelen die een absolute minderheid van de inwoners van Oekraïne vertegenwoordigen.' Hij eiste nieuwe presidentsverkiezingen later dat jaar. Hij eiste onmiddellijk hervormingen van de grondwet. Hij eiste een onderzoek naar het afslachten van demonstranten op het Onafhankelijkheidsplein.

Niet duidelijk was wie hij nu eigenlijk in de luren wilde leggen. Er was voor hem geen weg terug. In de ogen van de meeste Oekraïners kleefde het bloed van die demonstranten aan zijn handen, ongeacht of hij rechtstreeks bevel had gegeven voor de schietpartij of niet. De meeste regio's van het land hadden zich al achter de revolutie geschaard. De aanhangers hadden de overheidsinstellingen, regionale vertegenwoordigingen en politiebureaus al overgenomen.

De voornaamste uitzonderingen bevonden zich in Oost- en Zuid-Oekraïne, de bolwerken van Janoekovytsj. In die regio's, en vooral op de Krim, was een contrarevolutie begonnen. Een paar dagen nadat het regime in Kyiv was gevallen, verschenen er enkele tientallen zwaarbewapende mannen bij het parlementsgebouw op de Krim en stormden naar binnen, wapens in de aanslag. Ze zagen eruit en bewogen zich als professionals, met maskers en uitrusting die identiek was aan die van Russische speciale troepen. Alleen de onderscheidingstekens ontbraken; alles wat hen kon identificeren was van hun uniform gehaald. De troepen ontwapenden de bewakers van het parlementsgebouw en namen posities in en rond de vergaderzaal in.

Die ochtend, met in de coulissen die mannen, bewapend met geweren en raketwerpers, hielden de volksvertegenwoordigers twee belangrijke stemmingen, en van beide was de uitslag unaniem. Met de eerste stemming werd vastgesteld dat een referendum gehouden zou worden over de vraag of de Krim zich moest afscheiden van Oekraïne. Met de tweede werd een nieuwe premier van de Krim benoemd, Serhei

Aksjonov, een onbuigzame separatist wiens politieke partij, Russische Eenheid, slechts vier zetels had in het honderd leden tellende regionale parlement. Dat was voor Aksjonov voldoende om de macht te grijpen. De volgende dag deed hij een openlijk beroep op het Kremlin: 'Ik verzoek de Russische president Vladimir Poetin om assistentie voor het garanderen van vrede en rust in de autonome Republiek de Krim.'

Die oproep was slechts een smoesje; Russische troepen zaten er al. Ze hadden het hoofdvliegveld van de Krim bezet en waaierden uit over het schiereiland. Poetin loog tegen de wereld over die gewapende mannen, die hij een 'lokaal leger voor zelfverdediging' noemde, burgerwachten die opgestaan waren om hun land te verdedigen tegen de 'neonazi's' in Kyiv. Maar het waren Russische commando's en ver hadden ze niet hoeven reizen. Het grootste deel was gelegerd op de Krim en behoorde tot de Russische Zwarte Zeevloot, en ze omsingelden nu alle militaire bases die Oekraïne op de Krim had. De indringers hadden nauwkeurige informatie over de troepen op die bases. Ze kenden de namen van de Oekraïense officieren en de namen van hun familieleden, en ze wisten waar ze woonden.

'Geen van ons kon zich voorstellen dat onze buren, onze broeders, met getrokken geweer bij ons aan de deur zouden komen,' aldus Oleksandr Polisjtsjoek, toen vicevoorzitter van de veiligheidsraad van Oekraïne, die onder Zelensky een hoge regeringsfunctie zou krijgen. 'Maar ze kwamen naar ons toe en zeiden: "Jullie gaan niet weg. We weten waar je vrouw is. We weten waar je kinderen zijn. Je kunt besluiten een dappere soldaat te zijn, maar dan gaan wij ze allemaal te vermoorden." Dat is wat er gebeurde op de Krim.' Een handjevol hoge Oekraïense officieren besloot over te lopen en zich bij de Russen aan te sluiten. Veel anderen waren bereid terug te vechten, maar daartoe kwam nooit het bevel uit Kyiv. 'De voornaamste reden was psychologisch,' aldus Polisjtsjoek. 'Oekraïense soldaten waren er toen mentaal nog niet klaar voor om op Russen te schieten.'[65]

♦

Binnen enkele dagen was de Russische overname van de Krim voltooid. Poetins troepen bezetten het voornaamste bestuursgebouw en overhandigden de sleutel aan Aksjonov. Toen hij ongeveer een week in functie was, ging ik hem opzoeken in een van de overheidsgebouwen die hij in bezit had genomen. Er lagen zandzakken voor de ramen en aan elke kant van de deur zaten bewakers in volle gevechtsuitrusting, die me aanstaarden door de gaten in hun bivakmuts. Aksjonov zat op de eerste verdieping, samen met een team politiek adviseurs uit Moskou die ervoor moesten zorgen dat hij er minder uitzag als een misdadiger en meer als een politicus. Maar Aksjonov, een spierbundel in een te ruim zittend pak, was slecht gecast voor de rol. Voordat hij de politiek in ging, zat hij bij een bende smokkelaars en afpersers, die hem kenden onder zijn bijnaam in boevenland, de Goblin, de Trol. Maar nu droeg hij met de zegen van Moskou de titel van premier en bereidde hij zich voor op een ontmoeting met Poetin op de Krim. 'Ik was uitgekozen als crisismanager,' zei hij toen we gingen zitten. 'Ik begrijp mijn historische rol.'[66]

Elke keer als ik hem vroeg naar de wijze waarop hij de macht had gegrepen met de hulp van een getrokken Russisch geweer, antwoordde Aksjonov met een tegenvraag. Als de revolutionairen in Kyiv het konden, waarom hij dan niet? Als ze met geweld regeringsgebouwen konden bezetten, wat was er dan mis mee als zijn mannen hetzelfde deden op de Krim? Als de opstand de steun had van westerse regeringen, waarom zou hij dan niet Rusland vragen om hem te helpen? Hij gaf niets om de sancties van de VS en Europa tegen hem en een hele rij anderen die bij de machtsgreep op de Krim betrokken waren geweest. 'Op welke gronden heeft Amerika het recht ons te vertellen wat we moeten doen?' vroeg hij. 'Onafhankelijkheid is wat we willen. Het is wat de bewoners van de Krim willen!'

Een week later organiseerden hij en zijn Russische adviseurs haastig een referendum om die hypothese te testen. Op het stembiljet werd de kiezers echter niet de keuze geboden om bij Oekraïne te blijven. Ze konden instemmen met de volledige onafhankelijkheid van de Krim of met aansluiting bij Rusland. Op het hele schiereiland beloofden verkiezingsposters een enorme verhoging van de lonen en pensioenen als de Krim ervoor koos een provincie van Rusland te worden. Propagandakanalen van het Kremlin waarschuwden dat er zonder de bescherming van Russische troepen bendes fascisten vanuit Oekraïne zouden komen om de Krim met geweld te onderwerpen. In dat klimaat was de uitkomst van het referendum geen verrassing. De officiële uitslag was bijna unaniem: 97 procent van de kiezers was voor de Russische annexatie van de Krim.

De dag daarop reisden Aksjonov en een paar van zijn medeseparatisten naar het Kremlin voor de aansluitingsceremonie. Enkele honderden leden van de Russische elite verzamelden zich onder de hoge gewelven van de Zaal van de Orde van Sint-Joris in het Kremlin om te luisteren naar een van de kenmerkendste toespraken van Poetins heerschappij. Het is nog altijd een uniek moment van triomf voor de Russische president en een hoogtepunt in de bewondering die zijn bevolking voor hem heeft. De zet om de Krim in te nemen was onwettig en werd in de hele wereld veroordeeld. De VS en Europa legden Rusland economische sancties op en zetten tientallen Russische officials en oligarchen op een zwarte lijst. Maar de meerderheid van de Russen prees het in bezit nemen van het gebied. Er was niemand bij doodgegaan. Aan de al zo lang afnemende bevolking van Rusland werden zomaar 2 miljoen mensen toegevoegd en het Russische grondgebied werd uitgebreid met een stuk land zo groot als België.

Sinds de Tweede Wereldoorlog had geen enkel Europees land zijn grenzen met geweld verschoven. In het pantheon van Russische leiders gaf de overval Poetin het gevoel dat hij de nalatenschap benaderde van Peter de Grote en andere ‘landvergaarders’ en het gevolg voor zijn ambities kwam duidelijk naar voren in de toespraak die hij die dag gaf. Om te beginnen zei hij dat de hegemonie van de Amerikanen al veel te lang niet op de proef was gesteld. ‘Ze zijn gaan geloven in hun eigen uitzonderlijkheid, dat zij de uitverkorenen zijn,’ zei hij. ‘Ze hebben het idee dat het hun is toegestaan te beslissen over het lot van de wereld.’

Wat het grotere strijdtoneel Oekraïne betreft beloofde Poetin dat hij de uitkomst van de revolutie nooit zou accepteren. 'De voornaamste uitvoerders van de coup waren nationalisten, neonazi's, russofoben en antisemieten.' Het zou niet lang duren, waarschuwde Poetin, of ze zouden allemaal hun verdiende loon krijgen.[67]

◆

Terwijl de bezetting van de Krim zich ontvouwde, verscheen Zelensky op tv op een manier die zijn fans nooit eerder van hem hadden gezien. De politieke gebeurtenissen in Oekraïne waren veel te dramatisch en gevaarlijk geworden voor satire. Het land stond op de grens van oorlog met Rusland en Zelensky dacht dat zijn stem voldoende gewicht zou hebben om een verschil te maken, om ervoor te zorgen dat mensen van gedachten veranderden, ook die op de Krim en in de oostelijke gebieden van het land. Meer dan enige politicus die die winter in Kyiv aan de macht gekomen was, had Zelensky invloed op de bevolking van die regio's. Ze hadden zijn carrière gevolgd, zijn films gezien, en waardeerden het dat hij Russisch sprak als hij op het toneel klom. Gedurende de hele revolutie die winter had hij een laconiek masker gedragen van neutraliteit, maar hij besloot nu dat het tijd was om een politiek standpunt in te nemen.

Dat kreeg de vorm van een drie minuten durende toespraak tijdens een van de toonaangevende nieuwsprogramma's van Oekraïne. Hij zat aan de desk naast de presentatrice, die een beetje in de war leek door de aanwezigheid van een komiek in haar nieuwsuitzending. 'Hier is een man die geen introductie behoeft,' zei ze en ze wendde zich naar Zelensky. Onder zijn glimlach leek hij bezorgd. 'Geen grappen deze keer,' zei hij in de camera. Het eerste deel van zijn oproep was een uithaal naar Janoekovytsj. 'U bent niet langer de president van Oekraïne,' zei Zelensky in het Russisch. 'Dat is wat de mensen van ons land hebben besloten. Geloof me, in het westen, in het oosten, in mijn geliefde Kryvy Rih is iedereen van mening dat er geen president Janoekovytsj meer is in onze geschiedenis. Stap opzij. En bovenal, geef separatisme geen kans. Hou op met te verschijnen op persconferenties. Het boeit niet langer. Het is saai. Het spijt me. Ga gewoon weg.'[68]

Men zou uit dit eerste deel van zijn toespraak kunnen afleiden dat Zelensky de kant had gekozen van de revolutionaire leiders. Maar zijn volgende oproep was aan hen gericht. Een van hun eerste besluiten had te maken met de taal waarin hij sprak. Nadat ze een week eerder de macht hadden gegrepen, hadden ze besloten de wet in te trekken die Janoekovytsj had aangenomen waarmee Russisch een officiële taal was geworden in het oosten van Oekraïne. Dat besluit, aldus Zelensky, zou slechts de tegenstellingen in het land opstoken op een moment waarop het verenigd moest blijven. 'Als mensen in het oosten of op de Krim Russisch willen spreken, laat ze dan,' zei hij tegen de leiders van de opstand. 'Laat ze met rust. Geef hun het wettelijk recht Russisch te praten. Taal zal nooit ons land in stukken delen. Ik heb Joods bloed. Ik spreek Russisch en ik ben een burger van Oekraïne. Ik hou van dit land en ik wil niet behoren tot enig ander land.'

Bij de annexatie van de Krim had Poetin de kwesties van taal en etniciteit gebruikt als voorwendsels voor het gebruik van militaire macht. Zelensky zag in hoe hol dat excuus voor geweld was, omdat hij wist dat zijn rechten als Russischtalige in Oekraïne totaal niet bedreigd werden, en zeker niet zodanig dat dat enige interventie van het Kremlin zou rechtvaardigen. In het derde deel van zijn toespraak pleitte Zelensky er bij Poetin voor om op te houden. 'Beste Vladimir Vladimirovitsj, sta jezelf niet toe om ook maar te hinten op een militair conflict. Rusland en Oekraïne zijn in wezen broedernaties,' zei hij. 'We zijn van dezelfde kleur. We hebben hetzelfde bloed. We begrijpen elkaar, ongeacht de taal.' Toen stotterde, aarzelde hij even voordat hij zijn trots opzijschoof. 'Als het moet, kan ik je er op mijn knieën om smeken,' zei hij tegen Poetin. 'Maar alsjeblieft, dwing ons volk niet op de knieën.'

Met zijn verklaring kwam Zelensky in een rol die hij nooit eerder had gehad. Ze markeerde het punt waarop zijn politieke satire overging in politiek activisme. In plaats van de gezichten van de machtigen een lachspiegel voor te houden, gebruikte hij nu de macht van zijn roem om hun acties te beïnvloeden en, naar hij hoopte, de gebeurtenissen een zekere richting op te duwen. Bijna tien jaar later, terwijl Kyiv belegerd werd, zou Zelensky een vergelijkbare verklaring uitspreken vanuit een van de gebarricadeerde vertrekken van het presidentieel complex. Hij zou erin verwijzen naar zijn comedy als middel om vrede te sluiten met Rusland en Belarus, waar de bevolking, zo zei hij, altijd fans waren geweest van zijn programma's. 'Ik heb een perfect gevoel over de geestesgesteldheid van die naties,' zei hij in de eerste week van de totale invasie. 'Ik wist wat we gemeen hadden, welke verschillen er waren en waar de punten van overeenstemming te vinden waren die ons ervan zouden weerhouden oorlogen te voeren en ons in vrede te laten leven.'[69]

Zijn carrière in de showbusiness had hem een manier geschonken om over grenzen te reiken, om een beroep op Russen te doen in hun eigen taal, hen ervan te overtuigen – en ook hun leiders – dat Oekraïne geen bedreiging was van hun veiligheid. Toen hij die macht in 2014 voor het eerst gebruikte, had dat geen effect op de loop van de geschiedenis. Rusland liet de invasie van de Krim volgen door veel dodelijker aanvallen op oost-Oekraïne, en acht jaar later door een totale oorlog die uitsluitend de vernietiging van Oekraïne tot doel had. Maar Zelensky bleef altijd geloven dat zijn faam als acteur hem zou helpen als vredestichter. Hij had geleerd hoe hij Russen aan het lachen kon krijgen, nu dacht hij dat hij ze ook kon laten luisteren.

Deel II

6

De slag om Kyiv

De nachten in de bunker waren het zwaarst voor Zelensky. Zijn veldbed, dat tegen de muur van zijn kamer onder de grond stond, was nauwelijks breed genoeg om zich in om te draaien. Het vertrek lag zo diep onder de grond dat het loeien van het luchtalarm niet kon doordringen tot de oren van de president. Zelfs een voltreffer van een vliegtuigbom op de Bankovastraat zou hem op die diepte nauwelijks storen. Maar hij had zijn mobiele telefoon altijd bij de hand en die was zelden heel lang stil. Als hij hem oppakte, dan zag zijn gezicht er dankzij het licht van het scherm uit als dat van een spook in het donker, zijn ogen die langs de koppen gingen en langs de aantallen doden, de korte video's en foto's van de verwoestingen, een eindeloze nieuwsuitzending van de nachtmerrie waarin het land verkeerde. En het was aan hem om aan dat alles een einde te maken.[70]

Toen we het later in de oorlog hadden over die nachten, vertelde hij dat keer op keer dezelfde gedachte in hem opkwam: 'Ik ben gaan slapen, maar wat nu? Er is op dit moment iets aan de gang.' Ergens in Oekraïne ontploften bommen, hele regio's werden door Russen bezet, duizenden van zijn manschappen zaten vast in loopgraven, waar ze gewond waren en stierven terwijl er golven granaatscherven over hun hoofden vlogen. Op veel plaatsen, vooral in het westen van het land, waren raketten de overheersende vorm van de Russische terreur. Zo'n raket sloeg op de derde ochtend van de invasie in aan de zijkant van een flatgebouw in Kyiv en boorde een gat in de bovenste verdiepingen. Beelden van de aanval haalden het nieuws in de hele wereld en uit heel Kyiv kwamen mensen kijken naar de schade, en ze huiverden bij het zien van de meubels die uit de ramen bungelden, privévertrekken die nu opengescheurd waren voor de ogen van vreemden, de bewoners vermist of dood. Op het centrale plein van Charkiv in het oosten kwam ook een raket neer, en kort daarna legde het bombardement een groot deel van het historische centrum van de stad in puin. De aanvallen werden zo gewoon dat ze werden samengevat in cijfers: honderdzestig raketten op de eerste dag, vierhonderd in de eerste week.

Zelensky kon niets doen om een einde te maken aan deze aanvallen, maar zijn wens ervan te weten werd een dwangneurose. 'In die eerste dagen maakte ik iedereen wakker,' zei hij. 'Ik had niet het recht om te slapen tot ik wist wat voor luchtaanvallen waar terecht waren gekomen.' In de bunker was nergens daglicht, wat betekende dat er geen zonsopkomst was waarmee de dag begon. De plafondlampen in de vergaderzaal op de hogere verdieping bleven dan ook de hele nacht door zoemen, aangezien er medewerkers opbleven om de opmars van de indringers in de gaten te houden. Al om tien voor vijf 's ochtends was Zelensky wakker en aan de telefoon om zijn militair commandant om een update te verzoeken. 'Mijn dag begint altijd met een telefoongesprek met Valeri Zaloezjny, met zijn rapport,' vertelde hij me. 'Altijd.'

Generaal Zaloezjny, opperbevelhebber van de Oekraïense gewapende troepen, nam deze gesprekken aan in zijn eigen bunker, ongeveer zeventig meter onder het hoofdkwartier van de generale staf op zo'n drie kilometer ten zuidwesten van de Bankovastraat. Deze bunker was niet verbonden met die onder het presidentieel complex. Maar ze leken wel op elkaar, met dezelfde bruine tegels op de vloer, hetzelfde harde licht en de glanzende verf. De militaire bunker was wel een stuk groter en zo te zien veel drukker. In de eerste weken van de invasie verbleven hier honderden mensen, onder wie de families en kinderen van de hoogste officieren. De meeste hoofdofficieren werkten in het commandocentrum, waar Zaloezjny veel van zijn tijd doorbracht. In het vertrek, licht en netjes, met de vage geur van de rook van e-sigaretten in de lucht, stond een lange tafel die vol lag met stafkaarten en er stond een rij gele telefoons op met veilige lijnen, langs het plafond liep een ventilatieschacht, en dat was het wel.[71] Voor die vroege gesprekken met de president trok Zaloezjny zich terug in een kleiner vertrek, waar hij hun gesprek privé kon houden. 'Ik deel dat moment liever niet met wie dan ook,' zei Zelensky. 'We beginnen met zijn rapport tête-à-tête.'

◆

De twee mannen ontmoetten elkaar voor het eerst aan het begin van Zelensky's ambtstermijn in het voorjaar van 2019, toen Zaloezjny de eer te beurt viel de nieuwe regering te informeren over militaire aangelegenheden. De generaal, die een kop groter was dan de president en vijf jaar ouder, maakte een sterke indruk op Zelensky, zowel wat zijn zelfvertrouwen betrof als commandant als de goede verstandhouding die hij met zijn manschappen had. De droom van de generaal toen hij jong was, was optreden in het KVN-circuit zoals Zelensky had gedaan, maar door zijn dienst in het leger was er geen tijd, vertelde hij, om zijn talent voor comedy te ontwikkelen. Terwijl hij steeg in de rangen, nam hij zijn gevoel voor humor mee naar de garnizoenen. 'Ik haal altijd grappen uit, maak altijd lol,' vertelde Zaloezjny me. 'Op die manier is het leuker.'

Zelensky mocht hem meteen. Maar in de maanden vóór de invasie kwam hun relatie onder spanning te staan. Zaloezjny pleitte voor een algehele mobilisatie, voor het oproepen van alle reservisten en versterking van de Oekraïense grens met Rusland ter voorbereiding op de aanstaande aanval. De president hield hem tegen, bang dat dat soort maatregelen paniek teweeg zouden brengen onder de bevolking en de Russen een excuus zou geven om binnen te vallen. Bij aanvang van de invasie was die spanning nog niet voorbij, maar ze negeerden hun meningsverschil verder.

Op de eerste dag van de invasie rapporteerde Zaloezjny dat er duizenden vijandige soldaten door de noordgrens het land waren binnengedrongen. Op de tweede dag hadden ze bezit genomen van de kerncentrale van Tsjernobyl, waar in 1986 een meltdown had gezorgd voor de grootste nucleaire ramp in de geschiedenis. Het kleine detachement van nationale bewakers dat bij de centrale was gelegerd, had zich zonder slag of stoot overgegeven. De Russen begonnen daarop kampen te bouwen, loopgraven aan te leggen en zware wapens op te stellen in de buurt van Tsjernobyl, waarbij radioactief stof opwaaide, en ze gijzelden de medewerkers van de centrale. Vandaar wilden ze verder oprukken naar de hoofdstad en Zaloezjny had een plan om hen tegen te houden.[72]

In zijn telefoongesprekken met de president legde hij uit dat er wel een hoge prijs voor moest worden betaald. 'We streefden twee strategische doelen na,' zei de generaal. 'We konden niet toestaan dat ze Kyiv zouden bezetten. En wat alle andere drijfveren aangaat, we moesten hun bloed wel vergieten, ook als het betekende dat we grondgebied verloren.' Het leger had onvoldoende materieel om rechtstreeks de strijd met de Russen aan te gaan. De beste verdediging was om een reeks hinderlagen voor de vijand te leggen. 'Volgens het boekje,' aldus Zaloezjny. Als de Russische colonnes in de richting van Kyiv bleven optrekken, dan zouden hun aanvoerlijnen algauw onder druk komen te staan. Hun tanks zouden zonder brandstof komen te zitten en de opmars van de voertuigen achter hen blokkeren. 'Op sommige plekken verloren we terrein,' gaf Zaloezjny toe. 'We lieten hun colonnes verder optrekken.' Maar als hun motoren eenmaal gingen haperen, zei hij, dan zouden de Oekraïners een kans hebben om de colonnes aan te vallen en uiteen te slaan.

Hoewel hij de president op de hoogte bracht van deze strategie, vermeed Zaloezjny al te veel in te gaan op de details. De generaal maakte zich zorgen om het risico van lekken en spionnen in de politieke leiding, en de onjuiste besluiten die in de aanloop van de invasie waren genomen, waren nog niet vergeten. Het was alle topfunctionarissen die betrokken waren bij de landsverdediging duidelijk dat de legerleiding gelijk had gehad toen ze die winter had opgeroepen meer voorbereidingen te treffen. Maar Zaloezjny nam de president dit niet kwalijk. Hun toon aan de telefoon bleef respectvol en wat formeel. Ze noemden elkaar bij hun voornaam en patroniem en ze kwamen niet terug op vergissingen die in eerdere gesprekken waren begaan. Hoewel Zaloezjny de president op de hoogte hield, begrepen beiden heel goed wie er over de militaire aangelegenheden ging.

'Mijn doel was niet om hem erbij te sleuren,' vertelde de generaal me. 'Als ik ergens een hekel aan heb in het leger, dan is het wel als iemand van lagere rang een deel van zijn verantwoordelijkheid afschuift naar zijn of haar superieuren. Onder mijn bevel kan dat meteen je einde betekenen. En ik wilde dat ook niet doen in dit geval met de president, omdat ik de opperbevelhebber ben van de gewapende troepen van Oekraïne. Ik voer het bevel over de operatie.' Hij vroeg Zelensky om geduld te hebben. Het zou tijd kosten om te beoordelen of deze verdedigingsstrategie de Russische opmars kon stuiten voordat die Kyiv bereikte. 'Die eerste dagen waren echt wel een beetje moeilijk,' aldus de generaal. 'We moesten begrijpen hoe de operatie verliep, of er een kans was dat die zou slagen of niet.'

Tot opluchting van de generaals leek Zelensky het uitstekend te vinden dat Zaloezjny de leiding had bij het nemen van beslissingen over wat het slagveld betrof. De president pretendeerde niet alles af te weten van tactiek. In plaats daarvan richtte hij zich op die aspecten van de oorlog waarvoor hij het effectiefst kon zijn: de bevolking inspi reren om zich te verdedigen, en bij het Westen aandringen om hulp. De vragen die hij in die eerste dagen het meest stelde aan het militair opperbevel waren pragmatisch: waar heb je behoefte aan? Waarmee kunnen wij jullie helpen? De gewapende troepen vroegen om wapens, elke dag om meer wapens, en op hun wensenlijstje verschenen algauw systemen die het Westen niet wilde leveren: gevechtsvliegtuigen, tanks, raketwerpers, zware artillerie.

Zelensky stelde zich ten doel deze verlangens zo krachtig mogelijk over te brengen en zijn dagen werden gevuld met een meedogenloze opeenvolging van telefoongesprekken met buitenlandse leiders. De meeste waren frustrerend. 'Ze hadden geen vertrouwen in ons,' vertelt Oleksi Danilov, adviseur nationale veiligheid, over die periode. 'Ze waren bang dat de wapens in Russische handen zouden vallen.' President Joe Biden legde Zelensky's smeekbeden om een no-flyzone boven Oekraïne af te kondigen naast zich neer, aangezien anders het leger van de VS of de NAVO gedwongen kon zijn om Russische vliegtuigen neer te halen. Maar Zelensky bleef ook vragen om meer wapens voor zijn leger en meer sancties tegen Rusland. En algauw zou zijn boodschap wel over gaan komen.

Op 27 februari, de derde dag van de invasie, sloot de Europese Unie haar luchtruim voor Russische vliegtuigen, inclusief de privéjets van Russische oligarchen. De dag daarop kwamen de VS en hun bondgenoten overeen om zo'n 300 miljard dollar aan reserves in Russisch goud en buitenlandse deviezen te bevriezen, waarmee het Kremlin geen toegang meer had tot een groot deel van zijn oorlogskas. Enkelen van de grootste kapitaalverschaffers van Rusland werden die week afgesneden van het wereldwijde bankenstelsel, terwijl de Europese Unie haar eigen regels tegen het verschepen van wapens naar conflictgebieden opzijschoof en akkoord ging met het leveren van wapens aan Oekraïne.

Zelensky was niet de enige kracht die deze beslissingen afdwong. Er speelden veel meer factoren mee. De Fransen bijvoorbeeld waren ziedend op Poetin die hun president, Emmanuel Macron, voor gek had gezet: Macron had Poetin geloofd en zelfs de beloften van het Kremlin herhaald dat er geen inval zou komen. Enig gebaar van verzoening in de richting van de Russen zou voor alle Europese leiders gepaard gaan met serieuze politieke risico's. Hun burgers drongen er bij hen minstens zo sterk op aan als Zelensky om Oekraïne te helpen. Uit een peiling bleek dat in de eerste maand van de oorlog negen van de tien Europeanen meeleefden met de Oekraïners en hun vluchtelingen verwelkomden, en dat twee derde deel vóór de levering van militair materieel was zodat het land zichzelf kon verdedigen.[73] In de VS kwam zelfs een nog sterkere golf van woede tegen Rusland op gang.

Amerikanen wilden dat de regering-Biden meer deed voor Oekraïne, zelfs met het risico op uitbreiding van de oorlog. Drie kwart van de Amerikanen zei bij een opiniepeiling begin maart dat de VS en de NAVO een no-flyzone moesten instellen om de Russen te laten ophouden met hun bomaanvallen, en vier van de vijf mensen wilden Rusland straffen met strengere sancties.[74]

Veel westerse leiders waren misschien liever aan de zijlijn gebleven. Europa is van Rusland afhankelijk voor een groot deel van de invoer van olie, gas, metalen en mineralen om zijn economie aan de gang te houden. Maar Zelensky's optreden en de kracht van zijn smeekbeden zorgden ervoor dat politici die weigerden hem te helpen zich moesten schamen. Zijn bereidheid om te sterven voor de onafhankelijkheid van zijn land daagde de rest van de democratische wereld uit om te laten zien in hoeverre zij zich zouden willen opofferen voor de waarden die ze verkondigen. Zouden ze Oekraïne op dat moment niet hebben willen helpen, dan zouden ze de indruk wekken dat ze hypocriet waren en laf. Hun passiviteit zou overkomen als medeplichtigheid en als Zelensky zou omkomen, dan wilde hij wel dat zijn buitenlandse bondgenoten begrepen dat zijn bloed aan hun handen kleefde. 'Bewijs dan dat jullie achter ons staan,' zei hij aan het einde van de eerste week van de invasie in een toespraak aan het Europees Parlement. 'Bewijs dat jullie ons niet zullen laten vallen. Bewijs dat jullie echt Europeanen zijn, en dan zal het leven de dood overwinnen en zal het licht de duisternis overwinnen.' Terwijl ze door hun koptelefoons luisterden, konden de Europese parlementariërs horen dat de tolk zijn tranen moest wegduwen bij het vertalen van Zelensky's woorden.

Zelfs Zwitserland draaide bij en schoof zijn traditie van neutraliteit opzij om de sancties van de Europese Unie tegen Rusland te steunen. De Duitse kanselier Olaf Scholz besloot in de eerste dagen van de invasie het ethos van pacifisme dat de rol van Berlijn de voorgaande dertig jaar vorm had gegeven opzij te schuiven. Op 27 februari beloofde hij in een toespraak aan het Duitse parlement om Oekraïne wapens te leveren, Rusland te isoleren en 100 miljard euro te besteden aan het verwaarloosde Duitse leger. 'We zijn een nieuw tijdperk binnengetreden,' zei de kanselier. In de steden van Oekraïne 'verdedigen mensen niet alleen hun moederland. Ze vechten voor vrijheid en hun democratie, voor waarden die wij met hen delen.'[75] Die dag was een enorme menigte in Berlijn op de been om Poetin uit te jouwen en meer steun voor Oekraïne te eisen. Scholz kon hen niet negeren; ze stonden voor de ramen van het parlementsgebouw terwijl hij aan het woord was. Ook kon hij Zelensky niet negeren, die hem vanaf de voorpagina's van de Duitse kranten en tijdschriften aanstaarde. 'De president begreep intuïtief heel goed dat hij de wereld moest laten zien dat de regering standvastig is, dat we zullen vechten,' aldus een van Zelensky's adviseurs. 'Dat doorbrak de eerste schok in de VS en Europa.'

◆

Tussen al zijn smeekbeden om hulp van het Westen door kon je in die dagen makkelijk de zachtere signalen missen die Zelensky oostwaarts naar de Russen zond. Hij wilde onderhandelen en was bereid concessies te doen. Hoe woedend de president ook was in die tijd, het was niet genoeg om alle hoop te verliezen op enige redelijkheid bij Poetin en de oorlog te beëindigen via diplomatie. 'We zijn niet bang om met de Russen in gesprek te gaan,' zei hij op de tweede dag van de invasie. 'We moeten praten over het einde van de invasie. We moeten praten over een staakt-het-vuren.'[76]

De eerste reactie op deze toenaderingspoging kwam twee dagen later, toen Aleksandr Loekasjenko, de dictator van Belarus, Zelensky belde om hem uit te nodigen. Loekasjenko met zijn druipsnor, de voormalige directeur van een kolchoz, een staatsboerderij, was Poetins nauwste bondgenoot in Europa en een bereidwillige medeplichtige bij de invasie. Hij had Russische troepen toegestaan zich te verzamelen en voor te bereiden op Belarussisch grondgebied, dat diende als uitvalsbasis voor de Russische opmars naar Kyiv. Nu was hij aan de telefoon en bood aan de rol van bemiddelaar op zich te nemen. Hij vertelde Zelensky dat al de volgende dag aangevangen kon worden met vredesonderhandelingen. Een paar uur later verscheen Zelensky in de perszaal om aan te kondigen dat hij het aanbod had aanvaard. 'Ik denk niet dat de ontmoeting tot iets zal leiden, maar laat ze het maar proberen,' zei hij. 'Zodat geen enkele burger van Oekraïne ooit kan betwijfelen dat ik, als president, niet heb geprobeerd de oorlog te stoppen toen ik de kans had, ook al was het een kleine.'[77]

De man die Zelensky aanwees als hoofd van de delegatie was zijn oude vriend David Arachamja, die vanaf de eerste dag van de invasie in de presidentiële bunker woonde. Voor veel waarnemers was dit een merkwaardige keuze. Arachamja was parlementslid en fractievoorzitter van Zelensky's partij, maar hij had geen enkele ervaring met internationale aangelegenheden. Professionele ervaring had hij in de techsector; hij was begonnen met een keten van gamehallen voordat hij een start-up lanceerde, TemplateMonster, die tools ontwikkelde voor het bouwen van websites. In Zelensky's kring was hij bekend als vlotte prater en probleemoplosser en hij twijfelde geen seconde aan zijn eigen kunnen om, even goed als een professionele diplomaat, een wapenstilstand overeen te komen. 'Mijn hele leven lang hebben mensen tegen me gezegd dat ik met iedereen een deal kon sluiten, zelfs met een lijk,' vertelde Arachamja me. 'Ik paste dus als vanzelfsprekend in die rol.'

Zijn eerste uitdaging was de plaats bereiken waar de bijeenkomst zou plaatsvinden. Alle vliegtuigen van de burgerluchtvaart moesten aan de grond blijven en de wegen die vanuit Kyiv noordwaarts liepen richting Belarus gingen door gebieden waar enkele van de felste gevechten geleverd werden. Uiteindelijk besloten Arachamja en zijn team dat het het veiligst was om een omweg te maken naar de grens met Polen, waar een paar Poolse helikopters, Black Hawks, hen oppikte en naar Belarus bracht. Zelensky had hun simpele instructies meegegeven: 'Het doet er niet toe wat je zegt,' herinnerde Arachamja zich. 'Het voornaamste voor hen is dat ze ons horen, dat ze het teken krijgen dat we kunnen onderhandelen.'

Laat in de middag van 28 februari, de vijfde dag van de invasie, kwamen de gedelegeerden bijeen in een gebouw in het zuidoosten van Belarus dat de Oekraïners nauwelijks op hun gemak zou kunnen stellen. De zaal waar de onderhandelingen zouden plaatsvinden, bevond zich in het voormalige paleis van de Russische veldmaarschalk in de tsarentijd, graaf Pjotr Roemjantsev, die Oekraïne eind achttiende eeuw had veroverd en erover had geheerst. De tegenstelling tussen de twee kanten aan de onderhandelingstafel had ook niet groter kunnen zijn. De Russen verschenen in pak met stropdas. Arachamja droeg een zwarte baseballpet, een beetje scheef op zijn hoofd. 'Onze inzet was antidiplomatie, te beginnen met de dresscode,' vertelde hij me. 'Zij begonnen met jargon, en ik had zoiets van: aan die bullshit heb ik niks, praat maar in gewone taal.'[78]

De bijeenkomst eindigde met de wederzijdse belofte dat ze verder zouden praten – en met weinig meer dan dat. Arachamja ging via dezelfde omweg terug naar huis als hij was gekomen en gaf Zelensky een gedetailleerde samenvatting van wat er was gebeurd. Het voornaamste doel, 'contact leggen' met de Russen, was bereikt, zei hij. Nu zouden ze een professioneler team van diplomaten, juristen en militaire officieren gaan samenstellen dat kon beginnen met de voorwaarden voor een overeenkomst opstellen. Een paar weken later kwamen ze met een lijstje voorstellen, die allemaal draaiden om het idee van 'permanente neutraliteit'. Oekraïne zou ermee instemmen de plannen om zich aan te sluiten bij de NAVO of een ander militair bondgenootschap te laten varen in ruil voor 'veiligheidsgaranties' van Rusland en een rijtje 'borgstaten', met daarbij mogelijk de VS, het Verenigd Koninkrijk, China, Frankrijk, Duitsland, Israël en andere. Volgens een kopie van de voorstellen die naar een onafhankelijke Russische journalist werd gelekt, deed de Oekraïense kant een beroep op Poetin om een ontmoeting te hebben met Zelensky en een verdrag overeen te komen om een einde te maken aan de oorlog.[79]

◆

In de eerste week van de invasie ontving Zelensky op alle uren verslagen en beelden van de verwoestingen. Er waren tientallen doden te betreuren, ook kinderen, toen de Russen clusterbommen hadden gegooid op woonwijken in Charkiv, de op een na grootste stad van het land. Nog vijf mensen kwamen om toen een paar raketten insloegen in de tv-zendmast van Kyiv. In de noordelijke regio Soemy werd een kleuterschool gebombardeerd, met de dood van vijf volwassenen en twee kinderen en tientallen gewonden tot gevolg. Minstens vier mensen kwamen om bij een luchtaanval op de buitenwijken van Marioepol in het zuiden. Een mortier trof een kraamkliniek in een buitenwijk van Kyiv.

Maar tegenover elk verslag van een Russische gruweldaad kwam nieuws van Oekraïners die standhielden. In de stad Tsjernihiv ten noordoosten van Kyiv sloegen gewapende troepen de Russische grondaanval af, veroverden voertuigen van de vijand en namen enkelen van de eerste Russen in de oorlog gevangen. Twee dagen later bleken burgers onmisbaar bij de verdediging van het zuiden van Oekraïne door te dienen als spotters voor het leger en artillerievuur te geleiden naar het doel. Een paar dagen daarna, toen de Russen de grootste kerncentrale van Oekraïne in de stad Enerhodar naderden, stonden er mensenmassa's op de weg om hen tegen te houden en overbluften ze de tankbemanning met Oekraïense vlaggen en barricades. Dat soort scènes speelden zich ook af in de zuidelijke stad Melitopol, die de Russen al meteen aan het begin van de oorlog hadden bezet. Inwoners gingen massaal de straat op en scandeerden naar de bezetters dat ze moesten omkeren en 'oprotten'. Het moreel van de Oekraïners steeg bij de verspreiding van het nieuws over deze confrontaties op sociale media, waar ze stuk voor stuk iets afhaalden van de mythe dat Rusland niet te verslaan zou zijn. Maar geen van die vroege confrontaties was belangrijker voor het overleven van Oekraïne dan die op het vliegveld van Hostomel, slechts enkele kilometers van de westelijke stadsgrens van Kyiv. Op de eerste dag van de invasie had de Oekraïense terugtrekking van dat vliegveld op een cruciale overwinning van de Russische luchtlandingstroepen geleken. Ze hoefden er alleen maar stand te houden tot de aankomst van versterkingen in vrachtvliegtuigen, die algauw vertrokken van hun bases in Rusland, vol met voldoende manschappen en materieel om de volgende dag naar Kyiv op te trekken. Maar die vliegtuigen kwamen nooit.[80]

Zo gauw de Oekraïense troepen zich van het vliegveld hadden teruggetrokken, riepen hun commandanten reservisten op van de artillerie om het van verschillende kanten tegelijk te bombarderen, waardoor het voor de Russische toestellen onmogelijk werd om te landen. Die tegenaanval duurde een paar dagen en werd uitgevoerd door een rommelig stelletje Oekraïense soldaten zonder duidelijke leiding of samenhang. Naast eenheden van beroepssoldaten – zoals de 72e Gemotoriseerde Brigade, die haar zware kanonnen bij de gevechten inzette – belegerden ook burgerwachten het vliegveld, evenals speciale legereenheden, politieagenten, officieren van de militaire inlichtingendienst en een groot aantal vrijwillige burgers. 'De militaire theorie houdt geen rekening met gewone kerels in een joggingsbroek met een jachtgeweer,' aldus generaal Zaloezjny, die de slag volgde vanuit zijn commandopost. Een van zijn medewerkers in de bunker vond het telefoonnummer van een man die in Hostomel woonde, een vriend van een vriend, die bereid was naar het vliegveld te gaan om te zien waar de bommen terechtkwamen om dan via de telefoon hun richting te corrigeren. Talloze vijandige parachutisten kwamen om in de slag om het vliegveld, hun lijken verspreid tussen de verkoolde resten van hun helikopters.

Voor het leiderschap in Kyiv onthulde de moed van burgers in deze slag – en in vele andere in heel Oekraïne – een van de fundamentele tekortkomingen in het Russische strijdplan. Poetin had erop gerekend dat ten minste een deel van de Oekraïense samenleving zijn troepen zou verwelkomen als bevrijders, of zich afzijdig zou houden en de bezetting geen strobreed in de weg leggen. 'Er heerste de verwachting dat we begroet zouden worden met bloemen,' gaf een Russische generaal later toe.[81] Maar in plaats daarvan sloten enorme aantallen gewone Oekraïners zich op elke mogelijke wijze aan bij het verzet, vaak met groot persoonlijk risico en met weinig of geen opleiding. In Kyiv en andere steden vormden zich voor de deuren van dienstplichtkantoren lange rijen mensen die gehoor gaven aan Zelensky's oproep dienst te nemen. 'We hadden oma's die molotovcocktails maakten,' vertelde Reznikov, de minister van Defensie. 'En hun kleinzoons stonden klaar om ermee te gooien.'[82] Een legertak, bekend als de Territoriale Defensietroepen, liet weten dat ze in de eerste tien dagen van de invasie honderdduizend rekruten hadden ingeschreven.

Op veel plaatsen aan het front kwamen de Russen erachter dat ze in de minderheid waren. Dat ze niet in staat waren gebleken om ook maar één vliegveld bij Kyiv te bezetten, dwong de indringers tot een grovere strategie: een grondaanval waarmee zou worden geprobeerd de verdediging van Kyiv te overweldigen met een tangbeweging vanuit het oosten en het westen. Op 28 februari, de vijfde dag van de invasie, zagen commerciële satellieten dat er een lange rij Russische militaire voertuigen vanuit Belarus zuidwaarts op weg was naar Kyiv. Die rij was meer dan zestig kilometer lang en bestond uit duizenden voertuigen: door zware vrachtwagens voortgetrokken artillerie- en antiraketinstallaties, tanks en pantservoertuigen, tankwagens met brandstof en mobiele hospitalen, de hele stalen oorlogsmachinerie die optrok in een colonne die tot achter de horizon liep. Door het nieuws over de colonne dachten velen dat Kyiv algauw omsingeld zou zijn. Generaal Zaloezjny zag dat anders. De colonne liep rechtstreeks in zijn val.

Om de opmars te vertragen bliezen de Oekraïners de voornaamste bruggen op over de Irpin, de rivier die langs de westgrens van Kyiv stroomt, en lieten springstof ontploffen op de dam van het waterreservoir van de stad, waardoor er voldoende water wegstroomde om de oevers van de Irpin te overstromen en er ondoordringbare moerassen ontstonden op de route van de colonne. De Russische formaties bleven opmarcheren vanuit het noorden, maar algauw kregen hun tanks en pantserwagens tekort aan brandstof en vormden ze een lange rij onbeschermde doelwitten op de autowegen ten noorden van Kyiv. Voor

Zaloezjny was dit een keerpunt. 'Wat er nu ook gaat gebeuren,' zei hij, 'ons plan heeft gewerkt.'

Mobiele teams van Oekraïense commando's slopen te voet naar de colonne, vuurden hun raketwerpers af en verdwenen in de bomenrij. Het weer was gunstig. Die februari was de grond niet keihard bevroren en de Russische tanks konden niet de weg af om verder te trekken door bossen en velden. De tanks die het wel probeerden, kwamen vast te zitten in de modder en dwongen daarmee andere voertuigen om ze eruit te trekken, of ze werden achtergelaten. De Oekraïense vloot van aanvalsdrones van het type Bayraktar TB2, die in de aanloop van de oorlog van Turkije waren gekocht, lieten nu bommen op de Russische voertuigen neerregenen, waardoor hun opmars verder werd opgehouden. Luchtopnamen van de droneaanvallen gingen viraal op sociale media en waren een enorme boost voor het moreel.

Terwijl generaal Zaloezjny de operatie volgde in zijn bunker, kon hij nauwelijks geloven hoe groot het falen aan Russische kant was. Hij had de werken bestudeerd van zijn tegenhanger, generaal Valery Gerasimov, de opperbevelhebber van het Russische leger en zeventien jaar ouder dan hij. Hij had zelfs een exemplaar van Gerasimovs verzamelde werken in zijn kantoor staan. 'Hij is een bijzonder slimme man en mijn verwachtingen van hem waren dan ook erg hooggespannen,' vertelde Zaloezjny me. 'Ik ben opgeleid in de Russische militaire doctrine en denk nog steeds dat alle krijgswetenschap in Rusland zit.' Maar de Russische gewapende troepen presteerden niet zoals hij had verwacht. Hun grootste fout was een gebrek aan voorstellingsvermogen, een onvermogen zich aan te passen aan veranderingen op het slagveld. Hun commandostructuur was nog steeds naar het Sovjetmodel, dat geen cultuur kende van initiatieven door lagere officieren. Ze deden slechts wat hun werd opgedragen en werden berispt als ze zonder toestemming spontaan reageerden op wat er gebeurde. Maar nu ze op hevig verzet waren gestuit, of niet in staat waren nieuwe voorraden te laten komen, trokken ze zich toch niet terug en gingen ze niet over op een andere benadering, zoals het verloop van de oorlog vereiste. 'Ze leidden hun soldaten rechtstreeks naar de slachtbank,' zei Zaloezjny met een mengsel van haat en medelijden in zijn stem. 'Zij kozen het scenario dat mij het best uitkwam.'

◆

Het idee dat Oekraïne de invasie kon afslaan leek Zelensky's bondgenoten ineens niet meer zo raar. Begin maart beseften de regering van de VS en leiding van de NAVO dat het Russische leger lang niet het monster was dat ze hadden gedacht. De hooggeprezen commando's van Poetins luchtlandingstroepen waren in de buitenwijken van Kyiv neergemaaid. Hun verliezen liepen zo snel op dat het moeilijk was betrouwbare aantallen te krijgen. Officiële cijfers van het Russische ministerie van Defensie zeiden dat in de eerste tien dagen van de invasie bijna vijfhonderd Russische soldaten waren omgekomen en er vijftienhonderd waren gewond, verontrustend grote aantallen naar de maatstaven van moderne oorlogvoering. Onafhankelijke schattingen gaven echter cijfers van zeker tien keer zo groot, dat wil zeggen duizenden manschappen plus honderden pantservoertuigen en tientallen helikopters, die in de eerste week van de oorlog verloren zijn gegaan.[83]

De hoge militairen in de westerse hoofdsteden keken met grote aandacht naar de veldslagen en pasten hun inzichten in de Russische dreiging aan. Vanuit zijn vertrekken in de militaire bunker bleef Zaloezjny in nauw contact staan met zijn Amerikaanse tegenhanger, generaal Mark Milley, voorzitter van de gezamenlijke stafchefs van de VS. Toevallig was rond die tijd een nieuwe tolk toegewezen aan Milley en de vertalingen van hun telefoongesprekken werden steeds vormelijker en verwarrender, waardoor ruimte ontstond voor onbegrip tussen de twee commandanten. Terwijl ze probeerden een strategie te bepalen en inlichtingen uit te wisselen, kwamen sommige van Milley's opmerkingen op Zaloezjny over als beledigend. 'Milley stelde me van die suggestieve vragen, zoals of ik van plan was ergens naartoe te evacueren,' vertelde hij. 'Ik zei tegen hem: "Ik begrijp je niet."' Zaloezjny voerde al sinds

2014 het bevel over de troepen tegen de Russen, toen Poetin zijn leger inzette om de Krim te bezetten en delen van Oost-Oekraïne in te nemen. Vanuit Zaloezjnys oogpunt duurde de oorlog al acht jaar. 'Alleen wordt hij nu groter,' zei hij tegen Milley. 'Toen ging ik er niet vandoor, en nu ga ik er ook niet vandoor. We gaan de strijd voeren tot het einde aan toe.' (Een Amerikaanse functionaris die aan deze gesprekken deelnam, vertelde me dat Zaloezjny op dat moment zijn standpunt in nog hardere termen formuleerde: 'Hij zei zoiets als: "Ik ga hier dood. Ik ben klaar om hier te sterven."')

Toen ze spraken over de slag om Hostomel en het nog grotere falen van de Russen om Kyiv in nog geen week in te nemen, schreef Milley dat succes niet toe aan slimme planning van Oekraïense kant. Het leek meer een militair wonder. 'Hij zei tegen me: "Jongen, je hebt gewoon geluk gehad,"' vertelde Zaloezjny. Die opmerking deed pijn. Een hele reeks onvoorspelbare factoren, te beginnen met het weer, waren in het voordeel van Oekraïne geweest in de slag om Kyiv. Maar de verdediging van de stad kwam niet alleen op geluk neer. Zaloezjny had de leiding gehad over de voorbereidingen, hij had een strategie ontwikkeld en die uitgevoerd. Een kritisch aspect van zijn plan was Oekraïense luchtverdedigingsinstallaties en militaire vliegtuigen verplaatsen en verbergen in de dagen voor de invasie. Toen deze installaties de eerste golf bommen en raketten hadden overleefd, was de Russische luchtmacht de mogelijkheid kwijt om te domineren in het luchtruim. Nu kwam de invasie in een nieuwe fase, met de Russische troepen die aan de rand van Kyiv stonden, en Zaloezjny die hulp nodig had om te overleven. Tijdens een telefoongesprek met Milley op 1 maart legde hij uit dat de Oekraïense troepen het slechts een paar weken konden uithouden zonder een grote toevloed van Amerikaanse steun. 'Binnen een maand,' zei hij, 'zal ik ten onder gaan.'

Oekraïne had vooral behoefte aan vliegtuigen. Maar de Oekraïense piloten hadden nog nooit in NAVO-vliegtuigen gevlogen, ze hadden alleen jaren vliegervaring met de MiG-29, een Sovjetvliegtuig dat in 1977 was ontworpen en waarmee sommige Oost-Europese landen nog steeds vlogen. Polen was akkoord gegaan met de levering van deze gevechtsvliegtuigen aan de Oekraïners als de VS de Poolse luchtmacht wilde compenseren met Amerikaanse F-16's. De regering-Biden weigerde echter met deze overeenkomst in te stemmen. Zij waren bang dat zo'n escalatie ertoe zou kunnen leiden dat de NAVO betrokken raakte in een oorlog met Rusland, of Poetin ertoe zou brengen kernwapens te gaan gebruiken in Oekraïne. Milley was ook ongerust als zou blijken dat Ruslands modernste gevechtsvliegtuigen de oudere Poolse MiG's zouden verslaan, die nooit waren ontworpen om te doen wat Oekraïne van ze wilde: luchtdekking geven aan troepen op de grond en bombardementen op Russische troepen uitvoeren.

Terwijl Zaloezjny in hun telefoongesprek probeerde zijn punt duidelijk te maken, bleef Milley erbij dat de Oekraïense luchtmacht nog altijd voldoende vliegtuigen bezat. Zaloezjny wist dat dat niet zo was. 'Ik zei tegen hem: "Nee, generaal, als ik u zeg dat ik nog maar twee bommenwerpers heb, dan is dat zo." En hij zei: "Volgens onze inlichtingen hebt u er nog zeventig."' Zaloezjny was sprakeloos. Hij had een oorlog te voeren en deze gesprekken, met al hun simultane vertalingen en protocollen, namen kostbare uren van zijn dag in beslag. 'Ik wilde op de grond spuwen en zeggen: "Dat was het dan, niet nog meer van dit soort conversaties."' De Amerikanen weigerden in te gaan op verzoeken om andere soorten zware wapens, zoals langeafstandsartillerie, om niet onder te doen voor de Russen, die Oekraïense steden hiermee van grote afstand beschoten. 'Binnen een maand,' zo zei Zaloezjny, 'zullen we onze voorraden munitie en geld dringend op peil moeten brengen. Ik vroeg Mark Milley hier twee of drie keer naar, maar ik begreep dat zijn inlichtingendiensten hem misleidden.'

Toen Zaloezjny ophing, had hij het gevoel dat hij geen enkele optie meer overhad. In de eerste week van de gevechten hadden de Russen ongeveer een vijfde deel van het Oekraïense grondgebied bezet. Ze hadden de steden Marioepol en Cherson in het zuiden omsingeld, terwijl de steden die de Russen niet hadden kunnen innemen, zoals Charkiv in het oosten en Tsjernihiv in het noorden, meedogenloos vanaf de grond en vanuit de lucht werden gebombardeerd. Het front was meer dan vijfentwintighonderd kilometer lang en troepen zouden zeker geen stand kunnen houden als het Westen niet de nodige wapens leverde. Maar Zaloezjny had net uit frustratie het contact met zijn invloedrijkste bondgenoot verbroken en weigerde nog langer op te nemen als hij belde. Op dat moment, zei hij, 'wist ik niet tot wie ik me anders kon wenden dan tot Zelensky'.

De volgende dag verliet de generaal zijn commandopost en reed door Kyiv om met de president te praten. De stad leek wel verlaten. Zo'n 2 miljoen inwoners waren op de vlucht geslagen. Op veel van de belangrijker kruispunten waren wegblokkades van betonplaten en zandzakken opgeworpen. Niet allemaal waren ze sterk genoeg om een tank tegen te houden, maar het leek ook een punt van trots voor de vrijwillige strijders in elke buurt om deze barricades te bouwen en intact te houden, terwijl ze in vaten vuurtjes stookten om warm te blijven en ze met de nationale vlag zwaaiden.

Toen Zaloezjny in de Bankovastraat aankwam, werd hij door de staf van de president als een held verwelkomd. Al hun hoop op het verslaan van de Russen was gevestigd op het leger en hier was de bevelhebber, gekleed in gevechtstenue, die moest bukken om door de deur van de bunker te kunnen. Gewoonlijk stonden de bewakers niet toe dat hierbeneden foto's werden genomen. Maar nu vroegen enkelen van Zelensky's medewerkers de generaal om met hen te poseren in de vergaderzaal voor een selfie. Toen ze tegenover elkaar aan de gelakte houten tafel zaten, vertelde Zaloezjny de president over zijn gesprekken met de Amerikanen en zijn besluit het contact met Milley te verbreken. 'De president vond dat echt erg,' vertelde Zaloezjny me. Dat gold ook voor enkele leden van Zelensky's team, vooral degenen die de diplomatie tot taak hadden en ongerust waren omdat de generaal de relatie van Oekraïne met de belangrijkste bondgenoot in de waagschaal had gesteld. Maar Zaloezjny liet zich niet ompraten. Hij was doodmoe van het smeken om hulp aan de Amerikanen om dan alleen maar de les te worden gelezen over de behoeften van zijn eigen leger. De president moest een andere manier verzinnen om aan voldoende wapens te komen om verder te vechten. 'Binnen een maand,' zei hij tegen Zelensky, 'zullen we echt de klos zijn. Dat betekent dat we nu iets moeten doen.'

◆

Zelensky kon niet veel uitrichten vanuit zijn bunker. Hij had al een beroep gedaan op de wereldleiders, of tenminste op degenen die hij via de veilige lijn van de telefoon kon bereiken. Zijn team moest de tactiek wijzigen om hun eisen dringender en directer over te brengen, zelfs als dat betekende dat er meer risico genomen moest worden en de regels van de diplomatieke hoffelijkheid worden doorbroken. Om te beginnen moesten de lijfwachten van de president de voorwaarden van zijn vrijwillige opsluiting voldoende versoepelen om gasten te kunnen ontvangen en journalisten persoonlijk te woord te staan. Hij moest de krantenkoppen blijven halen en wat de mensen begrepen van de oorlog blijven voeden. Afgezien van Zelensky's gesprekken met buitenlandse leiders moest hij manieren vinden om de mensen toe te spreken die hem hadden gekozen, om ze te overtuigen en betrokken te houden.

'Voor ons is het realiteit, maar voor miljoenen mensen in de wereld is het nog altijd een realityshow,' zei de minister van Buitenlandse Zaken van Oekraïne, Dmytro Koeleba, tegen me. 'Niet in termen van leuk, maar iets wat je via het scherm ziet.' In een tijd van video's die viraal gaan en onophoudelijke newsfeeds konden de kijkers weleens het gevoel hebben ondergedompeld te worden in de tragedies die zich afspelen in Oekraïne, dat duizenden kilometers ver weg ligt. Het doel van de president, aldus Koeleba, was om die onderdompeling zo lang mogelijk bij zo veel mogelijk mensen overal ter wereld te laten voortduren, en alles te doen wat hij kon om de kijkers aan zijn kant te houden.

'Je moet bepaalde regels volgen als je wilt dat iemand aan de andere kant van dat scherm naar je blijft kijken en met je mee blijft leven,' zei hij. 'Dit zijn de regels die overal werken, in marketingstrategieën en in militaire strategieën. Je moet blijven winnen, want mensen houden van winnaars. Van tijd tot tijd moet je hen onder de indruk brengen door iets groots en onverwachts te doen, omdat niemand vaste regels kan blijven volgen,' vervolgde hij. 'Ten derde heb je een duidelijk personage nodig die met het verhaal in verband wordt gebracht en altijd zichtbaar is, en in ons geval is dat president Zelensky. En dan moet je nog een goed verhaal te vertellen hebben. Het is het verhaal van een kleine natie die aan trapt tegen een grotere natie die de kleine is binnengevallen. Het zijn de badguys die de goodguys aanvallen, en de goodguys winnen. Dat vinden mensen heerlijk.'

Op 3 maart, de dag na Zelensky's ontmoeting met Zaloezjny in de bunker, gaven de beveiligers toe en mochten zijn medewerkers de eerste persconferentie sinds het begin van de invasie organiseren.[84] Verslaggevers uit de VS, Duitsland, Israël, Turkije en andere landen werden in busjes door het doolhof van militaire checkpoints en barricades naar de achterkant van het presidentieel complex gebracht, waar ze grondig werden gefouilleerd. In het gebouw waren de gangen donker, voor de ramen lagen zandzakken en de soldaten gebruikten zaklantaarns om de weg naar de perszaal op de begane grond te verlichten. Algauw kwam Zelensky daar ook met een paar medewerkers, gekleed in hun gevechtstenue van legergroene T-shirts en truien. In plaats van op het podium te gaan staan, pakte de president een stoel en zette die op een armlengte afstand van de verslaggevers op de eerste rij, waarmee hij boze blikken kreeg van de bewakers die met geweer in de aanslag verspreid in de zaal stonden.

De president verontschuldigde zich dat hij er misschien niet zo goed uitzag. 'We hebben elke nacht maar drie of vier uur geslapen.' Maar hij leek opgewekt, ondanks hoe bleek hij was, en overzag de zaal energiek en open, waardoor sommigen van de aanwezigen verrast waren. Bij veel vragen kwam even iets van boosheid boven, boos als hij was op de westerse leiders die geweigerd hadden Oekraïne van de wapens te voorzien die het land nodig had. 'Hoeveel mensen moeten er kapotgeschoten worden, hoeveel armen, benen, hoofden moeten nog worden afgerukt om tot jullie door te dringen?' vroeg hij, verwijzend naar zijn bondgenoten. Sinds het begin van de invasie had hij elke dag twintig tot dertig telefoongesprekken gevoerd met buitenlandse leiders en nog steeds wezen ze zijn verzoek af om een no-flyzone boven Oekraïne in te stellen. 'Als je de kracht, de moed niet hebt om het luchtruim te sluiten, geef me dan vliegtuigen!' Hij noemde die voorwaardelijke overeenkomst met Polen voor de levering van MiG-29's. 'Geef ons die dan!'

Soms leek de president wat kregelig, rancuneus zelfs. Maar de tijd voor beleefdheden was voorbij. Om de oorlog te overleven moesten Zelensky en zijn team de aandacht van de wereld op de oorlog vestigen en sturen, om zo veel mogelijk landen de invasie te laten voelen zoals Oekraïne die voelde: als een bedreiging van hun leven, hun waarden, hun bestaan als democratie. Denken aan en bidden voor de standvastigheid van Kyiv was niet genoeg. Buitenlandse regeringen en, belangrijker nog, hun burgers moeten iets gaan doen, optreden, offers brengen, als het dan niet in termen van bloed is, dan toch in die van een of twee van hun geneugten. De methoden die Zelensky gebruikte om de boodschap over te brengen, zouden veel verfijnder blijken te zijn dan de megafoons die de Russen meenamen in de strijd. Aan het propagandafront had Oekraïne meteen al een voorsprong. Het land was de underdog en Rusland de agressor. Maar dat was geen garantie voor de mate van steun die Oekraïne nodig had om te blijven vechten. Voorgaande oorlogen hadden laten zien hoe weinig de sympathie van de wereld betekent op het slagveld. Poetin had in de loop der jaren bommentapijten op Tsjetsjenië en Syrië gelegd, hij was Georgië binnengevallen en had de Krim geannexeerd en daarmee elke keer weer een golf van internationale afkeer en media-aandacht gewekt, die altijd weer verflauwde en verdween. De Russen hadden weinig reden om aan te nemen dat het met Oekraïne anders zou zijn. En daar hadden ze zich misrekend. Hun tegenstanders waren niet een stelletje komedianten en clowns, zoals zovelen in Moskou hadden gedacht. Ja, het waren acteurs en tv-producenten, en het verschil kan voor Poetin misschien niet erg groot zijn geweest. Maar het bleek van het grootste belang. Zelensky en zijn team begrepen de macht van perceptie minstens net zo goed als een willekeurige Kremlin-propagandist, en waarschijnlijk beter. Van hun jaren in de showbusiness wisten ze hoe ze emoties moesten opwekken, hoe ze een publiek konden inspireren en voor zich innemen, en ze zagen dit als een van hun belangrijkste taken, misschien wel hun beste manier om de heroïsche pogingen van de soldaten te steunen. Terwijl generaal Zaloezjny zich op de gevechten concentreerde, maakte de president het zijn missie om bij het Westen aan te dringen op hulp, en die synergie van hun band zou een aantal maanden blijven bestaan, voordat tussen hen een meningsverschil naar boven kwam.

Op dit moment had Zelensky echter nog onvoldoende zelfvertrouwen als oorlogsleider om de besluiten van de hoge militairen in twijfel te trekken. Zijn rol had minder te maken met de oorlog zelf als met de wijze waarop die werd gezien. Zijn bekwaamheid als communicator en showman gaven hem de instrumenten om het goed te spelen, en hij koesterde de gelegenheid om niet alleen getuige te zijn van de geschiedenis, maar ook om die vorm te geven. Veel van zijn medewerkers voelden hetzelfde; een van hen vertelde me dat hij een soort 'masochistisch genoegen' haalde uit zijn leven in de bunker en het uitzicht dat dat bood op wereldschokkende gebeurtenissen. Zelensky had het zelden over dat gevoel. Maar ook hij vond dat het voldoening schonk om in deze unieke positie van macht en invloed te zitten. Ondanks het gevaar en de stress, de scheiding van zijn gezin, het gewicht van de verantwoordelijkheid die hij droeg en de verschrikkingen waar hij dagelijks getuige van was, voelde de president zich bevoorrecht, blij zelfs om de baan te vervullen die het lot voor hem had uitgestippeld. Zelfs op de zwaarste dagen gaf het hem een diepgaand gevoel van zingeving, en hij voelde daardoor dat hij leefde.

'Mijn leven vandaag is schitterend,' zei hij aan het einde van de persconferentie toen een verslaggever vroeg hoe hij het volhield. 'Ik voel dat ik nodig ben.' De voorgaande week, zo afschuwwekkend en tragisch als die voor hem en zijn land ook was geweest, was een van de spannendste en bevredigendste van zijn leven. Hij zou die niet hebben willen ruilen voor alle gemakken en veiligheid die hij in zijn vorige leven als filmster had gekend. 'Het voornaamste doel in het leven is volgens mij dat je nodig bent, niet alleen als een blanco ruimte die ademt, loopt en eet. Maar leven, weten dat bepaalde dingen afhangen van dat jij leeft, en voelen dat jouw leven ertoe doet voor anderen.'

7
De bunker

Op een avond begin maart zaten een paar medewerkers van de president nog laat in de vergaderzaal van de bunker, waar ze whisky met cola dronken en het nieuws in de gaten hielden, toen een verslag van het zuidelijke front hun aandacht trok. De Russen waren begonnen met het bombarderen van de grootste kerncentrale in Oekraïne – de grootste in Europa zelfs. Deze kerncentrale kennen wij als Zaporizja; hij staat bij de plaats Enerhodar, zeventig kilometer van Zaporizja en ongeveer honderd kilometer van Zelensky's geboortestad. Hij heeft zes kernreactoren die elektriciteit produceerden voor een groot deel van het zuidoosten van Oekraïne. Een paar dagen daarvoor hadden inwoners van nabijgelegen steden de optrekkende Russische troepen al verwelkomd met vlaggen en barricades en de indringers waren enige tijd opgehouden. Nu trokken ze echter weer op met de opdracht de centrale in te nemen.

'Ze bestookten hem met hun tanks,' zei Kyrylo Tymosjenko, de eerste van Zelensky's medewerkers die het nieuws die avond zag. De beveiligingscamera's van de centrale gaven de beelden van de aanval live door aan het computernetwerk van de overheid en Tymosjenko zette ze over op het grote scherm in de vergaderzaal. Kogels van machinegeweren waren in het donker zichtbaar als witte flitsen en sloegen in in het administratiegebouw van de centrale. Er werden brandbommen afgeschoten op de bewakingspost. Een klein detachement troepen van de Nationale Garde was hier gelegerd om de centrale te bewaken en ze vochten hevig. Tymosjenko kreeg hun commandant aan de telefoon, zei hem aan de lijn te blijven en ging op zoek naar zijn bazen in de bunker. 'Ik rende door de gangen, zocht mensen, en kwam de president tegen. Hij keek alsof hij net zijn work-out achter de rug had en ik vertelde hem: er wordt door tanks op de kerncentrale geschoten. Er is daar een veldslag gaande.'

De administrateurs van de centrale gebruikten de luidsprekers om de aanvallers te berichten: 'Stop meteen met schieten! Jullie bedreigen de hele wereld!' Zonder effect. Er waren geen militaire eenheden beschikbaar om de verdediging van de centrale te versterken. Allemaal zaten ze vast in andere sectoren van het front en nu had Zelensky slechts één manier om verandering in de situatie te brengen. Hij bereidde een verklaring voor, ging voor zijn laptop zitten en las met luide stem voor: 'Europeanen, word alsjeblieft wakker! Voor de eerste keer in onze geschiedenis, in de geschiedenis van de mensheid, heeft een terroristische staat zijn toevlucht genomen tot nucleair terrorisme. Er staan daar zes kernreactoren. Zes!'[85]

Die avond lichtte mijn telefoon op met boodschappen van een van Zelensky's medewerkers, die mij smeekte het verhaal door te vertellen. 'Een mogelijk begin van een nucleaire winter,' schreef ze. 'Poetin is helemaal gek geworden.' Toen de zon opkwam boven Kyiv, verspreidde het nieuws van de aanval zich over de hele wereld. De volgende dag werden er in verschillende Europese steden demonstraties gehouden en het hoofd van de waakhond van de VN op het gebied van kernenergie, het Internationaal Atoomenergieagentschap, waarschuwde dat de Russische aanval op de kerncentrale een 'ongekend gevaar' op een atoomongeluk vormde.

Niets van dit alles had enig merkbaar effect op de Russische troepen. Ze bezetten het complex, gijzelden de medewerkers en dwongen hen onder bedreiging van wapens hun werk te blijven doen. Later gingen de bezetters de centrale gebruiken om er munitie, brandstof en gevechtsvoertuigen op te slaan, in de zekerheid dat Oekraïne geen bommen op een kerncentrale zou gaan gooien. Nabijgelegen steden werden vanaf dit moment zwaar gebombardeerd door Russische artillerie die bij de centrale gelegerd was en Zelensky kon niets doen om dat te stoppen. De managers van de centrale vertelden hem dat in geval van een meltdown de verwoesting weleens verscheidene keren erger kon zijn dan die van de ramp bij Tsjernobyl in 1986. 'Het allerverschrikkelijkste,' vertelde Andri Jermak, Zelensky's stafchef, later over die nacht, 'is dat je doet wat je kunt, maar fysiek kun je niets doen om te beïnvloeden wat er gebeurt.'

◆

Ondanks het gevoel van hulpeloosheid raakte in de vroege fase van de invasie niemand in de bunker wanhopig. Iedereen had te veel te doen, te veel branden te blussen, te veel crises te managen. Zelensky en enkelen van zijn medewerkers zouden die eerste week van de invasie één eindeloos lange dag noemen. Maar uiteindelijk stortten ze allemaal in. De adrenaline nam af en de spanning werd zichtbaar. Er was in die tijd niet veel te eten in de bunker. Bij vergaderingen gingen snoepjes rond en in de gemeenschappelijke keuken kon nog wel ergens vlees in blik en oud brood worden gevonden. Een minister vertelde me dat hij dagenlang op chocoladerepen had geleefd en een paar pond was aangekomen. Maar angst onderdrukte de honger van de presidentiële staf grotendeels en ze gingen er langzaam aan onderdoor. Zelensky's gezicht werd bleek en hij klaagde over gebrek aan zonlicht, aan het feit dat hij niet kon sporten, geen frisse lucht kon inademen.

Als hij de lift nam naar de bovengrondse verdiepingen van het complex, dan bleef hij daar gewoonlijk precies lang genoeg om in de perszaal een verklaring af te leggen of een videoboodschap op te nemen om de wereld te laten zien dat hij zijn post niet had verlaten. Hij zag er gezond genoeg uit in deze clips, glimlachend en met geheven vuist. Maar hij kreeg zo weinig rust dat zijn staf zich zorgen begon te maken om zijn gezondheid. Op een ochtend vroeg, toen hij de vergaderzaal van de bunker binnen kwam lopen, vond een van zijn juridisch adviseurs dat hij eruitzag als een wandelend lijk. 'Een levend iemand kan er zo niet uitzien,' zei de medewerker, Lilia Pasjynna. De president mompelde goedemorgen tegen niemand in het bijzonder. 'Ik kon niet eens reageren,' aldus Pasjynna. 'Ik heb nooit een menselijk wezen in zo'n conditie gezien.'

De rest van het team verging het niet beter. Minister van Defensie Oleksi Reznikov voelde in de tweede week van de invasie het laatste restje kracht uit zich wegvloeien. Hij was voor een vijfenvijftigjarige gezond en sportief. Hij was een enthousiast scubaduiker en parachutespringer en had een reeks korte films gemaakt over zijn andere hobby: mountainbiken. In maart besefte hij echter dat hij nog eerder door uitputting zou omkomen dan door de Russen. 'Ik ging bij mezelf in psychotherapie, een innerlijke dialoog waarin ik aan mezelf vroeg: wat kwelt jou nu het meest?' Het was de cyclus van elke ochtend rond vijf uur opstaan na maar een paar uur slaap en jezelf dwingen het nieuws te checken en appjes te beantwoorden. 'Mijn psyche vertelde me dat ik het niet meer aankon.' Hij moest zijn energie bewaren ter voorbereiding, zoals hij het uitdrukte, 'niet op een sprint, maar een marathon'.

Zelensky kwam tot hetzelfde inzicht en zijn leven in de bunker werd algauw een beheersbaarder routine. De eerste videoconferentie op zijn dagprogramma verschoof naar ongeveer zeven uur zodat hij eerst kon ontbijten – altijd gebakken ei – voordat hij van zijn kamers de gang af liep en de trap op naar de vergaderzaal. Met enige coaching van zijn staf werden zijn dagen steeds gestructureerder met een reeks verklaringen, ontmoetingen en interviews, die gewoonlijk werden gevoerd via het scherm van een laptop of telefoon. In overeenstemming met hun nieuwe communicatiestrategie verbreedde Zelensky zijn publiek tot ver buiten het kringetje collega's in westerse hoofdsteden. Op 4 maart, de dag waarop de Russen de kerncentrale aanvielen, verscheen hij live via videolink voor grote mensenmenigten die zich om Oekraïne te steunen hadden verzameld in zeven Europese steden, waaronder Frankfurt, Praag, Vilnius en Wenen, waar de nucleaire waakhond van de VN gevestigd is. De volgende dag gaf hij een videotoespraak voor meer dan tweehonderd leden van het Amerikaans Congres. En een week later gaf hij opnieuw een lange persconferentie, zijn tweede in tien dagen, in een zaal vol verslaggevers uit de hele wereld.

Hij sliep nog altijd slecht 's nachts, deels dankzij de gewoonte die hij had ontwikkeld om naar zijn agenda voor die dag te kijken, ook als de dag al voorbij was. 'Het is zinloos,' zei hij tegen me. 'Het is dezelfde agenda. Ik zie dat het voor vandaag klaar is. Maar dan kijk ik er een paar keer naar en heb het gevoel dat er iets verkeerd zit.' Dan stuurde hij zijn medewerkers een appje of belde ze om te zeggen dat ze verder moesten met plannen of beloften, waarbij hij ze vaak hun bed uit joeg. Het was niet ongerustheid die hem op die momenten uit zijn slaap hield. 'Het is mijn geweten dat me dwarszit,' zei hij. Er werd te veel beslag gelegd op zijn tijd, er waren te veel briefings en telefoongesprekken, te veel verzoeken van de gewapende troepen en leden van zijn regering, te veel tragische gebeurtenissen die om zijn aandacht vroegen, zijn reactie. Zijn stafchef had moeite de prioriteiten eruit te pikken zonder een of andere cruciale taak of noodgeval te negeren. 'Na mensenlevens is tijd het kostbaarste dat we hebben,' schreef Jermak me begin maart vanuit de bunker. 'Dat is waar we altijd zuinig mee om moeten gaan. Elk besluit moet zo snel mogelijk worden genomen. Sommige dingen van vandaag hadden gisteren al moeten zijn gedaan. Met dit tempo en onder deze druk kan alleen een betrouwbaar team dit beheersen. Hier zijn geen mensen zomaar toevallig.'

Naast de beveiligers en soldaten woonden er toen zo'n vijfentwintig medewerkers en adviseurs van de president in de bunker. Pasjynna, de juridisch adviseur, was een van de weinige vrouwen. Als jonge jurist in het bureau van de stafchef had het in vredestijd tot haar taken behoord om wetgeving en andere documenten grondig te bekijken voordat ze voor een handtekening naar de president gingen. Nu nam ze telefoongesprekken aan over wapenzendingen en coördineerde ze de verdeling van hulpgoederen. Die rol was haar niet opgedrongen, die was helemaal haar eigen keuze. Toen ze op de ochtend van de invasie op haar werk kwam en het hele kantoor vol soldaten trof, besloot ze een van hen om een wapen te vragen om zichzelf te verdedigen voor het geval de Russen door de poorten wisten binnen te dringen. Hij wilde haar wel laten zien hoe zijn geweer werkte. Daarna stuurde Pasjynna een appje naar Jermak, haar baas, om hem te vertellen dat ze kon schieten en niet van plan was het complex te verlaten. Hij reageerde die middag en zei haar een van de beveiligers te vragen hoe ze bij de bunker moest komen. Wat ze daar aantrof leek niet op de sfeer van het bureau zoals ze het had gekend. 'Hier maakte niemand grapjes,' vertelde ze. 'Hier werd niet gelachen.'

Een van de voorwaarden van het werken in de bunker was dat de medewerkers een geheimhoudingsverklaring moesten tekenen; hierin werd het hun verboden enig detail over de indeling, locatie of inrichting door te geven. Hoewel deze voorwaarden later wat werden versoepeld, hielden de bewoners van de bunker zich aan hun belofte van geheimhouding zolang de dreiging van een Russische belegering acuut bleef. Sommigen besloten zich te bewapenen. Ook de president had een pistool, al droeg hij dat nooit bij zich. Toen een verslaggever later gedurende de oorlog hem naar dat pistool vroeg, bracht Zelensky zelf het risico ter sprake dat hij door de Russen gevangengenomen kon worden. 'Dat is een schande,' zei hij. 'Ik vind dat een schande.' Was dat het doel van dat pistool, vroeg de verslaggever, om ervoor te zorgen dat de Russen hem niet levend in handen kregen? Zelensky lachte. 'Nee, kom op, zeg. Dat zouden we onszelf niet aandoen. Maar terugschieten?' zei hij. 'Ja.'[86]

◆

Terwijl de weken verstreken, begonnen de omstandigheden in de bunker te verbeteren. Warme maaltijden die waren bereid in de keuken van het presidentieel complex werden twee of drie keer per dag naar de eetzaal beneden gebracht. Het was grotendeels gewoon kantine-eten: veel aardappelkroketjes met worst, goulash, boekweit, salade met mayonaise als dressing. Sommige stafleden mopperden dat de porties te klein waren en vroegen zich af hoe die potige lijfwachten van de president op zo weinig calorieën konden overleven.

Op de flatscreen-tv aan de muur van de eetzaal werd dag en nacht nationaal nieuws uitgezonden. Dat was op alle grote kanalen hetzelfde en vanuit het binnenste van de bunker hadden de president en zijn team de macht de programma's te beïnvloeden. Het enige wat ze hoefden te doen was de bazen van de zenders te bellen of te appen, die weinig andere keus hadden dan te gehoorzamen aan de directieven uit de Bankovastraat. Onder de bepalingen van de krijgswet werden de omroepen beschouwd als kritische infrastructuur en kon de staat ermee doen wat hij wilde in naam van de landsverdediging. Voor sommigen van Zelensky's medewerkers kwam hiermee een droom uit. Al heel lang probeerden ze een nieuwsomroep van de staat te ontwikkelen, een spreekbuis voor de autoriteiten waar mensen echt naar zouden kijken. 'Dat hadden we nooit gehad,' aldus Kyrylo Tymosjenko, de medewerker van de president die aan het hoofd had gestaan van die pogingen. Ze kwamen er nog het dichtst bij met Telekanal Rada, de officiële omroep van het parlement met als voornaamste product oersaaie uitzendingen van parlementsvergaderingen. De kijkcijfers waren dan ook hopeloos. In de maanden voor de invasie hadden de autoriteiten veel geïnvesteerd in deze omroep met uitvoerige decors en een stal presentatoren voor politieke talkshows en het laatste nieuws. Maar nooit betekende dit enige concurrentie voor de gevestigde nieuwsomroepen van Oekraïne. Die waren allemaal in handen van oligarchen en politici, die kritisch waren ten aanzien van Zelensky, en hun programma's hadden zijn regering aangevallen op alles wat ze deed.[87]

Maar nu, nu er een oorlog aan de gang was, had het kantoor van de president al deze omroepen gevraagd hun politieke standpunten opzij te schuiven en zich op te stellen achter de president. Sommige executives van de media verzetten zich eerst. 'Ze zeiden dat ze afzonderlijk van elkaar het nieuws wilden verslaan, zodat iedereen zijn eigen nieuwsmarathon had om te volgen,' vertelde Tymosjenko, die deze onderhandelingen had gevoerd. 'Wij pleitten echter voor een gezamenlijke uitzending met een gezamenlijke redactieraad. Toen ze onze argumenten hadden gehoord, stemden ze hiermee in.'

De enige die tegen bleef, was Kanaal 5, eigendom van Zelensky's aartsrivaal Petro Porosjenko. Hij wilde niet instemmen met deelname aan dit consortium. Maar alle grote concurrenten gingen akkoord met het initiatief van de president. Het resultaat werd bekend als 'Verenigd Nieuws' Telemarathon, een 24 uursuitzending van nieuws en commentaar dat door alle grote netwerken werd uitgezonden. Er werden updates gegeven over de gevechten en belangrijke adviezen over wanneer een schuilplaats moest worden gezocht, wanneer geëvacueerd moest worden en hoe te overleven. Ook bracht men Zelensky's boodschap van verzet en veerkracht elk huishouden in het land binnen. Zoiets had in Oekraïne niet bestaan sinds het Sovjettijdperk en critici klaagden dat het naar oorlogspropaganda rook. De producers van de Telemarathon waren niet redactioneel onafhankelijk.[88] Tymosjenko nam deel aan hun planning- en programmeersessies en lette heel goed op wat ze uitzonden. Hij aarzelde niet om de studio op te bellen om te klagen als Zelensky er in het programma niet op zijn best had uitgezien of als het te ver was afgeweken van de officiële lijn. Ten gevolge hiervan diende het nieuws op tv een opgeschoond beeld op van de president.[89]

Zo wisten Oekraïners bijvoorbeeld niet dat de president en zijn team een voorraadje alcoholische drank in de bunker bewaarden, ook nadat de verkoop in het hele land door de regering was verboden. Soms schonk de president wijn in als hij 's avonds aan het kleine tafeltje in zijn privékamer met medewerkers vergaderde of at. Hij begreep dat zijn staf af en toe moest ontspannen en even het hoofd leegmaken, en hij probeerde zelf zijn gevoel voor humor te behouden. 'Anders zou ieders stemming ver beneden nul zijn geweest en je wilt niet dat er zo'n stemming heerst als je wilt winnen,' vertelde Zelensky me. 'Ons doel was op z'n minst om niet te verliezen. We konden dus niet toegeven aan het soort zwakte en paniek waardoor je van nul en generlei waarde wordt.'[90]

Met de zegen van de president richtten zijn medewerkers algauw een sportzaaltje in in de bunker, vlak bij de hal, waar de gang breed genoeg was om de spullen kwijt te kunnen. Dat waren onder meer halters, dumbbells en een *bench press* en Zelensky maakte er een gewoonte van die te gebruiken, vaak midden in de nacht. Later zetten ze er ook een pingpongtafel neer en hielden ze competities. De enige die de president regelmatig wist te verslaan was David Arachamja, parlementslid en vredesonderhandelaar. Waar het aankwam op gewichtheffen diende Jermak, zijn stafchef, regelmatig als gezelschap, evenals Zelensky's hoofd veiligheid, Maxim Donets.

Een enkele keer nodigde de president zijn staf uit om naar een film te komen kijken in de vergaderzaal, waar het grootste televisiescherm van de bunker hing. Er werd dan hevig gedebatteerd over waarnaar gekeken zou worden, maar Zelensky zelf had altijd het laatste woord. Onder de helden met wie hij was opgegroeid, bevonden zich Sovjetregisseurs als Leonid Gajdaj, wiens films zwaar gecensureerd werden voordat ze uitkwamen maar nog altijd leuk en vaak heel grappig waren. In een ervan ruilde Iwan de Verschrikkelijke zijn leven met dat van een conciërge van een appartementencomplex. Ze behoorden tot de klassiekers van Zelensky's generatie en ernaar kijken was al zijn hele leven een ritueel. Maar in de bunker besefte de president dat hij de Sovjetkomedies die zijn identiteit al sinds zijn vroege jeugd mede hadden gevormd niet langer kon verteren. 'Ik walg ervan,' zei hij. De oorlog had ze vergiftigd. In plaats van plezier en nostalgie die ze ooit opwekten, voelde Zelensky nu een halfslachtige, misselijkmakende leegte.

Zijn medewerkers keken dan ook meestal naar nieuwe Hollywoodproducties. Een van de eerste was de oorlogsthriller *13 Hours* uit 2016, over de tragische belegering van de Amerikaanse diplomatieke compound in Benghazi, Libië, in 2012. Voor sommigen kwam het verhaal ongemakkelijk dicht bij wat ze zelf meemaakten. De film gaat over een groepje Amerikaanse diplomaten dat wordt gegijzeld in de versterkte compound; als de ambassade in brand wordt gestoken, komen ze om. De gewelddadige scènes leken zo sterk op wat Zelensky's adviseurs vreesden dat een van hen de zaal verliet en naar bed ging.

Als medewerkers alleen wilden zijn, waren de mogelijkheden beperkt. Slechts enkele hogere officials hadden een eigen kamer, de meeste deelden er een met anderen, hoe klein het kamertje misschien ook was. De standaardkamer bevatte een bureau, een lamp en een paar planken en er was net voldoende ruimte voor twee of drie mensen om languit te liggen slapen. In het begin moesten stafleden als ze uitgeput waren door de gang stommelen totdat ze een leeg vertrek vonden waar ze een paar uur konden uitrusten. Later nam elk van hen een permanenter plekje in beslag en werden de bobbelige matrassen vervangen door steviger ledikanten, nog altijd smal maar wel wat comfortabeler. Voor de ventilatiebuizen zaten metalen roosters met een visgraatpatroon, maar verder was het enige decoratieve element de Oekraïense vlag die ze aan de muur hadden gehangen.

Voor de weinige vrouwen die in de bunker verbleven, waren er meer ongemakken die samenhingen met privacy en hygiëne. Pasjynna, de juridisch adviseur, had niet eens schone kleren bij zich toen ze op de eerste dag van de invasie op haar werk arriveerde en ze zou wekenlang niet in haar appartement komen. In die tijd nam een lid van de schoonmaakstaf van de bunker schone kleren en andere noodzakelijkheden voor haar mee. Het dienstpersoneel, zo goed als uitsluitend vrouwen, beschikte over een eigen badkamer met douche waar Payshynna van harte welkom was. De dagen vlogen voorbij in een constante stroom dringende taken en noodgevallen. Ziekenhuisdirecteuren belden om de evacuatie van al hun patiënten te eisen. Groepen paramilitaire vrijwilligers belden om te vragen naar wapens en voorraden. Pasjynna verzorgde zo veel partijen kogelwerende vesten voor deze groepen dat haar collega's haar Kogelwerende Lilia gingen noemen. De bijnaam sloeg aan.

Om het team te helpen die eindeloze stroom zaken af te handelen die hun aandacht opeisten, vroeg Zelensky meer medewerkers om in te trekken in de bunker. Velen meldden zich aan. Een van die late medewerkers was Serhi Lesjtsjenko, een vooraanstaand journalist, commentator en voormalig parlementslid die had meegewerkt aan

Zelensky's verkiezingscampagne in 2019. De slungelige en praatgrage Lesjtsjenko droeg een beugel, waardoor hij er veel jonger uitzag dan zijn eenenveertig jaar. Toen de invasie begon, zat hij in de directie van de staatsspoorwegen en gedurende de eerste dagen reed hij met een geïmproviseerde verkenningstrein door het hele land; later bleek dat een waardevolle inlichtingenbron te zijn over de posities en bewegingen van vijandige troepen.

Op dat moment was de Oekraïense vloot verkenningsdrones nog lang niet groot genoeg om het hele front in de gaten te kunnen houden en het leger had slechts beperkt toegang tot het beeldmateriaal van satellieten. Maar er waren wel talloze spoorwissels verspreid over het land en het personeel van al die wissels dienden nu als spotters. Zij zagen de Russische tanks en vliegtuigen aankomen en gaven hun informatie via hun commandoketen door. Lesjtsjenko's telefoon werd het coördinatiecentrum voor deze berichten, die hij op zijn beurt doorgaf aan contacten in de presidentiële staf. In de tweede week van de invasie vroeg Jermak hem in de bunker te komen wonen. Zijn ervaring als journalist en als blogger, zo besloten ze, zou nuttig zijn bij het bestrijden van het Russische narratief over de oorlog. De eerste keer dat hij naar beneden ging, had hij geen flauw idee wat hij kon verwachten. Hij was verrast toen hij in een sfeer terechtkwam die leek en voelde als in een onderzeeër in vijandige wateren. Iedereen leek grimmig en waakzaam, geprikkeld door het gevoel van gevaar. Hoewel Zelensky altijd al een veeleisende baas was geweest, had hij nog veel minder tolerantie voor verslapping in de bunker. Hij wilde weten waar de leden van zijn team mee bezig waren, wat het volgende punt op hun agenda was, wat ze konden of zouden moeten doen.

De gebruikelijke achterklap en het kantoorgekonkel ontbraken volledig, zo leek het. Oude vetes waren vergeten. Zelfs de meest doodgewone taken – zoals de eerste versie van een persverklaring schrijven of een rijtje gespreksonderwerpen voor een telefoongesprek van de president opstellen – werden door de medewerkers zeer serieus genomen. Omgaan met dit alles schiep een mate van stress die Lesjtsjenko in zijn leven nog zelden had meegemaakt en veranderde het gevoel van tijdsverloop op een wijze die soms hallucinerend leek. Dagen voelden dan als uren en uren als dagen. De angst, vertelde hij me, sloeg pas echt toe op de momenten voordat hij ging slapen. 'Dan besef je wat de werkelijkheid is,' zei hij. 'Dan lig je daar en denk je na over de bommen.'

Hoewel ze wisten dat de Russische troepen de hoofdstad genaderd waren, konden de gevechten in de voorsteden soms ver weg lijken. De president en zijn staf ervaarden de frontlinie via hun schermen, aangezien beelden van veldslagen en raketaanvallen al vaak op sociale media verschenen voordat de militairen Zelensky konden inlichten over de details. Het was kenmerkend voor hem om zich met zijn medewerkers om een telefoon te scharen, te vloeken als er beelden van de verwoestingen voorbijkwamen en te juichen als ze zagen dat een drone een Russische tank uitschakelde. 'Dit behoorde tot de favoriete filmpjes,' zei Lesjtsjenko en hij liet een clip zien van een Russische helikopter die uit de lucht geschoten werd. Op sommige video's stonden Russische soldaten kronkelend van de pijn nadat er vlak bij hen een bom of granaat was ontploft, maar de presidentiële medewerkers hadden geen enkel medelijden met de Russische soldaten die omkwamen in de afgrijselijke video's, geen enkel mededogen voor het lijden van de indringers. Die doden behoorden tot de weinige bronnen van optimisme in de bunker, evenals de oorlogsballades die Oekraïners schreven, opnamen en online postten. Daarvan gingen er een paar die in heel het land keer op keer werden afgespeeld viraal. Een ervan ging als volgt:

Kijk eens hoe ons volk, hoe heel Oekraïne
De wereld verenigde tegen de Russen.
Algauw zullen al die Russen vertrokken zijn
En zullen we vrede hebben in heel de wereld.[91]

Voor leden van de regering die bovengronds bleven, voelde het oorlogsgeweld dichterbij en het gevaar groter. Velen werden nomaden en trokken van plek naar plek om de kans op ontvoering zo klein mogelijk te maken.

Enkelen vertelden me dat in die tijd het grootste gevaar kwam van de Russische aanvalseenheden die Kyiv waren binnengeslopen en op jacht waren naar Zelensky en zijn hoogste medewerkers. Maar door de beslissing van de regering om wapens uit te delen aan de inwoners was het ook gevaarlijk om je door de stad te verplaatsen. Alleen al in Kyiv hadden de autoriteiten vijfentwintigduizend vuurwapens uitgedeeld aan gewone burgers, die checkpoints bemanden of door de straten patrouilleerden. Velen hadden geen militaire opleiding en waren doodsbang. 's Nachts openden ze vaak het vuur op mensen die hen in een auto of lopend naderden, met talloze slachtoffers tot gevolg. Denys Monastyrsky, de minister van Binnenlandse Zaken, vertelde over een incident waarbij een Oekraïense generaal bij een geïmproviseerd checkpoint uit zijn auto werd getrokken, met zijn gezicht naar beneden op de grond geduwd en gefouilleerd. Kort daarna beval zijn ministerie dat aan het hoofd van elk checkpoint een politieagent moest staan.

Alle parlementsleden hadden recht op een vuurwapen. Bij een van de distributiepunten in Kyiv werden pistolen alleen uitgedeeld aan vrouwelijke parlementsleden en geweren aan mannelijke.[92] Roeslan Stefantsjoek, de parlementsvoorzitter, hield nauw contact met de voorzitters van de fracties en commissies, die nu meestal vergaderden via videoconference. 'We moeten allemaal één ding erkennen,' zei hij tegen hen. 'Niet elke generatie Oekraïners krijgt de eer te sterven voor hun land.' De opmerking inspireerde sommige politici, maar schokte andere. Het parlement bezat niet de middelen om hen van beveiliging te voorzien. Ze moesten voor zichzelf zorgen.

Zelfs Stefantsjoek moest onderduiken met een van zijn assistenten en een paar bewakers. Als eerste plaatsvervanger van de president kon hij zelfs niet in de regeringswijk blijven. Hij trok daarom rond, verbleef bij vrienden of in regeringsgebouwen elders in de stad of een voorstad. Op weg naar een van die onderduikadressen kregen zijn beveiligers het bericht dat er Russische bommenwerpers hun richting op kwamen en reden ze van de snelweg een plattelandsweg op die naar een boerderij liep. Toen ze aankwamen, kwam de boer naar buiten om hen te verwelkomen, enigszins verbijsterd bij het zien van de gewapende mannen. Daarna ging hij naar binnen om een warme maaltijd voor zijn gasten te bereiden. Stefantsjoek, gekleed in een te ruim militair tenue, besloot rond te neuzen – bij een staldeur kwam de stank van mest hem tegemoet. Binnen stond een kleine kudde geiten en koeien in het halfdonker naar hem te staren, zij net zo verbaasd als hij.

◆

Zelensky's gezin bleef ongeveer twee maanden ondergedoken, maar hun beveiligers versoepelden de regels wel enigszins; ze kregen toegang tot het internet en ze mochten hun elektronische apparaten weer gebruiken. Vanaf begin april waren ze niet meer zo vaak gedwongen naar elders te vertrekken als kort na aanvang van de invasie. Dankzij de sociale media konden ze de oorlog meemaken via hun schermpjes, zoals de meeste Oekraïners. 'We leefden allemaal in deze situatie,' aldus Olena over die periode, 'van nieuwsitem tot nieuwsitem.'

Ook toen Oekraïne kon gaan terugslaan op het slagveld en steeds meer steun kreeg van het Westen, bleven de dagelijkse oorlogstragedies binnenkomen: de luchtaanvallen, verhalen over verkrachting en marteling, de massale opsluiting van burgers in Russische 'zuiveringskampen'. Om de aanvallen van wanhoop te bestrijden die Olena ervoer bij het volgen van deze gebeurtenissen, hield ze er een strenge routine op na: huiswerk maken of lezen met Kyrylo, koken met Oleksandra, e-mailen met vrienden en medewerkers, telefoongesprekken met de president zoals afgesproken als die er tijd voor kon vrijmaken. 'De nachten waren het zwaarst,' zei Olena, 'omdat iedereen dan slaapt' – de kinderen, de lijfwachten – 'en het enige wat je dan hebt zijn die domme, nare gedachten plus die walgelijke gewoonte om 's nachts het nieuws te lezen.'

Op een gegeven moment zag ze een post die in heel Oekraïne viraal ging. Online waren een paar bladzijden verschenen uit het dagboek van een achtjarige jongen, ene Yegor, die beschreef wat hij en zijn familie doormaakten tijdens de Russische belegering van Marioepol. Op de eerste bladzijde had de jongen in hoofdletters OORLOG geschreven en daarna begon zijn verhaal: 'Ik heb lekker geslapen, werd wakker en glimlachte.' Maar al in de volgende regels vertelt hij dat zijn grootvader is doodgegaan en dat andere familieleden gewond zijn geraakt. 'Ik heb een wond in mijn rug,' schrijft Yegor in het zwierige schrift van een jongen van acht. 'Het vel is eraf gerukt. Mijn zus heeft een gat in haar hoofd. Een stuk vlees is van mama's arm gerukt en ze heeft een gat in haar been.' In zijn dagboek noemt hij zijn nieuwe vriend – een vrolijke buurjongen die Vika heet 'met goede ouders' – en de tochtjes die zijn oma ondernam om water voor hen te halen. Maar de zin die de presidentsvrouw het meest trof stond aan het einde van die paar online verschenen bladzijden: 'Mijn oma is dood. Net als mijn twee honden en mijn geliefde stad Marioepol.' De schrijver van deze woorden was maar een jaar jonger dan Olena's zoon en hij had zijn dagboek volgetekend met afbeeldingen die Kyrylo ook was gaan tekenen: brandende gebouwen, figuurtjes met geweren en tanks, bloedende mensen op de grond.[93]

'Ik kon me niet voorstellen,' vertelde Olena me, 'wat dit kind voelde, nadat hij eerder in een moderne maatschappij had geleefd, naar school ging, aan sport deed, hobby's had, op internet ging. Vermoedelijk had hij een favoriete Amerikaanse stripheld, en dan zit hij in een kelder en ziet zijn dierbaren doodgaan, ziet mensen water drinken uit plassen op straat.' Yegor was naar een veiliger plek geëvacueerd tegen de tijd dat zijn dagboek online verscheen. Maar Olena wist dat de ervaringen hem voor het leven zouden tekenen. 'Er waren duizenden van die kinderen en volwassenen die zagen dat familieleden overleden, dat hun huizen werden gebombardeerd,' zei ze. 'Zij werden gered, maar zij dragen het schuldgevoel met zich mee dat ze niet konden omkeren.'

Haar eigen schuldgevoel hing samen met haar isolement. Ze voelde zich daardoor nutteloos en hulpeloos. Ze miste haar man en ze haatte de regels die haar verboden bij hem te zijn en een grotere rol te spelen in de verdediging van haar land. Op hetzelfde moment wilde ze doen wat maar nodig was om haar kinderen te beschermen tegen de oorlog, en dan vooral als ze zag hoe gebiologeerd Kyrylo erdoor was. Hij was een maand voor de invasie negen geworden en wat hij voorheen leuk vond, zoals dansen en pianospelen, interesseerde hem nu nauwelijks meer. De verandering riep een ander soort schuldgevoel op bij Olena, namelijk dat van een moeder die worstelt om haar kind te beschermen. Hoe hard ze ook probeerde hem af te leiden met muziek en tekenen, wat de jongen wilde was oefenen als scherpschutter en met vechtsporten. Hij was vastbesloten soldaat te worden.

Als Kyrylo met zijn vader sprak, gaf hij hem militair advies en stelde wapensystemen voor die Oekraïne te pakken moest zien te krijgen. De president kreeg een kick van deze gesprekken. Hij deelde de zorgen van zijn vrouw over de obsessie van de jongen met het leger helemaal niet. 'Hij bestudeert het helemaal. Hij zoekt het online op. Hij praat met de lijfwachten,' vertelde Zelensky me, duidelijk trots. 'Hij is een fan van onze gewapende troepen, ons leger, en hij weet heel goed wat onze missie is, wat we bevrijden, welke wapens we hebben en wat er ontbreekt.' Als Kyrylo een carrière in het leger ambieert, dan zou zijn vader dat prima vinden. Maar zijn moeder niet. Zij wilde dat de jongen zijn jeugd terugkreeg en het deed haar pijn om te zien dat de oorlog die wegzoog, zijn onschuld weghaalde, hoe hard ze ook probeerde die voor hem te verbergen, hoe hard ze ook probeerde hem ertegen te beschermen.

8

Blanco blad

In de eerste week van maart, terwijl in de buitenwijken van Kyiv nog altijd veldslagen woedden, stond de president erop om het complex te verlaten om zelf de strijd te kunnen waarnemen en reed hij met enkele vertrouwelingen in de richting van de Russische posities. 'We besloten er op goed geluk naartoe te gaan,' aldus Andri Jermak, een van degenen die meegingen. Ze namen geen camera's mee. Het hoofd van de presidentiële beveiligers wilde alleen toestemming geven als de trip compleet geheim bleef. Sommige leden van de presidentiële staf hoorden er pas anderhalve maand later over, toen het tijdens een van onze interviews ter sprake kwam.

Zelensky verliet de Bankovastraat en reed noordwaarts over de rechteroever van de Dnipro naar de weg, die over de dam van het stuwmeer van Kyiv loopt. Aan hun linkerkant strekte het grijze water zich uit tot aan de horizon. Er waren nauwelijks twee weken verstreken sinds de vloot Russische aanvalshelikopters over het stuwmeer op weg naar Hostomel vloog. Nu was het stil, alleen het doffe gedreun van artillerie in de verte was te horen terwijl de president oostwaarts bleef rijden tot voorbij de Oekraïense posities en halt hield bij een smalle brug, die de frontlinie markeerde. De brug was vernietigd om de opmars van de Russen vanuit het oosten richting Kyiv tegen te houden. Nu de Russen niet konden oversteken, schoten ze hun bommen over het water in de richting van de Oekraïense schuilplaatsen aan de overkant. Een van de explosies had een krater geslagen in de weg en Zelensky stopte om de omvang ervan te bekijken. Het leek wel alsof een reusachtige klauw de aarde op die plek had opengereten. Terwijl hij daar stond en de scène in zich opnam, kon hij voelen dat zijn lijfwachten zenuwachtig werden. 'Ze werden helemaal gek,' zei hij later. De Russische stellingen waren dichtbij genoeg voor een goede scherpschutter om de president, die geen doorslaggevende reden had om zo dicht bij het front te zijn, neer te schieten. Hij was er niet om zijn troepen te bevelen de strijd aan te gaan. 'Ik had hun emoties nodig,' vertelde hij me. 'Wat zij voelen, wat hun situatie is.'

Op de terugweg hielden ze halt bij een checkpoint dat bemand was door zowel soldaten als vrijwilligers. Het was bijna lunchtijd en de kok, die vlakbij woonde, was net een pan verse borsjtsj voor iedereen komen brengen. Hij was te oud om nog in het leger te dienen, versterkingen te bouwen en met een geweer rond te rennen, en had daarom besloten dat eten geven aan de soldaten zijn bijdrage aan de nationale verdediging zou zijn. Hij was zo'n beetje de hele ochtend bezig met de bereiding van zijn soep, een dik brouwsel met veel varkensvlees, rode biet, kool en aardappelen, en hij zei met klem dat er voldoende was om de gasten uit de Bankovastraat mee te laten eten. De president aarzelde. 'Ik kan hun eten toch niet opeten,' zei hij. Maar zijn gastheren drongen aan. Niemand leek zenuwachtig met de president in de buurt. Ze hingen enige tijd rond binnen het bereik van de Russische artillerie en aten een kom soep met brood, praatten over de Sovjet-Unie en wat er na de val van Rusland was geworden.

De kok had nog familie in dat land. Hij was tientallen jaren geleden beroepsatleet geweest en had wedstrijden gelopen onder de vlag van de Sovjet-Unie; hij liep naar de kofferbak van zijn auto en haalde er een paar medailles uit die hij had gewonnen bij het hardlopen op de baan en in de cross. Hij vond het nog altijd moeilijk te aanvaarden dat zijn voormalige landgenoten hiernaartoe waren gekomen om te moorden en te plunderen, en hij vertelde Zelensky hoe diep hij de Russen haatte. Toen hij zich gereedmaakte om te vertrekken vroeg de president, zo vertelde hij, de soldaten of ze nog iets nodig hadden, extra steun die hij misschien hun kant op kon sturen. De mannen waren gewapend met geweren en raketwerpers. Aan de overkant van de rivier stond een leger met tanks en artillerie. Maar ze zeiden dat ze niets nodig hadden. 'Ze wilden helemaal niets van me,' aldus Zelensky. 'Ze klaagden niet. Het enige wat ze wilden was de overwinning.'

Het gesprek liet een diepe indruk na op de president. Hij voelde al zo lang een band met soldaten aan het front, niet alleen om hun moed, maar ook vanwege hun eerlijkheid. Zijn eerste bezoek aan soldaten in oorlogsgebied had acht jaar eerder plaatsgevonden. Toen, in de zomer van 2014, was Zelensky nog komiek zonder enige politieke ambitie en bezocht hij gebieden aan de frontlinie om op te treden voor de troepen. Toen de touringcar op een gegeven moment ergens in de Donbas stopte, stapte Zelensky uit om met een soldaat te praten, die al maanden achtereen hetzelfde checkpoint bemande en in een loopgraaf er vlakbij woonde. Zijn laatste echte gesprek met een burger was al zo lang geleden dat hij moeite had zijn zinnen aaneen te rijgen. Toen Zelensky hem vroeg hoe hij kon helpen, zei de soldaat: praat tegen me. 'Sommige dingen in het leven herinner je je voor altijd,' vertelde Zelensky over die rit naar het front in 2014. 'Misschien uit je jeugd, of de mooiste momenten van het opvoeden van je kinderen, als ze hun eerste woordje zeggen of naar school gaan. Dit was in mijn leven zo'n soort moment.'[94]

Toen duurde het gewapende conflict in het oosten nog slechts een paar maanden, maar het zaad van het geweld en de afscheiding, die acht jaar later zouden uitgroeien tot een complete oorlog, was toen al gezaaid. Met de annexatie van de Krim had Poetin de smaak te pakken gekregen van verovering van andermans grondgebied, en het bleek verslavend. Hij ging andere delen van Oekraïne *Novorossiya* noemen, Nieuw-Rusland. Bij een televisieoptreden dat voorjaar zei hij dat Rusland 'deze gebieden door verschillende oorzaken was kwijtgeraakt. Maar de mensen zijn er gebleven.'[95] En hij had de bedoeling ze terug te krijgen. 'We zijn één volk,' had hij kort daarvoor gezegd.[96] Zijn agenten en aanhangers gingen algauw dezelfde tactiek toepassen in het oosten en zuiden van Oekraïne als Rusland had gebruikt bij de Krim. Ze bezetten overheidsgebouwen, installeerden separatistenleiders, verklaarden de gebieden onafhankelijk van Kyiv en nodigden het Russische leger uit om hen te komen verdedigen.

Op sommige plekken werkte deze formule. Gevolmachtigden van Rusland en paramilitaire troepen namen in 2014 verscheidene steden en grote stukken van het grondgebied van de oostelijke Donbas in. Maar hun overwinningen verliepen niet zo vlot en zonder wrijving als op de Krim was gebeurd. Hier vochten soldaten terug. Er vormden zich gewapende burgerwachten die vanuit het hele land kwamen om de Donbas te verdedigen. In tegenstelling tot de bewoners van de Krim waren de inwoners van dit gebied verre van verenigd in hun wens zich af te scheiden van Oekraïne en Poetins imperialistische visie te steunen van een 'Russische wereld', die zich uitstrekte over alle landen waar Russisch werd gesproken.[97] Poetin moedigde Russischtaligen in Oekraïne aan om zich te verzetten tegen hun eigen regering en hij beloofde hun bescherming als ze dat deden. 'We zijn in wezen één volk. Kyiv is de moeder aller Russische steden,' zei hij in een toespraak in het Kremlin. 'Miljoenen Russen en Russischtalige mensen wonen in Oekraïne en zullen daar blijven wonen. Rusland zal altijd hun belangen verdedigen.' De overgrote meerderheid van de mensen in deze gebieden wilde Poetins bescherming helemaal niet. Velen demonstreerden die lente voor de eenheid van Oekraïne. In de havenstad Odessa werden dagenlang straatgevechten geleverd tussen voor- en tegenstanders van de revolutionaire regering in Kyiv. Tientallen pro-Russische activisten sneuvelden op een bepaalde, bijzonder afschuwelijke dag van botsingen in mei 2014, de meeste waren levend verbrand in het gebouw dat ze hadden bezet.[98]

Toen deze gebeurtenissen zich afspeelden, was het steeds moeilijker geworden voor Zelensky om de oorlog te negeren.[99] Het werd heel gebruikelijk om in Kyiv gewapende mannen in camouflagekleding te zien rondlopen, met onderscheidingstekens van de net opgerichte Oekraiense vrijwilligersbataljons. Voor de kantoren waar je je kon aanmelden voor het leger stonden rijen mensen om zich in te schrijven. Niemand van Zelensky's gezelschap nam in die tijd dienst, sommigen maakte zich meer zorgen om hun toekomst in de filmbusiness.

Toen de Russen de Krim annexeerden, had Zelensky's bedrijf, Studio Kvartal 95, nog enkele producties lopen met Russische partners, waaronder een langlopende sitcom en het vervolg op een romcom. Hij was contractueel verplicht die af te maken, maar intussen voelde hij zich vrij te laten merken wat hij van Rusland vond. Gedurende zijn laatste maanden in Moskou, waar hij zes jaar had gewoond, nam Zelensky aan de rand van het Rode Plein een paar scènes op voor een wekelijkse parodie op het nieuws. Hij probeerde de toon licht te houden, maar het gevoel van verraad dat door hem heen ging was voelbaar: 'Ik doe hier verslag vanuit het hart van Rusland,' zei hij, 'als dat nog een beetje hart heeft, tenminste.'[100]

Na annexatie van de Krim sloot zijn productiebedrijf het kantoor in Moskou en begonnen ze de samenwerking met de Russische partners af te bouwen. Zelensky had samengewerkt met veel van de grootste filmproducenten in het land. Hij kende de hoofden van de grote omroepmaatschappijen. Sommige waren oude vrienden. Maar na de Krim spraken ze niet meer met hem. 'Het gevoel was wederzijds,' zei hij later. 'Iedereen verdween, zomaar.'[101]

Later dat jaar stopte hij uit principe met werken in Rusland. Het gevolg voor zijn bedrijf was vernietigend. Later schatte hij dat de inkomsten van Studio Kvartal 95 na het verlies van de Russische markt bijna zeven keer zo laag waren. Voor elk uur tv-programma dat werd geproduceerd, gingen de inkomsten gemiddeld van tweehonderdduizend dollar terug naar dertigduizend dollar. Het was misschien mogelijk voor Zelensky om dat verlies te beperken. De censors in Moskou hadden geen verbod afgekondigd op optredens van Oekraïense artiesten. De shows en films die Zelensky's studio produceerde, behoorden toen nog altijd tot de populairste en winstgevendste van Rusland. Om speler te blijven op die markt, hoefde Zelensky alleen maar zijn mond te houden over politiek en zich te richten op entertainment. Velen in Oekraïne zouden hem dat echter kwalijk hebben genomen en sommigen zouden hem als verrader hebben beschouwd. Maar als komiek had hij geen enkele professionele verplichting om zich uit te spreken over de Krim. Hij had tijdens de revolutie in Kyiv al laten zien dat hij heel goed in staat was politieke vragen af te wimpelen en zijn mening voor zich te houden.

Maar de Krim veranderde dat. Hij vatte het persoonlijk op. Het schiereiland maakte voor hem net zozeer deel uit van Oekraïne als Kyiv. Zijn gezelschap had er tijdens zijn hele carrière opgetreden en zijn familie ging er op vakantie. In het jaar vóór de annexatie hadden Zelensky en zijn vrouw zelfs een zomerhuis gekocht op de Krim. De pijn om te zien dat de regio werd weggerukt werd nog eens verergerd door het applaus en de ophemeling die Poetin van het grootste deel van de Russische samenleving kreeg, ook van enkele artiesten en acteurs die Zelensky kende en met wie hij sinds zijn tienerjaren had samengewerkt. De meeste Russen zagen de annexatie als een briljante, zonder bloedvergieten verlopen wraakactie tegen de arrogante Oekraïners en hun heren in het Westen. Zelensky beleefde, net als miljoenen van zijn landgenoten, de diefstal van het land als een verschrikkelijke daad van verraad. Hij kon zich niet voorstellen hoe hij hierna in Moskou nog met een glimlach op zijn gezicht het podium op kon gaan. Hij maakte zijn standpunt hierover glashelder, zelfs als dat het bankroet zou betekenen van het bedrijf dat hij in tien jaar in Rusland had opgebouwd. 'Veel artiesten gaan er nog steeds naartoe om er op te treden,' zei hij. 'Ik oordeel niet over ze. Dat is wat zij willen. Het is een kwestie van normen en waarden en wat je vanbinnen voelt. Mij doe het pijn. Echt pijn.' Toen er een aanbieding binnenkwam om één keer op te treden in Rusland voor tweehonderdvijftigduizend dollar, weigerde Zelensky.

Zijn persoonlijke relaties leden er ook onder. Toen hij op een avond in 2014 in een restaurant in Moskou zat, kreeg hij ruzie met een van zijn beste vrienden, een beroemde Russische acteur. Ze hadden net nog samen een film gemaakt die in de bioscoop draaide. 'Hij was een heel goede vriend,' vertelde Zelensky. 'Toen ging hij mij vertellen dat de Krim van hen is.' De ruzie liep zo hoog op dat Zelensky de microfoon van de karaokemachine greep en een toespraak aan alle Russen in het restaurant richtte. 'Kijk,' zei hij, naar hij zich herinnert. 'Jullie mensen pakken ons ónze Krim af.' Iemand belde de politie.

Zelfs familieaangelegenheden konden hem niet overhalen naar Rusland te gaan. Kort na de annexatie van de Krim nodigde een familielid van Olena hen uit voor een bruiloft in Moskou. 'We hadden totaal geen zin om erheen te gaan,' vertelde Olena. Haar vader ging in hun plaats als vertegenwoordiger van de Oekraïense kant van de familie en de gasten, vertelde Zelensky, kregen ruzie over de annexatie.

◆

Die zomer, kort na zijn terugkeer uit Moskou, ging Zelensky de weg op om de oorlog van dichtbij te zien. Het zou de eerste keer in zijn leven zijn dat hij de gevolgen van de strijd zag, en het zou hem voorgoed veranderen. Zijn gezelschap, met daarin enkele vrienden uit zijn kinderjaren, organiseerde een toer door het oorlogsgebied. Het was niet direct een klein gezelschap te noemen. Een groep achtergronddansers ging mee voor de muzikale nummers. Roadies brachten een opvouwbaar podium mee en een paar vrachtwagens vol lampen, speakers, rekwisieten en kostuums. Het had wel iets van een toer van de USO in de zomer van 1944, waarbij sterren als Bob Hope met zijn gezelschap van eiland naar eiland in de Stille Oceaan vlogen om op te treden voor de Amerikaanse troepen. Het grote verschil was natuurlijk dat deze oorlog voor Zelensky veel dichter bij huis gevoerd werd. Vanaf Kyiv konden ze met hun toerbus in minder dan een dag via de snelweg het front bereiken. Op sommige punten waren ze slechts een paar uur rijden verwijderd van hun geboorteplaats, Kryvy Rih.[102]

Ter voorbereiding op deze toer schreef Zelensky wat nieuw materiaal om voor de soldaten op te voeren. Kern was een ballade waarin hij zijn gevoel over de revolutie en de oorlog samenvatte. Het koor had een paar makkelijke regels waar de handen voor op elkaar gingen: 'We hebben de Russen gezegd dat ze moeten oplazeren.' Maar de tekst was noch optimistisch, noch erg patriottisch. Ze spraken van een liefde voor Oekraïne die bleef, ondanks alle zwakheden en teleurstellingen van het land. In het liedje wordt de revolutie van 2014, die net een paar maanden achter de rug was, afgeschilderd als opnieuw een daad van volksverlakkerij, nergens anders goed voor dan veel verdriet en weer een 'regering van niksnutten'.[103] Het nummer was een klap in het gezicht van de nieuwe president van Oekraïne, Petro Porosjenko, die net geïnaugureerd was. Maar de soldaten aan het front vonden het prachtig.

Tijdens een optreden op een luchtmachtbasis bij Marioepol zag Zelensky een menigte van meer dan duizend soldaten opspringen, van wie sommige met hun geweer in de lucht zwaaiden, floten, riepen en op hun pantservoertuigen dansten. Daarna renden ze naar het podium voor foto's en handtekeningen en schonken ze de komieken symbolen om hun dankbaarheid te tonen. Jevhen Kosjovy, die compleet kaal is, kreeg een flesje shampoo. Oleksandr Pikalov vertelde dat een soldaat iets zwaars in zijn zak stopte. Toen hij zijn hand in zijn zak stak, bleek het een handgranaat. 'Cadeautje,' zei de soldaat met een grijns; hij bezat niets anders om weg te geven. Onder de geschenken bevonden zich een insigne en een bivakmuts die waren afgenomen van een dode separatist. Het voelde macaber, maar alles werd in dank aanvaard.

Toeren langs het front was vanaf dat moment een traditie voor Zelensky en zijn gezelschap. Het publiek dat ze kenden van de jaren waarin ze optraden in Kyiv bestond grotendeels uit leden van de verwende elite, die zich de prijs van een kaartje konden permitteren. Vaak zat de zaal vol met dezelfde opgeblazen politici die Zelensky nu juist voor schut zette op het toneel. Geen enkel optreden, hoe grappig of ontroerend ook, kon deze afgestompte lichamen uit hun stoel doen springen. Maar hier, in oorlogsgebied, voelde alles veel oprechter. Vergeleken hiermee was het leven in Kyiv oppervlakkig, doelloos. Na zijn bezoek aan het front zou Zelensky nooit meer tevreden zijn met alleen maar zakendoen en entertainment. Soms had hij spijt en schaamde hij zich er een beetje voor dat hij nooit zelf een wapen heeft gedragen. Zelfs toen er nog geen oorlog was om in te vechten, hadden zijn ouders hem tegen het leger beschermd. Ze waren bang dat hij gepest zou worden door de andere soldaten. 'Maar ik wil mijn kind het leger in sturen,' zei Zelensky na de eerste toer in 2014, toen zijn zoon net leerde lopen.

Die zomer begon hij geld op te halen voor de troepen. Wat hij zelf gaf van zijn eigen vermogen was niet heel veel; zijn eerste grote donatie, die hij in augustus 2014 deed, bedroeg 1 miljoen hryvnia, ongeveer net zoveel als wat één van de luxeauto's waard was waarmee hij door Kyiv reed. Maar in de daaropvolgende maanden begon hij druk uit te oefenen op zijn collega's in de showbusiness om het leger te steunen, geld te schenken voor de oorlogsinspanningen en soldaten aan het front te bezoeken. 'Ga ernaartoe, ga erheen om ze aan te raken, de hand te schudden,' zei hij tegen acteurs en popsterren.[104] Onder de manschappen had hij, zo zei hij, een diep gevoel van vervreemding van de rest van de Oekraïense samenleving aangetroffen. Voor de elite in Kyiv was de oorlog in het oosten nog altijd ver weg. 'Zij beschermen onze toekomst,' zei Zelensky over de gewapende troepen. 'En ze hebben niet het gevoel dat iedereen trots op hen is.'

◆

Zelensky's idee om zich kandidaat te stellen voor het presidentschap ontkiemde tijdens zijn trips naar de Donbas in 2014. Een van zijn reisgenoten was Joeri Tyra, een oude vriend die als roadie en allround klusjesman werkte als het gezelschap door oorlogsgebied toerde. Tyra was zelf nooit acteur geweest, maar kon het team urenlang vermaken met zijn verhalen over omkoopbare politiemannen en smokkelaars die hij tegenkwam bij zijn vele ondernemingen, van logistiek en toerisme tot de invoer van luxeauto's. Hij was zwaargebouwd, oplettend, grofgebekt en een kettingroker, en dankzij zijn contacten bij de douane vooral zeer bedreven in goederen over de grens krijgen. Hij had een uitgebreid netwerk van vrienden in het leger, die vaak van Tyra afhankelijk waren voor het verkrijgen van de duurste apparatuur, zoals nachtkijkers, die het leger zich niet kon permitteren. Toen hij de eerste keer met Zelensky naar het oorlogsgebied ging, hielp Tyra met shows organiseren op militaire bases en posities in de frontlinie, en hij kon zien dat de manschappen Zelensky ontroerden. 'Ze kwamen naar voren en zeiden tegen hem: "Volodja, ga voor het presidentschap." Ze maakten geen grapje. Het kwam uit het hart.'

Als Zelensky na het optreden met de soldaten sprak, dan merkte hij ook hoe boos ze waren op de regering in Kyiv, vooral op president Porosjenko, die hij niet alleen ging beschouwen als corrupt, maar ook als misdadig onbekwaam en incompetent. Een paar van de soldaten die ze spraken, waren op de Krim gelegerd geweest toen de Russen het schiereiland bezetten en zij vertelden Zelensky dat Oekraïne heel goed een verdediging tegen de Russen had kunnen opzetten. 'Ze kregen alleen het bevel niet,' aldus Tyra. 'Het enige wat ze te horen kregen was dat ze moesten inpakken en vertrekken.'

In augustus 2014, tegen het einde van Zelensky's eerste toer langs het front, leden de Oekraïense troepen opnieuw een verpletterende nederlaag, die later zou worden toegeschreven aan de zwakte van het militaire opperbevel onder president Porosjenko. In de stad Ilovajsk raakten meer dan duizend Oekraïense soldaten omsingeld door Russische troepen. Toen ze overeenkwamen dat ze zich zouden terugtrekken, openden de Russen het vuur op de colonnes, waarbij honderden militairen omkwamen. Het was een van de grootste slachtpartijen van de oorlog en sommigen van wie erbij waren geweest, zouden Zelensky en zijn vrienden vertellen dat dit vermeden had kunnen worden met beter leiderschap. Na afloop van een optreden bij het front zag Tyra een keer een weduwe van een parachutist op Zelensky aflopen en hij hoorde haar zeggen dat hij zich kandidaat moest stellen; ze gaf hem de baret van haar gesneuvelde man om geluk te brengen.

Er zou veel meer druk nodig zijn om Zelensky van een carrièreswitch te overtuigen. Maar al na een paar maanden van de eerste reis langs het front begon hij te werken aan een script voor een nieuwe sitcom met de titel *Dienaar van het volk*, die zijn ingang zou zijn naar de politiek. Het programma dwong Zelensky zichzelf voor te stellen in de rol van president. In de eerste aflevering laat een geschiedenisleraar van een middelbare school zijn epische tirade los tegen corruptie – *Fuck die autocolonnes! Fuck die emolumenten! Fuck die fucking chalets!* – en een van zijn leerlingen filmt dit en zet het op YouTube. De clip gaat viraal aan de vooravond van de presidentsverkiezingen en kiezers worden erdoor aangezet de geschiedenisleraar als onafhankelijke kandidaat te installeren. In het eerste seizoen, met Zelensky in de hoofdrol, wordt een gebruikelijke politieke fantasie uitgespeeld: een doodgewone sul krijgt de kans het land te leiden en hij blijkt beter en eerlijker dan die hele, luie, uit eigenbelang dienende elite. Het was deels goede tv omdat het als catharsis werkte. In een van de afleveringen heeft Zelensky's karakter een dagdroom over het neermaaien van het hele parlement met een paar machinegeweren, à la Rambo.[105] De serie ging eind 2015 in première en raakte een zenuw in de politiek. Fantasieën over wraak op de heersende klasse voedden de opkomst van het populisme in heel Europa en ze zouden in Amerika een jaar later Donald Trump helpen de Republikeinse Partij over te nemen. In landen als Oekraïne, waar corruptie vaak aanvoelde als het enige wat de regering kon, was het karakter dat Zelensky speelde in *Dienaar van het volk* zo goed als een garantie dat hij een icoon zou worden.

Olena Zelenska, die als schrijver aan het programma meewerkte, verzekerde me dat het karakter niet gebaseerd was op haar man. Hij had het zelf bedacht, zei ze, en hij was intensief betrokken bij het schrijven van het script. 'Het was een absoluut verzonnen, gefantaseerde persona,' zei ze. Dan nog duurde het niet lang of andere schrijvers en acteurs van de show begonnen die persona samen te voegen met de werkelijke Zelensky. In hun kantoor in Kyiv had het marketingteam eens een scène uit de show nagespeeld, waarbij ze deden alsof het Zelensky was die net was ingehuldigd als president. 'Eerst leek het me nog een grapje,' aldus Olena. 'Het was een idee waar ik niet eens over wilde praten, omdat het veel te vergezocht leek.' Als in een gesprek gesuggereerd werd dat hij presidentskandidaat moest worden, dan leek het team rondom Zelensky in twee kampen uiteen te vallen. Olena voerde de oppositie aan. Haar man was altijd een workaholic geweest. Maar in die tijd, toen het tweede seizoen van *Dienaar van het volk* in productie was, goochelde hij met meer projecten dan hij in alle redelijkheid aankon en had hij nauwelijks tijd voor haar of hun kinderen.

'Het proces van het opvoeden gaat gewoon aan me voorbij,' gaf Zelensky toe tijdens de promotie van een van zijn films. De enige tijd die hij doorbracht met Kyrylo, zei hij, was 's avonds laat, als Zelensky thuiskwam en hoorde dat zijn zoon niet kon slapen. Olena was er moe van altijd alleen voor hen te moeten zorgen en ze wist dat een carrière in de politiek nog meer van zijn tijd en aandacht zou vergen dan de showbusiness. Al jarenlang maakte ze haar man deze frustraties privé duidelijk. Toen het probleem aanhield, maakte ze het op spectaculaire wijze openbaar, namelijk tijdens de opnamen van een van zijn spelshows.[106]

Voor de show, *Maak een komiek aan het lachen*, werden amateurkomieken uitgenodigd stand-upcomedy te doen voor Zelensky. Elke keer als ze hem aan het lachen maakten, kregen de deelnemers van de jury een geldprijs. Olena besloot in het voorjaar van 2016 haar toen elfjarige dochter mee te laten doen als deelnemer aan de show. Zelensky liet ze niets weten van haar plannetje en toen hij zijn dochter, gekleed in een trui met glitters en met vlechten, vanuit de coulissen zag verschijnen, liep hij bijna het toneel af. 'Je moet dit van je moeder doen,' zei hij geïrriteerd en hij keek naar zijn vrouw in het publiek, die hem een vals glimlachje schonk. Ze had de grappen geschreven, en die hadden duidelijk de bedoeling om een boodschap over te brengen aan een publiek van één persoon.

'Iedereen denkt dat het cool is om de dochter te zijn van Volodymyr Zelensky. Maar er is niets cools aan. Papa is altijd aan het werk,' zei Sasja. De enige manier om een avond met hem door te brengen, zei ze, was de tv aanzetten. 'Dan is het bijna alsof hij naast me staat.' Toen de show voorbij was, gingen Olena en Sasja naar huis met een heleboel prijzengeld, voldoende om een nieuwe tv te kopen.

◆

Onder Zelensky's vrienden en zakenpartners leek het idee om zich kandidaat te stellen voor het presidentschap aantrekkelijker dan voor zijn gezin. Geleidelijk haalden ze hem over, vertelde Tyra me, 'met heel kleine speldenprikjes'. Voor Zelensky was een van de sterkste argumenten het succes van *Dienaar van het volk* en de enorme aantrekkingskracht van de hoofdrolspeler, de president-bij-toeval die hij in de tv-serie speelde. Maar wat de doorslag gaf, was het gebruik van Zelensky's zelfvertrouwen. Het was niet zo moeilijk hem ervan te overtuigen dat hij het beter zou doen dan wie ook van de politici die om de baan streden. De volgende verkiezingen waren gepland voor het voorjaar van 2019 en de opiniepeilingen lieten zien dat het een strijd zou worden tussen twee trouwe leden van de politieke klasse: de zittende president Petro Porosjenko, en de onstuitbare Joelja Tymosjenko, de favoriet. Bijna vijftien jaar lang was Tymosjenko een doelwit geweest van Zelensky's satire. Hij schilderde haar af als een schijnheilige megalomaan. Het vooruitzicht voor Oekraïne was nu een regering-Tymosjenko. 'Laat het wie dan ook worden,' vertelde Tyra me over hoe ze er in die tijd over dachten. 'Laat alleen die vamp niet president worden.'

Alles bij elkaar had Tyra's kamp er ongeveer twee jaar voor nodig om Zelensky over te halen. De eerste openbare indicatie van hun politieke plannen kwam eind 2017, toen een van Zelensky's oudste vrienden, Ivan Bakanov, een nieuwe politieke partij inschreef. De naam van de partij: Dienaar van het volk.[107] Binnen enkele maanden kreeg Tyra in de gaten dat het Zelensky begon te interesseren. Een aanwijzing was een boek dat Zelensky rond die tijd las over leven en carrière van Lee Kuan Yew, de autoritaire heerser van Singapore. In de dertig jaar dat Lee aan de macht was, kreeg hij voor elkaar dat de stadstaat onafhankelijk werd en veranderde in een economisch powerhouse. Maar in dat proces heerste hij door angst, door critici op te sluiten en het zwijgen op te leggen. 'Ben jij daartoe bereid?' vroeg Tyra aan Zelensky toen hij hem tijdens een Europese toer het boek zag lezen.

Hij kreeg hier toen geen rechtstreeks antwoord op. Maar kort daarna, tijdens een pauze gedurende een toer door Duitsland, nam Zelensky plaats in de passagiersstoel van Tyra's busje en vroeg om een sigaret. Het was een van de weinige plaatsen waar hij nog kon roken zonder de verwijten van zijn vrienden te moeten aanhoren. Na een paar lange halen vertelde hij Tyra het nieuws: 'Ik stel me kandidaat.' Het was april 2018, meer dan een halfjaar voordat zijn vrouw en veel van zijn beste vrienden het besluit te horen kregen. Het was Tyra meteen duidelijk dat dit niet zomaar een ingeving was. Zelensky had zijn kansen eerst zorgvuldig afgewogen.

'We wisten dat we het moeilijk zouden krijgen,' vertelde Tyra me. De beide andere kandidaten waren rijke oligarchen voordat ze president werden. Porosjenko was nog altijd eigenaar van een van de grootste tv-maatschappijen van Oekraïne. Tymosjenko had in de jaren negentig een fortuin verdiend met de handel in aardgas en kende Poetin persoonlijk. Uit haar dagen als dissident en premier had ze ook prestige in westerse hoofdsteden. 'Ze hadden macht. Ze hadden geld,' aldus Tyra. 'En hier was dan een of andere vent uit Kryvy Rih, nog totaal nat achter de oren.'

Er stond echter minstens één invloedrijk man achter Zelensky tot wie hij zich kon wenden voor steun. Dat was de eigenaar van de omroep die al Zelensky's programma's uitzond, ook *Dienaar van het volk*: de miljardair Ihor Kolomojsky, een olie- en bankmagnaat met het uiterlijk van een typische oligarch zoals je die van een castingbu reau zou inhuren. Grof en nors als hij was, was hij eens tijdens een persconferentie uitgevaren tegen een journalist van Radio Liberty en noemde hij hem een 'hoer' en een 'verdomd grietje'.[108] Kolomojsky had ook de zeldzame eer op de vlucht te zijn voor zowel de Russische als de Oekraïense wet. De autoriteiten in Moskou wilden hem hebben vanwege vermeende oorlogsmisdaden in oostelijk Oekraïne, die te maken hadden met de daden van een paramilitaire eenheid die door Kolomojsky werd betaald. De autoriteiten in Kyiv wilden hem hebben voor financiële misdaden die samenhingen met vermeend assetstripping van zijn bank, die met 5,6 miljard dollar door de staat moest worden gered. Om aan arrestatie te ontkomen vestigde hij zich in 2016 in Zwitserland en later in Israël, 'om familieredenen', zo zei hij. Hij en Zelensky hadden niet speciaal een goede band. Maar ze kenden elkaar sociaal en professioneel bij aanvang van het campagneseizoen in 2018 al minstens tien jaar. Zelensky had voor de vijftigste verjaardag van de tycoon ooit een privéoptreden verzorgd en zijn films en tv-shows hadden veel geld opgebracht voor Kolomojsky's mediabedrijf.[109]

Toen ze het idee van een politieke campagne bespraken, was Kolomojsky blij dat hij die mocht steunen, hoewel dat niet uit aardigheid was. Hij wilde naar Oekraïne terugkeren en de controle over zijn bank terugkrijgen, die de staat na de steunoperatie in 2016 had genationaliseerd. Het idee een onverwachte kandidaat voor het presidentschap te steunen, was duidelijk aantrekkelijk voor Kolomojsky. Het beloofde van hem een krachtspeler in de verkiezingsstrijd te maken en, afhankelijk van de uitslag, een aanmerkelijke invloed te geven in staatszaken. Aan het einde van de zomer van 2018 hielp hij Zelensky actief om de fundamenten voor zijn campagne te leggen.

De man die de leiding kreeg was een jurist die eerder voor Kolomojsky had gewerkt, Andri Bohdan, een charmeur met een engelachtig gezicht en een reputatie van meedogenloosheid. Als beloning voor de overwinning zou Bohdan later stafchef van president Zelensky worden, een rol die hem enorm veel macht verschafte. Maar in het begin, toen hun politieke plannen zelfs voor Zelensky's familie nog geheim waren, hield hij zich gedeisd en richtte zijn ogen op de data.

'Om in ons land gekozen te worden, heb je twee dingen nodig,' vertelde Bohdan me. 'Een tv-omroep en herkenbaarheid.' Kolomojsky had het eerste, Zelensky het tweede. 'Voor de rest moeten de pr-mensen zorgen, de politiek adviseurs en zo.' Met andere woorden, lui als Bohdan. Om Zelensky's verkiesbaarheid te peilen, hield zijn team in heel het land opiniepeilingen en de resultaten waren verbijsterend. Midden september 2018, toen Zelensky nog altijd terughoudend was over zijn politieke plannen en ze grotendeels weglachte, kwam hij als tweede uit de bus in het veld van potentiële kandidaten voor het presidentschap. Hij lag al voor op de zittende president, maar wel ver achter op zijn voornaamste concurrent, Joelja Tymosjenko.

Daarop ging Bohdan werken aan een strategie om Zelensky bovenaan te krijgen. Volgens surveys en patronen in stemgedrag was het Oekraïense electoraat gepolariseerd door de oorlog tegen Rusland en zijn aanhangers. De gemiddelde kiezer in de oostelijke en zuidelijke helft van het land stond nog altijd onder invloed van Russische propaganda. Of hij liet het hele politieke proces in Oekraïne links liggen, of hij koos de kant van een van de pro-Russische partijen die waren verschenen op de puinhopen van het regime-Janoekovytsj. De andere kant van het electoraat was opgeschoven in nationalistische richting. Zij wilden dat Oekraïne zich assertiever verdedigde tegen de Russen en wilden in de oorlog geen enkele concessie aan Poetin accepteren. 'De oorlog had een centrifugaal effect op het politieke spectrum,' vertelde Bohdan me. 'Beide kanten gingen hun hoek in en werden extremer, en daardoor ontstond in het midden een vacuüm. Onze kandidaat was bestemd om dat vacuüm op te vullen.'

Zelensky's adviseurs besloten dat hij, om te winnen, geen heel gedetailleerd verkiezingsprogramma moest publiceren of uitgesproken standpunten moest innemen. 'Als je standpunten begint in te nemen,' zei Bohdan, 'dan verlies je aan de ene of de andere kant.' Het zou veel effectiever zijn Zelensky weg te houden van bepaalde kwesties. Het plan was, met andere woorden, een blanco blad van hem te maken, een wit doek waarop kiezers hun ideeën van de perfecte president konden projecteren.[110]

◆

In december 2018 was Zelensky er klaar voor om het officieel bekend te maken. Tijdens een toer van zijn amusementsprogramma maakte hij achter de schermen tijd vrij om de videoaankondiging op te nemen voor zijn presidentscampagne. Die zou op oudejaarsavond worden uitgezonden op Kolomojsky's tv-zender. Toen de clip klaar was, rondde Zelensky de toer af en vloog naar Frankrijk voor een skivakantie met het gezin. Olena wist nog steeds niets van zijn besluit om zich kandidaat te stellen en Zelensky waarschuwde haar niet. Hij en de kinderen gingen die dag skiën, terwijl Olena in het hotel achterbleef, nog altijd onwetend.

'Misschien is het maar beter ook dat hij me niets vertelde,' zei ze toen we het hadden over dit moment in hun huwelijk. 'Er was nu minder om me bezorgd om te maken. In plaats van een paar maanden vol zorgen waren er nu alleen een paar dagen dat ik boos op hem was.' Hij had toch al besloten, zei ze, en er was niets wat zij had kunnen doen om daar verandering in te brengen. Zelensky begreep net zo goed als zijn vrouw dat de campagne – om nog maar te zwijgen van het presidentschap – pijnlijk zou worden voor het gezin. 'Ik wist dat het hen hard zou raken,' zei hij later. 'Maar daar hadden we het niet over.' Zelensky luisterde wel naar de bezwaren van zijn vrouw, maar bleef bij zijn besluit en het had volgens hem geen zin in een kringetje rond te blijven draaien. Dat zou een patroon worden in zijn presidentschap. Mensen die Zelensky's plannen in twijfel trokken of zich ertegen uitspraken, werden vaak aan de kant geschoven.

Op de avond van de aankondiging bleef hij niet op om er met zijn vrouw naar te kijken. De clip werd uitgezonden tijdens een reclameonderbreking tijdens zijn jaarlijkse nieuwjaarsspecial. Toen Olena de volgende ochtend in hun hotelkamer wakker werd, zag ze dat een hele stroom berichtjes van vrienden en collega's was binnengekomen. Sommige bevatten links naar de politieke coming-out van haar man, die eruitzag als een practical joke. In de video staat Zelensky naast een kerstboom, alsof hij de jaarlijkse oudejaarsboodschap die Poetin en diens Sovjetvoorgangers al sinds de uitvinding van de televisie uitzonden belachelijk maakt. 'Mensen vragen me al zo lang of ik me kandidaat stel of niet,' zei hij en hij ging over van Russisch naar Oekraïens voor de officiële aankondiging: 'Ik stel me kandidaat voor het presidentschap van Oekraïne.' Olena keek naar de één minuut durende toespraak, wendde zich toen tot haar man en stelde de voor de hand liggende vraag: waarom moest zij de laatste zijn die dit wist? Met een glimlach antwoordde hij: ‘O, ik was vergeten om het je te vertellen.’

9

De favoriet

Het politieke establishment had niet de neiging Zelensky serieus te nemen, althans niet meteen. De zittende president Petro Porosjenko deed zijn nieuwe uitdager af als een clown en een beginneling. Hij weigerde te geloven dat Oekraïne midden in een oorlog met Rusland een komiek zou kiezen als opperbevelhebber. Toen de verkiezingen begin 2019 naderbij kwamen, was de frontlijn in het oosten zo goed als statisch. Maar af en toe bleven bomaanvallen en schoten van scherpschutters klinken en het aantal doden bleef stijgen. Gedurende de eerste vier jaar van gevechten waren al meer dan tienduizend mensen omgekomen en waren er ruim 1 miljoen gedwongen te vluchten. Tijdens Porosjenko's presidentschap was de economie bijna gehalveerd, grotendeels door de tol die de oorlog eiste. De nationale munt was in 2014 met ongeveer 70 procent in waarde gedaald en had zich niet hersteld. Porosjenko kon nauwelijks worden beschuldigd van de pijn die de oorlog veroorzaakte, maar het bood hem ook geen makkelijk pad naar herverkiezing.

De slogan die hij had gekozen – 'Leger, Taal, Geloof' – was typerend voor zijn harde opschuiven naar rechts bij het naderen van de verkiezingen. Hij wierp zich op als president-in-oorlogstijd, de enige met de ruggengraat om de Russen te kunnen verdrijven. Hij bepleitte nieuwe beperkingen van het gebruik van het Russisch en drong er bij de legerleiding op aan op te trekken tegen de stellingen van de Russen, ook als dat strategisch weinig zinvol was. Ook begon hij aan pogingen om de Russisch-orthodoxe kerk land en status in Oekraïne af te nemen, een proces dat Zelensky na de invasie van Rusland zou voortzetten.

Een van de ergste problemen waar Oekraïne aan het einde van Porosjenko's ambtstermijn voor stond, had te maken met de diplomatie. De VS en Europa zorgden voor een bescheiden aanvoer van wapens, militaire trainingsprogramma's en miljarden dollars aan leningen en financiële hulp zodat Oekraïne zichzelf zou kunnen verdedigen. Maar privé hadden westerse diplomaten het al heel lang over 'Oekraïne-moeheid', het steeds indringender gevoel dat het land een verloren zaak was, te corrupt en te disfunctioneel om het uit de klauwen van Rusland te houden. Het was hun moeilijk kwalijk te nemen. De corruptie was sinds de ondergang van het oude regime niet afgenomen.[111] In sommige opzichten leek die zelfs erger te zijn geworden. Van een van de hoogste aanklagers van het land onder Porosjenko is vastgelegd dat hij de doelwitten van corruptieonderzoek vertelde hoe ze zo'n onderzoek het best konden vermijden. Een andere hoge functionaris dicht bij Porosjenko werd ervan beschuldigd dat hij wapens uit Rusland smokkelde en die met winst aan het Oekraïense leger verkocht.[112]

Er kwamen geen bewijzen naar boven om Porosjenko direct in verband te brengen met deze schandalen en zijn bondgenoten ontkenden alle beschuldigingen van corruptie. Maar de frustratie onder de bondgenoten van Oekraïne was, elke keer als Porosjenko in het buitenland kwam, maar al te duidelijk. Begin 2018, ongeveer een jaar voor de verkiezingen, reisde hij naar de jaarlijkse veiligheidsconferentie in München, waar het pijnlijk was om te zien hoe hij daar door zijn collega's werd ontvangen. Oekraïne was het enige land in Europa waar zich een oorlog afspeelde. Toch kon de president weinig steun verwerven in Europa, zelfs niet in een zaal vol militairen, zelfs niet op een topontmoeting gewijd aan oorlogsaangelegenheden. 'Ik ben degene die jullie heeft gewaarschuwd dat er geen grenzen zijn aan de Russische agenda van het kwaad,' zei hij in een toespraak voor de conferentie. 'Oekraïne is het schild en zwaard van Europa.' Om zijn punt te illustreren haalde Porosjenko een aan flarden geschoten vlag van de Europese Unie tevoorschijn en hield die omhoog. Die was meegenomen, zo zei hij, van het front in oostelijk Oekraïne.[113]

Het toneelstukje had weinig effect. Afgezien van enkele rijen journalisten en stafleden van de diplomaten had zelfs niemand de moeite genomen naar de toespraak te komen luisteren. Later die dag trof ik Porosjenko mokkend aan in zijn hotelsuite, waar hij zat met een paar adviseurs, de gordijnen gesloten om de sneeuwstorm die raasde buiten te sluiten. 'Ik haat het idee dat dit een koud conflict is,' zei hij en hij gebaarde dat ik dat moest opschrijven. 'Nee! Dit is een hete oorlog!' Hij had natuurlijk gelijk. Zijn soldaten vochten door en sneuvelden. Maar de oorlog was van de internationale agenda aan het verdwijnen en het Westen voelde er weinig voor om te proberen het conflict op te lossen. De volgende dag zou een nieuwe ronde van vredesbesprekingen tussen Oekraïne en Rusland gehouden worden hier in München. Maar de Duitse minister van Buitenlandse Zaken zei die plotseling af omdat hij dringender zaken had in Berlijn: een Duitse journalist was net vrijgelaten door Turkije en de minister wilde hem persoonlijk thuis verwelkomen.[114] Het zou vier maanden duren voordat er nieuwe vredesbesprekingen op de agenda kwamen en die zouden opnieuw eindigen in een patstelling voor Porosjenko.[115]

In zijn suite in München hadden we het voornamelijk over die impasse en hij bedankte me voor het verslaan van de oorlog, alsof mijn artikelen veel verschil konden maken. Wat hij nodig had, was een manier om de Europeanen deze oorlog als die van hen te laten ervaren, als een bedreiging van hun eigen veiligheid, niet als een of ander territoriaal dispuut op de afgelegen puinhopen van de Sovjet-Unie. 'Alsjeblieft, wees mijn gast in Oekraïne,' zei Porosjenko. 'Misschien kun je eens naar de frontlinie gaan en met eigen ogen zien wat daar gebeurt. Dat kan ik voor je organiseren, omdat ik er zelf zeer in geïnteresseerd ben.' Dezelfde uitnodiging had hij verstrekt aan veel van de leiders die hij in München ontmoette. Er waren er maar weinig die het aanbod aannamen en Porosjenko kon maar niet begrijpen wat hij verkeerd deed, waarom zijn boodschap niet overkwam. 'Ik ben een president van vrede,' zei hij tegen me toen we afscheid namen. 'Ik ben geen oorlogspresident.' Maar aan het einde van zijn eerste termijn zagen de meeste Oekraïners dat toch anders. Zij beschouwden hem als de man die een duurzame vrede had beloofd en had gefaald. Ze waren gereed om iemand anders te proberen.

◆

Toen ik begin 2019 in Kyiv arriveerde om de race om het presidentschap te verslaan, was Zelensky al favoriet. Volgens de meeste opiniepeilingen kreeg hij twee keer zoveel steun als Porosjenko, ook al weigerde hij de strijd aan te binden met de zittende president in de gebruikelijke arena van de politiek. Zelensky voerde campagne op zijn eigen voorwaarden, en dat maakte hem zo goed als immuun voor politieke aanvallen. Hij maakte geen gedetailleerd verkiezingsprogramma bekend, hij nam niet eens een pauze in zijn carrière als komiek om zich op de race te focussen. Tijdens de campagne was het derde seizoen van *Dienaar van het volk* in productie en hij bleef gedurende de winter en het vroege voorjaar toeren met zijn amusementsprogramma.[116]

Op een middag in maart, enkele weken voor de eerste ronde van de verkiezingen, nodigden medewerkers van Zelensky me uit om een bezoek te brengen aan het kantoor van Studio Kvartal 95, dat ze gebruikten als campagnehoofdkwartier. Het was gevestigd op de bovenste drie verdiepingen van een hoog bouwwerk net buiten het stadscentrum, met uitzicht op de flatgebouwen beneden, en in de verte de zendmast via welke hun producties werden uitgezonden. Het had door kunnen gaan voor een groot accountantskantoor – grijze vloerbedekking, verlaagde plafonds, standaardkitchenettes – behalve dan dat de muren bedekt waren met filmposters, met op vele Zelensky's blonde, voluptueuze tegenspelers in de romantische komedies van de studio.

In een vergaderzaal op de eenentwintigste verdieping stond Zelensky's jeugdvriend Vdim Pereverzev al op me te wachten, al was hij nauwelijks herkenbaar als je zijn gezicht vergeleek met dat van toen ze eind jaren negentig samen in video's speelden. De enthousiaste tiener van toen zag er nu uitgeput uit, zijn armen gespierd en bedekt met tattoos, een vreemd gezicht voor zijn nieuwe rol als campagnestrateeg. 'Ons werk is niet heel erg veranderd sinds we de politiek in gingen,' zei hij. 'We gingen van grappen schrijven naar slogans schrijven. Het verschil is niet zo groot.' Sommige van hun verkiezingsbeloften, vertelde hij me, waren begonnen als grappen in het schrijversvertrek. In één ervan wordt contant geld uitgeloofd voor het aangeven van corrupte politici bij de politie. Als bij het onderzoek geld van omkoping wordt gevonden, zou de tipgever daar een deel van krijgen. Tijdens de campagne verscheen deze aanmoediging op billboards overal in het land: 'GEEF AAN WIE CORRUPT IS, ONTVANG 10%!' (President Zelensky hield woord en ondertekende later een anti-omkoopwet waarmee zulke betalingen werden toegestaan.)[117] Maar er was, afgezien van de handigheidjes, nauwelijks een coherent programma te ontwaren. Dat was het punt. Een survey van Gallup, die gepubliceerd werd tijdens de campagne, liet zien dat slechts 9 procent van de Oekraïners vertrouwen had in hun regering, het laagste van alle landen van de wereld.[118] In die omgeving leek Zelensky's strategie logisch: vermijd koste wat het kost dat je als een politicus overkomt. Hij had geen politieke visie nodig. Zijn komedie was zijn campagne.

Op Kolomojsky's tv-kanaal bleven zijn wekelijkse stand-upcomedy en nieuwsparodie gedurende de hele race gewoon verschijnen. Ze stelden hem in staat te reageren op kritiek of die te pareren, vaak door de mensen die hem aanvielen belachelijk te maken. Zijn rivalen in de race klaagden dat zulke programmering hem een oneerlijk voordeel verschafte en daarin hadden ze gelijk. Volgens de Oekraïense wet zijn omroepen verplicht alle presidentskandidaten ongeveer evenveel zendtijd te geven. Maar de wet had geen betrekking op de reeks films, herhalingen en tv-specials die Zelensky's beeld voortdurend elke huiskamer in heel het land in straalden. 'Hierdoor worden onze tegenstanders helemaal gek,' vertelde zijn campagnemanager Dmytro Razoemkov me toen. 'Maar wettelijk gezien telt dit niet als campagne voeren.'

Dat gold ook voor de laatste afleveringen van *Dienaar van het volk*, een van de machtigste middelen om kiezers over te halen. Het was de populairste show op de Oekraïense tv in die tijd en was erop gericht dat het publiek Zelensky verwarde met het personage dat hij speelde, een uitzonderlijk bescheiden, innemende en goedhartige leider die, in de ingebeelde wereld van de sitcom, peptalk krijgt van zijn visioenen van Abraham Lincoln en Julius Caesar voordat hij de corrupte politici van Oekraïne op het rechte pad krijgt om het volk te dienen.

Zelensky's voorsprong in de peilingen maakte veel mensen bezorgd, onder wie de westerse bureaucraten en bankiers, die Oekraïne noodleningen hadden verstrekt. Ook zij hadden *Dienaar van het volk* gezien en opgemerkt dat Zelensky's karakter in een van de afleveringen tegen een groep functionarissen van het Internationaal Monetair Fonds zegt dat ze kunnen opdonderen. In het echt was de kandidaat wel wat beleefder tegen de bondgenoten van Oekraïne, maar niet direct geruststellend. Hij stemde in met een ontmoeting met een groep westerse diplomaten niet lang voor de verkiezingen, waar velen onzeker en bezorgd vandaan kwamen. 'Hij was niet in staat duidelijk te maken wat zijn bedoelingen zijn als hij wint,' zei een functionaris van het Duitse ministerie van Buitenlandse Zaken later tegen me. 'Duidelijk is dat het volk de president wil uit het tv-programma,' zei hij. 'We weten niet of Zelensky die president zal zijn.'

Aan het begin leek het een gelopen race voor de machtigste vrouw van Oekraïne. Geen enkele andere kandidaat, en zeker niet Zelensky, kon bogen op de geloofsbrieven van Joelja Tymosjenko: twee termijnen als president, twee jaar achter de tralies als gewetensgevangene en twee volksopstanden, waarbij demonstranten haar portret door de straten droegen als een talisman tegen corruptie. Toen ze me tijdens de verkiezingsstrijd vroeg haar een bezoek te komen brengen, zag haar kantoor eruit als een inloop-cv: de muren hingen vol met foto's van haar aan het hoofd van de Oranjerevolutie, die zou leiden tot de overwinning in 2004 en 2005. Er stond een vitrine vol geschenken van de afgevaardigden van China en een ingelijste foto van haar en de oorspronkelijke Iron Lady, Margaret Thatcher.[119]

Op Tymosjenko's bureau stond naast een portret van haar dochter een foto van haar met Donald Trump, waarop de blonde kroon van haar vlecht op een of andere manier feller straalde dan zijn gouden kuif. Tymosjenko had niet een bepaalde sympathie voor Trump. Maar voor een politicus in Oekraïne is geen steunbetuiging kostbaarder dan die van de Amerikaanse president. Bij een van Trumps toespraken op de National Day of Prayer in Washington kreeg zij een zetel voor in de zaal, binnen het zicht van de tv-camera's. Daarna wachtte ze hem op voor de deur van de toiletruimte voor een praatje en een foto, die ze had laten inlijsten en hier op haar bureau had gezet.

Toen ze een jaar later Zelensky voorbij zag sprinten in de peilingen, dacht ze aan Trump en aan de manier waarop hij in 2016 Hillary Clinton voorbij was gegaan. Het verhaal kwam bekend voor: een tv-beroemdheid bracht de politiek meest ervaren vrouw van het land een zware nederlaag toe, net toen het presidentschap binnen bereik leek. En dat deed haar duidelijk pijn. Dit was haar derde race om president te worden en vermoedelijk haar laatste. Maar ze nam het de Oekraïners niet kwalijk dat ze Zelensky steunden. 'We kunnen het volk hier niet de schuld van geven,' zei ze tegen me in haar kantoor. 'De woede is een teken van machteloosheid. Ze zijn zo teleurgesteld, zo ongelukkig met het systeem dat ze naar nieuwe manieren zoeken om eruit te komen. En als ze die niet vinden, dan is de opkomst van mensen als Zelensky een protest, een reactie op het gevoel van hopeloosheid.'

Volgens Tymosjenko behoorde het tot de golf van populistische overwinningen die Trump en zijn vele navolgers in die tijd aan de macht brachten. 'Het is niet alleen Oekraïne,' zei ze. 'Het is een trend die overal ter wereld gaande is. Het is de totale degeneratie van de vertegenwoordigende democratie.' Met de juiste trucjes en voldoende volgers op sociale media, zo zei ze, 'kun je van een paard een senator maken.' Of een president van een komiek.

◆

Het laatste seizoen van *Dienaar van het volk* werd eind maart, enkele dagen voor de eerste ronde van de verkiezingen, gratis gedeeld op YouTube.[120] Het markeerde de climax van Zelensky's campagne, zijn laatste oproep aan de kiezers. In de aflevering werd de bevolking van Oekraïne uitgenodigd zich een dystopische toekomst voor te stellen waarin hun land niet langer bestond. Een reeks staatsgrepen laat de natie uiteenvallen in ministaatjes, die stuk voor stuk worden geregeerd door sultans, fascisten of kleptocraten. Zelensky's karakter, de denkbeeldige president, eindigt in de gevangenis als het slachtoffer van een complot. Maar in de allerlaatste aflevering wordt hij vrijgelaten en gaat hij Oekraïne weer aan elkaar lijmen. Met wat hard werken en een paar bezielende toespraken – 'Iedereen moet zijn plicht vervullen!' – inspireert hij alle Oekraïense splinterstaatjes om zich te herenigen onder zijn leiderschap. In de laatste scène wordt een visioen gepresenteerd van de verre toekomst van de Oekraïners. Hun achterkleinkinderen leven in welvaart, spreken verschillende talen, zijn verbaasd en wat in de war als hun in hun schone en ruime schoolklas wordt onderwezen over het tumultueuze verleden van Oekraïne.

Het is zeker niet Zelensky's beste werk, noch als acteur, noch als schrijver. De aflevering was niet grappig en het einde van het sprookje leek eerder agitprop, wat ook de bedoeling leek te zijn. Zijn doel van het laatste seizoen van de serie was kiezers te verleiden, in plaats van tv-recensenten. Het moment waarop het verscheen gaf de Oekraïners twee dagen – een vrijdag en een zaterdag – om de nieuwe afleveringen in één keer allemaal te bekijken voordat ze naar de stembus gingen, en de resultaten die zondag waren volstrekt duidelijk. In de eerste ronde stonden er negenendertig kandidaten op het stembiljet, en Zelensky versloeg ze allemaal, hij schakelde Joelja Tymosjenko onmiddellijk uit en behaalde bijna twee keer zoveel stemmen als zijn grootste concurrent. Drie weken later in de tweede en beslissende ronde nam Zelensky het op tegen Porosjenko en won met een verbijsterende 73 procent van de stemmen. Van de vierentwintig kiesregio's van Oekraïne gingen er drieëntwintig naar Zelensky. De kaart van de uitslag van de verkiezingen per regio op tv leek een groene zee – groen was de kleur van zijn campagne geweest.

Historisch was het resultaat toch niet het beste van alle kandidaten voor de hoogste functie in Oekraïne. Nadat Porosjenko de opstand in 2014 had aangevoerd, deed hij het beter met een overtuigende overwinning in de eerste ronde. Ook de eerste presidentsverkiezingen in Oekraïne in 1991 eindigden in een klinkender overwinning voor Leonid Kravtsjoek. Maar de uitkomst van 2019 voelde als een uniek moment van overeenstemming in het hele land. In de geschiedenis als onafhankelijke staat was de politieke macht heen en weer gegaan over de politieke kloof, van oost naar west, door oorlog en revolutie, en nu hadden de kiezers zich in zo goed als elke regio opgesteld achter dezelfde kandidaat. In het proces hadden ze de holle woorden van Poetins leugens over Oekraïne blootgelegd, zijn beweringen dat het land een historische vergissing was, samengesteld uit niet bij elkaar passende delen, niet in staat tot eenheid en geleid door neofascisten, met miljoenen burgers en grote gebieden die rechtens bij Rusland behoorden. Er was een overwinning van een Russischtalige Jood uit Kryvy Rih voor nodig om te laten zien dat Poetins theorieën over Oekraïne niet alleen vals waren, maar ook belachelijk. In de oostelijke regio's die Poetin graag beschreef als delen van de 'Russische wereld' kreeg Zelensky bijna 90 procent van de stemmen.[121]

Maar de winnaar stond hier op de avond van de verkiezingen niet bij stil. Terwijl er op zijn overwinningsfeestje confetti uit het plafond regende, gebruikte hij dit moment niet om uit te weiden over zijn plannen voor het land of zijn visie op de geschiedenis. 'We hebben het samen gedaan,' verklaarde hij vanaf het podium waar zijn vrouw stond te klappen, haar twijfels verborgen achter een stijve glimlach. 'Dank iedereen! Er komen geen hoogdravende speeches.' Hij leek niet te stoppen. Twee maanden later werd Zelensky's politieke partij, Dienaar van het volk, de enige partij ooit die een absolute meerderheid behaalde in het Oekraïense parlement. De partij had voldoende zetels om wetten door te drukken en indien gewenst de grondwet te verschrijven. 'Dat was angstaanjagend,' zei Bohdan, die nu stafchef van de president was. 'Ik sliep drie uur per nacht en ik was echt bang.' De race zelf was een droom geweest, een hilarisch experiment in de tovenarij van massacommunicatie, en nu werden ze wakker met de consequenties. Kiezers hadden Zelensky voldoende macht toevertrouwd om te heersen als een despoot, mocht hij dat willen. 'Onze vergissingen,' zei Bohdan tegen mij, 'zouden nu hun vergissingen zijn.'

10

Vertrouw niemand

De inauguratie vond plaats op maandag 20 mei 2019, toen het weer al warm genoeg was voor de mensen om zich in T-shirt en met zonnebril op voor het parlementsgebouw te verzamelen, met de Oekraïense vlag te zwaaien en de ceremonie te volgen op een reusachtig scherm. Binnen waren honderden parlementsleden, diplomaten en afgevaardigden vanuit de hele wereld bijeengekomen onder de glazen koepel van de plenaire zaal. Zelensky's ouders bogen vol trots vanaf de galerij; Rimma was gekleed in een deftig roze mantelpak en zat op dezelfde rij als de voorgangers van haar zoon, sombere mannen die dit ritueel zelf eerder hadden doorgemaakt. Zo zat daar de grondlegger van de staat, Leonid Kravtsjoek, een voormalige propagandist voor de communistische partij van de Sovjet-Unie die in 1991 de onafhankelijkheid van Oekraïne had weten te bewerkstelligen. Hij geloofde zo sterk in een vreedzame toekomst met Rusland dat hij instemde met het opgeven van zijn arsenaal aan kernwapens, toen qua omvang het derde in de wereld. Naast hem zat de schurkachtige Leonid Koetsjma, de hoogste man in Oekraïne in de jaren van het gangsterkapitalisme, die zich zelfs nog vastklampte aan de macht toen een van zijn eigen lijfwachten een complot onthulde voor de moord op een journalist. Dan kwam Viktor Joesjtsjenko, statig en gereserveerd, zijn gezicht nog altijd getekend door het gif waarmee hij bijna was vermoord tijdens de revolutie die hem aan de macht had gebracht.

Wat kon Zelensky leren van deze mannen, behalve een lesje in de giftigheid van de macht, de manier waarop die je vermaalt, je naam door het slijk haalt, je handeltjes en kansjes biedt die je uiteindelijk niet meer zult afslaan. Tijdens de campagne liet hij openlijk zijn minachting blijken voor dat soort politici en hij had geenszins de bedoeling in hun voetsporen te treden of zelfs maar om hun om advies te vragen. 'Ze verdwijnen achter de schermen en zijn dan ineens de beste vriendjes,' vertelde Zelensky me. 'Dan treden ze het strijdperk binnen en zijn het gladiatoren.' Zo'n soort leider wilde hij niet zijn. 'Ik heb geen enkele belangstelling om hun maatje te worden,' zei hij laatdunkend. 'Ik heb al een wereld van vrienden.' Velen kwamen die dag naar het parlement om te zien hoe hij de ceremoniële knots kreeg overhandigd, het symbool van het Oekraïense presidentschap. Sommigen zouden een plaats krijgen in zijn regering – komieken en schrijvers, acteurs en spindoctors, die transformeerden tot technocraten en politici. Zelensky beloofde dat hun werk anders zou zijn dan dat van hun voorgangers. Zijn team zou jonger zijn, hun prioriteiten nieuw.

'Onze eerste taak,' zei hij in zijn inaugurale rede die dag, 'is een wapenstilstand in de Donbas.' Dit zinnetje zou meer applaus moeten oproepen dan het deed. Na vijf jaar oorlog tegen Rusland en zijn handlangers was Kyivs politieke elite nog niet klaar voor een wapenstilstand. Ze waren bang dat de prijs voor Oekraïne te hoog zou zijn. Zelensky leek het niet te kunnen schelen. 'Het is me vaak gevraagd,' zei hij. '"Welke prijs ben je bereid te betalen voor een wapenstilstand?" Dat is een rare vraag. Welke prijs ben je bereid te betalen voor de levens van je dierbaren? Ik kan je verzekeren dat ik bereid ben elke prijs te betalen om het doden van onze helden te stoppen.'

Als eerste stap wilde hij dat de Oekraïense krijgsgevangenen werden vrijgelaten. Ook wilde hij de politici opzijschuiven die ervoor hadden gezorgd dat de oorlog zich al vijf jaar had kunnen voortslepen. In de rede gaf hij het parlement de opdracht de minister van Defensie en het hoofd van de belangrijkste geheime dienst van het land te ontslaan. Was dat eenmaal gebeurd, dan moest het parlement zichzelf ontbinden en zouden er binnen twee maanden nieuwe parlementsverkiezingen worden gehouden.

Hiermee had Zelensky de agenda bepaald voor het eerste deel van zijn presidentschap: vrede tegen elke prijs en een complete vervanging van de machthebbers. De opiniepeilingen waren op het moment waarop hij werd geïnaugureerd, astronomisch, volgens sommige peilingen stond bijna 80 procent achter hem.[122] Ongeveer hetzelfde deel van de Oekraïense bevolking wilde dat zijn leiders werkten aan vrede met Rusland.[123] Het was dan ook niet alleen pacifisme dat Zelensky's agenda bepaalde, het was ook een vorm van populisme en hij moest resultaten laten zien.

Een van de sleutelfiguren die hij opdroeg deze agenda op te stellen, was Andri Jermak, de filmproducent en voormalige jurist van zijn productiebedrijf. Jermak zou aan het hoofd staan van internationale aangelegenheden binnen de nieuwe regering, inclusief de relaties met de Amerikanen en de Europeanen, en inclusief vredesbesprekingen met de Russen. Tot de onverwacht snelle parlementaire verkiezingen zou het ook tot zijn taak behoren om een krijgsgevangenenruil te organiseren.

Maar eerst moest het team zijn intrek nemen in hun nieuwe kantoor, en daar begonnen meteen al de problemen. Het ontwerp van het bouwwerk sprak Zelensky en zijn entourage niet direct aan. Het complex aan de Bankovastraat kwam armoedig en tegelijkertijd protserig over, de gordijnen zwaar van de sfeer van voorgaande regeringen, waarvan Zelensky had beloofd ze op te ruimen. Hij was verrast te horen dat zijn nieuwe kantoor was ontworpen mét een geheime lift. Het enige doel daarvan was, aldus Zelensky, dat mensen steekpenningen konden afleveren zonder gezien te worden. In welke vorm dan, vroeg ik hem. Koffers vol contanten? 'Laten we het een gerucht noemen,' zei hij met een glimlach, 'zodat ik niemand beledig.'

Al meteen vanaf het begin ging het team dan ook op zoek naar andere plekken om de regering te huisvesten. Eén daarvan stond maar enkele straten verderop: een enorm congresgebouw en tentoonstellingsruimte genaamd het Oekraïense Huis aan het Europaplein, waarvan ze overwogen het laten te verbouwen tot een futuristisch droombeeld. Andri Jermak vertelde me dat hij het wilde laten lijken op het hoofdkwartier van Apple in Silicon Valley. Maar hier zaten veiligheidsprotocollen in de weg. Het zou duur en moeilijk zijn om in het nieuwe gebouw veilige communicatielijnen aan te leggen. Dan was er nog de bunker. De bewakers van de president stonden erop dat de faciliteiten daarin onontbeerlijk waren in het geval van oorlog of een andere catastrofe. Zelensky en zijn team vonden het zinloos. Toen ze dat voorjaar voor het eerst door de tunnels werden rondgeleid, kregen ze het gevoel dat ze teruggingen in de tijd, naar de impasse over kernwapens en de paranoia van een ander tijdperk. 'Het was die Sovjetgeschiedenis,' zei Jermak tegen me over het bezoek aan de bunker. 'Ik had het gevoel dat dit allemaal nooit nodig zou zijn. Ze hadden het gebouwd. Oké. Maar waarvoor?'

Uiteindelijk werd de onenigheid gewonnen door de boekhouders en de beveiligers. De kosten waren te hoog en het risico te groot voor Zelensky om naar een ander gebouw te verhuizen. 'Het is onmogelijk om hier te zijn,' zei hij tegen een groepje journalisten die hij een rondleiding gaf door zijn kantoor. 'Ik word er gek van.'[124] De oude gele telefoons die wel museumstukken leken, de kristallen staande lampen die bijna tot het plafond kwamen, de tapijten met afbeeldingen van jagers en hun prooi, de hardhouten tafels met poten eindigend in leeuwenklauwen: dit alles botste met het imago dat Zelensky wilde uitstralen. De journalisten leken echter wel blij om te zien dat hij zich in de vertrekken had gevestigd. Al zag de ruimte er oud uit, degenen die er bezit van hadden genomen waren tenminste nieuw.

Enige tijd lang genoot de pers van het Assepoester-sprookje van de komedianten die de macht hadden gegrepen. Maar Zelensky's wittebroodsweken met de media waren van korte duur. De wet verplichtte hem om op de dag van zijn inauguratie (20 mei 2019) al zijn bezittingen openbaar te maken, en dat werd het onderwerp van een levendig debat. Iedereen wist dat Zelensky een fortuin had vergaard in de showbusiness, maar de details zorgden alsnog voor heerlijke krantenkoppen.[125] Het bleek dat hij met zijn familie een zomerhuis bezat op de Krim, zoals we al zagen, en een huurappartement in Londen, een huis in Italië, een verzameling designhorloges en verschillende brievenbusfirma's in belastingparadijzen. De voornaamste nieuwsomroepen in Oekraïne profiteerden van dit buitenkansje, en vooral de onthulling van het huis op de Krim, een penthouse met drie slaapkamers in een appartementencomplex dat aan de familie was verkocht voor een bedrag dat een stuk onder de marktprijs lag.[126] Zelensky verdedigde de verkoopvoorwaarden, maar zijn criticasters gebruikten de aanschaf om te suggereren dat hij net zo corrupt was en net zo ongevoelig als zijn voorgangers. Enkele van de zwaarste aanvallen kwamen van de omroep van Porosjenko, zelf miljardair. Zijn nederlaag had hem overgevoelig gemaakt. Nu hij tot de aanvoerders van de oppositie in het parlement behoorde, had hij het zijn missie gemaakt om zijn opvolger bij elke gelegenheid die zich voordeed zwart te maken.

Niets van dit alles zou de nieuwe regering hebben moeten storen. Maar vanaf de eerste dag van zijn ambtstermijn toonde Zelensky een pijnlijke gevoeligheid voor kritiek. Zijn oude vrienden wisten dat hij leed aan acteursziekte: een voortdurend verlangen naar geliefd zijn en applaus. Maar ze hadden verwacht dat hij na zijn overgang naar de politiek een dikkere huid had, en van zijn rivalen kon niet worden verwacht dat ze zijn gevoelens zouden ontzien. Zelensky's eerste stafchef, Andri Bohdan, had algauw in de gaten hoe belangrijk het was om de president weg te houden van zijn socialemedia-accounts. Zelfs commentaren die Zelensky kreeg van volslagen onbekenden konden hem overstuur maken. 'Een of andere naamloos, totaal fakeaccount, en hij kon er niet van slapen. Het verontrustte hem, hij zat meteen aan de telefoon met zijn moeder,' vertelde Bohdan me. 'In de politiek raken mensen aan dit soort dingen gewend en maken er geen drama van. Het hoort bij het politieke proces. Maar hij vatte het op als een tragedie, een persoonlijke belediging.'

Ook zijn vrouw leed onder de golf aanvallen die hun familie in de pers te verduren kreeg. Aan al dat gewroet was ze niet gewend. Het zomerhuis op de Krim stond op Olena's naam, wat haar naar het middelpunt van het schandaal sleurde. Zo gauw ze in het openbaar verscheen, analyseerden de tabloids wat de presidentsvrouw droeg en wat haar houding was. 'Er heerste voortdurend spanning,' vertelde ze me. Vaak raakte ze gedeprimeerd als ze las wat de blogs over haar en haar man schreven, maar ze kon ze maar niet negeren. 'Ik schoot helemaal in de stress als ze hem van alles verweten, hem bekritiseerden,' zei ze. 'Je wilt erop reageren, maar je weet dat het zinloos is.' Ze wist hoe lichtgeraakt haar man kon zijn en vermeed hem raad te geven of zelfs maar over zijn werk te discussiëren als hij thuiskwam. 'De president heeft liever dat ik geen kritiek op hem heb,' vertelde ze de Oekraïense editie van *Vogue* in haar eerste grote interview als presidentsvrouw. 'Het verpest zijn humeur.'

Nadat ze geprobeerd had hem zijn kandidatuur voor het presidentschap uit het hoofd te praten, zat Olena nu met hem en hun kinderen in de presidentiële bubbel. Ze probeerde eraan te ontsnappen, klampte zich vast aan haar oude leven als komedieschrijver en besteedde in de eerste maanden van zijn termijn meer tijd in het kantoor van hun productiemaatschappij Studio Kvartal 95 dan in het kantoor van de president. Een van Zelensky's medewerkers vertelde dat hij de presidentsvrouw had gevraagd naar de Bankovastraat te komen en uit beleefdheid een belangrijke buitenlandse gast te ontmoeten. De president was weggeroepen voor iets officieels en kon zelf niet komen. Olena weigerde. 'Ze was bezig met het schrijven van een script,' vertelde de medewerker me.

De voorgaande vijftien jaar was juist politieke satire het handelsmerk van de studio geweest, maar nu voelde Olena zich ongemakkelijk om in dat genre te schrijven. Dan zou ze zich voor schut moeten zetten en haar man en velen van hun vrienden, die of in de regering zaten of in het parlement. Hun comedyprogramma met sketches, *Een avondje Kvartal*, had iedere president uit de geschiedenis van Oekraïne belachelijk gemaakt, maar Olena merkte dat schrijvers zich inhielden als het aankwam op satire over Zelensky. Het frustreerde haar. 'Het is moeilijk genadeloos te zijn als je grappen maakt over je vriend,' vertelde ze me. 'We wilden ons handelsmerk als mensen die altijd de waarheid hadden verteld over politiek niet kwijtraken, maar het is moeilijk de noodzakelijke afstand te bewaren.' Een van de acteurs van *Een avondje Kvartal* slaagde erin Zelensky op zodanige wijze na te doen dat Olena het redelijk grappig vond, maar lang niet hard genoeg. Om te voorkomen dat ze met haar collega's botste over zaken als hoogmoed en politiek, eerlijkheid en vriendschap, besloot ze op te houden met schrijven voor *Een avondje Kvartal* en ging ze in plaats daarvan aan andere producties werken die afkomstig waren uit Zelensky's voormalige studio. Ze liet haar naam niet bij de aftiteling van programma's en films zetten waaraan ze had meegewerkt, omdat ze niet wilde dat kijkers en recensenten haar werk door een politieke lens zouden zien en op zoek gingen naar verborgen betekenissen in scènes en sketches die waren geschreven door de vrouw van de president.

Zelensky wist wel beter dan Olena in de schijnwerpers te zetten. 'In het begin zorgde mijn man er wel voor dat ik me nooit verplicht voelde iets te doen als presidentsvrouw. Ik kreeg meteen al te horen: je kunt je eigen ding doen, je eigen leven leiden, niemand hoeft je te ontmoeten.' In de loop van de tijd stemde ze ermee in zich te schikken in de rol, zolang ze die maar op haar eigen wijze kon vervullen, niet voorgeschreven door conventie en protocol. 'Ik nam direct aan dat ik geen bijwagen zou zijn bij zijn optredens en handjes schudden, naast hem staan en maar glimlachen,' zei ze tegen me. 'Dat is niet wat ik wilde.' Maar dat was vaak wel wat de rol vereiste. In juni begeleidde ze Zelensky naar Parijs, een van de eerste buitenlandreizen in zijn termijn, en poseerde ze naast haar man voor foto's, naast hem staand en maar glimlachen, tijdens hun formele receptie in het Élysée. Ook al ergerde de stijfheid van dit alles haar, iets van de praal voelde toch vreemd en charmant, de militaire band die speelde ter verwelkoming, de erewacht die in het rond marcheerde met de rode pluimen op hun mutsen. Wie anders krijgt nu de kans Parijs op die manier te ervaren?

Tijdens dat eerste bezoek nodigde Brigitte Macron, de presidentsvrouw van Frankrijk, Olena uit voor een privégesprek en gaf haar een indruk van wat ze konden bereiken. De echtgenoten van Europese leiders hebben zelden een formele titel of verantwoordelijkheden en hun taken zijn meestal slecht gedefinieerd. In Frankrijk veranderde dat nadat Macron in 2017 president was geworden. Zijn vrouw kreeg een officiële status in het landsbestuur, met een eigen staf, budget en kantoorruimte. Olena lette goed op die benadering en drukte, met steun van Zelensky, dezelfde veranderingen door in de Bankovastraat, waar ze het Kantoor van de Presidentsvrouw vestigde als een instelling met eigen financiële middelen. De nieuwe status hielp Olena zich te ontdoen van wat ze haar 'decoratieve' functie noemde, het 'er leuk uitzien op de achtergrond'. Het gaf haar nog altijd een vreemd gevoel een rol te bekleden die ze niet had bereikt uit eigen verdienste, maar uit die van haar echtgenoot. Maar nu ze de kans gekregen had, wilde ze er ook het beste van maken.

◆

Voor president Zelensky was het reisje naar Parijs iets geweest om op terug te kunnen vallen. De hoogste prioriteit in zijn reisschema in zijn eerste jaar was een reis naar de VS, de belangrijkste bondgenoot van Oekraïne. Zijn team wilde er een complete rondreis van maken, niet alleen de gebruikelijke stops in New York en Washington, maar met afwijkende bestemmingen als Texas en Californië om daar te praten over samenwerking op de gebieden energie en tech. Bovenal moest Zelensky laten zien dat het verbond van Oekraïne met de VS onder zijn leiderschap alleen maar sterker zou worden. De Oekraïense gewapende troepen vertrouwden op Amerikaanse steun en de president begreep dat enig teken van zwakte in de Amerikaanse hulp Rusland ertoe zou verleiden steeds agressiever te worden in de Donbas. De reis zou niet alleen een kennismakingsreisje zijn uit ijdelheid, de levens van Oekraïense soldaten hingen ervan af. Evenals het succes van het vredesplan van de president.

Zijn medewerkers dachten dat het reisje niet zo moeilijk te organiseren zou zijn. President Donald Trump, toen in het derde jaar van zijn termijn, had Zelensky op de verkiezingsavond gebeld om hem te feliciteren en uit te nodigen in Washington. Trumps afgevaardigden bij de inauguratie overhandigden hem toen een geschreven uitnodiging om een bezoek te brengen aan het Witte Huis. De Oekraïners namen die serieus. Maar elke keer als ze probeerden een datum overeen te komen, werden ze door de Amerikanen met een kluitje in het riet gestuurd. 'Het is belachelijk,' zei Igor Novikov, adviseur van de president, die betrokken was bij de pogingen de reis te organiseren. 'Er zit iets ongelooflijk verkeerd.'

Niemand van het team, en al helemaal niet Zelensky, ving de signalen op dat er een schandaal broeide dat zeven maanden later zou leiden tot een afzettingsprocedure tegen de Amerikaanse president. Weinigen van hen besteedden de eerste weken in hun nieuwe functie veel aandacht aan buitenlandse aangelegenheden. Ze waren te druk bezig een regering samen te stellen en uit te zoeken hoe het land moest worden bestuurd. 'Het was ongelooflijk chaotisch,' aldus Novikov, een jonge techondernemer en begenadigd spreker die rond die tijd toevallig in het landsbestuur belandde. Het proces van voeren van sollicitatiegesprekken met en het aannemen van stafleden, zei hij, leek wel een 'uniek experiment in politieke crowdsourcing [...] creatief en heel erg Californisch, zou ik zeggen, in benadering.'

In de praktijk betekende dit vaak dat vrienden en collega's van de president in posities werden benoemd waar zij zich nauwelijks of niet op hadden voorbereid. Novikov was zo iemand. Hij was jong en hoffelijk, sprak vloeiend Engels uit de tijd waarin hij aan een Engelse kostschool studeerde, en was in de techscene in Kyiv bekend door het organiseren van cursussen over 'futurisme', dat wil zeggen over de manier waarop nieuwe technologieën de mensheid zouden veranderen. In 2018 woonde Zelensky een van deze bijeenkomsten bij terwijl hij zich voorbereidde op zijn aankondiging dat hij zich kandidaat zou stellen voor het presidentschap. 'En we konden het goed met elkaar vinden,' vertelde Novikov me. Algauw adviseerde de techgoeroe Zelensky's campagne over zaken als energie en innovatie. Nadat ze de verkiezingen hadden gewonnen, breidde Zelensky's entourage zich razendsnel uit met een gemêleerde cast van machtsmanipulatoren en opportunisten. 'Het is dat gebruikelijke kansje van na verkiezingen om een paar stappen op de carrièreladder over te slaan,' aldus Novikov. 'De oude mensen, de nieuwe mensen, de beginnelingen, de corrupte elite, iedereen rende rond in de hoop hun stuk van de taart te bemachtigen.'

Novikov probeerde zich ertussen te mengen en greep elke kans aan om in de kantoren aan de Bankovastraat rond te hangen. Op een avond kort na de inauguratie zaten ze bij elkaar in Zelensky's kantoor en bespraken hoe ze de regering-Trump moesten benaderen om een bezoek aan het Witte Huis te regelen. Novikov verbaasde zich er hardop over dat er nog niemand van de presidentiële staf was aangewezen om de verhouding met de Amerikaanse regering te managen. Zelensky wendde zich tot hem en vroeg: 'Wil jij dat doen?' Zijn antwoord kwam net zo snel: waarom niet? Als een komiek kon uitzoeken hoe je president moest zijn, kon een techgoeroe toch ook uitzoeken hoe je met de Amerikanen moest omgaan. Toen Novikov later die avond in zijn auto stapte om naar huis te gaan, opende hij een zoekpagina op zijn mobiele telefoon en typte: '*U.S. political system*'. 'Ik begon mezelf te onderwijzen,' vertelde hij me, 'in de ingewikkelde werking van hoe de VS feitelijk functioneren.'

Zelensky's expertise op dit terrein was niet veel groter. Op een keer tijdens het campagne voeren in Kyiv vroeg hij of ik hem een en ander kon vertellen over het karakter van Donald Trump, alsof iedere Amerikaanse journalist daarin een bijzonder inzicht had. 'Hoe is hij eigenlijk?' vroeg Zelensky. 'Een normale kerel?' De vraag maakte me aan het stamelen. Zelfs de minste kennis van Trumps uitspraken zou genoeg zijn om te weten wat hij van Oekraïne vond. Al vanaf het begin van zijn ambtstermijn in 2017 had Trump zijn bewondering uitgesproken voor Vladimir Poetin en de NAVO verzwakt. Hij had Poetins bewering herhaald dat het Oekraïense politici waren geweest – niet Russische spionnen – die zich hadden bemoeid met de presidentsverkiezingen in 2016 om Trumps rivaal Hillary Clinton te helpen. Ook papegaaide hij de Russische gesprekspunten over de Krim en beweerde hij zelfs dat het schiereiland bij Rusland hoorde omdat de meeste bewoners Russisch spraken. Zelensky had dit wel in het nieuws gezien, maar leek zich er weinig zorgen om te maken. Hij geloofde dat hij door zijn overeenkomsten met Trump – hun gedeelde achtergrond als tv-persoonlijkheden, hun status als buitenstaanders in de politiek – wel in staat zou zijn Trumps mening over Oekraïners met weinig meer dan een grapje en een glimlachje te laten draaien. Hij had geen idee waar hij in terecht ging komen.

◆

In het Witte Huis was een groep adviseurs van Trump onder leiding van zijn persoonlijke advocaat Rudy Giuliani inmiddels helemaal geobsedeerd geraakt door Oekraïne. Giuliani was ervan overtuigd dat Oekraïne de sleutel in handen had voor Trumps herverkiezing in 2020, en vanuit een zeker oogpunt had hij nog gelijk ook. Hun voornaamste tegenstander in die race zou Joe Biden zijn, en wie diens carrière nauwkeurig bekeek, begreep dat Oekraïne een van Bidens kwetsbare punten was.

Tijdens zijn termijn als vicepresident had Biden het op zich genomen om Oekraïne te helpen zich te verdedigen tegen de Russische invallen op de Krim en in de Donbas. Namens de regering-Obama hield hij toezicht op de miljarden dollars die als Amerikaanse financiële en militaire hulp naar Oekraïne gingen. Ook drong hij aan bij de regering van Petro Porosjenko om de corruptie te bestrijden, regels uit te breiden en functionarissen te benoemen van wie de Amerikanen dachten dat ze fatsoenlijk en competent waren. Op hetzelfde moment ging Bidens zoon Hunter aan het werk in de Oekraïense energiesector, een berucht moeras van corruptie en smeergeld. In het voorjaar van 2014 had Hunter Biden een ruim betaalde zetel gekregen in de raad van bestuur van aardgasbedrijf Burisma. Die overeenkomst zag er voor de Bidens beroerd uit, als een klassiek geval van invloed kopen. Zelfs al deed Joe Biden niets om Burisma te helpen, de zetel van de zoon in de raad stelde beiden bloot aan beschuldigingen van corruptie, en het was slechts een kwestie van tijd voordat Trump en Giuliani die zwakke plek zouden weten uit te buiten. In 2018, toen ze zich voorbereidden om het op te nemen tegen Joe Biden in de race om het presidentschap, gingen Trump en zijn team in Oekraïne op zoek naar modder om Biden mee te besmeuren.

Hun voornaamste doel op dat moment was de autoriteiten in Kyiv onder druk zetten om onderzoek te doen naar corruptie door Hunter Biden en Giuliani maakte dat maar al te duidelijk in een telefoongesprek met Andri Jermak, die op dat moment Zelensky's voornaamste adviseur was op het gebied van het buitenlandbeleid. 'Laat dit onderzoek doorgang vinden,' zei Giuliani tijdens dat telefoongesprek op 22 juli 2019. 'Laat iemand dit onderzoeken die eerlijk is, die niet geïntimideerd zal worden, en dan krijgen we alle feiten boven tafel.'[127] Jermak stemde ermee in samen te werken. In ruil vroeg hij slechts Giuliani's hulp om een datum vast te stellen voor Zelensky's bezoek aan het Witte Huis. Maar de toon van het gesprek verontrustte de Oekraïners. Novikov, die meeluisterde met het gesprek en het opnam, zei dat Giuliani als een gangster klonk, vooral toen hij een waarschuwing meegaf voor Zelensky om 'voorzichtig te zijn'.

Drie dagen later sloeg president Trump min of meer dezelfde toon aan tijdens zijn telefoongesprek met Zelensky. Na enkele beleefdheden te hebben uitgewisseld stelde Trump voor dat verdere hulp van de vs aan Oekraïne afhankelijk zou zijn van Zelensky's bereidheid om de Amerikanen een dienst te bewijzen. Hij noemde Hunter Biden en Burisma, en drong er bij Zelensky op aan daar onderzoek naar te doen. 'Er wordt veel gepraat over Bidens zoon,' zei Trump tijdens dit gesprek. 'Het klinkt mij vreselijk in de oren.'[128] Zelensky was het met hem eens. Hij leek bereid mee te spelen, tenminste, waar het ging om het aanwijzen van een openbaar aanklager om de zaken te bestuderen die Trump op tafel had gelegd. 'We zullen ervoor zorgen,' zei Zelensky, 'en zullen werken aan het onderzoeken van deze zaak.'

Een door het Witte Huis gemaakt transcript van dit gesprek zou Bewijsstuk A worden in de zaak van het uit zijn functie ontheffen van Trump later dat jaar. Maar op dat moment zag Zelensky het gesprek als een doorbraak. 'Er heerste in enige mate een juichstemming toen er was opgehangen,' vertelde Novikov me. Trump had aan het einde van het gesprek beloofd een datum vast te stellen voor een bezoek aan het Witte Huis, wat nog altijd de hoogste prioriteit had voor de Oekraïners. Om het te vieren gingen Zelensky en zijn medewerkers naar een ander vertrek van het presidentskantoor, waar een kelner schaaltjes ijs aanbood en men kon kiezen tussen de smaken chocola en vanille. Ze begonnen zich hun grote reis naar Amerika die eindelijk binnen bereik leek al voor te stellen.

◆

De noodzaak om te voldoen aan Trumps eis om onderzoek leek op dat moment een beheersbaar probleem. Zelensky was niet principieel tegen onderzoek bij Burisma. Het bedrijf was een van de grotere aardgasproducenten van Oekraïne en was vaak betrokken geweest bij corruptieschandalen. De oprichter en grootste aandeelhouder was een voormalige minister van het regime-Janoekovytsj, en hij werd er algemeen van verdacht zijn invloed te gebruiken om rechten op gasboringen en concessies van de regering te verkrijgen. Het zou voor Oekraïne mogelijk zijn geweest onderzoek te doen naar het bedrijf zonder Hunter Biden daarbij te betrekken. Maar die benadering bracht nog altijd het risico met zich mee dat het presidentiële beleid van de VS en Oekraïne met elkaar verstrikt zouden raken. William Taylor, toen de hoogste Amerikaanse diplomaat in Kyiv, waarschuwde Zelensky dat hij dat moest zien te vermijden. 'Ik zei keer op keer op keer dat ze moesten wegblijven van onze politiek,' vertelde Taylor me. 'Zij hebben er niets mee te maken.'

Zelensky was het hiermee eens en zijn team treuzelde een tijdje. Als er bij hen op werd aangedrongen een verklaring uit te geven over het onderzoek, probeerden ze het taalgebruik zo vaag mogelijk te houden en beloofden ze in zo breed mogelijke termen corruptie te bestrijden zonder iemand te noemen die ervan werd verdacht. Op een avond in augustus ging Novikov naar Zelensky's kantoor op de vierde verdieping om te praten over een verklaring over het onderzoek die hij had helpen opstellen en daar trof hij de president, die er beroerd uitzag. Van zijn ambtstermijn waren nog geen drie maanden verstreken, maar hij leek uitgeput, alsof de eisen en gevaren van de baan al het leven uit zijn ogen hadden weggezogen. Toen hij de verklaring had gelezen, trilde hij en vroeg: 'Moeten we dit echt doen?' In het ontwerp van de verklaring werden Hunter Biden of Burisma niet genoemd en Novikov verzekerde zijn baas ervan dat ze door die weglatingen er niet van konden worden beschuldigd zich te bemoeien met de Amerikaanse politiek. 'God verhoede dat er iets is met Burisma,' antwoordde Zelensky. 'Dat is de aas in onze mouw en die spelen we alleen uit als we verder geen kaarten meer hebben.'

Algauw hadden ze geen andere opties meer. Op 28 augustus 2019 kwam *Politico* met het nieuws dat Trump 250 miljoen dollar aan militaire steun voor Oekraïne had tegengehouden. De belangen voor Zelensky waren nu veel groter dan een bezoekje aan het Witte Huis. Trump had besloten Oekraïne over te leveren aan de willekeur van Rusland en afgesneden van de hulp die het nodig had om zich te verdedigen. Zelensky's team kon niet langer talmen en ontwijken en ze begonnen aan het voorbereiden van een aankondiging die de president zou doen tijdens een interview met CNN, waarin hij het onderzoek zou aankondigen waar Trump om had gevraagd. Wat hen ervan weerhield was de stroom nieuws die die week uit Washington kwam. De leiders in het Congres waren woedend over Trumps besluit om de hulp te blokkeren. Een klokkenluider in het Witte Huis beschuldigde Trump ervan dat hij Zelensky onder druk zette om politieke gunsten. Zelfs Trump-loyalisten op Capitol Hill drongen er bij Trump op aan het hulppakket vrij te geven. Dat deden ook velen uit Trumps regering. Op 11 september gaf Trump toe. Zijn regering gaf de hulp aan Oekraïne vrij en Zelensky's team zei meteen het CNN-interview af. Maar de crisis was daarmee nog niet voorbij.

Op 24 september lanceerden de Democraten in het Huis van Afgevaardigden een formele afzettingsprocedure tegen Trump vanwege de manier waarop hij Oekraïne had behandeld. Op dezelfde dag arriveerde Zelensky met gevolg in de VS voor zijn eerste formele bezoek, hoewel niet op de voorwaarden die zij voor zich hadden gezien. Het doel van de reis was aanwezig te zijn bij de Algemene Vergadering van de Verenigde Naties, waar Zelensky veel van zijn collega-regeringsleiders voor het eerst zou ontmoeten, onder wie Trump. Ook zou hij de eerste grote toespraak van zijn presidentschap houden op het grootste podium voor internationale aangelegenheden. Maar al die punten in zijn agenda werden overschaduwd door het impeachmentschandaal.

Toen ze in New York landden, overheerste het nieuws over Trump en Oekraïne elk nieuwsprogramma van elke omroep. Op het vliegveld en in de hotellobby zag Zelensky op elk tv-scherm zijn eigen gezicht en werd hij het slachtoffer genoemd van het complot van Trump en Giuliani. Het Witte Huis had zojuist het transcript vrijgegeven van Trumps telefoongesprek met Zelensky en de media bogen zich over elk detail. 'Het was overal,' zei Bohdan, de stafchef die had geholpen met het organiseren van de reis. 'We wisten dat één verkeerd woord, zelfs een verkeerd geplaatst accent op een woord, kon leiden tot een totale crisis in ons eigen land.'

Onder die omstandigheden had het verstandiger kunnen zijn als Zelensky bij de camera's zou wegblijven. Maar hij koos ervoor zich niet te verstoppen. Hij stemde er als bijkomstigheid naast de Algemene Vergadering mee in met Trump te verschijnen op een persconferentie. Hij stond er zelfs op om in het Engels te spreken, bijna een garantie dat hij een of ander verkeerd woord zou gaan gebruiken. Gezeten naast de man die net nog had geprobeerd hem af te persen, bedankte Zelensky Trump voor de uitnodiging om een bezoek te brengen aan het Witte

Huis. Waarna er een grijns op zijn gezicht verscheen en hij een grapje maakte: 'Ik geloof dat je vergeten bent me de datum door te geven.'

◆

Uiteindelijk zou Zelensky Trump nooit bezoeken in het Oval Office. Terwijl het impeachmentdrama zich dat najaar en die winter ontvouwde, deed hij zijn best erbuiten te blijven. Maar het verhaal was moeilijk af te schudden. Een hele optocht van getuigen, onder wie vele hooggewaardeerde diplomaten en legerveteranen, getuigden in het Congres over het complot dat Trump en Giuliani hadden willen smeden in Oekraïne. Elk aspect van Trumps telefoongesprek met Zelensky werd nauwkeurig bestudeerd. Voor het team in de Bankovastraat was het politieke theater pijnlijk om te zien, en vaak vernederend. Het diende als spoedcursus gemeenheid in de Amerikaanse politiek en als vuurproef in internationale aangelegenheden. Bohdan noemde de ervaring in gesprek met mij 'een koude douche'. Het Witte Huis had niet eens met Oekraïne overlegd voordat ze het transcript van Zelensky's telefoongesprek met Trump vrijgaven en naar de pers zonden.

In de daaropvolgende weken werden de vertrouwelijke boodschappen die Zelensky's medewerkers naar Amerikaanse functionarissen hadden gestuurd op het scherm in de zaal van de hoorzittingen op Capitol Hill geprojecteerd en live op tv geanalyseerd. Hun privégesprekken met Amerikaanse diplomaten werden onderwerp van heftige discussies tussen vertegenwoordigers van verschillende partijen. Jermak vond het om gek van te worden. Hij had bijna al zijn tijd in de Bankovastraat besteed aan een manier uitknobbelen om vrede te bereiken in de Donbas, en de buitenlandse media wilden alleen alles weten over zijn gesprekken met Giuliani en zijn visie op Burisma en Hunter Biden. 'De hele tijd waarin jullie hierover hebben gepraat, stierven er mensen in de oorlog in het oosten,' zei Jermak tegen mij in zijn kantoor, terwijl de hoorzitting in Washington aan de gang was. De verslechtering van de banden met de VS, zei hij, speelde Rusland direct in de kaart. Poetin kon zien hoe er met Kyiv werd gesold door de machtigste bondgenoot van Oekraïne. 'Elke dag,' aldus Jermak, 'kost dat ons mensenlevens.'[129]

Zelensky reageerde anders. Hij kreeg geen woedeaanval toen we het over het schandaal hadden. Enkele maanden achtereen had de president mijn verzoeken om een interview afgewimpeld. Het was te gevaarlijk voor hem om iets te zeggen tijdens het impeachmentonderzoek, want elk woord dat hij zei kon worden gebruikt in de gevechten op Capitol Hill. Maar eind november, toen de hoorzittingen waren afgelopen en het eindrapport werd voorbereid, nodigde Zelensky mij en enkele andere verslaggevers uit in zijn kantoor. [130] We hadden elkaar sinds de verkiezingscampagne niet meer gezien en hij was ouder geworden en veel meer veranderd dan ik na een periode van acht maanden had verwacht. Hij was niet alleen vermoeider of realistischer. Hij leek te zijn besmet met de politieke ziekte die hij ooit had verafschuwd en had willen bestrijden: cynisme. 'Ik woon hier,' zei hij toen we in zijn kantoor plaatsnamen, 'als in een burcht waaruit ik juist wil ontsnappen.'

De frustraties waren met kleine dingen begonnen. Hij mocht de apps op zijn mobiele telefoon niet meer gebruiken om te communiceren met wie hij maar wilde. In plaats daarvan stond er een hele rij gele telefoons, allemaal met beveiligde lijnen die naar de protocoldienst liepen, de uitvoerende medewerkers, de presidentiële beveiligers en anderen in de bureaucratie. 'Toen we erachter kwamen hoeveel het land uitgeeft aan de bediening van al die beveiligde lijnen, was ik enorme verrast,' zei hij. 'Er is een enorme hoeveelheid menskracht voor nodig.' Hij vond het vervelend dat hij over staatspersoneel beschikte dat de deur opendeed voor zijn vrouw als ze aankwamen in een of andere officiële functie, om haar jas aan te nemen en voor haar op te hangen. 'Dank je,' snauwde hij dan. 'Doe geen moeite.' Hij kon het zelf wel. Er was voortdurend wrijving tussen hoe hij was opgevoed om zich te gedragen en de regels die nu al zijn bewegingen beheersten, en zijn contacten met andere mensen. Hij vond het allemaal maar onzin. 'Al die protocollen,' zei hij, 'maken me kapot als mens.'

Hetzelfde gold voor al zijn plannen, alle hervormingen die hij in gedachten had toen hij president werd. Zijn partij had een overweldigende meerderheid behaald in het parlement, maar het proces van wetten aannemen duurde nog altijd ontzettend lang. Er werd weken over gedebatteerd, er werden duizenden amendementen ingediend, er werd eindeloos gebekvecht over formaliteiten. 'Iedereen moet over alles heel erg lang discussiëren,' zei Zelensky. Hij probeerde vaart te zetten achter dingen en zei tegen de parlementsleden: 'Ga aan het werk! Als je in de zaal komt om te stemmen, stem dan, of je de wet nu leuk vindt of niet.' Maar het haalde weinig uit. De regels waren veel te onbuigzaam.

Bij buitenlandse aangelegenheden leek het systeem nog ondoorzichtiger en het hele impeachmentverhaal verbrijzelde Zelensky's vertrouwen in zijn veronderstelde bondgenoten. 'Ik vertrouw helemaal niemand,' zei hij. 'Ik zeg het je eerlijk. Politiek is geen exacte wetenschap. Op school hield ik van wiskunde. Alles in de wiskunde was me duidelijk. Je kunt een vergelijking oplossen met een variabele, met één variabele. Maar hier zijn alleen maar variabelen, inclusief de politici in ons eigen land. Ik ken die mensen niet. Ik begrijp niet uit welk hout ze zijn gesneden. Volgens mij kan daarom niemand iemand vertrouwen. Iedereen heeft uiteindelijk zijn eigen belangen.'

Trump wist al die tijd dat Oekraïne in oorlog was met Rusland, dat Oekraïense soldaten in de loopgraven zaten in de Donbas, onder vuur lagen van scherpschutters en in de modder sliepen. Hij wist dat er mensen doodgingen daar, en toch besloot hij de militaire hulp die Oekraïne nodig had om zich te verdedigen tegen te houden. 'Ik wil niet dat we eruitzien als bedelaars,' zei Zelensky toen ik hem hiernaar vroeg. 'Maar je moet wel begrijpen dat we een oorlog voeren. Als je onze strategische partner bent, dan kun je niet iets voor ons blokkeren [...] Volgens mij gaat dat over eerlijkheid.'

De korte opschorting van militaire hulp deed Oekraïne uiteindelijk weinig kwaad. Maar Trump had wel een gigantische schade toegebracht aan de reputatie van Oekraïne. Zijn aanhoudende gepraat over corruptie had de financiële instellingen van de wereld het signaal gegeven dat de nieuwe regering in Kyiv geen betrouwbare partner was. 'Dat is het ergste signaal,' zei Zelensky. 'Het lijkt nogal makkelijk om uit te spreken, die combinatie van woorden: "Oekraïne is een corrupt land." Zeg het gewoon en dat is het dan. Maar daar eindigt het niet mee. Iedereen vangt dat signaal op. Investeerders, banken, aandeelhouders, bedrijven in Amerika, Europa, bedrijven die internationaal kapitaal bezitten in Oekraïne. Het is een signaal aan hen dat zegt: "Wees voorzichtig, investeer daar niet." Of: "Zorg ervoor dat je daar wegkomt."'

De boodschap aan de politieke leiders van de wereld was net zo kwalijk. Trump had Oekraïne behandeld als pion, en het was slechts door een combinatie van geluk en zelfbeheersing dat Oekraïne de rol van medeplichtige had weten te vermijden. Toen Zelensky terugkeek op die ervaring, zag de wereld er voor hem heel anders uit. Hij had gevoeld wat het betekent om een land te leiden dat wordt vermalen tussen de wereldmachten: 'In wezen,' zei hij, 'de vs, Rusland, China.' Hij had gehoopt hun respect te winnen als hun gelijke, en het beste wat hij tot nu toe voor elkaar kon krijgen, was tussen hen in manoeuvreren, en proberen niet verpletterd te worden. Dit was echter nooit de rol geweest die Zelensky voor zichzelf of zijn land had voorzien. 'Ik zou nooit willen dat Oekraïne een vlekje is op de kaart, een veld op het schaakbord van de grote wereldspelers, als deel van een of ander handeltje,' zei hij. 'Ik wil dat Oekraïne macht heeft.' Maar als de eerste zes maanden van zijn termijn Zelensky iets hadden geleerd over de wereld, dan was het de les hoe gemakkelijk bondgenootschappen kunnen veranderen. 'Daarom,' zei hij, 'antwoordde ik op de vraag wie ik vertrouw eerlijk: niemand.'

Deel III

11

Het kerkhof

Voordat de Russische troepen er aankwamen, was Boetsja, een voorstad aan de westkant van Kyiv, een welvarend plaatsje, netjes en groen, met huizen waar veel vraag naar was onder jonge mensen die het in de hoofdstad gemaakt hadden en nu meer ruimte en een gezonder leven voor hun kinderen wensten. Om van hier in de stad te komen kostte je maar een uur, zelfs als het druk was op de weg. De scholen in Boetsja waren goed, ze behoorden tot de beste van de streek, vooral die aan de Stationsstraat, en er waren talloze mogelijkheden om je te ontspannen in het weekeinde of de vakantie, om te wandelen of te fietsen in de weelderig groene parken, om de kinderen af te zetten op zomerkamp of ze mee te nemen naar een plaatselijk klimparcours door de bomen, de Gekke Eekhoorn genaamd. Voor hele generaties inwoners van Kyiv riep de naam Boetsja herinneringen op aan zomers op het platteland. De grote Russisch-Oekraïense schrijver Michail Boelgakov had er rond 1900 een datsja en er bestaat nog een foto van zijn broertjes en zusjes, die glimlachend en zongebruind in de tuin vol bloemen spelen. Mijn grootmoeder bracht als kind hele zomers door in Boetsja en ze is zich altijd het huisje blijven herinneren dat onze familie daar huurde, met de brede veranda, de geit die ze in de tuin hielden en de bessen die ze plukten om jam van te maken in de buitenkeuken. Dit was eind jaren dertig, een paar jaar voordat de nazi's kwamen en Boetsja bezetten, samen met de rest van Oekraïne. Maar in de zomers vóór de Tweede

Wereldoorlog voelde voor haar geen plek veiliger dan die tuin.

Toen in de winter van 2022 de volgende grote oorlog begon, voelde Boetsja weer net zo beschut en afgelegen dat veel mensen vanuit Kyiv hiernaartoe kwamen om er een tijdje te blijven, je wist immers maar nooit. De waarschuwingen die het publiek bereikten via het nieuws bevatten niet de gedetailleerde voorspellingen die Zelensky kreeg van de Amerikanen: dat Kyiv omsingeld zou worden en er tankcolonnes oprukten vanuit Belarus. Het idee dat Boetsja een slagveld zou worden leek de inwoners van Kyiv te belachelijk voor woorden. Zelfs nog op de ochtend waarop het bombarderen begon, annuleerde de priester in Boetsja, Andri Halavin, niet de missen in de Sint-Andreaskerk, waarvan de gouden koepels vanaf een heuvel bij het stadhuis naar de hemel reikten.[131]

De priester, jong en mager, knap maar met een lusteloze blik, kon de explosies horen van de bommen waarmee het vliegveld van Hostomel werd bestookt, dat in het noorden aan Boetsja grenst, en hij kon de Russische helikopters zien die in zwermen overvlogen. De verdedigers schoten die in zulke grote aantallen neer, zei hij, dat de hemel die nacht rood oplichtte van de vlammen. Met enige vooruitziendheid en een blik op de kaart zou het mogelijk moeten zijn om te raden dat Boetsja problemen te wachten stonden. 'Wij waren de toegangsweg naar Kyiv,' aldus pater Andri.

De eerste colonne Russische militaire voertuigen reed in de ochtend van 27 februari door het centrum van de stad en nam posities in in de Stationsstraat. Vandaar reden ze alle kanten op en schoten ze willekeurig in het rond. Een salvo raakte de Sint-Andreaskerk en liet gaten achter in de muur. Door een bomexplosie raakte het pompstation, dat de stad van water voorzag, beschadigd. Maar de eerste golf van de invasie werd algauw teruggedrongen. Binnen enkele uren kwamen er Oekraïense soldaten die de Russische colonne met behulp van aanvalsdrones en raketwerpers vernietigden – de carrosserieën van de vijandige voertuigen bleven smeulend bij de school achter. De overwinning gaf de inwoners een paar dagen de tijd om uit Boetsja weg te vluchten en velen liepen over een geïmproviseerde brug naar Kyiv.

In de eerste dagen van maart kwamen veel grotere aantallen Russen terug en begon de maandenlange bezetting van Boetsja. Een paar duizend mensen waren in de stad achtergebleven, vooral ouderen, die in huis schuilden of zich in de kelder verborgen. Water en elektriciteit waren afgesloten en begin maart was het de meeste nachten een eind onder nul. Af en toe liep de priester naar de kerk om er kaarsen te halen of te bidden, en soms verbleef hij een nacht in zijn kamer in de kerk. Toen hij op een dag terugliep naar huis, stuitte hij op een groep Russische soldaten die huiszoekingen deden, deuren openramden en hele gezinnen de straat op sleepten. Ze hadden op het kruispunt een checkpoint opgezet, met een pantservoertuig op elke hoek. Pater Andri besloot om niet om te keren. Hij liep met open handen op hen af. 'Ze vroegen wat ik aan het doen was,' vertelde hij, 'en ik zei dat ik een beetje eten en een paar kaarsen was gaan halen. "Hebben jullie kaarsen nodig? Alsjeblieft."' Ze pakten een handjevol en lieten de priester gaan.

De bezetting was toen nog maar pas begonnen en de eerste golf Russische soldaten leek gedisciplineerder, beter getraind en veel minder wreed dan de detachementen die volgden. Sommige inwoners vertelden dat die eerste groep voedsel bracht aan de ouderen in Boetsja. 'Die eersten die kwamen, die waren niet zo grof, niet zo schaamteloos,' aldus pater Andri. 'De volgenden fouilleerden mensen en dwongen hen zich uit te kleden.' Dan konden ze tatoeages zien die de Russen in verband brachten met militaire dienst of neonazistische sympathieën. Zelfs een drietand, het staatssymbool van Oekraïne, kon door de ondervragers al worden opgevat als een teken van extremisme. 'Ze gingen de huizen binnen, namen de mensen mee naar buiten, pakten hun mobiele telefoons af en keken naar de nummers die ze hadden gebeld, wat voor foto's ze hadden gemaakt enzovoorts. Ze waren bang dat onze mensen informatie doorgaven aan het leger.'

Sommigen deden dat ook. Zelfs begin maart verborgen Oekraïense strijders zich nog in de kelders van Boetsja en legden hinderlagen. Toen de gevechten heviger werden, leden de Russen zware verliezen en begonnen ze de stad te slopen, burgers te martelen en naar willekeur te doden. Mensen werden neergeschoten als ze op zoek gingen naar eten of brandhout, hun lichamen werden op straat achtergelaten. Velen werden meegenomen naar verhoorkamers, waar ze werden gemarteld en geëxecuteerd. Vanaf hun checkpoints verspreid in de stad openden Russische soldaten het vuur op iedereen die in de buurt kwam. 'Mannen, vrouwen, kinderen. Het kon ze niks schelen,' aldus pater Andri. Een vrouw werd doodgeschoten toen ze in haar auto een checkpoint naderde. Een paar buurtbewoners haalden haar uit de auto en begroeven haar ter plaatse in een grasveldje langs het trottoir, en markeerden het graf met een van de kentekenplaten van haar auto, zodat ze later geïdentificeerd kon worden. Het was veel te gevaarlijk om haar lichaam naar het kerkhof te brengen. In de tweede week van de invasie werden de aanblik en de geur van de dood ondraaglijk en vroeg een lid van de gemeenteraad pater Andri of ze een massabegraving konden organiseren op het kerkhof, wat de priester toestond. Het mortuarium, waar veel lichamen naartoe waren gebracht, stond slechts een paar honderd meter van de Sint-Andreaskerk.

Op 10 maart 's morgens arriveerde er onder de helderblauwe hemel een gele graafmachine die een lange, diepe kuil groef. Daarop kwam er een vrachtwagen van het mortuarium met drieëndertig lichamen in zwarte lijkenzakken. Een handvol mannen, onder wie een plaatselijke makelaar, sleepten de lichamen naar de greppel en legden ze daarin naast elkaar. Er werd niet gebeden aan het graf en toen ze klaar waren, werd slechts een eenvoudige markering op de grond aangebracht. 'Je moet goed begrijpen,' zei pater Andri tegen me, 'dat we op dat moment niet konden denken aan enig rouwritueel. We konden alleen maar denken aan hoe we zelf in leven konden blijven.'[132]

Toen de priester eind maart de straat op ging, zag hij dat de Russen Boetsja verlieten. Uitgehongerd en uitgeput als ze waren laadden ze hun voertuigen vol buit uit de woningen – televisies, computers, zelfs een paar wasmachines – en reden noordwaarts naar Belarus, dezelfde weg terug als waarlangs ze waren gekomen. Door de taferelen die ze achterlieten, zou Boetjsa algauw een synoniem worden voor oorlogsmisdaden, met tientallen lijken verspreid over de stad, dat van een man naast zijn fiets, van een vrouw in haar moestuin, sommige bedekt met een dun laagje aarde, net genoeg om de hongerige honden geen kans te geven, andere in de openlucht achtergelaten om weg te rotten in de weken voordat het Kremlin zijn plannen om Kyiv in te nemen moest laten varen. In een poging hun gezicht te redden verklaarde het ministerie van Defensie in Moskou op 29 maart dat de Russische troepen hun 'hoofdtaken' in de omgeving van Kyiv hadden volbracht en dat de troepen nu zouden worden verplaatst naar andere delen van het front. Ze hadden de moed niet om te erkennen dat ze hier een nederlaag hadden geleden. Maar de wereld was er getuige van. Het leger van Oekraïne had – met steun van duizenden burgers als spotters en vrijwilligers, politiemannen en beveiligers, gepensioneerden met jachtgeweren en tieners met drones – een van de machtigste legers van de wereld tot de aftocht gedwongen.[133]

De tol die aan beide kanten betaald was, was enorm. Een pro-Kremlinkrant in Moskou citeerde geheime cijfers van het Russische leger en rapporteerde eind maart dat in Oekraïne 9861 Russische soldaten waren gesneuveld en 16.153 gewond geraakt.[134] De krant haalde deze cijfers weer snel van hun website, maar ze leken een bevestiging van de conclusies van westerse analisten dat Rusland binnen één maand meer manschappen had verloren in Oekraïne dan de Sovjet-Unie in tien jaar oorlog in Afghanistan. In die eerste weken van de invasie werd in verschillende voorsteden van Kyiv hard gevochten, van straat tot straat, maar nergens anders in het district slachtten de Russen zo veel burgers af als in Boetsja. Later vonden plaatselijke autoriteiten vierhonderdachtenvijftig lichamen, waaronder twaalf kinderen, van wie de overgrote meerderheid wonden vertoonde van kogels of bomscherven, en vele van marteling.

Op de ochtend van 10 april liepen enkele tientallen parochianen, die bijeenkwamen voor de eerste zondagse mis na de Russische terugtrekking, langs het massagraf op het kerkhof van de Sint-Andreaskerk.

Enkele lichamen waren inmiddels opgegraven en naar het mortuarium gebracht voor identificatie en een fatsoenlijke begrafenis. Een lang stuk plastic bedekte de lijken die nog in de kuil lagen om een groep kraaien weg te houden. In de ondergrondse kapel trof ik pater Andri die in zijn goud met paarse kazuifel de riten voltrok, zangerig bad en af en toe een slokje wijn dronk uit een kelk en een kruis sloeg. Na de dienst praatten we enige tijd en hij stelde voor dat ik wat zou rondrijden zodat ik met eigen ogen kon zien wat er in Boetsja was gebeurd. De vele littekens van de bezetting, zei hij, waren niet moeilijk te vinden.

In de Stationsstraat hadden de Russen een garnizoen gelegerd in een kinderzomerkamp. Het heette Promenystiy, dat 'stralend' betekent, en toen ik kwam aanrijden stond de man die het kamp onderhield met zijn fiets bij de ingang, Volodymyr Roslik, een vrolijke vijfenzestigjarige, en hij wilde me wel rondleiden. Het kamp was bedoeld voor kinderen van zeven tot zestien jaar en er waren genoeg bedden om er tweehonderd tegelijk onder te brengen. Studenten uit Kyiv werkten hier vaak als instructeur en leerden de kinderen dansen, verven en voetballen. Het einde van het seizoen vierden ze met een groot kampvuur en een meezingfeest. Roslik werkte er al zijn halve leven; hij onderhield de slaapzalen en repareerde van alles en was nu net teruggekomen om de schade van de bezetting in ogenschouw te nemen en te beoordelen of het kamp ooit nog in gebruik kon worden genomen. Hij wist het niet zeker. De schade kon wel hersteld worden, maar hij wist niet of nog ooit iemand zijn kinderen hier weer naartoe zou sturen. Een van de buren aan de overkant van de straat leek het beter om alles met de grond gelijk te maken omdat, zo zei hij, 'het nu een plaats is van moord'.

Roslik liet me het administratiegebouw rechts van de ingang zien, dat de Russische officieren hadden gebruikt als hoofdkwartier. Op de grond lagen vieze matrassen en sigarettenpeuken en in het grote vertrek boven lag een merkwaardig samenraapsel van buit, gestolen uit de huizen: een oude gettoblaster, namaaksieraden, een leren aktetas – niets wat waardevol genoeg was voor de soldaten om bij hun vlucht mee te nemen. In een ander vertrek hadden de Russen een berg haren achtergelaten die ze met een tondeuse hadden afgeschoren. Op de grond van weer een andere kamer lagen twee uitgedroogde mensendrollen. 'Dit was geen leger,' zei Roslik tegen me. 'Dit was een horde.'

Uit de ravage die ze hadden achtergelaten, kon je je heel goed de gewoonten van deze creaturen voorstellen. Sommige taferelen suggereerden het handwerk van tieners die de grenzen van hun wreedheid hadden mogen verkennen. Aan het einde van het terrein, recht voor een muurschildering van kinderen die dansen in de zon, stuitten we op een kersenrode sedan, die blijkbaar door een groepje Russische soldaten was gestolen. De auto was met grote snelheid tegen een boom gereden en was total loss. De kofferbak stond open en zat vol wijnflessen, de meeste kapot, een ervan nog heel. Het schouwspel was nog zo vers dat we bijna de muziek uit de autoradio konden horen schallen en het dronken gelach van soldaten vlak voor het einde van hun joyriding. Dit zag er niet uit als het werk van een paar dienstplichtigen die stiekem waren ontsnapt om een avondje feest te vieren in de stad. Dit was het middelpunt van hun geïmproviseerde veste, op een plaats waar hun commandanten het moeten hebben zien gebeuren. Hun hoofdkwartier was trouwens net zo smerig en net zo vol buit en drank. Er was niets of niemand geweest die deze mannen in toom had kunnen houden, geen enkel wetsgevoel of militaire discipline. De leiding had hen gewoon losgelaten op dit stadje en zijn inwoners, met absolute toestemming om te vermoorden en te vernietigen. Roslik stond er hoofdschuddend zonder een woord te zeggen bij en gebaarde me toen hem te volgen naar de kelder, waar de lijken gevonden waren. Die bevond zich onder een van de slaapzalen achter in Kamp Stralend; de trap omlaag lag vol viezigheid afkomstig van de Russische rantsoenen: gedroogde macaroni, lege sappakken, vleesblikjes. Onder aan de trap keek Roslik me aan en trok een wenkbrauw op, alsof hij me een laatste kans gaf er nog eens over te denken of ik wel de kelder in wilde.

De benauwde tunnel achter de deur leek een reeks martelkamers. Ze waren van elkaar gescheiden door betonnen muren, met vooraan een vertrek voor executies, de muren vol kogelgaten. Het volgende vertrek was donker. Het licht van de toegangsdeur kwam niet zo ver en we gebruikten onze smartphones om de boel te verlichten. Op de verste muur stond in grote zwarte letters één enkel woord geschreven: SENYA. Dat was mijn naam – nou ja, het koosnaampje dat mijn moeder voor me gebruikte sinds ik een baby was. Het toeval verbijsterde me. Had een van de Russische bezetters, of misschien een van hun slachtoffers, deze muur gemarkeerd met de naam die we deelden? Het vertrek bevatte twee stoelen, een lege kan en een houten plank: de benodigdheden om iemand te waterboarden. De Russen hadden in het volgende vertrek twee springveren matrassen rechtop tegen de betonnen muur gezet. Ze hebben misschien mensen aan die matrassen vastgebonden, veronderstelde Roslik, en een autoaccu gebruikt om ze elektrische schokken te geven. In het voorste vertrek waren de lichamen gevonden, gekleed in burgerkleding. Allemaal hadden ze brandwonden, blauwe plekken en open wonden. Toen we er naar binnen gingen, konden we nog zien dat zich plassen bloed hadden gevormd in het vuil onder aan de muren. Naast een daarvan lag een wollen muts met een gerafeld kogelgat. Ook die muts zat vol geronnen bloed.[135]

◆

Een paar dagen na de terugtrekking van de Russen bracht president Zelensky een bezoek aan Boetsja, en hij zou het nog lang vertellen als een van de afgrijselijkste momenten van dat tragische oorlogsjaar, opnieuw een keerpunt voor hem en zijn land. Het maakte hem duidelijk, zo drukte hij het later uit, dat de duivel nooit ver weg is, niet slechts iets uit onze mythen en nachtmerries. 'Hij is hier op deze aarde,' zei Zelensky.[136] Tot de punten op zijn agenda in Boetsja behoorden een wandeling langs de opgeblazen brug die de stad in voerde, een bezoek aan een overvolle voedselbank, en een paar gesprekken met inwoners in hun tuin; Zelensky wilde van hen horen wat ze hadden gezien. Zijn lijfwachten hadden zich voor dit reisje gekleed in volledig gevechtstenue voordat ze in de colonne gepantserde auto's stapten. De president had er wel mee ingestemd een kogelwerend vest te dragen over zijn hoody, waarvan het camouflagepatroon paste bij de kleur van zijn sportschoenen, maar hij weigerde een helm op te zetten.

Hij wist dat de hele wereld die dag meekeek. Voordat zijn entourage de bunker die ochtend had verlaten, hadden medewerkers van Zelensky aan verslaggevers verteld waar hij naartoe ging, en in Boetsja, in de straat waarin enkele van de vreselijkste gruweldaden waren begaan, stond dan ook een hele batterij perscamera's te wachten toen hij aankwam. 'Het is voor ons heel belangrijk dat de pers er is,' zei Zelensky voor de camera's. 'Dat is het belangrijkste. We willen echt dat jullie de wereld laten zien wat hier is gebeurd, wat de Russische soldaten hebben aangericht.' Daarmee begon voor Boetsja een merkwaardige nieuwe periode, een periode van genezen onder een vergrootglas.

Wekenlang zouden er vanuit het centrum van Kyiv elke morgen bussen vol journalisten vertrekken en ze afleveren in Boetsja en andere getroffen steden buiten de hoofdstad. Het was tijdens deze perstours soms moeilijk voor de fotografen om een shot te krijgen zonder dat hun collega's in beeld waren. Oleksi Reznikov, de minister van Defensie van Oekraïne, begreep na zijn bezoek aan Boetsja dat de gebeurtenissen daar niet uniek waren in de steden waaruit de Russen verdreven waren. Begin april trokken de Russen zich terug uit een gebied in het noorden van Oekraïne dat ongeveer net zo groot was als Nederland.[137] 'De misdaden van de Russische orks zijn overal in Oekraïne begaan, het plunderen, het moorden, het verkrachten. Maar de wereld hoorde de naam "Boetsja",' zei Reznikov tegen me. 'Boetsja werd de zwarte zwaan die de wereld schokte, iedereen zag de beelden uit Boetsja.'

Op de dag na zijn bezoek zette Zelensky Boetsja in het middelpunt van een grensverleggende toespraak voor de Veiligheidsraad van de VN. De president, die ook te volgen was op een reusachtig scherm boven de zaal, droeg de toespraak op aan de burgers 'die in de rug of het hoofd of een oog waren geschoten nadat ze waren gemarteld, die gewoon doodgeschoten waren op straat, die in een put waren gegooid zodat ze daar lijdend en langzaam konden doodgaan, die vermoord waren in flats, in huizen, opgeblazen door granaten, die in hun burgerauto's midden op de weg waren verpletterd door tanks, alleen voor de grap, van wie ledematen waren afgesneden, van wie de keel was doorgesneden, die recht voor hun kinderen waren verkracht en vermoord'. In zijn toespraak waarschuwde hij de afgevaardigden dat Rusland zou proberen de schuld van al deze misdaden van zich af te schuiven, alternatieven zou verzinnen voor wat er in Boetsja was gebeurd, en hij kreeg gelijk.[138] Poetin zou Boetsja later afdoen als 'fake', terwijl zijn propagandakanalen verzekerden dat – als een van de belachelijkste theorieën – sommige van de lijken op straat 'crisisacteurs' waren die maar deden alsof ze dood waren. 'We hebben te maken met een staat die van het vetorecht in de Veiligheidsraad een recht om te doden maakt,' zei Zelensky. Als daar geen verandering in komt, voegde hij eraan toe, 'dan kan de VN domweg worden opgeheven'.

Daarop vroeg de president de leden van de raad even naar een korte video te kijken, die zo beeldend was dat sommige van hen hun ogen afwendden. In het hoofdkwartier van de VN in New York verschenen op het scherm de stoffelijke resten van verbrande Oekraïense kinderen, ledematen en hoofden die uit massagraven staken, het lichaam van een man onder in een put. De meeste beelden waren in Boetsja gemaakt, sommige in de kelder van het zomerkamp, waar mannen met hun handen vastgebonden op hun rug tegen een muur waren gezet en doodgeschoten. Het effect van de beelden was zo sterk dat Zelensky's team in de daaropvolgende weken naar nieuwe manieren zocht om ze aan bondgenoten te laten zien in de hoop dat ze er niet meer van wegkeken. 'Ik beken,' zei Andri Jermak, de stafchef van de president, 'dat ik die afgrijselijke foto's kreeg van onze geheime dienst, die van die dode kinderen, en dat ik ze 's nachts, als toch niemand die hierbeneden woont erg veel slaapt, naar een lange lijst geadresseerden in het Witte Huis heb gestuurd.' De lijst contacten in zijn telefoon zou uiteindelijk uitgroeien tot meer dan vijftig namen, zei hij, onder wie de hoogste functionarissen in Europa. 'Ik stuurde ze de foto's toe en de meeste, zo'n 90 procent, belde me, stuurde een boodschap of wat ook,' vertelde hij me. 'Dat diende als een werkelijk serieuze motivatie.'

In de dagen nadat de Russen uit Boetsja waren vertrokken, werd het kerkhof achter de Sint-Andreaskerk een soort bedevaartsoord. Diplomaten en politici kwamen vanuit heel Europa om de plaats te zien en hun eer te betuigen. Pas in de zomer zouden hun ambassades in Kyiv weer opengaan. Maar toen de Russische troepen in april verdwenen uit de voorsteden, voelden de buitenlandse afgezanten zich veilig genoeg om Zelensky in zijn hoofdstad op te zoeken en begon er een gestage stroom op gang te komen, vaak gevolgd door een stoet journalisten om verslag te doen van hun reizen. Voor velen was de politieke opbrengst helder. Deze reisjes deden het goed bij hun kiezers thuis. In heel Europa was Zelensky een symbool geworden van een soort moed die alle leiders hoopten te kunnen opbrengen als het nodig was, en het werd een politieke overgangsrite voor zijn Europese bondgenoten om voor een foto naast hem te staan in de Bankovastraat. Als ze de reis niet maakten om hem persoonlijk te ontmoeten, dan riskeerden ze dat ze overkwamen als zwak en hun steun als halfhartig.

Zelensky en zijn medewerkers hadden deze trend al snel door. 'We ontvangen geen gasten met lege handen,' vertelde Kyrylo Tymosjenko, de naaste adviseur van de president, me met een glimlach. 'Ze kunnen hier niet alleen komen om selfies met de president te maken.' Als de buitenlanders aankwamen, dan nodigde Zelensky's team hen altijd uit om de trip naar Boetsja en andere bevrijde voorsteden van Kyiv te ondernemen zodat ze zelf de bewijzen konden zien van de Russische wreedheden die hier hadden plaatsgevonden. Het zou hen aanmoedigen Oekraïne te helpen, meer steun te geven en de oorlog op de agenda van de wereld te houden als ze allang weer thuis waren. Een van de mensen die het vaakst als gids optrad, was Roeslan Stefantsjoek, de voorzitter van het parlement, die me vertelde dat hij in de lente en zomer van 2022 persoonlijk meer dan dertig buitenlandse delegaties op deze trips had begeleid. 'Ze veroorzaakten een unieke transformatie in het brein van deze mensen,' vertelde hij me. 'Ik zag het voor mijn ogen gebeuren.'

Tijdens een van de eerste trips waren forensisch specialisten en onderzoekers van oorlogsmisdaden nog aan het werk op het kerkhof achter de politielinten, en de geur van het massagraf was overweldigend voor de gasten als ze dichterbij kwamen. Stefantsjoek kreeg toestemming hen dichterbij te laten komen, tot op de rand van de kuil, waar de Europeanen de lichamen konden zien en de stank van de dood opsnuiven. 'Het veranderde hen,' vertelde hij me. Toen ze terugreden naar Kyiv leek vooral een van de bezoekers geschokt, een parlementslid uit Polen. Hij had de beelden van de doden op het nieuws gezien; dat hadden ze allemaal. Maar het bezoek aan het graf 'draaide zijn bewustzijn binnenstebuiten', zei Stefantsjoek. Het Poolse parlementslid, Tomasz Grondzki, noemde Boetsja en de andere bevrijde steden in de buurt van Kyiv het 'Golgotha van de eenentwintigste eeuw'.[139]

◆

De gruwelijkheden in Boetsja kwamen aan het licht op het keerpunt van het vredesproces. Slechts een paar dagen daarvoor, op 29 maart, hadden de oorlogvoerende partijen een onderhandelingsronde gehouden in Istanbul, hun eerste in ongeveer drie weken, en ze leken eindelijk wat vooruitgang te hebben geboekt. De Oekraïense delegatie, onder leiding van Zelensky's goede vriend David Arachamja, had de Russen een raamovereenkomst voor vrede gepresenteerd. Hierin stond dat Oekraïne, in ruil voor betrouwbare 'veiligheidsgaranties' van Rusland en andere landen, bereid zou zijn de status van neutrale staat aan de westgrens van Rusland te accepteren. Het land zou plannen om zich aan te sluiten bij de NAVO loslaten en zou geen buitenlandse bases op Oekraïens grondgebied toestaan. En er zouden zelfs geen militaire oefeningen met buitenlandse troepen worden gehouden binnen Oekraïense grenzen als Rusland die als een bedreiging beschouwde.

Dat aanbod, bekend geworden als het Istanbul Communiqué, bood

Poetin de kans in elk geval een gedeeltelijke overwinning te claimen. Een van zijn voornaamste excuses om een invasie te beginnen was geweest dat hij Oekraïne wilde verhinderen zich aan te sluiten bij de NAVO en Zelensky bood hem nu aan die wens te vervullen, al wist hij dat het niet eenvoudig zou zijn. De toewijding van Oekraïne om zich aan te sluiten bij de NAVO was vastgelegd in de grondwet. In februari 2019, enkele weken voor de presidentsverkiezingen, had Petro Porosjenko dit amendement ondertekend, hetgeen algemeen werd beschouwd als een daad van populisme en wanhoop van de kant van de zittende president. Hij wist dat hij de race hoogstwaarschijnlijk zou gaan verliezen. Hij wist ook dat de NAVO helemaal niet van plan was Oekraïne binnen afzienbare tijd op te nemen in het bondgenootschap. Het amendement, dat door het parlement was goedgekeurd, had weinig ander praktisch doel dan Porosjenko's opvolger in de problemen te brengen. Het legde in de grondwet van Oekraïne een belofte vast waar niemand zich aan kon houden.

Toen Zelensky in mei van dat jaar aan zijn ambt begon, was artikel 102 veranderd en bevatte nu de volgende zin: 'De President van Oekraïne staat garant voor de implementatie van de strategische koers van de staat naar het volledige lidmaatschap van Oekraïne van de Europese Unie en de Noord-Atlantische Verdragsorganisatie.' Deze toewijding negeren zou Zelensky politiek veel kosten. Maar in de eerste twee maanden van de oorlog was hij bereid die prijs te betalen voor vrede. Hij was zelfs bereid de grondwet van zijn land te wijzigen met de loop van het Russische geweer op zich gericht. Dit was geen kleine concessie, maar de president maakte de positie waarin hij zat maar al te duidelijk.

'Veiligheidsgaranties en neutraliteit, de non-nucleaire status van onze staat. We zijn klaar om daarvoor te gaan. Dit is het belangrijkste punt,' zei Zelensky tegen een groepje Russische journalisten twee dagen voordat de besprekingen in Istanbul begonnen. 'Dat was het eerste principiële punt van de Russische Federatie, voor zover ik me herinner. En als ik het me goed herinner, begonnen ze de oorlog precies hierom.'[140]

Andere geschilpunten werden in Istanbul echter opengelaten voor discussie. Over de gevoelige kwestie van de Krim stelden de Oekraïners een pauze voor van vijftien jaar. De twee partijen zouden die tijd gebruiken om naar een vreedzame oplossing te zoeken van hun onenigheid om het schiereiland en ze beloofden het gebruik van geweld te vermijden. Het grootste probleem – de status van de bezette gebieden in het oosten en zuiden van Oekraïne – zou overgelaten worden aan de leiders van de strijdende partijen om uit te zoeken. 'We laten alle territoriale kwesties liggen voor de staatshoofden,' vertelde Arachamja me toen. 'Dit zijn de grootste problemen. Ze zijn echt groot, en onze posities liggen wel heel ver uit elkaar.'

De Russische onderhandelaars leken het met hen eens: de enige manier om de impasse te doorbreken was de twee leiders in hetzelfde vertrek te krijgen. Ze zeiden vaak, terwijl ze hun armen in de lucht staken, dat alleen 'de baas' de macht had om te praten over de Krim, de Donbas en andere betwiste gebieden. Zelensky geloofde nog altijd dat dat de beste manier was om een einde te maken aan de oorlog: de vijand in de ogen te kijken en er samen uit zien te komen. 'Er is maar één iemand die deze oorlog is begonnen, en maar één iemand die hem kan beëindigen,' zei Andri Sibiga, Zelensky's naaste adviseur op het gebied van buitenlandse zaken. 'Daarom gaf Zelensky het duidelijke signaal af dat hij bereid is met Poetin te praten.'

Ook werd Zelensky door zijn partners in het Westen onder grote druk gezet om te onderhandelen, zelfs als dat betekende dat hij meer concessies moest doen. Sibiga vertelde over enkele onaangename telefoongesprekken van westerse leiders die rond die tijd binnenkwamen. 'Zij raadden aan Ruslands voorwaarden te aanvaarden,' zei hij. Het was toen al duidelijk dat Rusland zijn olie- en aardgasvoorraden zou gebruiken om druk te zetten op de Europeanen, vooral in de winter, en politici op het hele continent begrepen dat de sympathie van het publiek voor Oekraïne ook grenzen had. Zouden miljoenen kiezers in West-Europa bereid zijn de thermostaat in huis een graadje lager te zetten ten behoeve van Oekraïne? Zouden ze banen in de fabrieken opofferen om de druk van de sancties op Rusland hoog te houden? Zouden ze een economische recessie in eigen land accepteren als consequentie van de oorlog van iemand anders? En zo ja, voor hoelang? Geen van de Europese leiders kon met enige zekerheid het antwoord op deze vragen geven. Maar ze begrepen allemaal dat de vredesbesprekingen door moesten gaan en dat Zelensky in de stemming gehouden moest worden om te onderhandelen.

Eind maart, toen de totale oorlog vijf weken aan de gang was, meenden de Oekraïense onderhandelaars dat het organiseren van een ontmoeting met Poetin binnen bereik was. De Russen leken hun aanbod serieus te overwegen. Na de gesprekken in Istanbul op 29 maart kwam Aleksandr Fomin, de Russische onderminister van Defensie en het meest dwarsliggende lid van het onderhandelingsteam uit Moskou, met een verbijsterende aankondiging voor de verslaggevers die buiten stonden. Het Russische leger, zei hij, zou zijn troepen terugtrekken uit de omgeving van Kyiv 'om het wederzijdse vertrouwen te verbeteren en de noodzakelijke omstandigheden te scheppen voor verdere besprekingen'.[141] De Russische terugtrekking, die de volgende dag in de voorsteden van Kyiv begon, was echter niet zozeer een gebaar van goede wil van Moskou. Het Oekraïense verzet had de Russen gedwongen hun plannen om Kyiv in te nemen te laten varen. Ze trokken zich terug omdat ze verslagen waren. Maar gezien het moment van de aankondiging leek het alsof in Istanbul een doorbraak was bereikt: Oekraïne had een route naar vrede aangegeven en Rusland trok de troepen terug van de hoofdstad. De Turkse minister van Buitenlandse Zaken, die optrad als bemiddelaar, noemde het 'de grootste stap voorwaarts sinds het begin van de onderhandelingen'.

Het gevoel van opluchting duurde niet lang. Na het terugtrekken van de Russen begonnen de beelden te verschijnen uit de bevrijde steden rond Kyiv. Het optimisme onder de Oekraïense onderhandelaars maakte plaats voor afgrijzen, en toen voor woede. 'Na wat er is gebeurd in Boetsja, nadat dat bekend was geworden in de wereld, was ons instinctieve verlangen om weg te lopen van de onderhandelingstafel,' vertelde Arachamja me. 'Daarin stemden we overeen.' Op 5 april, de dag na Zelensky's bezoek aan Boetsja, had hij een ontmoeting met een stuk of tien functionarissen en assistenten tijdens een diner in het perscentrum in Kyiv.[142] Arachamja en andere leden van zijn team drongen er bij de president op aan het vredesproces op te schorten en zijn plannen om Poetin te ontmoeten te laten varen. De discussie raakte gespannen. De beelden van dode burgers stonden nog zo vers op ieders netvlies dat het moeilijk voor hen was om hun emoties te bedwingen. Toch bleef Zelensky erbij dat de gesprekken moesten doorgaan, zelfs als de schaal van de Russische oorlogsmisdaden bleef groeien. 'Jullie begrijpen toch dat dit oorlog is,' had de president tegen hen gezegd, aldus Arachamja. 'Er kunnen nog veel meer slachtoffers bij komen, en later kunnen er zelfs nog meer afgrijselijke verhalen opduiken. Maar als er ook maar één kans is om een of ander mechanisme te vinden om een einde te maken aan de oorlog, dan moeten we die kans aangrijpen. Die kunnen we niet laten lopen.'

Als compromis stemde de president ermee in een paar onderdelen van de onderhandelingen in te perken. Gesproken was langs drie parallelle sporen – juridisch, diplomatiek en militair – door drie groepen onderhandelaars van beide landen. Zelensky besloot het militaire spoor af te kappen en een korte pauze in te lassen bij de andere twee. Maar al binnen een paar dagen hervatte Arachamja zijn dagelijkse videoconferenties met Poetins afgezanten. In het begin leek hun gedrag wat vreemd, alsof ze gedesoriënteerd waren of zich schaamden. 'Je kon het zien in hun gezicht,' vertelde Arachamja me na een van deze gesprekken. 'Ze hakkelden, alsof ze de woorden niet konden vinden' voor wat er in Boetsja was gebeurd. Het gaf hem het gevoel dat er ook in Moskou functionarissen waren die net zo geschokt waren door de schaal van de wreedheden. 'Eén dag lang waren ze als verdoofd,' zei hij. 'Toen ging hun propagandamachine aan het werk en zeiden ze dat wij het allemaal in scène hadden gezet met hulp van de Amerikanen.'

Dat soort beweringen waren diep beledigend. Maar de Oekraïners verbeten hun woede en Arachamja was trots op de vooruitgang die ze boekten. Na Boetsja werden de onderhandelingen nog altijd voortgezet op basis van wat er in het Istanbul Communiqué stond. Het document bevatte niet de belachelijke ideeën die Poetin had gebruikt om zijn invasie te rechtvaardigen – denazificatie en demilitarisatie – en de Russische onderhandelaars drongen niet aan op het gebruik van deze termen in hun herzieningen van het document. Arachamja vond dit een bemoedigend signaal. Midden april vertelde hij me dat ze nog altijd van plan waren om een voorlopige agenda op te stellen voor een topconferentie van de twee leiders binnen twee weken.

Zelensky bleef er bij hen op aandringen door te gaan. 'Elke tragedie als deze, elke tragedie als Boetsja zal het moeilijker maken om te onderhandelen, en toch moeten we nog steeds manieren zien te vinden om vooruit te komen,' zei de president tegen verslaggevers. 'Volgens ons is dit genocide. Volgens ons moeten ze daarvoor allemaal gestraft worden. Maar we moeten gelegenheden vinden om elkaar te ontmoeten. En tijdens deze ontmoetingen een manier vinden om uit deze situatie te komen zonder iets van ons grondgebied af te staan.'[143]

◆

Op de ochtend van 8 april arriveerde in Kyiv een privétrein met een van Zelensky's invloedrijkste bondgenoten, Ursula von der Leyen, de voorzitter van de Europese Commissie. Voordat ze naar de president werd gebracht voor een ontmoeting, reed het konvooi gepantserde auto's naar Boetsja voor een rondrit langs de plaatsen waar de misdaden hadden plaatsgevonden. Het regende hard die dag en achter de Sint-Andreaskerk, naast de plek waar het massagraf was geweest, was een plastic overkapping neergezet. Toen de delegatie aangekomen was, gevolgd door een massa verslaggevers en omringd door beveiligers, schrok Von der Leyen. Ze had niet verwacht dat er nog lijken zouden liggen. Haar adem stokte toen ze ze zag: meer dan tien zwarte lijkenzakken lagen naast elkaar op de modderige grond. Ze trok wit weg en legde een magere hand voor op haar kogelwerende vest. Daarop nam pater

Andri haar mee naar binnen en stak ze een kaars aan ter herdenking van de doden.[144]

Daarop ging de delegatie naar het presidentieel complex, waar medewerkers van Zelensky verslaggevers hadden gevraagd bijeen te komen voor een persconferentie. Toen ik er 's middags arriveerde, trof ik enkele tientallen collega's aan die samen op de gebruikelijke plek stonden, onder het afdak van een brandweerkazerne waar we wachtten op de busjes die ons binnen het beveiligde gebied zouden brengen. De meesten kwamen uit Duitsland, het thuisland van Von der Leyen, waar ze minister van Defensie was geweest voordat ze werd benoemd tot de hoogste functionaris van de Europese Unie. Bij het checkpoint stonden soldaten in de regen naar ons te kijken, geweren over de schouders; zo nu en dan trokken ze zich even terug in een hutje dat ze hadden gemaakt van dekzeilen en betonblokken. De oorlog duurde al zes weken en nog altijd leken hun wachtposten niet meer dan geïmproviseerd, alsof ze in elkaar geflanst waren van dingen die op een bouwplaats waren achtergelaten.

De busjes pikten ons algauw op en namen ons mee door een smalle tunnel naar de binnenplaats, waar nog een paar soldaten stonden. Een van hen hield de wacht met een granaatwerper, zijn positie gecamoufleerd tussen de laagste takken van een boom. Op de binnenplaats geen militaire voertuigen, alleen bij de achteringang stonden een paar auto's geparkeerd, en daar snuffelde een Duitse herder aan onze tassen op zoek naar explosieven. Bij de metaaldetector werd ons gevraagd onze smartphones, laptops en andere apparaten in te leveren. Een groot aantal signalen tegelijk van al deze apparatuur kon een vijandige verkenningsdrone in staat stellen de plaats van deze ontmoeting te bepalen. 'En dan, kaboem,' legde een bewaker uit, terwijl hij met zijn hand de baan van een raket beschreef.

Voordat we onze mobiele telefoons uitzetten, checkten we allemaal nog even snel het laatste nieuws. Er had die morgen opnieuw een raketaanval plaatsgevonden in het oosten van Oekraïne, details volgden elkaar op. Twee raketten, elk meer dan zes meter lang met een gewicht van ruim twee ton, waren terechtgekomen op het treinstation van Kramatorsk, een van de belangrijkste garnizoenssteden in de Donbas. Zelensky had burgers aangespoord het gebied te verlaten en meer dan duizend mensen stonden in het station te wachten om in een evacuatietrein te stappen, vooral vrouwen, kinderen en ouderen. De Russische raketten kwamen aan het einde van de ochtend net buiten het overvolle station terecht. Zestig mensen werden gedood, meer dan honderd raakten gewond. Verscheidene kinderen verloren ledematen. Het nieuws bereikte Zelensky kort voor elf uur, terwijl hij zich aan het voorbereiden was op zijn ontmoeting met Von der Leyen. Hij wist dat dit een van de belangrijkste gesprekken in zijn presidentscarrière zou worden. Aan het begin van de invasie had Zelensky zijn kans gegrepen om het lidmaatschap van de Europese Unie aan te vragen, en nu waren de leiders helemaal uit Brussel gekomen om dat proces te vervolgen. Von der Leyen was, als hoofd van de uitvoerende macht van de Europese Unie, ook gekomen met een nieuw hulppakket: militaire hulp ter waarde van 1 miljard euro en nog eens 1 miljard om de economie te steunen.

Maar toen de eerste beelden van Kramatorsk op het scherm van Zelensky's mobiele telefoon verschenen, werd het moeilijk voor hem zijn aandacht erbij te houden. Hij was geschokt door de gevolgen van de explosies. De plassen bloed op het trottoir. De afgerukte ledematen tussen speelgoed en koffers. Op een van de foto's die hem die ochtend bereikten, zag Zelensky een vrouw die door de ontploffing was onthoofd. 'Ze droeg van die felgekleurde, opvallende kleren,' vertelde hij me later terwijl hij het beeld weer voor zich zag. Zijn medewerkers waren van plan de foto's dezelfde dag via sociale media te verspreiden, maar de president verbood dat. 'Dat kunnen we niet maken,' zei hij. 'Stel dat kinderen dit zien?' Die middag worstelde hij nog steeds met het afschudden van de beelden toen de presidentiële staf de Europese Unie-delegatie binnenbracht. Ze zouden de rest van de middag samen discussiëren over het hulppakket, het proces van aansluiting bij de Europese Unie, de bevrijding van de voorsteden van Kyiv en de gruweldaden die de Russische troepen daar hadden begaan. Het werd al donker toen ze naar buiten kwamen om met de verslaggevers te praten.

'Beste Volodymyr,' zei Von der Leyen tegen hem voor de camera's. 'Mijn boodschap vandaag is heel duidelijk: Oekraïne behoort tot de Europese familie. We hebben je verzoek luid en duidelijk gehoord en we zijn vandaag hier om je een eerste positief antwoord te geven. In deze envelop zit een belangrijke stap op weg naar het lidmaatschap van de Europese Unie.' De envelop bevatte een vragenlijst die diende te worden ingevuld door Zelensky's kantoor, waarin de reden moest worden gegeven voor de aanvraag van het lidmaatschap van de Europese Unie. 'Dit is waar jullie route naar Europa en de Europese Unie begint,' aldus Von der Leyen. In wezen was Oekraïne al tientallen jaren eerder begonnen aan de route naar de Europese Unie. Het land had twee revoluties meegemaakt en acht jaar oorlog. Tienduizenden levens en honderdduizenden hectaren bezet gebied behoorden tot de prijs die Oekraïne al had betaald in zijn worsteling om te integreren in Europa. En nu, nu het eindelijk het moment was om de inleidende vragenlijst in te vullen, zag de president wat bleek en kon hij maar niet ophouden te denken aan die onthoofde vrouw op de grond. Toen Zelensky op het podium stond, liet zijn gave van welsprekendheid hem in de steek. Hij kon het zelfs niet opbrengen de raketaanval op Kramatorsk te noemen. 'Het was een van die keren waarop je armen en benen het ene doen, maar je hoofd niet luistert,' vertelde Zelensky me. 'Omdat je met je hoofd op dat station bent en je hier aanwezig moet zijn.'

Aan het einde van de persconferentie, toen Von der Leyen en haar staf het presidentieel complex hadden verlaten, nam Zelensky plaats in de perszaal met een verslaggever uit Duitsland. De eerste vraag ging over de beelden uit Kramatorsk, waarmee alle nieuwsuitzendingen ter wereld die avond begonnen: 'Huilde u,' vroeg de verslaggever Zelensky in het Engels, 'toen u deze foto's zag?'

De president glimlachte vermoeid en staarde even in het niets. 'Ik huil niet meer,' zei hij. 'Ik heb al heel lang niet meer gehuild.' De eerste dagen van de invasie hadden hem vaak tot tranen toe bewogen, en hij probeerde te voorkomen dat hij zou wennen aan het zien van doden. Maar in de loop van de tijd, zo gaf hij toe, werd zijn huid steeds dikker. 'Je went eraan,' zei hij.

'Voelt u haat?' ging de verslaggever verder.

'Ja, ik voel haat. Ik voel haat voor dat leger. Tegen de Russische soldaten, zeker. Dat is geen geheim. Je voelt het als je deze beelden ziet, of als je naar de plaatsen toe gaat, je naar de plek van een explosie rijdt en ziet wat er is achtergelaten. Je ziet de mensen. Je ziet de dode kinderen. Je krijgt foto's onder ogen van kinderen zonder ledematen en je bent geschokt. Als vader denk ik aan mijn eigen kinderen en hoe dat moet zijn.'

Maar zelfs toen, zelfs na zijn bezoek aan Boetsja vier dagen eerder en de beelden uit Kramatorsk die hij die ochtend had gezien, stond Zelensky zichzelf niet toe persoonlijke haat uit te spreken tegen Poetin. Hij beweerde zelfs, in reactie op de volgende vraag van de verslaggever – 'Wat wil Poetin?' – dat de Russische leider misschien niet beseft welk lijden zijn invasie had veroorzaakt. 'Ik weet niet of hij wel weet wat er gaande is,' zei Zelensky. 'Ik weet zeker dat hij in een andere informatiewereld leeft. Hij beschikt niet over alle informatie. Hij geeft bevel op te trekken, zeker, om die of die stad te bezetten. Maar hoe? Hoeveel mensen stierven er in dat proces?'[145]

De uiteenzetting verbijsterde me. Het was alsof Zelensky zich nog altijd vastklampte aan de illusie die hij koesterde toen hij president werd. Hij leek te geloven dat als hij Poetin zou kunnen meenemen op een rondrit door Boetsja, als hij hem tot aan de rand van die kuil kon brengen en hem de lijken daar beneden kon laten zien, de oorlog weleens kon worden beëindigd. 'Ik geloof niet dat we nog een keuze hebben,' zei hij. 'Ook al vechten we erg hard, ik zie geen enkele optie, behalve dan met hem aan de onderhandelingstafel gaan zitten en praten.'

12

Paard van Troje

Volodymyr Zelensky's pogingen om Vladimir Poetin tot rede te brengen waren in de eerste dagen van zijn ambtstermijn al begonnen. In het voorjaar van 2019 beloofde hij tijdens de campagne en in zijn inauguratietoespraak dat het herstellen van de vrede in Oost-Oekraïne de belangrijkste missie van zijn presidentschap zou worden, en hij begreep dat daarvoor compromissen met het Kremlin nodig waren. Poetin, van zijn kant, stond open voor onderhandelingen. Hoewel hij nooit belde om Zelensky te feliciteren met zijn verkiezingsoverwinning, was hij wel benieuwd naar wat die tv-president in het echt zou doen. 'Het is één ding om iemand te spelen,' snauwde Poetin in juni 2019, ongeveer twee weken nadat Zelensky was aangetreden. 'Het is iets anders om iemand te zíjn.'[146]

Voor Zelensky en zijn team hing het succes van hun gehele presidentiële agenda af van de mogelijkheid om vrede te sluiten. Na de Russische annexatie van de Krim en het begin van de oorlog in de Donbas was het bruto binnenlands product van Oekraïne compleet ingestort. Het daalde van zijn hoogtepunt van 180 miljard dollar in 2013 naar 90 miljard dollar twee jaar later, en toen Zelensky aantrad was het nog lang niet hersteld tot het niveau van vóór de oorlog.[147] 'Om terug te keren naar een staat van economische vooruitgang, moesten we dit conflict op een of andere manier zien te beëindigen,' zei Andri Bohdan, die destijds Zelensky's stafchef was.

Zelensky zei regelmatig tegen zijn adviseurs: 'Het is tijd voor een move' – een kreet die velen herkenden uit hun tijd als scenarioschrijver bij Studio Kvartal 95. Destijds gebruikte Zelensky dat zinnetje omdat hij een plotwending of grap nodig had die het publiek zou aanspreken. Nu had hij een move nodig om het Kremlin ervan te overtuigen dat hij de oorlog daadwerkelijk wilde beëindigen. Ze kwamen met verschillende opties.

Tijdens de eerste volle maand van zijn ambtstermijn beval Zelensky de terugtrekking van troepen vanaf drie locaties langs de frontlinie in Oost-Oekraïne.[148] Ze moesten zich een kilometer terugtrekken, mijnen ruimen en hun versterkingen ontmantelen.[149] De westerse bondgenoten van Zelensky, vooral de Amerikanen, waren bezorgd dat hij te veel terrein zou prijsgeven, en ze waarschuwden hem dat hij niet rechtstreeks met Poetin moest praten, omdat ze bang waren dat de Russische president Zelensky mogelijk te slim af zou zijn. Een hoge Amerikaanse diplomaat weet nog dat hij de nieuwe president waarschuwde: 'Laat je er niet in meezuigen.'[150]

Zelensky's eigen adviseurs gaven vergelijkbare adviezen. Bohdan Jaremenko, voorzitter van de commissie buitenlandse zaken in het parlement, zei tegen Zelensky dat Poetin zijn obsessie met de heerschappij over Oekraïne nooit zou opgeven en dat hij nooit een vredesakkoord zou kunnen bereiken dat voor de meerderheid van de Oekraïners acceptabel zou zijn. Zelensky voelde zich beledigd. 'Hij had het gevoel dat ik zijn capaciteiten als diplomaat en leider in twijfel trok,' vertelde Jaremenko.

Ondanks Zelensky's totale gebrek aan ervaring in de internationale diplomatie, had hij geen gebrek aan zelfvertrouwen; hij dacht dat hij in staat was de impasse te doorbreken waarin enkelen van 's werelds allerbeste diplomaten tevergeefs hun tanden hadden gezet. Midden juli 2019, na twee maanden als president, gaf hij zijn personeel opdracht om een telefoongesprek met Poetin te regelen. 'Iedereen probeerde me bang te maken voor dit gesprek,' zei Zelensky. 'Maar ik zei tegen onze mensen: waarom zouden we ons zorgen maken? Waarom zou je bang zijn als je de waarheid aan jouw kant hebt?'[151]

Poetin en Zelensky kwamen tijdens dat gesprek overeen om een gevangenenruil te organiseren, waarmee ze konden laten zien dat ze het vredesproces serieus namen. Tegen het eind van die maand werd voor het eerst in drie jaar in het hele oorlogsgebied een staakt-het-vuren van kracht, met strikte regels voor het gebruik van wapens in dat gebied. Het hield nauwelijks een week stand, namelijk totdat een nieuwe vlaag van gevechten begin augustus tot de dood van vier Oekraïense mariniers leidde.[152] Maar Zelensky nam geen represailles. Hij regelde opnieuw een telefoongesprek met Poetin en diende een klacht in. Hij weet nog dat hij tegen Poetin zei: 'Dit brengt ons geen stap dichter bij vrede.' Zijn terughoudendheid werd beloond; in de weken die volgden werd de wapenstilstand veel minder vaak geschonden, en algauw werd de gevangenenruil waarover Poetin en Zelensky hadden onderhandeld realiteit. Begin september lieten beide partijen vijfendertig gevangenen vrij.[153] Onder de Oekraïners bevond zich de filmmaker Oleh Sentsov, een inwoner van de Krim, die op grond van valse beschuldigingen van terrorisme tot twintig jaar in een Russische gevangenis was veroordeeld. Toen ze op de luchthaven landden, stond Zelensky hen op te wachten. 'Zoals je kunt zien,' vertelde hij voor de tv-camera's, 'praten we niet alleen, we boeken ook resultaten.'

In november van dat jaar vervulden de Russen een andere wens van Zelensky. Ze stemden ermee in om drie Oekraïense marineschepen terug te geven die ze in 2018 in de wateren bij de Krim in beslag hadden genomen.[154] 'Ze lieten de wereld zien dat ze eigenlijk hartstikke lief zijn,' zei Oleksi Reznikov, een van de hoofdonderhandelaars van Oekraïne tijdens de gesprekken. 'En dat wekte in de rest van de wereld de verwachting dat het wel goed zat met het Kremlin.' Door dat gebaar was Zelensky gretiger dan ooit om nog vóór het eind van het jaar een persoonlijke ontmoeting met Poetin te organiseren. Hun doel, vertelde Reznikov, was om zonder voorwaarden vooraf met de Russische despoot te praten en om de vijandigheden die zich tijdens de ambtstermijn van Petro Porosjenko hadden opgebouwd achter zich te laten. 'De president geloofde diep vanbinnen echt dat hij de oorlog kon beëindi-

Zelensky met zijn tot ingenieur opgeleide moeder Rimma. Ze adoreerde haar enig kind en gaf hem zelden een standje. (*Kantoor van de president*)

Zelensky met zijn klasgenoten in de vijfde klas van School Nr. 95 in Kryvy Rih, de stad waarvan hij later zou zeggen dat het 'mijn grote ziel, mijn grote hart' was. Hij en enkelen van zijn klasgenoten, onder wie Denys Manzjosov, rechts van Zelensky, zouden hun comedygezelschap noemen naar de buurt waarin de school stond, Kvartal 95, 'Wijk 95', om hen te herinneren aan waar ze vandaan kwamen. (*Met dank aan Denys Manzjosov*)

Zelensky en zijn gezelschap vielen in de jaren negentig op in de straten van Kryvy Rih, omdat ze een jasje en dasje droegen, waarmee ze teruggrepen op The Beatles en andere idolen van de vroege rock-'n-roll. (*Met dank aan Denys Manzjosov*)

Een affiche voor een optreden van Zelensky's comedygezelschap, nadat dat eind jaren negentig was gevormd. Zelensky, een getalenteerd acteur en danser, droeg in die tijd vaak een strakke leren broek tijdens het optreden. (*Met dank aan Denys Manzjosov*)

Zelensky kijkt in maart 2019 tijdens zijn presidentscampagne vanuit de coulissen naar de première van zijn show, samen met zijn oude vrienden en partners in de showbizz, Serhi Sjefir en Oleksandr Pikalov. (*Anastasia Taylor-Lind*)

Het is niet eenvoudig om het optreden van Zelensky, een combinatie van slapstick, sketches, liedjes en stand-upcomedy, te vergelijken met de hedendaagse comedystijlen in het Westen. Ze doen op velerlei manieren eerder denken aan het opzichtige en vulgaire variété dat begin vorige eeuw in de Verenigde Staten populair was. (*Anastasia Taylor-Lind*)

Zelensky tijdens het eerste interview met de auteur in de kleedkamer na zijn optreden in maart 2019, midden in zijn presidentscampagne. 'Ik wil mijn leven niet veranderen,' zei hij die avond over zijn overgang naar de politiek. 'Als je jezelf verliest, zink je weg in het moeras.' (*Anastasia Taylor-Lind*)

Olena, Zelensky's vrouw, had zich eerst verzet tegen zijn voornemen mee te gaan doen aan de race om het presidentschap, maar stond op de verkiezingsavond naast hem toen de uitslagen binnenkwamen. (*Vadim Ghirda*, AP *Photo*)

Toen Zelensky president was geworden, bleven zijn ouders, Oleksandr en Rimma, in hun oude appartement in Kryvy Rih wonen en weigerden naar de hoofdstad te verhuizen. Maar aan het begin van de invasie moesten ze geëvacueerd worden toen Russische troepen vanuit het oosten en zuiden optrokken naar de geboortestad van de president. (*Kantoor van de president*)

Een portret van het gezin van de president dat kort nadat hij in 2019 was aangetreden op sociale media werd verspreid. De schmink op de gezichten was bedoeld om de privacy van Zelensky's zoon Kyrylo, toen zes jaar oud, te beschermen. Ze deden dat niet bij de vijftienjarige dochter Oleksandra, die thuis Sasja wordt genoemd, aangezien zij toch al een paar keer was verschenen in tv-shows van haar vader en het publiek haar kende. (*Kantoor van de president*)

Bij hun eerste ontmoeting in december 2019 in Parijs leek Vladimir Poetin koel en geërgerd terwijl hij met een hele litanie aan historische grieven kwam voor Zelensky. De Europese bemiddelaars, bondskanselier Angela Merkel en de Franse president Emmanuel Macron, konden niets doen om de impasse te doorbreken. (*Charles Platiau,* AFP *pool photo via Getty Images*)

In september 2019 had Zelensky in New York in een achterkamertje een ontmoeting met Donald Trump tijdens de Algemene Vergadering van de Verenigde Naties. Een paar dagen daarvoor was bekend geworden dat Trump Zelensky onder druk had gezet om hem een politieke gunst te verlenen. Zijn ontmoetingen met Trump knaagden aan Zelensky's geloof in de bondgenoten van Oekraïne. 'Ik vertrouw helemaal niemand meer,' zei hij tijdens het impeachmentschandaal. (*Saul Loeb,* AFP *via Getty Images*)

First lady Olena Zelensky poseert in het presidentieel complex in de Bankovastraat met een van haar lijfwachten. 'Je zuigt het op,' zei ze over de oorlog. 'Ieder van ons, ook ik, heeft wel gemerkt dat onze psychische toestand niet is wat hij zou moeten zijn.' Een paar maanden na de invasie zei ze: 'Geen van ons is oké.' (*Maxim Dondjoek*)

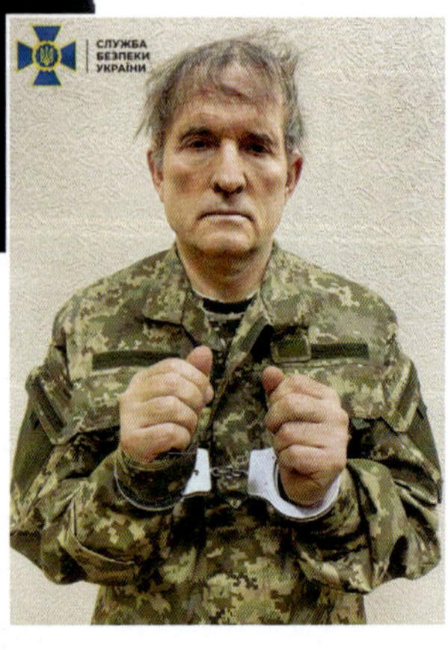

In zijn pogingen Oekraïne te domineren was Poetin van plan zijn goede vriend en bondgenoot in Kyiv, de schatrijke politicus Viktor Medvedtsjoek, op Zelensky's plaats te installeren. Maar Medvedtsjoek werd tijdens de Russische invasie door de Oekraïense veiligheidsdienst gearresteerd, gedwongen met handboeien om te poseren voor deze mugshot en later naar Rusland gezonden in een gevangenenruil. (Links: *Vjatsjeslav Prokofjev, Tass pool photo via AP*; rechts: *Oekraïense veiligheidsdienst, foto voor de pers via Getty Images*)

Tijdens zijn eerste reis naar het oorlogsgebied met de auteur in april 2019 bracht Zelensky een bezoek aan het front bij het dorp Sjoemy, in het oosten van Oekraïne. Er waren toen al tienduizenden Russische soldaten naar de grens met Oekraïne gestuurd en zij stonden nu klaar om binnen te vallen. Maar Zelensky bleef nog altijd de dreiging van een invasie bagatelliseren, tot de dag voor die begon. (*Kantoor van de president*)

In juli 2021 benoemde Zelensky een nieuwe opperbevelhebber van de Oekraïense krijgsmacht, generaal Valeri Zaloezjny, die tijdens de grote invasie van de daaropvolgende winter de verdediging van het land zou leiden. Onenigheid over de strategie en geruchten over politieke aspiraties van de generaal zouden een kloof hebben doen ontstaan tussen hem en de president. (*Valentyna Polisjtsjoek, Global Images Ukraine via Getty Images*)

De invasie begon op de ochtend van 24 februari 2022 met golven Russische raketten, die op steden en dorpen in heel Oekraïne werden afgevuurd. Vaak kwamen ze in woonwijken terecht en werden burgers gedwongen te vluchten of te schuilen in kelders, bunkers en tunnels van de ondergrondse. Vele werden tijdens hun vluchtpoging gedood. (*Maxim Dondjoek*)

Toen de Russen Kyiv naderden, riep Zelensky op tot massaal verzet en deelden de autoriteiten wapens uit aan burgers. Duizenden van hen boden zich aan als vrijwilliger om checkpoints te bemannen en de strijd aan te gaan met de Russen, terwijl ze vaak minder wapens hadden en nauwelijks waren opgeleid. (*Maxim Dondjoek*)

Op de eerste dagen van de invasie zagen commerciële satellieten een lange colonne Russische militaire voertuigen, die op een gegeven moment zelfs vijfenzestig kilometer lang was. De voertuigen reden vanuit Belarus zuidwaarts richting Kyiv met de bedoeling de hoofdstad te omsingelen. (*Maxar Technologies via Getty Images*)

Oekraïense troepen legden hindernissen en vielen delen van de optrekkende colonne aan met aanvalsdrones, artillerie en raketwerpers. (*Maxim Dondjoek*)

De wegen naar Kyiv lagen al gauw vol zwartgeblakerde resten van Russische manschappen en militaire voertuigen, die door de Oekraïners weggehaald moesten worden. (*Maxim Dondjoek*)

Nadat de Russische troepen zich in maart 2022 hadden teruggetrokken uit de voorsteden van Kyiv, lieten ze de bewijzen achter van massaexecuties, marteling en andere gruweldaden in plaatsen als Boetsja, dat op 4 april 2022 door de president werd bezocht. Hij zou het nog lang de pijnlijkste dag van dat tragische jaar noemen. (*Ronaldo Schemidt,* AFP *via Getty Images*)

Hoewel veel Europese leiders zich het liefst buiten de oorlog in Oekraïne hadden gehouden om de relatie met Rusland niet in de waagschaal te stellen, slaagde Zelensky erin hen aan zijn kant te krijgen. Enkelen namen in juni 2022 de trein om hem op te zoeken in Kyiv, onder wie, van links naar rechts achter Zelensky: de Roemeense president Klaus Iohannis, de Franse president Emmanuel Macron, bondskanselier Olaf Scholz en de Italiaanse premier Mario Draghi. (*Maxim Dondjoek*)

Tijdens zijn regelmatige reizen naar het oorlogsgebied vergaderde Zelensky in ondergrondse commandoposten als deze met hoge ambtenaren en militairen. Deze bunker, die alleen toegankelijk was via een massief ijzeren deur, was verborgen onder een fabriek bij het zuidelijke front. (*Maxim Dondjoek*)

Hun tweede reis naar het oorlogsgebied legden president Zelensky en de auteur af per trein. Ze gingen naar Cherson, een stad aan het front die twee dagen eerder, in november 2022, was bevrijd van de Russen. (*Maxim Dondjoek*)

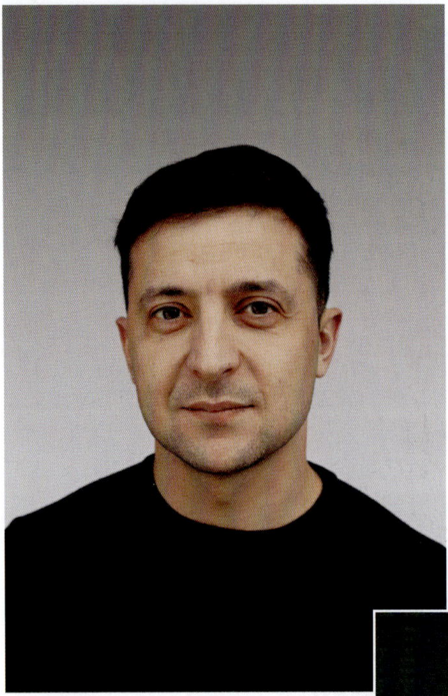

Zelensky in de lente van 2019, twee maanden voordat hij president werd...

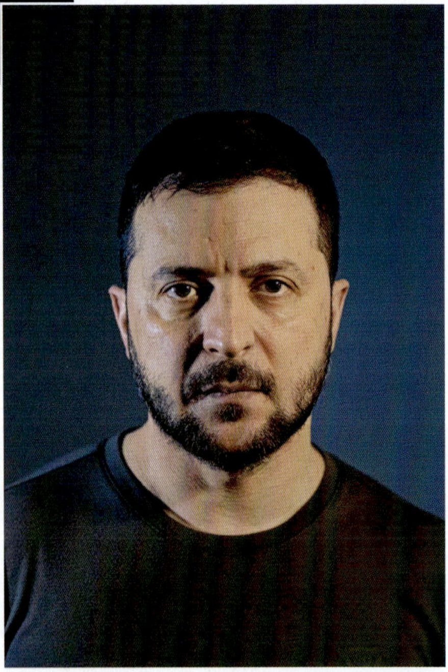

... en in de lente van 2022, twee maanden na de Russische invasie. (Boven: *Anastasia Taylor-Lind*; onder: *Alexander Tsjekmenev*)

'Ik ben ouder geworden,' zei hij op de dag waarop de tweede foto is genomen. 'Ik ben erg oud geworden van al deze wijsheid die ik nooit wilde. Het is de wijsheid die meekomt met het aantal mensen die gestorven zijn en de martelingen die de Russische soldaten hebben begaan... Om eerlijk te zijn, ik heb nooit het doel gehad om kennis als deze te krijgen.'

gen. Misschien hadden de mensen in het verleden gewoon niet goed geluisterd,' zei hij over Zelensky's gedachten uit die tijd. 'Mogelijk was er nog de nodige wrevel waarover gesproken moest worden. Daarom wilden we dit. Een ontmoeting regelen. Een gesprek van man tot man.'

Al snel waren ze het eens over de opzet van de topontmoeting. Die zou in december in Parijs worden gehouden. Terwijl de datum snel naderde, bleef Zelensky hoop houden dat de Amerikanen hem zouden steunen. Ondanks de schade die zijn relatie met Trump had opgelopen door de toestanden rondom diens impeachment, wist Zelensky dat niemand Poetin beter kon motiveren dan de Amerikaanse president om in goed vertrouwen de onderhandelingen in te gaan. Maar de VS hadden geen formele rol in het vredesproces en er zouden geen Amerikanen aan de onderhandelingstafel zitten. De bemiddelaars in de gesprekken waren Duitsland en Frankrijk, en Zelensky durfde er niet volledig op te vertrouwen dat die hem zouden blijven steunen.

Angela Merkel, de Duitse bondskanselier, had Poetin aangespoord om deel te nemen aan de gesprekken, maar haar steun voor Oekraïne brokkelde steeds meer af toen het om de economische belangen van haar eigen land ging. In de loop van dat jaar haastten de Duitsers zich om een energieproject met Rusland af te ronden; een project waardoor de Oekraïense economie ernstig verzwakt zou kunnen raken. Met de nieuwe gaspijpleiding, bekend als Nord Stream 2, zou Oekraïne buitenspel worden gezet, omdat Russische brandstof via die onderzeese pijpleiding dwars door de Oostzee rechtstreeks naar Duitsland zou worden getransporteerd. De geschatte inkomstenderving voor de regering van Zelensky zou ongeveer 3 miljard dollar per jaar bedragen, een bedrag dat Oekraïne anders naar verwachting zou verdienen aan het vervoeren van Russisch gas naar Europa via zijn eigen pijpleidingen. In feite werd Oekraïne door Duitsland en Rusland uit de Europese gashandel weggebonjourd. De Fransen leken niet veel betrouwbaarder. De Franse president Emmanuel Macron zou de gastheer van de vredesbesprekingen zijn, maar vanwege diens recente oproepen aan Poetin werd dat door de Oekraïners met de nodige kopzorgen ontvangen.

Macron zei dat Rusland moest worden gezien als een partner van het NAVO-bondgenootschap en niet als een bedreiging. In een interview met *The Economist* verklaarde Macron ook dat de NAVO 'hersendood' was en misschien niet langer bereid was om elke lidstaat tegen een Russische aanval te verdedigen.

Tijdens hun beruchte telefoongesprek in juli had Zelensky zich bij president Donald Trump beklaagd over de Europeanen, en hij plaatste vraagtekens bij hun vastberadenheid om de Russische economie te isoleren. 'Ze handhaven de sancties niet,' zei Zelensky tegen Trump. 'Ze spannen zich niet zo hard in voor Oekraïne als ze zouden moeten doen.' Maar het waren de enige bondgenoten die Zelensky in Parijs aan zijn zijde zou hebben, en hij was er nog steeds van overtuigd dat de gesprekken tot een doorbraak konden leiden.

Die herfst brachten zijn assistenten hem de notulen van eerdere onderhandelingsronden, die helemaal teruggingen tot het begin van de oorlog. 'Ik heb ze bestudeerd en daardoor weet ik het volgende,' zei Zelensky toen we elkaar in november ontmoetten om de voorbereidingen te bespreken. 'Mensen zijn naar deze bijeenkomsten gekomen met de intentie om vooral niets te laten gebeuren.' Ik vroeg wat hij daarmee bedoelde. Dat de onderhandelaars deden alsof? 'Dat is hoe ik het voelde,' zei hij. 'Vaak draaien deze bijeenkomsten in een cirkeltje rond, waarbij mensen steeds dezelfde dingen herhalen.'

◆

Lang voordat Zelensky aan de macht kwam, hadden Oekraïne en Rusland hun voorwaarden voor vrede in de Donbas al vastgelegd. Hun eerste vredesakkoord, bekend als Minsk-1, dateerde uit de eerste maanden van de oorlog, toen de bloemenkransen op de graven van de demonstranten die tijdens de revolutie van 2014 waren gedood nog vers waren. In mei van dat jaar was Porosjenko tot president gekozen, en in de eerste weken van zijn ambtstermijn was zijn doel hetzelfde geweest als dat van Zelensky vijf jaar later. 'Ik ben absoluut zeker van één ding,' zei Porosjenko tegen me in een interview destijds, twee dagen na zijn inauguratie. 'Met mijn eerste acties als president zal ik ervoor zorgen dat er vrede komt in de oostelijke regio's.'[155]

Veel steden in die regio's waren toen al tot totale anarchie vervallen. Russische paramilitairen, lokale bendes en goedbewapende milities hadden de controle over overheidsgebouwen overgenomen, en ze veranderden delen van de Donbas in separatistische bolwerken die zich aan de controle van Kyiv probeerden te ontworstelen. Elke tak van de centrale overheid, van verkeersagenten tot belastinginspecteurs aan toe, had deze gebieden in de steek gelaten en gekozen voor de handlangers van Rusland. Toen Oekraïne dat voorjaar presidentsverkiezingen probeerde te houden, blokkeerden militanten – gewapend en gesteund door Moskou – de stembusgang in die oostelijke delen van Oekraïne die onder hun gezag stonden. Tijdens de campagne in de regio Loehansk werden twee verkiezingsfunctionarissen ontvoerd en vastgehouden. Een van Porosjenko's plaatsvervangers werd in de regio Donetsk neergeschoten. Tijdens een rondreis per trein langs de separatistische enclaves werd Porosjenko's konvooi door een groep militanten de stad uit gejaagd, waarbij zijn chauffeur dwars door een akker moest rijden om het vliegveld te bereiken, waar een toestel klaarstond om hem te evacueren. Porosjenko's toon was vlak, bijna emotieloos, toen hij me over het incident vertelde: 'De separatisten,' zei hij, 'probeerden mij en mijn medewerkers te gijzelen.'

Een paar dagen later ging het Oekraïense leger over tot de aanval. Op 26 mei, de dag nadat Porosjenko de presidentsverkiezingen had gewonnen, vielen gevechtshelikopters posities van de separatisten in de buurt van de stad Donetsk aan, en tegen de avond vulden de plaatselijke mortuaria zich met de lichamen van pro-Russische strijders. Sinds het begin van de oorlog was het de dag waarop de meeste doden waren gevallen, en Porosjenko leek te denken dat dit machtsvertoon zijn positie zou versterken. 'Rusland ziet nu hoe gevaarlijk zijn beleid ten aanzien van Oekraïne is,' zei hij tegen me. 'Er gaan tientallen doodskisten terug naar de Russische Federatie. En waar sterven ze voor?'

Poetin leek er geen antwoord op te hebben. Het Kremlin bleef ontkennen dat er Russische soldaten in de Donbas aanwezig waren, en de Russische militaire top behandelde hun inzet en dood als een zwaarbewaakt geheim. Poetin was ook niet geïnteresseerd in het annexeren van de oostelijke regio's van Oekraïne, zoals hij dat een paar maanden eerder had gedaan met de Krim. Hij erkende niet eens de legitimiteit van de separatistische leiders in de Donbas. In plaats daarvan voorzag hij hen van wapens en strijders; hij vond het prima om het conflict rustig voort te laten woekeren, terwijl ondertussen de vredesbesprekingen op gang kwamen. De eerste onderhandelingsronde werd begin juni 2014 gehouden, tijdens de ceremonie ter ere van de zeventigste verjaardag van D-day, de invasie in Normandië. President Barack Obama woonde dat evenement bij en hielp bemiddelen bij de gesprekken tussen Poetin en Porosjenko. Maar de actiefste bemiddelaars waren Duitsland en Frankrijk; hun leiders pushten beide partijen om het eens te worden over een wapenstilstand.

Destijds deed Porosjenko zijn uiterste best om de mensen in de Donbas ervan te overtuigen dat hun rechten onder zijn heerschappij beschermd zouden worden. De meeste kregen hun informatie nog steeds van de propagandakanalen van het Kremlin, en die beweerden dat Kyiv van plan was de Russische taal uit te bannen en etnische Russen te vervolgen. Porosjenko deed zijn best om dat verhaal te weerleggen. 'De garantie moet er zijn dat mensen het recht hebben om de taal te spreken die ze willen,' zei hij een paar dagen na de besprekingen in Normandië. 'Het is van cruciaal belang dat we vertegenwoordigers van de Donbas kiezen met wie we een dialoog kunnen voeren.' Deze kwesties – taalrechten, lokale verkiezingen, de wettelijke status van de Donbas – stonden centraal in de vredesbesprekingen die die zomer begonnen en tot begin 2015 voortduurden. Rusland en Oekraïne stuurden beide afgezanten naar deze gesprekken, die werden gehouden in Minsk, de hoofdstad van Belarus. De separatistische leiders uit Oost-Oekraïne zaten ook aan de onderhandelingstafel, ook al stonden die in wezen onder controle van Moskou.

Alle partijen kwamen overeen om gedurende het vredesproces niet meer te vechten, maar geen van alle hielden ze zich aan die afspraak. Integendeel, het bloedvergieten werd alleen maar erger. Aan het begin van de onderhandelingen was Rusland niet tevreden met de hoeveelheid grondgebied waarover zijn stromannen zeggenschap hadden. Dus die zomer en vroege herfst rukten er troepen op die nog meer steden en dorpen innamen en daarbij honderden Oekraïense soldaten doodden. Bij verschillende gelegenheden zette het Kremlin reguliere Russische troepen in, uitgerust met tanks en zware artillerie, om de strijd voort te zetten als de paramilitaire troepen ontoereikend bleken.

Moskou voorzag de separatisten ook van luchtdoelraketten, wapens die in juli 2014 verantwoordelijk waren voor het neerhalen van een burgervliegtuig – vlucht MH17 van Malaysia Airlines – ogenschijnlijk per ongeluk. Alle 298 passagiers en bemanningsleden kwamen om het leven en hun lichamen lagen verspreid over tarwe- en zonnebloemvelden in de Donbas. Een paar weken later omsingelde en vermoordde het Russische leger honderden Oekraïense manschappen rond de stad Ilovajsk, die werden neergemaaid toen ze zich al terugtrekkend probeerden over te geven. Door de wreedheid van deze aanvallen kwam Kyiv enorm onder druk te staan om een deal te sluiten. Westerse leiders zagen dat Oekraïne geen schijn van kans had om de Russen op het slagveld te verslaan. Porosjenko zag dat ook. 'Vergeet niet dat we twee maanden geleden nog niet eens een leger hadden,' zei hij die zomer tegen me. 'De Oekraïense soldaat was in feite naakt, blootsvoets, hongerig en ongewapend.'

Als bemiddelaars in de oorlog drongen Duitsland en Frankrijk er bij de Oekraïners op aan concessies te doen, en Porosjenko ging akkoord met veel van de Russische eisen. Hij wilde de separatisten toestaan om binnen de gebieden die ze hadden ingenomen een groot deel van hun eigen zaken te regelen. Deze voorwaarden werden opgenomen in het vredesakkoord dat hij begin september 2014 ondertekende, maar dat hield geen stand. De Russen bleven in de herfst en winter druk uitoefenen, met als dieptepunt een veldslag die meer dan duizend levens zou kosten. Begin februari 2015 omsingelde een gecombineerde troepenmacht van Russische manschappen en paramilitaire eenheden duizenden Oekraïners in de stad Debaltseve, onder wie veel burgers, en bestookte hen met artillerie en raketsystemen met meerdere lanceerinrichtingen. De slachting ging door, zelfs nadat Oekraïne er midden in die strijd mee instemde om een aangepaste versie van de vredesakkoorden te ondertekenen.

Deze nieuwe overeenkomst, die bekend werd als Minsk-2, was gedetailleerder dan de eerste en – in de ogen van veel Oekraïners – niet beter. Volgens een van de bepalingen werd Oekraïne verplicht om voor het einde van 2015 een nieuwe grondwet aan te nemen, waarin het principe van 'decentralisatie' zou worden vastgelegd. In de praktijk betekende dat dat de macht van de hoofdstad naar de regio's zou worden verschoven, wat een uitholling van het gezag van Kyiv over de Donbas zou betekenen. De afgescheiden regio's in het oosten zouden deel blijven uitmaken van Oekraïne, maar de centrale regering zou hun toestaan sterkere banden met Rusland op te bouwen, er eigen rechtbanken en onderwijssystemen op na te houden en eigen 'volksmilities' op te richten om de vrede te bewaren.

In een later stadium zou Porosjenko de voorwaarden van die deal als een soort sluipende annexatie van de oostelijke regio's van Oekraïne beschouwen. Hij geloofde dat door deze decentralisatie de Donbas steeds verder in de greep van Moskou zou raken. Toen Zelensky deze akkoorden vier jaar nadat zijn voorganger ze had ondertekend bestudeerde, kwam hij tot vrijwel dezelfde conclusie. De Minsk-akkoorden, zei Zelensky tegen me, 'waren een middel om Oekraïne in een constante staat van instabiliteit te houden'.

De Russen hebben dat ook toegegeven. Aan het begin van de oorlog had Poetin geen plannen om Oost-Oekraïne op te slokken zoals hij met de Krim had gedaan. Hij wilde dat de Donbas een deel van Oekraïne zou zijn dat door Rusland gecontroleerd kon worden. 'Het is een typisch voorbeeld van een Trojaans paard,' vertelde een van Poetins naaste medewerkers me. 'Ze geven deze regio's een speciale status en een beetje autonomie, en ze laten de westerse partners de Oekraïners ervan overtuigen dat ze daarin mee moeten gaan. Dat is wat wij een koffer zonder handvat noemen.' Oekraïne zou opgezadeld worden met een regio verwoest door de oorlog en beïnvloed door Russische propaganda. De inwoners – zo'n 3,5 miljoen mensen – zouden een sterk pro-Russisch blok binnen het Oekraïense parlement steunen en ze zouden alle pogingen van Kyiv om Oekraïne te laten integreren in het Westen dwarsbomen. Na verloop van tijd zouden ze zelfs een kandidaat naar voren kunnen schuiven die sterk genoeg zou zijn om de macht te grijpen in het hele land, net zoals ze hadden gedaan met Viktor Janoekovytsj tijdens de verkiezingen in 2010.

Verankerd in de kleine lettertjes van de Minsk-akkoorden lag daar het plan van Moskou en de Russen spraken daar openlijk over. Een paar weken na de ondertekening van de Minsk-2-akkoorden, in 2015, had ik in Moskou afgesproken met een van de opstellers, Konstantin Zatoelin, een trotse imperialist met een borstelsnor. De stemming in Rusland was op dat moment gespannen. Er was een jaar verstreken sinds de annexatie van de Krim en het gevoel van euforie in Moskou was langzaam weggeëbd. Men begon de westerse sancties te voelen, waardoor de roebel in waarde daalde en veel investeerders werden afgeschrikt. Veel Russen begonnen te beseffen dat er een prijs betaald moest worden voor de oorlog in Oekraïne. Het regime had geproefd van onderwerping in de Donbas en het zou zich anders gedragen tegenover zijn burgers in eigen land.

Een paar dagen voor mijn aankomst in Moskou was Boris Nemtsov, een van Poetins meest invloedrijke critici, bij de muren van het Kremlin doodgeschoten. Zijn vrienden en volgelingen waren in shock. Ze hadden voor die week nog een grootschalige protestmars bij het Kremlin gepland om te ageren tegen de oorlog in Oekraïne. Nu zou het een rouwmars worden. Maar Zatoelin, de slimme hardliner, had de tijd van zijn leven. Hij ontving me in zijn rommelige kantoor op korte loopafstand van de plek waar Nemtsov was vermoord. Het was volgestouwd met antieke wapens, ceremoniële sabels en andere militaire snuisterijen, en de planken stonden vol met boeken over de keizerlijke geschiedenis van Rusland, de specialiteit van Zatoelin. Als een van de oprichters van Poetins politieke partij was hij al heel lang een vaste waarde in het Kremlin. Hij zat al sinds 1993 in het Russische parlement, en met zijn werk richtte hij zich op de kwesties van het 'nabije buitenland,' dat wil zeggen, de landen van de voormalige Sovjet-Unie.

Net als Poetin droomde Zatoelin ervan om de greep van Rusland op deze naties te herstellen. Maar in de eerste twee decennia van zijn politieke carrière hadden zijn pogingen op dat vlak weinig opgeleverd. Op de staatstelevisie orakelde hij over de versleten taalkundige en religieuze banden die Oekraïne ooit binnen de 'Russische wereld' hadden gehouden. Maar weinig mensen namen hem serieus. In 2006 beschouwden de Oekraïense autoriteiten hem als persona non grata en klaagden ze hem aan voor het aanzetten tot etnisch geweld. Pas in 2014 kreeg Zatoelin de kans om echt te schitteren. Aan het begin van de oorlog werd hij contactpersoon tussen het Kremlin en diens paramilitaire handlangers in Oekraïne, waarbij hij geld doorsluisde naar de leiders en hen instrueerde om in opstand te komen en de controle over lokale overheden over te nemen. Dat gebeurde met wisselend succes. Zatoelin en zijn trawanten hoopten het hele zuiden en oosten van Oekraïne over te nemen, dat gelijkstond aan minstens een derde deel van het land, maar ze moesten genoegen nemen met de Krim en slechts delen van de Donbas. Maar Zatoelin leek tevreden met deze beperkte overwinningen. Het was voldoende, zei hij tegen me, zolang Oekraïne ermee instemde om de akkoorden van Minsk uit te voeren.

De crux van die deal was volgens hem het concept van decentralisatie, waardoor Rusland de regio's in Oekraïne zou kunnen controleren die 'over alle belangrijke kwesties het Russische standpunt delen'. De lokale autoriteiten in deze regio's zouden loyaal blijven aan Moskou. Het Kremlin zou hen kunnen helpen met het voeren van politieke campagnes en het lanceren van nieuwe tv-zenders. In geval van nood kon hun loyaliteit worden gekocht of door middel van afpersing worden verkregen. 'Rusland zou zijn eigen solisten hebben in het grote

Oekraïense koor, en zij zouden voor ons zingen,' zei Zatoelin. 'Dit zou ons compromis zijn,' zei hij tegen me, 'en als de regering in Kyiv deze regeling zou accepteren, zou Oekraïne niet verscheurd hoeven raken.'

De machtigste bondgenoten van Oekraïne in het Westen vonden het een heel redelijk compromis. Angela Merkel, de bondskanselier van Duitsland, zette Porosjenko onder druk om het akkoord te accepteren en de Amerikanen drongen er bij hem op aan om het in te voeren. In de hoop het vredesproces vooruit te helpen bracht Joe Biden, de toenmalige vicepresident van de VS, eind 2015 een bezoek aan Kyiv. Een van zijn eerste haltes was het Onafhankelijkheidsplein, waar hij een tijdje in gedachten verzonken stilstond bij het gedenkteken voor demonstranten die tijdens de revolutie zo wreed waren vermoord. De volgende dag hield Biden een toespraak voor het parlement waarin hij de akkoorden van Minsk krachtig steunde. Ze zouden voor beide partijen in de oorlog moeilijk te accepteren zijn, zei Biden. De Russen zouden hun troepen moeten terugtrekken en hun handlangers moeten ontwapenen, en Oekraïne zou weer de controle over de grens met Rusland moeten krijgen. Daarnaast zouden de autoriteiten in Kyiv ook vastberadenheid moeten tonen; het land zou zijn grondwet moeten veranderen, zei Biden, en het idee van decentralisatie moeten accepteren. Hoewel het onjuist was, vergeleek hij de procedure zelfs met het Amerikaanse politieke experiment uit 1776. 'Dezelfde federalistische kwestie heeft het ontstaan van onze natie bijna gedwarsboomd,' zei Biden. 'Autonome, onafhankelijke staten. Hun vastberadenheid om een eigen politiemacht te hebben. Hun vastberadenheid om een eigen onderwijssysteem te hebben en een eigen regering te hebben onder een gemeenschappelijke grondwet.'[156]

Hij drong er bij Oekraïne bovenal op aan om verkiezingen te houden in de Donbas en de mensen hun eigen leiders te laten kiezen. Die verkiezingen maakten deel uit van het vredesproces dat in de Minsk-akkoorden was vastgelegd, en Biden geloofde dat ze Oekraïne op de lange termijn alleen maar sterker zouden maken. 'Vrije en eerlijke verkiezingen zijn precies waar het Kremlin het bangst voor is,' zei hij.

'Het is niet alleen jullie grondgebied dat ze begeren, het is tevens jullie succes dat ze vrezen. De grote angst van Rusland is dat de mensen tijdens vrije verkiezingen duidelijk zullen maken dat ze een integraal onderdeel [van Oekraïne] zijn – dat ze op de eerste plaats Oekraïners zijn, zoals ze naar mijn stellige overtuiging zullen doen. Dat is waar Poetin bang voor is.'

◆

Toen Zelensky vier jaar later aantrad als president, onderschreef hij de premisse van die toespraak. Hij wilde ook verkiezingen houden in de delen van de Donbas die door Rusland werden gecontroleerd. Zelensky erkende dat deze separatistische regio's sinds het begin van de oorlog in 2014 diep geïsoleerd waren geraakt, en dat ze zeer slecht functioneerden en sterk afhankelijk waren van Moskou. Ze werden geregeerd door een wisselende groep krijgsheren en spindoctors die elkaar stelselmatig vermoordden, waarna ze simpelweg werden vervangen door nieuwe mensen die door het Kremlin werden aangesteld. Een van de leiders, die bekendstond als Batman, werd in een hinderlaag gelokt en in Loehansk aan de kant van de weg met kogels doorzeefd. Een ander werd opgeblazen in zijn favoriete café. Een derde, bijgenaamd Motorola, kwam om het leven bij een bomaanslag in zijn appartementencomplex. Een vierde werd met een vlammenwerper verbrand en een vijfde werd doodgeschoten in een restaurant in de buurt van Moskou. De lijst was lang.

In geen van de twee separatistische regio's, die zichzelf de Volksrepublieken Donetsk en Loehansk noemden, functioneerde de economie naar behoren. Ze waren afgesneden van alle vormen van legale handel met de rest van de wereld. Met een klein beetje subsidie van Rusland handelden ze in smokkelwaar, vooral wapens en steenkool. Er was geen enkel land ter wereld, zelfs Rusland niet, dat de onafhankelijkheid van de zogenaamde volksrepublieken erkende. Toch woonden er meer dan drie miljoen Oekraïense burgers en zij mochten, sinds de Russen in

2014 de macht hadden overgenomen, niet deelnemen aan Oekraïense verkiezingen. Zelensky dacht dat hij de inwoners kon terugwinnen, of in elk geval genoeg van hen, om een verschil te kunnen maken in de oorlog. Wat zou er gebeuren als de mensen in deze regio's niet langer de Russische heerschappij over hun steden en dorpen zouden accepteren? Wat zou er gebeuren als ze in opstand zouden komen tegen de separatisten? Wat zou er gebeuren als ze de kans kregen om te stemmen in vrije verkiezingen en zouden besluiten om zich te herenigen met Oekraïne?[157]

Betrouwbare peilingen van de publieke opinie waren in deze regio's moeilijk te vinden. Volgens de beste opiniepeiling die in het najaar van 2019 beschikbaar was, wilde iets meer dan de helft van de mensen in de separatistische enclaves, die in werkelijkheid helemaal geen separatisten waren, opnieuw bij Oekraïne horen. Ongeveer 45 procent wilde een onderdeel van Rusland worden. Een volksraadpleging over deze kwestie zou voor de regering van Zelensky een groot risico vormen. Het zou een bijna ondoenlijke taak zijn om een eerlijke stemming te organiseren, en de mogelijkheid bestond dat met de uitslag de heerschappij van het Kremlin over deze gebieden zou worden gelegitimeerd. Maar Zelensky wilde het toch proberen. Hij voelde verwantschap met de mensen in deze gebieden. Hij kwam net als zij uit het geïndustrialiseerde oosten van het land, en bij de presidentsverkiezingen was in delen van de Donbas die nog steeds onder Oekraïense controle stonden een aantal van de beste resultaten behaald.

In zijn eerste maanden als president zocht Zelensky toenadering tot de mensen die onder de separatisten moesten leven. Hij beloofde hun pensioenen te betalen en de infrastructuur te herstellen. Er werden nieuwe wegen geopend die dwars door de frontlinie liepen, waardoor het voor hen gemakkelijker werd om vrienden en familie in andere delen van Oekraïne te bezoeken. 'Mensen moeten die oversteek maken, dan zien ze dat het hier beter is en dan zal hun mening langzaam veranderen,' zei Zelensky. 'We moeten ze terughalen en voor hen vechten.'[158] Hij wilde ook verkiezingen in de separatistische regio's waarbij wettige leiders zouden worden gekozen, die vervolgens de belangen van de inwoners moesten vertegenwoordigen in gesprekken met de regering in Kyiv. Een paar maanden na zijn verkiezing sprak Zelensky zich publiekelijk uit voor een plan waardoor dergelijke verkiezingen onder Oekraïense jurisdictie gehouden zouden kunnen worden. De voorwaarde voor zo'n stembusgang was dat Rusland al zijn troepen uit de regio moest terugtrekken en alle lokale militanten moest ontwapenen. 'Er komen geen verkiezingen onder dreiging van machinegeweren,' zei hij bij de aankondiging van dit besluit op 1 oktober 2019. 'Er zullen geen verkiezingen worden gehouden als er nog steeds troepen aanwezig zijn.'[159]

Hoge functionarissen in Moskou waren blij met de aankondiging. Ze zagen het als een belangrijke stap in de richting van het implementeren van de Minsk-akkoorden, waarin Oekraïne expliciet werd opgeroepen om verkiezingen te houden in de separatistische gebieden. Maar veel inwoners van Oekraïne waren woedend over de beslissing van Zelensky. Onder de politieke oppositie werd het gezien als een concessie aan Rusland en zijn handlangers. In de herfst van 2019 protesteerden in Kyiv en andere steden tienduizenden mensen; ze beschuldigden Zelensky ervan dat hij bezig was de capitulatie van Oekraïne voor te bereiden. Een van de demonstraties werd gehouden in de Bankovastraat, vlak voor de ramen van zijn kantoor. Tot de leiders van de demonstraties behoorden Zelensky's voormalige rivalen voor het presidentschap, Porosjenko en Tymosjenko, die beiden leidinggaven aan aanzienlijke fracties in het parlement. De demonstraties trokken ook de extreemrechtse vleugel van de Oekraïense politiek aan, met inbegrip van veel oorlogsveteranen. Daarmee vormden ze de eerste uitdaging voor Zelensky's bewind, waardoor zijn populariteit geleidelijk werd aangetast. Toen we elkaar in november in zijn kantoor ontmoetten, kwamen er in het hele land nog steeds protesten voor, waarbij spandoeken werden meegedragen met: 'NEE TEGEN CAPITULATIE!'

Zelensky was nog steeds gevoelig voor kritiek en hij vond deze aanvallen zeer oneerlijk. Hij zette de organisatoren van de protestmarsen weg als opportunisten. Zijn staf deed er in die tijd alles aan om hem weg te houden van sociale media, waar hij met ontelbare memes en commentaren als zwakkeling en zelfs als verrader werd afgeschilderd. Maar hij was vastbesloten om de mensen in de Donbas te laten stemmen: 'We moeten daar verkiezingen houden,' zei hij. 'Ze móéten doorgaan.' Oekraïne zou daarmee een kans krijgen om de Donbas met democratische middelen terug te winnen, en Zelensky had geen geduld met de politici die dat doel liever met geweld wilden bereiken. 'Ik ga niet akkoord met een oorlog in de Donbas,' zei hij. 'Ik weet dat er veel heethoofden zijn, vooral degenen die bijeenkomsten organiseren en die roepen: "Laten we ten strijde trekken om alles terug te winnen!" Maar tegen welke prijs? Wat gaat ons dat kosten? Het gaat weer een kwestie van levens en land worden, en ik doe daar niet aan mee. Als de samenleving daar niet tevreden mee is, zal er een nieuwe leider moeten komen die wel aan die eisen wil voldoen. Maar ik zal daar nooit voor gaan, want ik wil meer dan wat dan ook mens zijn. En ik kan ze niet sturen. Hoe dan? Hoeveel van hen zouden sterven? Honderdduizenden, en er zal een totale oorlog uitbreken, een totale oorlog in Oekraïne en daarna in heel Europa.'[160]

◆

Toen Poetin en Zelensky op 9 december 2019 op de afgesproken tijd in de middag in het Élysée-paleis aankwamen, was de kleine ronde tafel voor vier personen gedekt. De twee mannen zouden tegenover elkaar zitten, dicht genoeg bij elkaar om desgewenst een handdruk te geven, terwijl de twee mediators, Merkel en Macron, aan weerszijden van hen zouden zitten. Alle deelnemers hadden een koptelefoon en een microfoon om voor een gelijktijdige vertaling in alle vier de talen – Russisch, Oekraïens, Duits en Frans – te zorgen. Maar tot verrassing van enkelen van zijn assistenten besloot Zelensky de taalbarrière te doorbreken.

In het begin van het gesprek, toen de journalisten en de nieuwscamera's gevraagd werd de zaal te verlaten, had Zelensky zijn openingswoorden in het Oekraïens gesproken, waarna hij met een glimlach was overgeschakeld naar zijn moedertaal en een Russisch gezegde liet horen. In ruwe vertaling betekent het: Op papier zag de weg er zo glad uit dat we allemaal de valkuilen vergaten.* Het leek een treffende beschrijving van de Minsk-akkoorden, die er op papier misschien rechttoe rechtaan uitzagen – het hele document past op een paar A4'tjes – maar vol valluiken bleken te zitten.

'Vanaf dat moment sprak hij Russisch zolang de gesprekken duurden,' zei de Oekraïense onderhandelaar, Oleksi Reznikov, die achter Zelensky zat. Dit was een inbreuk op het gebruikelijke protocol; als regel gebruikt elke natie voor dergelijke besprekingen standaard haar moedertaal. Maar Zelensky wilde gehoord worden en laten zien dat hij niet gebonden was aan de manier waarop dingen in het verleden waren gedaan. Het gezegde leek ook een poging om het ijs met Poetin te breken, maar dat zou niet meevallen.

Poetin, die in Parijs was aangekomen met alle bagage van zijn eerdere onderhandelingen met Oekraïne, gedroeg zich geïrriteerd en ongeduldig jegens Zelensky. In 2016 waren zijn gesprekken met Porosjenko stukgelopen en daarna hadden de twee presidenten nooit meer met elkaar gesproken. Ze wisselden alleen beledigingen en bedreigingen via de media uit, terwijl de oorlog in de Donbas voortduurde. Zelensky hoopte dat hij de Russen ervan kon overtuigen dat ze door zijn verkiezing als president met een schone lei konden beginnen. Poetin was niet bereid om dat te accepteren. 'De vertegenwoordiger van het Kremlin beschuldigde Oekraïne ervan dat het sommige van zijn beloften niet was nagekomen,' zei Reznikov tegen me. Poetin benadrukte met name

* Het gaat om het volgende gezegde: 'Было гладко на бумаге, да забыли про овраги.' Het is afkomstig uit een satirisch gedicht dat Lev Tolstoj tijdens zijn tijd als soldaat in de Krimoorlog schreef. Die oorlog eindigde in 1856 met het Verdrag van Parijs, een vernederende nederlaag voor het Russische Rijk. In Tolstojs gedicht verwijst de regel over de valkuilen naar de strijdplannen die de incompetente Russische officieren in het hoofdkwartier hadden bedacht, maar de soldaten beseften dat de kaarten die ze hadden gekregen in de verste verte niet op de echte afmetingen van het slagveld leken.

dat Kyiv zijn verplichtingen onder de Minsk-akkoorden niet was nagekomen, maar dat gold voor alle partijen van die overeenkomst. Oekraïne had zijn grondwet niet gewijzigd, had geen verkiezingen gehouden in de separatistische regio's van de Donbas en het had die gebieden evenmin meer autonomie gegeven. Rusland had zijn strijdmacht niet uit deze regio's teruggetrokken en had zich ook niet aan de wapenstilstanden gehouden.

Merkel, die vloeiend Russisch spreekt, had geen tolk nodig om te begrijpen wat Poetin en Zelensky zeiden, en Reznikov had de indruk dat ze het eens was met de klachten van de Russische president. 'Ik zag aan Merkels reactie dat ze het in wezen eens was met zijn ongenoegen, en dat zij ook dezelfde indruk had.' Sinds er in 2014 vredesbesprekingen waren gestart, was Merkel daarbij bemiddelaar geweest, en ze had Porosjenko aangespoord om de akkoorden van Minsk te ondertekenen. Dat gold niet voor Macron. De Franse leider, die in 2017 aantrad, was de enige aan de tafel in Parijs die geen Russisch sprak, en voor hem leek het lastiger om het gesprek te volgen.

Zelensky leek ook enigszins beduusd door Poetins litanie van wrok en klachten. 'Mijn president begreep niet wat het probleem was,' vertelde Reznikov. Zelensky kon Poetins fixatie op de beloften die Oekraïne onder het vorige leiderschap had gedaan niet wegnemen en hij kon op geen enkele manier tot Poetin doordringen, in elk geval niet tijdens dat eerste gesprek. Op de persconferentie na afloop beloofden de twee leiders om verder te praten en richtten ze zich op hun belangrijkste punt van overeenkomst tijdens de gesprekken: een nieuwe gevangenenruil, nog omvangrijker dan de vorige. Het resultaat werd toegejuicht als een gedeeltelijke overwinning voor Zelensky. *The New York Times* meldde dat de voormalige komiek 'een gelijkspel' had bewerkstelligd tegen Poetin, de 'doorgewinterde meester van ongebreidelde wereldwijde intriges'.[161]

Zelensky voelde zich op dat moment misschien even opgelucht, maar de gesprekken in Parijs maakten hem zeer ongerust. Het was een van de zeldzame momenten in zijn leven waarop hij tegen de grenzen van zijn communicatieve vaardigheden aanliep. Hij had verwacht in Poetin een schepsel van vlees en bloed te ontdekken, een man met gevoel voor humor en pragmatisme die Zelensky in zijn eigen voordeel kon aanwenden. 'Met zijn charisma en zijn talent als onderhandelaar dacht hij door dat pantser heen te kunnen breken,' zei Iryna Pobedonostseva, een van Zelensky's naaste medewerkers, met wie de president bij zijn terugkeer naar Kyiv sprak. Voordat ze dat voorjaar de presidentiële persdienst had overgenomen, had ze jarenlang naast Zelensky in zijn filmstudio gewerkt, en ze had haar baas zelden zo neerslachtig gezien als na diens persoonlijke ontmoeting met Poetin. 'Hij dacht waarschijnlijk dat de man menselijker zou zijn,' zei Pobedonostseva. 'We zijn allemaal geneigd om onze eigen eigenschappen op andere mensen te projecteren. Maar sommige mensen zijn anders. Er zijn mensen met wie het gewoon niet mogelijk is om een band op te bouwen.'

Hoe kil Poetins houding ook op Zelensky overkwam, het was niet genoeg om het vredesproces te vertragen. Drie dagen na hun gesprekken deed Zelensky's meerderheid in het Oekraïense parlement nog een belangrijke concessie aan de Russen. Ze namen een wet aan die de weg vrij zou maken om in de separatistische regio's in de Donbas lokale verkiezingen te houden. Dat moest binnen één jaar; de wet zou eind december 2020 aflopen. Daarmee ging voor Zelensky de klok tikken om de beloofde vrede te leveren.[162]

De Russen bleven hem aansporen. Ze stemden er al snel mee in om Oekraïne bijna 3 miljard dollar aan schulden terug te betalen, waarmee een oud financieel geschil werd beslecht.[163] Ze tekenden tevens een vijfjarig contract om Russisch gas via Oekraïense pijpleidingen naar Europa te transporteren. Onder die overeenkomst zou Oekraïne voor het gebruik van zijn pijpleidingen miljarden dollars per jaar ontvangen.[164] In de daaropvolgende maanden stortte Zelensky zich op het vredesproces. Hij promoveerde zijn hoofdonderhandelaar, Andri Jermak, tot stafchef van de regering – hij verving Andri Bohdan – en ze waren op meerdere terreinen tegelijk actief, waarbij verschillende teams met de Russen samenwerkten op het gebied van veiligheid, economische relaties, gevangenenruil en verkiezingen in de Donbas. Deze strategie wekte de indruk dat er sprake was van vooruitgang. Zelfs toen de meeste onderhandelingstrajecten vastliepen, kon Jermak wijzen op bepaalde successen bij een van de meer eenvoudige kwesties, wat het verhaal dat er over het algemeen vooruitgang werd geboekt ondersteunde. In werkelijkheid zat het proces vanaf het begin muurvast. Een lid van Jermaks team zei dat het aanvoelde alsof je wegzakte in een vat met stroop, waardoor het onmogelijk was om te bewegen of te manoeuvreren. Over de verkiezingen in de Donbas zei ze: 'We konden het op geen enkele manier eens worden, maar we moesten gewoon blijven zitten en meespelen en luisteren naar hun onzin.' Precies zoals Zelensky al in eerdere verslagen van zulke gesprekken had gelezen, deden Oekraïne en Rusland alsof ze onderhandelden, maar bleven ze in werkelijkheid om de belangrijkste kwesties heen draaien.

Het wezenlijke probleem met het standpunt van het Kremlin was dat het gebaseerd was op een leugen. Poetin heeft de inzet van Russische troepen in de Donbas altijd ontkend, maar hun aanwezigheid in het oorlogsgebied was goed gedocumenteerd. De wereld had ze gezien op nieuwsbeelden en satellietbeelden, en zelfs in de posts op sociale media van de Russische soldaten zelf. Maar Poetin bleef stellig beweren, zoals hij ook op de Krim had gedaan, dat dit allemaal lokale rebellen en 'zelfverdedigingstroepen' waren, die Moskou niet kón ontwapenen.

Totdat Oekraïne de Donbas permanente zelfstandigheid zou verlenen, weigerden de Russen Zelensky op zijn woord te geloven. Ze wilden dat hij een formeel decreet zou uitvaardigen waarmee hij verkiezingen in de hele Donbas zou toestaan. Sterker nog: ze wilden dat het parlement in Kyiv de akkoorden van Minsk zou ratificeren en zich zou committeren aan de volledige uitvoering ervan. De Oekraïners weigerden. Zij wilden de akkoorden wel wijzigen, ten minste de delen die verouderd, onwerkbaar of onzinnig waren. 'We zeiden dat we bereid waren om Minsk te moderniseren,' zei Reznikov tegen me. In de oorspronkelijke overeenkomst, die in februari 2015 werd ondertekend, was vastgelegd dat Oekraïne zijn grondwet tegen het einde van dat jaar zou veranderen en de separatistische regio's in de Donbas extra autonomie zou toekennen. De deadline was vijf jaar eerder verstreken. Onder Zelensky boden de Oekraïners aan om een nieuw tijdpad op te stellen voor deze grondwettelijke hervormingen. 'En als we toch bezig zijn, laten we dan meteen een paar andere punten regelen,' zei Reznikov tegen de Russen. Maar ze weigerden iets aan de deal te veranderen, 'nog geen komma,' zei hij tegen me. 'Toen begonnen de juridische gevechten. Dat was het moment waarop alles steeds slechter werd.'

Zelfs als ze meer terrein hadden willen prijsgeven, werden de Oekraïners gehinderd door politieke krachten in eigen land. Het verzet tegen de gesprekken was vanaf het begin fel. Oppositieleiders in het parlement beschuldigden Zelensky van verraad, en zijn populariteit had een klap gekregen. Veel leden van zijn eigen partij waren niet bereid zijn aanpak van de vredesbesprekingen te steunen. Zijn plan om de bevolking van de Donbas voor zich te winnen door pensioenen te betalen in de separatistische gebieden liep vast bij de wetgevende macht, die het prijskaartje van 4,2 miljard dollar niet zag zitten en het plan in februari 2020 verwierp.[165]

Jermak werd, als hoofdonderhandelaar, in de media afgeschilderd als een Russische spion, alsof hij samenspande met het Kremlin om de gebieden in Oost-Oekraïne onderling te verdelen. 'Hij was machteloos,' zei zijn naaste adviseur Dasja Zarivna. 'Ze bestempelden hem als een verrader.' De oppositie wilde dat Jermak de akkoorden van Minsk openlijk zou verwerpen en de eisen van Rusland zou afwijzen. Maar hij zweeg over de gesprekken en bleef steeds maar volhouden dat er langzaam maar zeker vooruitgang werd geboekt op de weg naar vrede. 'Hij moest het spel blijven meespelen,' zei Zarivna.

Wat ze ook in het openbaar zeiden, tegen de zomer begrepen beide partijen dat het spel zo goed als voorbij was. Het Oekraïense parlement maakte het halverwege juli officieel, toen het stemde voor het blokkeren van de verkiezingen waarover Oekraïne en Rusland aan het onderhandelen waren. Op 15 juli 2020, aan het eind van een lange en saaie plenaire vergadering, kwam de partij van Zelensky met het plan om in de herfst in het hele land regionale en gemeentelijke verkiezingen te houden, een plan waarbij de Donbas expliciet werd uitgesloten.[166] Om die maatregel te rechtvaardigen, voerden de wetgevers aan dat het onmogelijk zou zijn om een deugdelijke stemming te houden in gebieden die ofwel door Rusland bezet waren, ofwel in de nabijheid van het conflictgebied lagen. Voordat daar verkiezingen konden worden gehouden, moest Rusland eerst al zijn troepen en wapens terugtrekken, alle separatistische strijders ontwapenen en Oekraïne de controle over zijn grenzen in het oosten teruggeven.

Zelensky begreep ook dat hij in die regio's geen steun zou krijgen. 'De mensen in de Donbas zijn gehersenspoeld,' zei hij tegen me. 'Ze leven binnen de Russische informatiesfeer.'[167] Het Kremlin en zijn handlangers hadden de toegang tot Oekraïense televisiekanalen in de regio's waar de Russen de baas waren al lang afgesloten. Door de propaganda die de mensen in de Donbas uit Moskou voorgeschoteld kregen, waren ze ervan overtuigd geraakt dat Rusland hen kwam beschermen tegen het 'fascistische regime' in Kyiv, en Zelensky had het gevoel dat hij geen enkele manier had om hen op andere gedachten te brengen. 'Ik kan ze niet bereiken,' zei hij. 'Ik heb geen hoop meer dat ik deze mensen kan laten inzien dat Rusland echt een bezettingsmacht is.'

Toen het parlement moest stemmen over het plan voor lokale verkiezingen, waren er tweehonderdvijfentwintig leden van Zelensky's partij aanwezig, een ruime meerderheid, en ieder van hen stemde voor het blokkeren van de verkiezingen in de Donbas. Reznikov wist meteen wat dit zou betekenen voor de vredesbesprekingen met Rusland. 'Het torpedeerde de verwachtingen van het Kremlin,' zei hij tegen me. Na vijf maanden besprekingen zouden de Russische onderhandelaars aan hun baas in het Kremlin moeten uitleggen waarom alles uit elkaar was gespat. De Oekraïners verwachtten niet dat de Russen deze mislukking aan hun eigen starre gedrag zouden wijten. Ze zouden Zelensky de schuld geven en Poetin zou woedend zijn. 'Het resulteerde in dezelfde teleurstellingen en dezelfde gekwetste gevoelens jegens Oekraïne en de

Oekraïense autoriteiten,' zei Reznikov. In de hoofden van de Russen, zo stelde hij zich voor, 'veroorzaakt dat agressie en een verlangen naar wraak. Simpel gezegd, is dat de formule voor elk conflict.'

13

De snode prins

Het mislukken van de vredesbesprekingen betekende een grote tegenslag voor de Russische belangen in Oekraïne. Ongeveer anderhalf jaar later zou Vladimir Poetin de weigering van Kyiv om verkiezingen te houden in de Donbas opvoeren als een van zijn excuses voor de invasie. Maar op dat moment had het Kremlin nog een aantal opties om de invloed die het wilde te bereiken. De meest veelbelovende opties hadden betrekking op zijn oude vriend Viktor Medvedtsjoek, die zich had ontpopt als de belangrijkste politieke rivaal van Zelensky. Medvedtsjoek was een rijke machtspoliticus met een hele reeks mediabedrijven in Oekraïne. Hij had het uiterlijk van de vader van Ken, de mannelijke variant van een barbiepop: stijf, gebruind en gemanicuurd, met een hoekige kaak. Zijn rol in het politieke leven van Oekraïne had hem in de pers de bijnaam 'De snode prins' opgeleverd, die overeenkwam met zijn reputatie in de Bankovastraat.

Op het moment dat Zelensky president werd, zat Medvedtsjoek al meer dan twintig jaar in de politiek, en het grootste deel van die tijd als de niet-zo-geheime handlanger van Poetin. Poetin en Medvedtsjoek schelen slechts twee jaar in leeftijd en ze behoren tot de laatste generatie leiders die door het Sovjetimperium zijn gevormd en terugverlangden naar de successen uit die tijd. Beiden onderhielden banden met de veiligheidsdiensten. Poetin was KGB-spion geweest in Duitsland; Medvedtsjoek had de KGB geholpen dissidenten in Oekraïne het zwijgen op te leggen.[168] Maar het verhaal van hun vriendschap begint al vroeg in de eenentwintigste eeuw, tijdens de eerste jaren van Poetins presidentschap. In die tijd was Medvedtsjoek de stafchef van Poetins tegenhanger in Kyiv, president Leonid Koetsjma, en ze zagen elkaar vaak bij officiële gelegenheden. Ze konden het goed met elkaar vinden, net als hun regeringen. Koetsjma, het voormalige hoofd van de grootste rakettenfabriek van de Sovjet-Unie, hechtte veel waarde aan de onafhankelijkheid van zijn land en publiceerde tegen het einde van zijn presidentschap een boek met de titel *Ukraine is not Russia*. Maar hun economieën waren nauw met elkaar verweven. Oekraïne was afhankelijk van Russische olie- en gasleveranties, en de elites in beide landen waren verbonden via zakelijke belangen, families en corruptie.

Poetins relatie met Medvedtsjoek was daar een voorbeeld van. Toen Medvedtsjoek in 2003 in Oekraïne met een beroemde tv-persoonlijkheid trouwde, was Poetin de eregast op hun bruiloft op de Krim. Het jaar daarop vroeg de vrouw van Medvedtsjoek aan Poetin om peetvader te worden van hun pasgeboren dochter Dasja. De doop van het meisje in een kathedraal in Sint-Petersburg, de geboortestad van Poetin, werd bijgewoond door vele oligarchen, hovelingen, ministers en spionnen die destijds Rusland en Oekraïne regeerden. Dasja werd een levend symbool van het verbond tussen deze elites. In een interview op de Russische staatstelevisie vertelde Medvedtsjoek dat Poetin het meisje vertroetelde en een boeket bloemen en een teddybeer voor haar had meegebracht toen hij in de villa van haar familie op de Krim vakantie kwam vieren.[169] 'Onze relatie heeft zich in die twintig jaar verder ontwikkeld,' vertelde Medvedtsjoek me later. 'Ik wil niet zeggen dat ik die relatie uitbuit, maar je zou kunnen zeggen dat ze deel uitmaakt van mijn politieke arsenaal.'

Poetin zou hetzelfde over hem kunnen zeggen. Door de jaren heen kende de relatie tussen Oekraïne en Rusland perioden van crises en vriendschap, maar Medvedtsjoek bleef altijd Poetins trouwe plaatsvervanger in Kyiv, en hij was de enige bekende politicus in Oekraïne die een directe lijn met de Russische president had. Het kwam hem goed van pas. Via zijn connecties in Moskou kreeg zijn familie belangen in Russische gasvelden en een Russische oliepijpleiding, waardoor Medvedtsjoek voldoende geld had om zijn politieke partijen en liefdadigheidsprojecten te financieren. In 2014 en 2015, tijdens de bloedigste dagen van de gevechten in de Donbas, fungeerde hij als bemiddelaar in de vredesbesprekingen en hielp hij om Oekraïne over te halen de voorwaarden van de Minsk-akkoorden te accepteren. Daarna begon hij met het samenstellen van een coalitie van machthebbers in Kyiv die bereid waren om die akkoorden uit te voeren. Dat was geen gemakkelijke taak. De meeste Oekraïners zagen de voorwaarden van de overeenkomst voor wat ze daadwerkelijk waren: berusting jegens de Russen en een gifpil voor het Oekraïense doel om lid te worden van de Europese Unie. De enige politici die de akkoorden van Minsk wilden uitvoeren, kwamen van de pro-Russische partijen in Oekraïne: een verzameling oplichters en oligarchen die elkaar meestal naar de keel vlogen, ruziënd over financiën, kiezers en de zegen van het Kremlin.

In 2018 slaagde Medvedtsjoek er uiteindelijk in hen te verenigen in een politieke alliantie met de naam Oppositieplatform – Voor het Leven, die de verhalen van het Kremlin over de eenheid tussen het Russische en Oekraïense volk overnam. Het platform wilde alle banden met de NAVO verbreken en van Russisch een officiële taal maken in Oekraïne. Naast Medvedtsjoeks fortuin uit de oliehandel kreeg zijn partij steun van verschillende miljardairs die banden hadden met Moskou.[170] Het belangrijkste was dat ze de controle hadden over drie grote televisiezenders in Oekraïne, waardoor ze vooral in de Russischtalige regio's in het oosten en het zuiden een solide basis konden verwerven. In december 2018, net voordat Zelensky zijn plan aankondigde om zich kandidaat te stellen voor het presidentschap, lanceerde de partij van Medvedtsjoek haar eigen campagne.[171]

De kandidaat voor het presidentschap, Joeri Bojko, deed het behoorlijk goed in de race tegen Zelensky en werd vierde met 12 procent van de stemmen. Een paar maanden later deed de partij van Medvedtsjoek het nog beter in de parlementaire race, met een tweede plaats en 43 zetels in het parlement. Voor de medestanders van Rusland zag de comeback er bemoedigend uit. Slechts vijf jaar nadat Poetin opdracht gaf tot de annexatie van de Krim en de oorlog in Oost-Oekraïne begon, werd zijn vriend de oppositieleider in het parlement. Maar om aan de macht te komen, moest Medvedtsjoek Zelensky voorbijstreven. Hij kreeg die kans op een manier die niemand had verwacht: een nieuw luchtwegvirus met de naam COVID-19.

◆

In de herfst van 2020, toen Zelensky's vredesbesprekingen met Poetin op een fiasco uitliepen, had de verspreiding van het nieuwe coronavirus alle andere problemen overschaduwd. Het grootste deel van de wereld zat op slot. Net als in het grootste deel van Europa, beval de Oekraïense regering dat alle restaurants en de meeste winkels moesten sluiten, en om te voorkomen dat het gezondheidszorgsysteem zou instorten, waar ambtenaren voor vreesden, waren openbare evenementen verboden. Zelfs als Zelensky op dat moment nog een gespreksronde met Poetin had willen houden, zou dat bijna onmogelijk zijn geweest. De Russische despoot had zichzelf in quarantaine geplaatst.

Hoewel Poetin al lang obsessief met zijn gezondheid bezig was, leek het risico op besmetting met deze aandoening een verregaande aanval van hypochondrie bij hem teweeg te brengen. Hij trok zich terug op zijn enorme landgoed aan het Valdajmeer, dicht bij een middeleeuws klooster, op ongeveer vier uur rijden ten noordwesten van Moskou. Het landgoed was ontworpen om tegemoet te komen aan Poetins gezondheidsgewoonten, die in het tweede decennium van zijn bewind steeds uitgebreider werden. Volgens de uitgelekte plattegronden van het wellnesscomplex in Valdaj kon hij er cryogene behandelingen ondergaan, modder- en zoutbaden nemen, een cosmetische kliniek bezoeken en 's ochtends baantjes trekken in een 25 meterbad.[172] Slechts een enkeling mocht dit complex bezoeken. In het verleden hield Poetin regelmatig sessies met een kring van adviseurs, oligarchen en andere leden van zijn gevolg, maar de pandemie maakte daar een einde aan. 'Het is een uiterst beperkte kring van mensen met wie hij praat,' zei een Russische miljardair die de bijeenkomsten bijwoonde. 'Mensen moeten eerst een paar weken in quarantaine voordat ze hem kunnen ontmoeten,' zei hij tegen me. 'Hij leeft totaal afgezonderd van de rest van de wereld.'[173]

Poetin maakte echter af en toe een uitzondering op zijn strenge afzonderingsregels. In oktober 2020 nodigde hij Medvedtsjoek uit voor een bezoek. De Russische staatstelevisie toonde de twee mannen gekleed in pak, zij aan zij, onderuitgezakt in fauteuils, zonder mondkapjes en zonder afstand te houden. Het belangrijkste onderwerp van hun ontmoeting, althans in de televisieversie, was het coronavirus. Een paar maanden eerder had Rusland een nieuw vaccin daartegen gepresenteerd en Medvedtsjoek was een van de eersten die de prik kreeg. 'Ik kreeg hem op de tweede dag nadat hij was goedgekeurd,' vertelde hij. 'Mijn vrouw vroeg niet eens naar de bijwerkingen.' Het Russische vaccin, met de naam Spoetnik v, bleek later veilig en effectief. Maar een injectie met dat middel leek destijds een riskante beslissing, want het had geen klinische tests ondergaan voordat het Kremlin het in allerijl op de markt bracht. Noch de Wereldgezondheidsorganisatie, noch enige andere regering buiten Rusland had het gebruik ervan goedgekeurd en zelfs Poetin weigerde er een dosis van te nemen. Maar Medvedtsjoek zag het als meer dan een voorzorgsmaatregel: het was ook een manier om kiezers te winnen. Tijdens zijn ontmoeting met Poetin sloot hij een deal waarbij Rusland miljoenen doses Spoetnik v aan Oekraïne zou leveren.

Het aanbod was zodanig gepland dat het maximaal politiek effect zou hebben. Zo'n drie weken later zouden er in heel Oekraïne regionale en gemeentelijke verkiezingen plaatsvinden. Zelensky was op dat moment op een top in Brussel, waar hij erop aandrong om Oekraïne versneld lid te laten worden van de Europese Unie en waar hij lobbyde voor vaccinleveranties uit het Westen. 'De Europese Unie heeft bevestigd dat ze Oekraïne zal helpen om een echt vaccin geleverd te krijgen, dat geen twijfels oproept bij wetenschappers,' zei Zelensky in reactie op het aanbod van Poetin en Medvedtsjoek.[174] 'Zo vlak voor de verkiezingen zou ik niet al te veel geloof hechten aan de "initiatieven" van bepaalde cynici, die zichzelf al met niet-geteste middelen hebben gevaccineerd.'

Naarmate de verkiezingen dichterbij kwamen, besefte Zelensky dat de golf van steun die hem aan de macht had gebracht was verdwenen. In een landelijke enquête die in de week van de verkiezingen werd gepubliceerd, zei slechts 17 procent van de respondenten dat ze op de partij van Zelensky zou stemmen, een rampzalige terugval voor een leider die meer dan 70 procent steun had toen hij het jaar daarvoor aantrad.[175] Op 25 oktober 2020, de dag van de gemeenteraadsverkiezingen, testten stembureauleden voorzien van mondkapjes en handschoenen kiezers op koorts voordat ze hun stem mochten uitbrengen. De opkomst was bedroevend laag. Zelfs de burgemeester van Kyiv kon niet stemmen voor zijn eigen herverkiezing, omdat hij positief was getest op het virus. De grootste zorg van de natie was niet langer het vredesproces met Rusland. In de eerste tien maanden van de pandemie eiste corona meer Oekraïense levens dan de oorlog in de Donbas in vijf jaar tijd.[176]

Toen de verkiezingsuitslagen binnenkwamen, hadden de kandidaten van Zelensky's partij alle negen burgemeestersverkiezingen in grote steden in Oekraïne verloren. De pijnlijkste nederlaag voor Zelensky was die in zijn geboortestad Kryvy Rih. In de meeste gemeenteraadsverkiezingen haalde zijn partij niet eens de tweede plaats. Ongeacht wat hij in het eerste jaar van zijn ambtstermijn had bereikt, de behoefte aan vaccins overschaduwde nu alle andere eisen van de kiezers. Maar Zelensky kon ze niet leveren. Toen een Duits bedrijf in november aankondigde dat het een veilig en effectief vaccin had ontwikkeld, richtte hij zich rechtstreeks tot kanselier Angela Merkel.[177] Maar tevergeefs. Elk land in de wereld was bezig met voorraden voor zijn burgers aanleggen, en het zou de fabrikanten de nodige moeite kosten om aan die wereldwijde vraag te kunnen voldoen. De grootste vaccinproducenten in de VS en de EU zouden eerst hun eigen bevolking bevoorraden; armere landen zoals Oekraïne zouden op hun beurt moeten wachten. Zelensky vond het vreselijk oneerlijk. 'Met COVID-19 ging het als volgt: jullie zijn een goed land, hier is jullie vaccin,' zei hij later tegen een Duitse journalist. 'En jullie zijn niet zo'n goed land, ga maar achteraan in de rij staan.'[178]

Kiezers in Oekraïne waren net zo gefrustreerd en vele gaven Zelensky de schuld. Op hun televisiekanalen hekelden Medvedtsjoek en zijn bondgenoten de president vanwege dat fiasco en ze voerden aan dat zijn allianties met het Westen niets voorstelden. In tijden van nood, zeiden ze, was het Rusland dat met vaccins kwam. 'En de autoriteiten in Kyiv negeerden die,' vertelde Medvedtsjoek. Begin november ontmoette hij Poetin nogmaals en deze keer deed hij weer een aanbod. De Russen zouden Oekraïne toestaan het vaccin op eigen bodem te produceren, namelijk in een laboratorium in Charkiv, vlak bij de Russische grens. 'Poetin zei: "Ga je gang! Wij zijn bereid om jullie de grondstoffen te geven. Wij zijn bereid om de productiefaciliteiten op te zetten,"' zei Medvedtsjoek. 'Het zou in Oekraïne worden gemaakt! Het zou een Oekraïens product zijn!' In zijn ogen had Zelensky geen geldige reden meer om het aanbod af te wijzen. 'Het was puur politiek.'

Zelensky probeerde deze beschuldigingen te weerleggen door vol te houden dat het Russische vaccin onveilig was en dat het Kremlin het als wapen in de informatieoorlog wilde gebruiken om Medvedtsjoek en zijn politieke partij te steunen. Maar de staf van de president had moeite die boodschap over te brengen. Alle belangrijkste rivalen, onder wie Medvedtsjoek, hadden hun eigen media-imperium. Zelensky niet. 'Omdat we geen oligarchen zijn, hebben we geen enkel eigen kanaal,' vertelde Jermak me. Eind 2020 hadden ze ruzie gehad met hun voormalige baas Ihor Kolomojsky. De tycoon was teleurgesteld geweest over zijn beloning na zijn steun voor Zelensky's presidentiële campagne, omdat hij weinig invloed bleek te hebben op de regering. Zijn bank, die was gered, bleef onder staatstoezicht staan en zijn voormalige advocaat, Andri Bohdan, was ontslagen als Zelensky's stafchef. De berichtgeving op Kolomojsky's televisiekanaal werd steeds vijandiger, naarmate hun relatie meer gespannen en vijandiger werd. Hetzelfde gold voor de rest van de grote Oekraïense nieuwsnetwerken; ze waren meedogenloos in hun kritiek op de president.[179]

Zelensky's familie werd niet gespaard. Ongeveer een jaar nadat ze first lady was geworden, organiseerde Olena's staf in de Bankovastraat een reeks klankbordgroepen om haar populariteit te peilen. Verborgen achter een doorkijkspiegel stond ze toe te kijken hoe gewone Oekraïners hun ongezouten mening over haar gaven. 'Sommige dingen verontrustten me,' zei ze later. Als ze inderdaad zo rijk was, wilden de mensen dat ze geld aan de armen gaf, en daarnaast wisten ze bijna niets over het werk dat ze in dat jaar had gedaan. Deels naar het voorbeeld van Michelle Obama probeerde ze de kwaliteit van schoollunches te verbeteren, wat haar belangrijkste project was als first lady. Maar het kreeg weinig aandacht in de Oekraïense media. 'Bij elke stap die ik zette, lag het aan de welwillendheid van de media of ze het lieten zien of niet. En de media stonden niet altijd aan onze kant.' Het hoofd van Zelensky's persdienst, Iryna Pobedonostseva, verwoordde het probleem in nog sterkere bewoordingen: 'Het was een informatieoorlog,' zei ze tegen me. 'En Zelensky was die aan het verliezen.'[180]

In de herfst van 2020 bleven de peilingen verslechteren en braken er massale protesten tegen hem uit. Bij enkele van de grootste protesten waren nationalistische groeperingen en veteranen van de Azovbeweging betrokken, een paramilitaire groepering met radicaal-rechtse banden. De leiders van de oppositie in het parlement, onder wie Petro Porosjenko, hielpen maar al te graag bij het organiseren van en deelnemen aan de protesten. Een van de meest memorabele protesten vond plaats vlak nadat Zelensky en Jermak het coronavirus hadden opgelopen. De infectie was ernstig, ze moesten allebei in het ziekenhuis worden opgenomen. Op 21 november, Jermaks verjaardag, verzamelde een menigte demonstranten zich buiten het ziekenhuis in Kyiv waar de beide mannen werden behandeld. Vanuit hun respectievelijke kamers op de covidafdeling hoorden de president en zijn stafchef dat de demonstranten muziek afspeelden en leuzen scandeerden. Sommige riepen op om Zelensky af te zetten en te arresteren voor diens inspanningen om vrede te sluiten met Rusland. Het ziekenhuis werd bewaakt door de oproerpolitie, en eenheden met honden fouilleerden de demonstranten op explosieven. Jermak leek vooral geschokt te zijn door het cynisme van de organisatoren. Lang daarna herinnerde hij zich nog dat een van hen hem een bericht had gestuurd terwijl het protest aan de gang was: 'Van harte gefeliciteerd,' stond er. 'Beterschap.' Hoe hypocriet de Russen aan de onderhandelingstafel ook waren, Jermak kon uit zijn raam in het ziekenhuis zien dat veel van Zelensky's binnenlandse vijanden geen haar beter waren. 'Voor hen,' zei hij tegen me, 'is niets heilig.'

◆

Eind 2020 bereikte de populariteit van Zelensky een historisch dieptepunt. Uit opiniepeilingen die eind december werden gepubliceerd, bleek dat zijn partij niet langer de populairste van het land was; de partij van Medvedtsjoek had met een miniem verschil het stokje overgenomen. Uit sommige peilingen bleek dat de partij van Medvedtsjoek in een rechtstreeks duel van Zelensky's partij zou kunnen winnen.[181] Er bestond dus een reëel risico dat de pro-Russische krachten met democratische middelen in Oekraïne aan de macht zouden komen. 'En wat is daar slecht aan?' vroeg Medvedtsjoek. 'Wij komen op voor het herstel van de betrekkingen met Rusland. Dat is wat onze kiezers willen. En dat beleid heeft onze partij in het parlement gebracht.'

Voor Poetin betekende de verschuivende politieke wind in Kyiv een gedenkwaardige kans. Nadat Rusland enkele jaren met aanzienlijke middelen het politieke project van Medvedtsjoek had gesteund, kwam nu de beloning in zicht. De bondgenoten van Rusland hadden genoeg zetels in het Oekraïense parlement om elke poging van Zelensky om met de NAVO en andere westerse instellingen te integreren te blokkeren. Daarnaast konden ze nu ook het proces van 'decentralisatie' doorzetten, waardoor de centrale regering in Kyiv verzwakt zou raken en Rusland zijn greep op de oostelijke en zuidelijke regio's van Oekraïne kon verstevigen zonder militair geweld te gebruiken. In de regel verkoos

Poetin – altijd spion, nooit soldaat – voordat hij overging tot geweld, zijn doelen met allerlei trucs te bereiken. Als Medvedtsjoek de steun van de bevolking bleef houden, zou hij niet alleen de invloed krijgen die Poetin in Oekraïne wilde, het zou ook de reputatie verstevigen die Poetin al veel langer cultiveerde, namelijk die van een sluwe speler die zijn rivalen in het Westen te slim af is en het langer volhoudt dan zij.

In de Bankovastraat hielden Zelensky en zijn naaste adviseurs die winter een reeks crisisvergaderingen om de dreiging van Medvedtsjoek te bespreken, en ze kwamen tot een reactie die evenzeer voortkwam uit de emoties van de president en zijn gekrenkte trots, als uit een weloverwogen inschatting van de eventuele risico's. Op 2 februari 2021 verbood Zelensky de drie televisiezenders die onder controle van Medvedtsjoek en zijn partij stonden. Voor zo'n maatregel bestond in Oekraïne geen wettelijk precedent. In plaats van naar de rechter te stappen, schakelde Zelensky Oleksi Danilov, een van zijn oudste bondgenoten, in om te helpen de zenders uit de lucht te halen. Als secretaris van de Nationale Veiligheids- en Defensieraad tekende Danilov voor een reeks sancties tegen de eigenaars van de zenders – een nieuw soort politieke aanval. Sancties worden normaal gesproken ingezet om buitenlanders te straffen die buiten de jurisdictie van een land vallen. Hier werden ze gebruikt tegen een Oekraïens parlementslid, een oppositieleider en zijn mediaconglomeraat. Enkelen van Zelensky's naaste bondgenoten probeerden hem ervan te weerhouden die weg in te slaan. 'Dit is een illegaal mechanisme dat in strijd is met de grondwet,' zei Dmytro Razoemkov, de voorzitter van het Huis, die de leider was geweest van de presidentiële campagne van Zelensky.[182] 'De wet kan niet vervangen worden door politiek opportunisme,' zei hij.

Toen ik Zelensky vroeg naar die beslissing schoot hij in de verdediging, en in zijn blik wisselden woede en gêne elkaar af. Hij erkende dat het wel een vreemde indruk zou maken dat een voormalige komiek en politiek satiricus, een toneel- en filmster wiens eigen producties door de jaren heen te maken hadden gehad met censuur, was begonnen met het per decreet sluiten van televisienetwerken. 'Wij zijn zeer liberaal in onze opvattingen, in onze filosofie,' zei hij tegen me, hoewel hij niet erg overtuigend klonk.[183] Kennelijk hadden de informatieoorlog van Rusland tegen Oekraïne en het gebruik van politieke handlangers en propaganda Zelensky ertoe aangezet om deze liberale waarden aan de kant te schuiven. Zelensky voelde zich in zijn bestaan bedreigd door Medvedtsjoek en zijn televisiezenders. 'Ik beschouw ze als duivels,' zei hij tegen me. 'Hun verhalen zijn erop gericht Oekraïne van zijn soevereiniteit te beroven.'

Het argument riekte naar paternalisme. Kon men er niet meer op vertrouwen dat mensen televisiekeken en vervolgens hun eigen mening vormden? Al zo lang Oekraïne een vrij en onafhankelijk land was, nu bijna dertig jaar, was het medialandschap een rommeltje geweest, vol draaikonterij en regelrechte desinformatie, doordat verschillende mogols en politici om controle over de mening van het volk streden. Maar het was ook een vrije en competitieve arena voor het publieke debat, dat zijn onafhankelijkheid grotendeels had behouden en niet gecensureerd werd door de overheid. En nu had Zelensky besloten om het mediaconglomeraat van zijn belangrijkste politieke opponent te sluiten. Hij zag diens kanalen niet alleen als een bedreiging voor zijn eigen populariteit, zei hij, maar ook voor het voortbestaan van Oekraïne. 'Wat zijn pro-Russische politici? Ze zijn gekozen. Mensen hebben op ze gestemd. Daar moeten we rekening mee houden. Als mensen op hen stemmen, is dat hun recht. Maar het volgende is het probleem,' zei Zelensky. 'Als ze eenmaal gekozen zijn, doen ze niet wat ze beloofd hebben. Ze beloven het ene en doen het andere; ze werpen een lokaas uit. Om het heel bot te zeggen: ik vind dat je niet op de Oekraïense tv kunt zeggen dat alles in Oekraïne slecht is en alles in Rusland goed.'

Zelensky gaf toe dat in een democratische samenleving dat soort uitspraken – Oekraïne is slecht, Rusland is goed – geen grond zouden zijn voor een algeheel verbod op de media die ze uitzenden. Maar vanwege hun financieringsbronnen, zei hij, verplichtten ze de staat om zich ermee te bemoeien. 'Toen duidelijk werd dat deze zenders gefinancierd werden door zakelijke deals met de Russische bezettingsmacht, zeiden we: nu is het genoeg. Ze nemen Russisch geld aan en pompen dat in die zenders.' Medvedtsjoek werd ervan beschuldigd dat hij zakendeed met de pro-Russische separatisten in Oost-Oekraïne, die door de regering in Kyiv als terroristen werden beschouwd. 'Dat is verboden terrein,' zei Zelensky. 'Dat is financieren van terrorisme. Al Capone heeft veel mensen vermoord, maar hij werd opgesloten vanwege belastingfraude. Ik denk dat deze kanalen ook veel mensen hebben vermoord. Niet rechtstreeks,' zei hij, 'maar met hun informatie.'

De retoriek leek nogal uit de toon te vallen. Het kalmerende geluid van de verbinder die in 2019 aantrad leek ver weg als het over deze televisienetwerken ging. Zelensky had besloten om de strijd met hen aan te gaan, hoewel hij zich nog steeds ongemakkelijk leek te voelen bij de indruk die dat van hem gaf. Zijn tactiek leek op die van Poetin in de eerste jaren van de eenentwintigste eeuw. In die tijd was de Russische media-industrie grotendeels ongebonden en functioneerde ze tevens als strijdtoneel voor rivaliserende politieke clans en oligarchen. Maar al snel na zijn machtsovername ging Poetin achter de mediatycoons aan die zijn bewind bekritiseerden. Hij beschuldigde een aantal ervan dat ze Tsjetsjeense terroristen verdedigden en hij confisqueerde hun televisiezenders. Mensenrechtengroeperingen en activisten voor vrije meningsuiting hadden Poetin veroordeeld voor dit soort acties, en nu veroordeelden ze Zelensky net zo goed voor zijn actie tegen Medvedtsjoek. De Europese Unie waarschuwde hem dat de strijd tegen Russische propaganda niet 'ten koste mag gaan van mediavrijheid'.[184] Maar de regering-Biden, die slechts twee weken eerder was aangetreden, juichte Zelensky's stappen toe. 'We steunen de inspanningen van Oekraïne om zijn soevereiniteit en territoriale integriteit via sancties te beschermen,' zei de Amerikaanse ambassade in Kyiv in een tweet.[185] Medewerkers van het Amerikaanse ministerie van Buitenlandse Zaken vertelden me dat ze onder de indruk waren van het vastberaden optreden van Zelensky tegen de 'kwaadaardige invloed' van Rusland in Oekraïne. 'Hij bleek een doener te zijn,' zei een van de ambtenaren. 'Hij kreeg het voor elkaar.'[186]

De Amerikaanse reactie leek Poetin minstens zo boos te maken als het verbod op de tv-zenders van zijn vriend. Het paste precies in het plaatje van de favoriete verhalen van het Kremlin over westers bedrog en hypocrisie. 'In Oekraïne,' zei Poetin, 'hebben ze gewoon zomaar drie toonaangevende zenders afgesloten. Met één pennenstreek. En iedereen houdt zijn mond! Van sommigen krijgen ze zelfs bemoedigende schouderklopjes.'[187]

Zelensky ging al snel een stap verder. Op 19 februari 2021 kondigde zijn regering de inbeslagname aan van de bezittingen van de familie Medvedtsjoek.[188] Een van de belangrijkste was een pijplijn die Russische olie via Oekraïne naar Europa brengt. Dit was de voornaamste basis voor Medvedtsjoeks fortuin. De pijpleiding had niet alleen hem en zijn familie verrijkt – inclusief Poetins petekind Dasja – ze droeg ook een financieel steentje bij aan de politieke partij die de Russische belangen in Oekraïne vertegenwoordigde. In het openbaar zei Poetin niets over de inbeslagname van die activa.

Maar twee dagen later, op 21 februari, kwam er om zeven uur 's ochtends een voorteken van een Russische reactie. Het Russische ministerie van Defensie kondigde op zijn website in een verklaring die maar weinig mensen was opgevallen aan dat het drieduizend parachutisten naar de grens met Oekraïne zou sturen voor 'grootschalige oefeningen'.[189] Hun komst zou het begin zijn van een grote militaire opbouw langs de grenzen met Oekraïne. Binnen twee maanden zou die uitgroeien tot meer dan honderdduizend Russische manschappen en duizenden militaire voertuigen. Volgens de verklaring van het ministerie van Defensie was het doel van hun oefening het trainen van de Russische elitecommando's om 'vijandelijke structuren in te nemen en onder controle te houden tot de aankomst van de hoofdmacht'. Bijna precies een jaar later zouden Russische parachutisten tijdens hun aanval op Kyiv deze oefeningen in praktijk brengen.

14

Welkom in Ragnarok

Eind maart 2021 had Rusland meer troepen langs zijn grenzen met Oekraïne gestationeerd dan op enig ander moment sinds de annexatie van de Krim. In de Donbas, langs de grenzen van het door Rusland bezette gebied, verhevigden de gevechten zich dat voorjaar, en één vuurgevecht zou in het geheugen van president Zelensky en zijn team beklijven als een mijlpaal op weg naar een totale oorlog. Het begon met het gebulder en gefluit van Russische mijnen die in de buurt van het dorp Sjoemy landden. Omdat ze van kilometers afstand werden gelanceerd, boden ze een duivelse blik. Maar ze explodeerden niet als ze de grond raakten; in plaats daarvan barstte het wapen open en kwam er een web van bijna onzichtbare draden vrij. Iedereen die passeerde en een van de draden aanraakte – een soldaat, een dier, een kind – veroorzaakte een hagel van granaatscherven die alle kanten op spoot.*

Op 26 maart 2021 werd de taak om deze mijnen rond Sjoemy te ruimen toevertrouwd aan een groep sappeurs van de nabijgelegen basis, die als motto hebben: fouten maken is geen optie.[190] Onder hun meer ervaren officieren bevond zich Serhi Barnitsj, een geroutineerde sergeant met een grote neus en een kenmerkend kuiltje in zijn kin. Het harnas dat hij die dag droeg bedekte zijn hoofd en het grootste deel

* Onder internationale wetgeving zijn deze wapens al tientallen jaren verboden. Russische strijdkrachten hebben ze echter tijdens de hele oorlog in het oosten van Oekraïne ingezet.

van zijn lichaam. Hij moest erop vertrouwen dat de uitrusting bestand was tegen kleine scherven en hem hoogstwaarschijnlijk in leven zou houden, voor het geval hij per ongeluk een van de draden zou raken. Die week was de kou van het vroege voorjaar verdreven, en in het veld dat Barnitsj moest ruimen had de zon de meeste sneeuw doen smelten. Terwijl hij de grond afspeurde naar draden, hoorden ze het gierende geluid van een kogel die door de lucht aan kwam suizen. De kogel raakte Barnitsj van achteren in zijn bovenbeen en sloeg een gat in zijn liesslagader. Hij viel schreeuwend op de grond en probeerde het bloeden te stoppen, dat meteen een poel in de modder om hem heen had gevormd.

Met dat eerste schot hadden de Russische sluipschutters een val gezet en ze wachtten tot de andere soldaten door het veld kwamen rennen. De eerste die Barnitsj bereikte was zijn commandant, luitenant-kolonel Serhi Koval; hij probeerde het bloeden te stelpen en Barnitsj terug te slepen naar de loopgraven. Ze konden niet zien waar de schoten vandaan kwamen. Ze hoorden alleen het fluiten en knallen van de kogels wanneer ze neerkwamen. Binnen enkele minuten waren beide mannen dood. Twee andere soldaten die hen kwamen helpen werden al snel op dezelfde manier omgebracht: de een werd door de nek geschoten en de ander door het hart. Niemand heeft de sluipschutters ooit gezien.

De Oekraïense troepen, die klem zaten in de nabijgelegen loopgraven, vroegen via de radio aan het opperbevel toestemming om terug te schieten. Volgens de regels van het staakt-het-vuren dat Zelensky de zomer ervoor was overeengekomen, moesten de officieren de Russen eerst verzoeken de aanval af te blazen. Dit telefoonspelletje nam veel tijd in beslag en de soldaten werden er gek van. Minuten verstreken. De sluipschutters bleven vuren en de Oekraïners lagen nog steeds bloedend in het veld. Hun kameraden konden alleen maar toekijken en wachten op het signaal dat ze mochten reageren. Toen dat eindelijk kwam, vuurden de Oekraïners mortieren af in de richting van de positie waar de sluipschutters zich ongeveer bevonden. Pas toen stopte het schieten en konden ze de lichamen van hun kameraden uit het veld halen.[191]

Rond acht uur die avond legde president Zelensky vanuit zijn kantoor in Kyiv een verklaring af. Het woord dat hij koos – 'escalatie' – om de moord op die vier mannen te beschrijven, gaf blijk van terughoudendheid en hij maakte duidelijk dat hij liever geen vergeldingsmaatregelen nam. 'Voor oorlog heb je moed nodig,' zei hij.[192] 'Voor vrede heb je wijsheid nodig. Oekraïne heeft nog voldoende van beide.' De leiders van Duitsland en Frankrijk, voegde Zelensky eraan toe, moeten een spoedoverleg met Poetin organiseren om de gevechten bij Sjoemy te bespreken. 'Alles wat we meer dan een jaar lang stukje bij beetje hebben opgebouwd,' zei hij, verwijzend naar het broze staakt-het-vuren met Rusland, 'kan in een paar seconden worden vernietigd.'

Een paar dagen na die aanval in Sjoemy belegde het Oekraïense parlement een buitengewone zitting om te bespreken wat er was gebeurd. Generaal Roeslan Chomtsjak, toen de bevelhebber van de Oekraïense strijdkrachten, verscheen in vol ornaat en voorzien van een reeks kaarten om de nijpende situatie aan het front te illustreren. De Russen bij Sjoemy hadden zich 'bijzonder cynisch' betoond, zei hij, door een waterpompstation als sluipschuttersnest te gebruiken. Als dat station beschadigd was geraakt, zou de watertoevoer naar verschillende steden in het gebied zijn afgesneden, wat de reden was waarom het zo lang had geduurd voordat de Oekraïners begonnen terug te schieten. Halverwege zijn toespraak stelde Chomtsjak voor een minuut stilte te houden om Barnitsj en de andere slachtoffers te herdenken. Daarna had hij het over nog veel ernstiger bedreigingen. Op 30 maart 2021, zei hij, had Rusland in totaal 32.700 soldaten langs de grens gestationeerd. Sommige kwamen van hun bases in Siberië, duizenden kilometers verderop. Ook de jaarlijkse Russische manoeuvres in Belarus werden gebruikt als dekmantel om in het noorden van Oekraïne, op een paar uur rijden van Kyiv, meer manschappen en militair materieel te stationeren. De natie was dus aan drie kanten omsingeld. 'Ons gemeenschappelijke doel is om de agressor te verslaan,' concludeerde Chomtsjak. Maar dat vereist 'kolossale inspanningen van de gehele Oekraïense natie'.[193]

De toespraak, die iets meer dan tien minuten duurde, veroorzaakte geen onrust onder de parlementariërs, het leek eerder een collectieve geeuw te ontlokken. Joelja Tymosjenko, een van de oppositieleiders, bleef tijdens de presentatie van de generaal gewoon telefoneren. De voorzitter zag zich genoodzaakt zijn microfoon aan te zetten en de zaal op te dragen te stoppen met kletsen en te luisteren. In elke andere hoofdstad zou het een belachelijk tafereel zijn geweest. Hier stond een viersterrengeneraal, de hoogste militaire officier van het land, die verklaarde dat een vreemde mogendheid klaarstond om vanuit drie richtingen binnen te vallen, en de wetgevende macht kon nauwelijks het geduld opbrengen om naar hem te luisteren, zo afgestompt waren ze door een overdaad aan dat soort mededelingen. Vuurgevechten langs de frontlinies waren te gewoon geworden om nog verontwaardiging op te wekken. Het treffen bij Sjoemy was bijzonder bloedig geweest, maar het was niet genoeg om een gevoel van eenheid of urgentie onder de partijen in het parlement te creëren, en zodra de generaal plaatsnam hervatten ze hun politieke gekibbel.

Een van de eersten die een reactie gaf was Petro Porosjenko, die met enig gezag over de situatie in Sjoemy kon spreken, want toen de Oekraïense troepen dat dorp in 2018 op de Russen terugveroverden, was hij president. Het was het leger ten koste van minstens één soldaat gelukt om de frontlinie een paar kilometer naar voren te schuiven, zelfs toen veel officieren zich afvroegen of dat wel verstandig was. Het doel van de operatie leek meer te maken te hebben met politiek dan met een militaire strategie. Porosjenko bereidde zich op dat moment namelijk voor op zijn herverkiezingscampagne en hij wilde zich graag bewijzen als bevelhebber in oorlogstijd. Het hielp hem uiteindelijk niet veel. Zelensky bleef het in de peilingen nog steeds beter doen dan de zittende president, maar toen Sjoemy twee jaar later onder vuur kwam te liggen, legde Porosjenko de schuld bij zijn opvolger.

'Ik wil beginnen,' sprak hij vanaf het podium, 'met het bedanken van de Oekraïense strijders voor hun betoonde moed bij hun verzet tegen de agressor, en voor de veerkracht die ze tonen op momenten dat het lastig is om de manoeuvres van Zelensky te begrijpen, die de afgelopen twee jaar bezig is geweest met Poetin in de ogen staren.' Het staakt-het-vuren dat Oekraïne met Rusland had bereikt tijdens het eerste jaar van Zelensky's ambtstermijn was volgens Porosjenko gebaseerd op de 'valse hypothese dat een wapenstilstand tot vrede kan leiden'. Na Sjoemy moest Oekraïne in de tegenaanval gaan, zei hij; het land moest zijn eigen sluipschutters het veld in sturen en drones lanceren om Russische artilleriesystemen aan te vallen. 'Poetin is een moordenaar!' schreeuwde Porosjenko. 'Ik hoop dat jij, Volodymyr,' zei hij pesterig tegen de president, 'er ook in zult slagen om die uitspraak eruit te persen.' De voorzitter sloot al snel Porosjenko's microfoon af, en de Kamer barstte uit in een enorme schreeuwpartij, iets wat inmiddels regelmatig voorkwam.

Beelden van die bijeenkomst openden die dag het nieuws in Oekraïne, en ze maakten Zelensky en zijn team razend. Porosjenko, die tijdens zijn toespraak een vermanende vinger naar de zaal opstak, was in zijn element. Hij begreep dat hij de meeste kans maakte om de macht terug te winnen door de komiek af te schilderen als een ongevaarlijke tegenstander. Met peilingen die duidelijk maakten dat de meeste Oekraïners hun president niet vertrouwden, stond Zelensky onder zware druk om van zijn reactie op de Russische aanvallen één groot machtsvertoon te maken.[194] Tegelijkertijd kon hij zijn belofte om een duurzame vrede tot stand te brengen niet zomaar laten varen. De dag nadat Chomtsjak in het parlement verscheen, ontbood Zelensky hem met andere generaals en alle topspionnen van Oekraïne voor een vergadering achter gesloten deuren. Tot laat in de avond spraken ze over het bloedvergieten langs de frontlinies, maar de medewerkers van de president brachten niets naar buiten over deze bijeenkomst. Ze wilden niet de indruk wekken dat het crisis was.

De Russische troepen aan de grens werden door de Amerikaanse inlichtingendiensten met spionagesatellieten in de gaten gehouden, en Joe Biden belde Zelensky gedurende die week op om bij elke willekeurige confrontatie met het Kremlin de 'onwrikbare steun' van de VS toe te zeggen.[195] En toen Zelensky een paar dagen later met de secretaris-generaal van de NAVO, Jens Stoltenberg, sprak, bood dat bondgenootschap soortgelijke garanties. 'De enige manier om de oorlog te beëindigen is door samen te werken met de NAVO,' zei Zelensky na het gesprek.[196] Hij drong er bij de alliantie op aan Oekraïne binnen niet al te lange tijd een officiële weg naar het NAVO-lidmaatschap aan te bieden; dat zou pas een 'echt signaal aan Rusland' zijn. Voor het Kremlin was die oproep signaal genoeg. Het ontlokte Poetins woordvoerder, Dmitri Peskov, de waarschuwing dat met elk gesprek over het NAVO-lidmaatschap 'de situatie alleen maar zou verslechteren'.[197]

◆

De week daarop besloten Zelensky en zijn team het front te bezoeken.[198] Ze moesten steun betuigen aan de troepen en de gruwelijkheden van wat er in Sjoemy was gebeurd erkennen, zonder dat dit een oorlog op grotere schaal zou ontketenen. Aan de vooravond van die reis kreeg sergeant Barnitsj postuum een medaille van moed van Zelensky uitgereikt. Daarna nodigde hij mij uit om mee te gaan om de plaats te bezoeken waar Barnitsj was omgekomen.[199]

Het vliegtuig van de president, een An-148, landde de volgende ochtend op de luchtmachtbasis in Tsjoehoejiv, ongeveer vijftig kilometer van de Russische grens, en we liepen over de startbaan naar de militaire helikopters die ons naar het oorlogsgebied zouden brengen. Ik zat bij de bodyguards, die het grootste deel van de vlucht druk waren met het aantrekken van hun gevechtsuitrusting, het laden van hun geweer en het passend maken van hun helm. Door het gebulder van de rotorbladen konden we elkaar niet verstaan. Door de ramen zagen we de helikopter van de president, een Mil Mi-8, ontworpen door de Sovjets en in camouflagekleuren geverfd, met een blauw-gele cirkel als een bull's eye op de romp geschilderd. We vlogen in zuidoostelijke richting naar het vijandelijk gebied en onze koers liep ruwweg parallel aan de grens met Rusland. Om beschietingen vanaf de grond te vermijden, vlogen de piloten zó laag dat de boomtoppen ombogen toen we de stad Severodonetsk naderden.

Toen ongeveer een jaar later de grootschalige invasie plaatsvond, hadden verslaggevers en diplomaten overal ter wereld moeite om de naam van deze uithoek met honderdtwintigduizend inwoners uit te spreken. De plaats was gedurende enkele weken in de lente van 2022 het epicentrum van de oorlog, waarbij de straten met artillerie werden bestookt en waren overgeleverd aan gevechten. Maar op dat moment was de stad nog vredig en onbekend, en waren de gevechten nog ver genoeg verwijderd om het leven normaal te laten verlopen. Op het plaatselijke vliegveld stond generaal Chomtsjak klaar met busjes met airconditioning voor onze rit naar de stad Zolote, waar een deel van de 92ste Gemechaniseerde Brigade een basis had opgezet in een geconfisqueerd gebouw. Je zou verwachten dat ze het gebouw voor de komst van de president wat hadden opgeknapt, maar het verkeerde nog grotendeels in oorspronkelijke staat, met bakken voer voor zwerfhonden op de binnenplaats en stapels zandzakken waar de soldaten zaten te roken. De jongeren waren opgegroeid met Zelensky's comedy's, en sommige moesten grinniken bij het horen van zijn hese stem. De lagere rangen waren blij hem te zien. Hoe lastig het ook was om zo'n delegatie te ontvangen, het was toch een welkome onderbreking van het voortdurend loopgraven bewaken en patrouilles lopen. De officieren waren degenen die moesten uitdokteren hoe groot het risico van een Russische aanval was, en ze leken die ochtend niet op hun gemak. 'Laten we hopen dat de kanonnen zich stilhouden,' merkte een van hen tijdens een rookpauze op.

De reis naar Sjoemy stond gepland voor die middag. Het was geen gemakkelijke plaats om te bereiken. Het grootste deel van de route werden we vervoerd in gepantserde trucks; we kwamen langs oude hutten die er onbewoonbaar uitzagen, maar waar buiten verse stapels brandhout lagen. Zelensky reed, gehuld in een kogelwerend vest, vooraan in het konvooi. Chomtsjak zat in een ander voertuig, hij zat achterin gepropt en met mij opgescheept. Geheel in stijl staarde de generaal recht voor zich uit naar de weg en hield zijn antwoorden op mijn vragen kort: 'We zijn sinds 2014 in oorlog met de Russen. We zijn eraan gewend. We zijn er klaar voor.' De recente gevechten waren zoals je kon verwachten, vertelde Chomtsjak me, en er was geen andere logische verklaring dan het bekende verraderlijke gedrag van de vijand.

De rit duurde meer dan een halfuur en het laatste stuk kropen we over landweggetjes, slingerend om de kuilen te ontwijken. De auto's voor ons kwamen tot stilstand in niemandsland; het was onmogelijk om verder te rijden naar onze bestemming. Toen we uitstapten, gebaarde Chomtsjak naar een smal voetpad door de velden, en wij liepen in een rijtje achter hem aan. Achter Zelensky, en vlak voor mij, sjouwde een van de bewakers met een enorm geweer, waarvan de patroonbanden bij elke stap tegen zijn riem kletterden. Het wapen zag er indrukwekkend uit, maar in het geval van een hinderlaag zou het ons niet redden. We liepen nu in het open veld door droog gras en bladerloze struiken. Op minder dan anderhalve kilometer naar het oosten lag Horlivka, een Oekraïense stad die de Russen jarenlang hadden bezet en fel verdedigd. De krijgsheer die Rusland aan het begin van de oorlog had geïnstalleerd om over die stad te heersen, was een psychopaat met de bijnaam Demon, en de man stond vooral bekend om zijn standrechtelijke executies waarover hij opschepte in de media.[200] Een Russische verkenner in Horlivka had slechts een verrekijker nodig om ons in dat veld te kunnen zien; we vormden een perfecte kleine ketting van hoogwaardige doelwitten: de president, zijn stafchef en zijn hoogste generaal, en helemaal achteraan kuierde een man met een notitieboekje en een dandyachtige zwarte jas onder zijn kogelwerende vest.

Toen we dicht bij de stad waren, stopte Chomtsjak midden op het pad. De Russische posities waren precies rechts van ons, zei hij, aan de andere kant van enkele slaphangende hoogspanningskabels. De sluipschutters die sergeant Barnitsj en zijn kameraden hadden gedood, hadden hem vanaf het waterpompstation dat erachter lag beschoten. De generaal wachtte even, zodat de president het tafereel in zich op kon nemen. Toen stelde hij voor om terug te gaan naar de pantserwagens. Zelensky reageerde verbijsterd. 'Onze jongens zijn daar, toch?' zei hij tegen Chomtsjak. 'Ze zullen horen dat ik helemaal hierheen ben gekomen, maar niet naar hen toe ben gegaan om met hen te praten. Daar zouden ze zeker teleurgesteld over zijn.' Misschien had de generaal niet duidelijk gemaakt dat er nog steeds Russische sluipschutters in het gebied actief waren, misschien had hij niet in detail de aard van de mijnen beschreven die ze in deze velden hadden gelegd, maar het leek waarschijnlijker dat Zelensky precies wist wat de risico's waren toen hij zich weer omdraaide en verder wandelde door het struikgewas. Chomtsjak kon, net als wij allemaal, alleen maar meegaan.

Het pad leidde naar een open plek, waar troepen een vooruitgeschoven operationele basis hadden opgezet, zo dicht bij en verleidelijk voor de Russische artillerie dat het een wonder leek dat ze daar zou kunnen overleven. De soldaten hadden voor zichzelf een kleine sauna gebouwd, die ze 's avonds verwarmden met stenen van een kampvuur. Hoewel hier geen vrouwen dienden, was het houten toiletgebouwtje voorzien van een grote rode M. Aan de oostkant van het kampement vormde hun loopgravenstelsel een pijl die rechtstreeks naar de Russische stellingen wees. De mannen hadden een houten bord bij de ingang geplaatst met de tekst VIETNAM, als een knipoog naar de modder en het moeras in een oorlog die ze in de bioscoop hadden gezien. Zelensky moest zich bukken om er onderdoor te kunnen en de loopgraaf in te gaan, die dieper was dan hij lang was, en net breed genoeg was om doorheen te lopen, hoewel onze schouders aan weerszijden de aarden wanden raakten. Als het regent, vertelden de soldaten, komt het water onderin te staan en verandert de loopgraaf in een modderpoel. Toen ze achter in de loopgraven waren gekomen, vroeg Zelensky of hij een paar van de mannen onder vier ogen kon spreken. Ze keken verrast en leken een beetje onder de indruk van deze beroemde man, maar ze bleven kalm en beantwoordden serieus zijn net zo serieuze vragen over wat ze hadden gezien. Daarna ging de president met Chomtsjak naar de plaats waar sergeant Barnitsj was neergeschoten. Zo vlak voor de winter was alles dood; er stond alleen droog riet en uit de modder staken kale struiken.

'Dit is dus Sjoemy,' zei de generaal. Twintig jaar eerder had het ongeveer honderd inwoners geteld, maar bijna iedereen was gevlucht of gestorven toen de frontlinies tijdens de oorlog telkens heen en weer schoven. De bakstenen huizen waren allang tot puin gebombardeerd en de weinige muren die nog overeind stonden waren volgeklad met graffiti van de soldaten. Een inscriptie in het Engels luidde: WELCOME TO RAGNAROK, een oude Scandinavische benaming voor een mythische apocalyps. De enige bewoner die ervoor zorgde dat dit geen spookdorp was, was een oude vrouw. Haar zoon vocht aan de Russische kant. 'Voor de separatisten?' vroeg Zelensky vol ongeloof. De generaal knikte.

'Sjoemy,' zei hij, ligt in een kom, 'in de handpalm van de vijand'. Er bestaat geen manier om het te behouden zonder verliezen te lijden en geen manier om vanaf hier 'ook maar een centimeter' op te rukken in welke richting dan ook. Het was totaal zinloos geweest om dit gebied in te nemen, en nu waren de Oekraïners gedwongen een pijnlijke vraag onder ogen te zien. Chomtsjak stelde een rake vraag toen ze daar stonden en om zich heen keken: 'Is deze plek het leven van zo veel mannen waard?' Die ochtend was er nog een Oekraïner aan dit front gedood, waarmee het dodental in de eerste drie maanden van 2021 op zesentwintig was gebracht. Een van hen was door de draad van een Russische mijn geraakt, waardoor hij was opgeblazen.

Maar Zelensky beloofde niet dat hij hun dood zou wreken. In plaats daarvan vroeg hij zich af, net als Chomtsjak, of het de juiste keuze was om mannen te laten sterven voor deze modderige loopgraven. De beslissing om het terrein rond Sjoemy in te nemen was de fout van zijn voorganger geweest. 'Ze bleven alleen maar doorgaan om te laten zien dat het kon,' zei Zelensky tegen me. 'Voor sommigen betekende dat dat wij de stoere jongens waren. Voor anderen betekende het dat hun zonen niet meer thuis zouden komen.' Hij was niet van plan om nog eens zoiets te doen. Er stond te veel op het spel en hij had geen zin om zijn eigen capaciteiten als oorlogscommandant te testen. 'Op dit moment,' zei hij, 'begrijp ik niet waarom we om dit verlaten veld moesten vechten.'

In de verte begon een hond te blaffen. Chomtsjak zei dat het tijd was om te gaan en we vertrokken naar de militaire basis in de stad Avdiivka, waar we op een paar kilometer van de Russische stellingen de nacht zouden doorbrengen. Op een mededelingenbord bij de ingang van de basis hadden de manschappen portretten opgehangen van sergeant Barnitsj en de mannen die met hem stierven. Zelensky boog zich voorover om naar zijn gezicht te kijken en de details over zijn leven te lezen. De doodsoorzaak was zakelijk weergegeven: 'Perforerende schotwond in het linkerbeen die niet verenigbaar was met het leven.' Zelensky grimaste. *Niet verenigbaar met het leven.* Barnitsj was slechts drie jaar ouder dan de president toen hij werd neergeschoten. Er zat maar een paar weken tussen hun verjaardagen.

◆

Toen we de volgende dag naar Kyiv terugvlogen, ging ik naar de voorkant van het vliegtuig om met Zelensky te praten. Hij zat met zijn rug naar de cockpit aan een tafel met een gesteven wit tafelkleed koffie te drinken en naar de velden en wolken onder ons te staren. Hij leek goedgehumeurd en niet al te bezorgd over de escalatie aan het front. Die ochtend, nadat we in de buurt van het garnizoen wakker waren geworden, was de president aan het ontbijt in de eetzaal in zijn hardloopkleding verschenen, fris na een rondje joggen door het oorlogsgebied. Zijn wangen hadden nog steeds een gezonde blos toen ik tegenover hem ging zitten en de stewardess om koffie vroeg. We hadden twee dagen in de Donbas doorgebracht en het was niet duidelijk wat de president vond van de recente aanvallen door sluipschutters of van het mortiervuur, of van de Russische troepen die langs de grens stonden opgesteld. Waarom wilde het Kremlin de boel laten escaleren? Wat was Poetins doel? Waarom nu?

Zelensky was het niet eens met de premisse van de vraag. 'Je zegt dat het Poetin is, maar het zijn de Russen,' zei hij tegen me. 'Het is heel moeilijk om in de Donbas te bepalen waar de strijders Russisch zijn, waar ze separatisten zijn en waar ze iets anders zijn.' Hij vertelde een verhaal dat hij eerder die dag van een paar soldaten had gehoord. In 2020, voordat het laatste staakt-het-vuren van kracht werd, was er een schietpartij geweest. De vijand had de mannen met artillerie en zware beschietingen bestookt, en had geprobeerd hen terug te dringen uit hun posities. 'Het was vreselijk zwaar,' zei Zelensky, 'gewoonweg verschrikkelijk: het vuil, de beschietingen. Onze mannen stierven en die van hen ook.' Op een gegeven moment, toen de geweren even waren stilgevallen, hadden de Oekraïense soldaten de lichamen gevonden van enkelen van de mannen die ze hadden gedood. Ze doorzochten hun bezittingen en in de zak van een Russische strijder vonden ze recente papieren waaruit bleek dat hij voorwaardelijk was vrijgelaten. 'Hij was vrijgelaten uit de gevangenis,' vertelde Zelensky me, terwijl hij grote ogen opzette. 'Er vechten dus veroordeelden mee in deze oorlog. Ze hebben niets te verliezen. Waar kunnen ze anders heen? Ze krijgen de opdracht dat ze moeten vechten, dus doen ze dat. Wie zijn ze? Uit welk land zijn ze afkomstig? Dat is niet eens duidelijk.'

Zelensky leek medelijden met hen te hebben en hij klonk meer als hun advocaat dan als de leider van het land waar ze tegen vochten. Terwijl zijn vliegtuig kruishoogte bereikte en het oorlogsgebied onder de wolken verdween, probeerde de president me ervan te overtuigen dat het conflict in het oosten veel genuanceerder was dan het leek. Er was geen manier om met zekerheid te zeggen wie er aan Russische kant vocht, zei hij, en wat hun motieven zouden kunnen zijn.

Strikt genomen had hij een punt. Rusland gebruikte al heel lang criminelen om zijn oorlog in Oost-Oekraïne voor zich te voeren. De huurlingenmacht die bekendstaat als de Wagner-groep vocht onder leiding van Jevgeni Prigozjin, tot zijn dood in augustus 2023 een van Poetins vertrouwelingen. De groep zou later een wijdverspreide wervingscampagne binnen de Russische gevangenissen beginnen, waarbij moordenaars en verkrachters clementie konden krijgen in ruil voor militaire dienst in Oekraïne. Dat soort strijders waren al vanaf het begin bij de oorlog betrokken. De allereerste Russische eenheid die in het voorjaar van 2014 de controle over steden in de Donbas overnam, bestond deels uit ex-gevangenen en mannen die op de vlucht waren voor de Russische justitie. Ik heb ooit de beroemdste strijder van die eenheid ontmoet.[201] Hij droeg de bijnaam Babay, wat in het Russisch 'boeman' betekent, en hij vertelde me dat hij in Zuid-Rusland was aangeklaagd omdat hij had gedreigd iemand dood te steken. Om zijn gevangenisstraf te ontlopen, had hij zich vrijwillig aangesloten bij een van de ongeregelde Russische troepen die dat voorjaar deelnamen aan de bezetting van de Krim. Toen we elkaar een paar maanden later ontmoetten, had zijn groep van een stuk of tien strijders net de Oekraïense stad Kramatorsk ingenomen. Ze hadden geen gewapende tegenstand ondervonden en leken het over het algemeen gemakkelijk te hebben; ze reden rond in een oud busje dat was voorzien van de woorden 'VOLKSMILITIE VAN DE DONBAS'. 'Voordat de Amerikaanse dreiging naar mijn thuisland komt, ben ik hiernaartoe gekomen om die te stoppen,' zei Babay tegen me. Uiteindelijk, zei hij, gaan we Kyiv innemen, 'en daarna gaan we terug om feest te vieren'. Zijn vrienden moesten hartelijk lachen om die opmerking.

Maar hoe slordig ze er ook uitzagen, hun eenheid zwierf niet zonder toezicht door Oekraïne. Babay was een Russische militaire veteraan. Zijn toenmalige commandant, Igor Girkin, was een gepensioneerde officier van de Russische inlichtingendienst. Ze maakten deel uit van een Russische troepenmacht die daar was binnengevallen met de zegen en steun van het Kremlin. Ook al leken ze door hun strafblad en legeruniformen meer op piraten dan op commando's, toch vochten ze voor de Russische kant, vermoordden ze Oekraïense burgers en namen ze Oekraïens land in beslag. Babay liet me zijn Russische paspoort zien. Hij was geboren in Rusland, in de stad Krasnodar en hij was de grens overgestoken om Oekraïne te veroveren. Wat maakte het uit dat hij een voortvluchtige of een veroordeelde was? Dat maakte hem toch niet minder een Russische indringer? Was hij dan geen onderdeel van Poetins strategie?

'Je blijft maar vragen naar Poetin of Rusland,' zei Zelensky tegen me in het vliegtuig. 'Ik weet niet zeker of we in die termen moeten denken.' De rol van het Kremlin in de recente aanvallen rond Sjoemy en andere plaatsen in de Donbas bleek voor Zelensky een open vraag. Hij was bereid om Poetin het voordeel van de twijfel te gunnen en op zijn minst open te staan voor de mogelijkheid dat de beschietingen en de kogels van de sluipschutters niet door Moskou waren goedgekeurd. En hoe zat het met de Russische troepen die zich aan de Oekraïense oostgrens hadden verzameld? Was dat gewoon één grote ploeg dwangarbeiders? Dolende zielen, vrijgelaten uit gevangenissen, die de sleutels hadden gekregen van wat stukken artillerie op wielen?

'Oké, de troepen aan de grens,' zei Zelensky. 'Ze doen oefeningen. Dat is hun officiële standpunt.' Het officiële standpunt van het Kremlin was inderdaad dat die troepen geen bedreiging vormden voor Oekraïne en dat ze zich aan de grens hadden verzameld als onderdeel van een reguliere militaire oefening. 'Die vinden elk jaar plaats,' hielp Zelensky me herinneren. Misschien gingen de Russen deze keer te ver. Ze hadden hun gevechtsvliegtuigen en militaire apparatuur geparkeerd op het grondgebied van Belarus, net ten noorden van Kyiv. Maar de inzet paste nog steeds in Ruslands vaste patroon van een aanmatigende houding en grootspraak. 'Ze willen dat we bang zijn,' zei Zelensky tegen me. 'Ze willen dat het Westen bang is voor de macht van Rusland. Dat is niet echt een geheim.' Niemand kon zeggen wat Poetin dacht, en Zelensky was het ermee eens dat Rusland deze keer mogelijk agressievere bedoelingen had. 'Er zou een breder militair plan kunnen zijn,' zei hij tegen me. 'Ja, dat kan natuurlijk; misschien.' Maar hij was er niet van overtuigd dat de Russische manoeuvres meer waren dan bluf. 'Ik denk gewoon niet dat hun beslissing simpelweg is: "Laten we gaan aanvallen!" Natuurlijk niet,' zei hij. 'Ze spelen een ander spelletje.'

Voorlopig geloofde Zelensky in elk geval nog dat het mogelijk was om het staakt-het-vuren te redden en verder te werken aan vrede met Rusland. Misschien had hij gelijk. Misschien was Poetin bereid af te zien van de slachting van vele duizenden Oekraïners, in ruil voor enkele concessies van Zelensky. Na zijn bezoek aan Sjoemy had hij graag tegen die jonge mannen in de loopgraven willen zeggen dat ze hun spullen moesten pakken en naar huis en naar hun familie moesten gaan. Maar hij begreep dat elke terugtrekking de Russen in de verleiding zou brengen om dezelfde manoeuvre elders opnieuw uit te voeren, waarbij nog meer doden zouden vallen en nog meer grondgebied zou worden opgeëist. Het zou zijn politieke tegenstanders een nieuw excuus geven om te beweren dat de president de kennis miste om oorlog te voeren. Porosjenko zou hem een lafaard noemen, een man die na slechts een paar schoten van een Russisch sluipschuttersgeweer niets anders kon dan zich terugtrekken. Dergelijke aanvallen in het parlement en in talkshows op tv leken Zelensky meer zorgen te baren dan het risico van een Russische invasie. De vijanden van Oekraïne, zei hij, 'werken op verschillende fronten: met informatie, desinformatie en een strijdmacht'.

De stewardess kwam onze koffiekopjes ophalen en de piloot zette de daling in. Onze reis had er in elk geval voor gezorgd dat het oorlogsrisico voor ons beiden minder abstract was geworden. We hadden de manschappen in hun loopgraven gezien en een paar maaltijden met hen gedeeld, maar de dreiging van de Russische propaganda voelde nog steeds urgenter voor Zelensky; hij bleef terugkomen op de manieren waarop de politieke handlangers van Rusland 'de informatieruimte van Oekraïne hadden vernietigd'. Door de beslissing in februari om de televisiekanalen van Viktor Medvedtsjoek te sluiten, was de positie van de president in de peilingen gestabiliseerd. Volgens sommige peilingen was hij zelfs met een paar procentpunten gestegen. Toen het vliegtuig landde, keerde Zelensky terug naar de politieke arena in de hoofdstad, waar hij een eigen escalatie plande.

◆

Een paar dagen nadat we waren teruggekeerd uit de Donbas bezocht ik Viktor Medvedtsjoek in zijn kantoor in Kyiv. Het duurde even voordat ik via de nauwe steegjes in het centrum de juiste plek had gevonden. Het adres leidde naar een oud flatgebouw, bijna boven op een steile helling, met aan de buitenkant geen enkel teken van de bijbehorende politieke relevantie. Achter de onopvallende deur keek een handjevol gewapende bewakers me zwijgend aan. Een van hen doorzocht mijn tas en wilde weten of er een mes of 'een of ander steekwapen' in zat. Medvedtsjoek, gekleed in een blauw maatpak, zag er in levenden lijve nog onechter uit dan op tv, met een gelooide huid en een gebeeldhouwd gezicht alsof hij ook gebruik had gemaakt van Poetins cryogene ruimtes in de villa aan het Valdajmeer. Toen hij de vergaderzaal binnenkwam voor onze ontmoeting liep hij naar de thermostaat en vroeg: 'Heb je het warm genoeg?'

Het was half april 2021. Zijn televisiekanalen waren al meer dan een maand uit de lucht en inmiddels stonden er al tienduizenden Russische troepen bij de grens van Oekraïne. Een jaar later, toen de invasie zijn tweede maand was ingegaan, zou het Kremlin bevestigen dat zijn beslissing om aan te vallen te maken had gehad met Medvedtsjoek en zijn politieke partij. 'Als er destijds rekening was gehouden met zijn ideeën en de ideeën van zijn partij, en als die de basis hadden gevormd voor het overheidsbeleid van Oekraïne, zou er geen militaire operatie hebben plaatsgevonden,' zei Poetins woordvoerder, Dmitri Peskov, in april 2022 tegen een stel verslaggevers.

Maar toen Medvedtsjoek instemde met een ontmoeting was dat verband nog niet duidelijk. De kans op een invasie leek nog steeds ver weg. Zelfs Medvedtsjoek was geneigd te geloven dat zijn vriend in het Kremlin zijn troepen alleen maar inzette als chantagemiddel. 'Misschien dient deze demonstratie van geweld een ander doel,' opperde hij. De ware bedoeling was misschien om Zelensky weer naar de onderhandelingstafel te dwingen en hem aan de gevolgen te herinneren als hij zou weigeren. 'De weg van escalatie is pure zelfmoord voor Zelensky. Pure zelfmoord,' zei Medvedtsjoek tegen me. Niemand kon met zekerheid zeggen of Poetin blufte, maar als Zelensky ook maar het kleinste risico op een Russische invasie zou vermoeden, 'al is het maar een risico van 1 procent, dan moet hij alles doen wat in zijn macht ligt om zijn land en zijn burgers veilig te stellen. Maar dat doet hij niet.'

Medvedtsjoek leunde voorover en controleerde of de tafel schoon was, voordat hij zijn ellebogen erop zette. Toen begon hij over zijn teleurstelling wat betreft Zelensky. Aanvankelijk leken hun standpunten niet zo ver uit elkaar te liggen. Beiden wilden in de Donbas verkiezingen houden volgens de wetgeving van Oekraïne. Beiden wilden dat er in de separatistische regio's leiders werden gekozen die de wereld zou erkennen. Beiden geloofden dat ze de steun van de mensen in deze regio's konden winnen. Het was voor hen allebei een waardevolle vijver van potentiële kiezers.

'Als politicus,' zei Medvedtsjoek, 'wil ik deze mensen terug; onze partij wil ze terug als aanhangers.' Het politieke sommetje zag er fascinerend uit. In de zomer van 2019 had zijn partij in het hele land in totaal ongeveer 1,9 miljoen stemmen gekregen, genoeg om de op een na grootste fractie in het Oekraïense parlement te worden. Als iedereen in de Donbas aan de volgende verkiezingen zou mogen deelnemen, inclusief de 3,5 miljoen mensen die onder de Russische bezetter leefden, zou het electoraat van zijn partij volgens Medvedtsjoek minstens verdubbelen. Hij zou genoeg zetels krijgen om de agenda in het parlement te kunnen bepalen en na verloop van tijd de macht via de stembus te veroveren.

Toen Zelensky zijn ambt aanvaardde beloofde hij deze mensen dat ze zouden mogen stemmen, in de overtuiging dat hij hun steun zou kunnen winnen. Maar hij realiseerde zich al snel dat hij ze niet kon bereiken. Ze waren gehersenspoeld, zei hij, door jarenlange Russische propaganda. In plaats van verkiezingen te houden in de Donbas, probeerde Zelensky de bron van de Russische propaganda in Oekraïne aan te pakken, te weten de televisiekanalen die Medvedtsjoek gebruikte om de boodschap van het Kremlin te verspreiden. Medvedtsjoek was niet verrast door Poetins reactie. 'Als ze televisiekanalen sluiten waar Russischtalige mensen naar kijken, als ze de partij vervolgen waar deze mensen op gestemd hebben, raakt dat de hele Russischtalige bevolking,' zei hij. 'En Poetin heeft beloofd hen te beschermen.'

Had Poetin daarom zijn troepen naar de grens gestuurd? Om Medvedtsjoek en zijn televisiekanalen te beschermen? 'Mijn persoonlijke bezittingen, nee, die kan niemand wat schelen,' zei hij. 'Maar de partij, de televisiekanalen, die wel, ja. Miljoenen burgers hebben op ons gestemd. Wij zijn de partij die de Russischtalige bevolking van Oekraïne vertegenwoordigt.' Zonder die tv-zenders had de partij in de politieke arena geen schijn van kans en nadat de zenders uit de lucht waren gehaald, daalde de populariteit van de partij snel. 'Dit is politieke onderdrukking,' zei Medvedtsjoek tegen me. 'Al mijn bankrekeningen zijn bevroren. Ik kan mijn bezittingen niet beheren. Ik kan zelfs mijn energierekening niet betalen.'

Het was nog maar het begin van Medvedtsjoeks problemen. Een paar weken na ons gesprek vaardigden de Oekraïense autoriteiten een arrestatiebevel tegen hem uit. Aanklagers beschuldigden hem ervan winsten uit de oliehandel te hebben gebruikt voor het financieren van separatisten in de Donbas, en ze klaagden hem aan voor verraad en het financieren van terrorisme. De rechtbank veroordeelde hem in afwachting van zijn proces tot huisarrest, hij mocht niets uitzenden via radio en tv en geen zittingen van het parlement bijwonen. Om dat af te dwingen kreeg Medvedtsjoek een enkelband om en stonden er 24 uur per dag politieagenten voor zijn huis. Zijn dochter Dasja, Poetins petekind, bleef bij haar ouders in Kyiv, omringd door privébewakers.

Medvedtsjoeks bondgenoten in het parlement waren woedend en waarschuwden Zelensky voor de gevolgen. 'Rusland krijgt de invloed die het wil, hetzij met vreedzame middelen, hetzij met geweld,' zei Oleh Volosjyn, een prominente parlementariër van Medvedtsjoeks partij. 'Er is geen derde optie.' Maar de VS bleven het harde optreden steunen. Toen Volosjyn die zomer de VS bezocht, werd hij op Dulles International Airport door twee agenten van de FBI benaderd, die hem om een gesprek onder vier ogen vroegen, zonder zijn vrouw en zoontje die met hem meereisden. Volosjyn besteedde de volgende drie uur aan het beantwoorden van vragen van de agenten en vond het goed dat ze zijn telefoon doorzochten.

'Weet je,' zei hij tegen me na afloop, 'er zijn haviken rond Poetin die deze crisis willen. Ze zijn klaar om binnen te vallen. Ze gaan naar hem toe en zeggen: "Kijk naar die Medvedtsjoek van jou. Waar is hij nu? Waar is je vreedzame oplossing? Staat hij niet onder huisarrest? Moeten we dan wachten tot alle pro-Russische krachten gearresteerd zijn?"'

Drie dagen nadat Medvedtsjoek werd beschuldigd van verraad, reageerde Poetin tijdens een digitale vergadering met zijn nationale veiligheidsraad. Hij drong er bij de leden, onder wie de Russische spionagechefs en de minister van Defensie, op aan een reactie voor te bereiden op de juridische aanval op Ruslands bondgenoten in Oekraïne. De regering in Kyiv probeerde 'het politieke speelveld te zuiveren', zei Poetin. Haar ultieme doel was Oekraïne te veranderen in 'de antithese van Rusland, een soort anti-Rusland', dat zou dienen als een permanente bedreiging voor de Russische nationale veiligheid. 'Met deze bedreigingen in gedachten,' zei hij, 'zullen we wel moeten reageren.'

Maar op dat moment had Poetin nog niet besloten om aan te vallen. Zijn onmiddellijke doel was, zoals Medvedtsjoek al suggereerde, om onder dreiging van geweld concessies af te dwingen – niet alleen van Oekraïne zelf, maar, nog belangrijker, van zijn bondgenoten. De hele lente lang, toen Russische troepen aan de grens met Oekraïne stonden, hadden Amerikaanse inlichtingenbronnen en satellieten hun aantallen in de gaten gehouden en hadden ze naar hun bedoelingen moeten raden. Het Witte Huis vond ze zo alarmerend dat president Biden zich ermee ging bemoeien. Half april belde hij Poetin om hun eerste presidentiële top voor te stellen, met een veel uitgebreidere agenda dan alleen de impasse in Oekraïne. Biden wilde het hebben over cyberoorlogen en nucleaire wapenbeheersing, maar ook over bredere kwesties van Europese veiligheid. Op de lijst stonden veel van de bedreigingen en grieven die Poetin in de loop der jaren naar voren had gebracht, en hij leek te popelen om ze met zijn Amerikaanse ambtsgenoot te kunnen bespreken.

Om de weg vrij te maken voor die topontmoeting, bouwde het Russische leger begin mei zijn manoeuvres in de buurt van de Oekraiense grens af en stuurde het zijn manschappen terug naar hun bases. Veel van hun tanks en ander militair materieel bleven echter op hun plaats staan, waarmee ze duidelijk maakten dat Rusland, als het dat zou willen, de impasse op korte termijn kon hervatten. Poetin maakte ook duidelijk dat hij niet meer rechtstreeks met de Oekraïners wilde praten. Hij weigerde de uitnodiging van Zelensky voor een ontmoeting in de Donbas dat voorjaar. Zelensky's aanbod aan Poetin om een top te houden in Wenen, Jeruzalem of het Vaticaan werd ook afgewezen en de onderhandelaars van het Kremlin weigerden zich opnieuw schriftelijk te verbinden aan een staakt-het-vuren in de Donbas. Die besprekingen waren passé.

Nu wilde Poetin graag horen wat de Amerikanen te zeggen hadden; zij gaven aan dat ze bereid waren grote concessies aan Moskou te doen. Half mei maakte de regering-Biden een einde aan de sancties tegen een Russische gaspijpleiding naar Duitsland, de Nord Stream 2, waar Oekraïne en de VS lange tijd tegen waren geweest. Een maand later ontmoetten de presidenten van 's werelds grootste twee kernmachten elkaar in een villa aan de oevers van het Meer van Genève. Maar na bijna twee uur praten was de kloof tussen hen nog zo groot dat Poetin weigerde deel te nemen aan een gezamenlijke persconferentie met Biden. Ze waren er zelfs niet in geslaagd om het eens te worden over de voorwaarden van een gevangenenruil tussen de VS en Rusland, laat staan over een Europese veiligheidsstructuur die Poetins angst voor een omsingeling door de NAVO kon wegnemen. 'Hij denkt nog steeds dat we hem eigenlijk ten val willen brengen, daar maakt hij zich zorgen om,' zei Biden na de ontmoeting.

Hoe diep Poetins angst en wrok jegens het Westen waren werd een maand later duidelijk, toen hij een lang essay publiceerde over de Russische betrekkingen met Oekraïne of, zoals hij het in de titel van het stuk verwoordde, de 'historische eenheid' van deze twee naties. In een mix van stoffige stijlfiguren van Russische nationalistische en imperialistische schrijvers die Poetin in zijn isolement blijkbaar had gelezen en herlezen, beschreef hij Kyiv opnieuw als de moeder van alle Russische steden die door het samenzwerende Westen waren gecorrumpeerd en weggelokt. Hij ging uitgebreid in op zijn idee van Oekraïne als een 'anti-Rusland', en dat het eigenlijk helemaal geen land was, zoals hij stelde, maar een instrument, een platform vanwaaruit het Westen hoopte de Russische staat te verzwakken en te vernietigen. Dit complot zou blijven bestaan, schreef hij, ongeacht wie er in Kyiv aan de macht was. 'De westerse auteurs van het anti-Rusland-project hebben het Oekraïense politieke systeem zo opgezet dat er telkens andere presidenten, parlementsleden en ministers zullen zijn, maar dat de houding van afscheiding van en vijandschap tegenover Rusland zal blijven bestaan.'

In Poetins gedachten dienden de mislukte vredesbesprekingen met Zelensky als bewijs voor deze theorie. 'Zorgen voor vrede was het belangrijkste verkiezingsmotto van de zittende president,' schreef hij over Zelensky. 'Hij kwam daarmee aan de macht. De beloften bleken leugens. Er is niets veranderd.' Poetin had afscheid genomen van Medvedtsjoeks plan om Oekraïne door middel van televisie, corruptie en politiek opnieuw vorm te geven. Als Rusland zijn 'historische eenheid' met Oekraïne wilde herstellen, zou het dat op een andere manier moeten doen.

15

Shoot to kill

In de laatste zomer voor de invasie besloot president Zelensky dat niet de onderhandelaars maar de Oekraïense strijdmacht een grotere rol moest gaan spelen in het afweren van de Russische dreiging, en om dat doel binnen het leger te realiseren benoemde hij een nieuwe commandant. De beslissing kwam als een verrassing voor de meeste hoge omes en als een grote schok voor de man die voor deze baan was uitgekozen. Generaal-majoor Valeri Zaloezjny was nog in de veertig toen hij in de ochtend van 23 juli 2021 vanuit de Bankovastraat werd gebeld. Zijn rang en status waren op dat moment ver beneden de positie die Zelensky hem nu aanbood: opperbevelhebber van de strijdkrachten van Oekraïne, de hoogste militaire titel van het land; alleen de president was hoger in rang. De eenzame hoogte van die positie, zei de generaal tegen me, joeg hem vrees aan. 'Keer op keer keek ik naar het verleden en vroeg ik me af: hoe ben ik hierin verzeild geraakt?'[202]

Geen enkele van Zelensky's beslissingen, en al helemaal niet op personeelsgebied, zou een grotere impact hebben op de defensie van Oekraïne dan zijn beslissing om Zaloezjny aan te stellen. Op dat moment leek de keuze onbezonnen. Zaloezjny was een moedige en ambitieuze commandant, maar hij was ook een beetje een mafkees, die er vooral om bekendstond dat hij met zijn manschappen eerder grappen maakte dan hen strafte. Een medewerker had de generaal ooit gefotografeerd in uniform, madeliefjes plukkend op de binnenplaats van het ministerie van Defensie, die hij daarna met een zwierig gebaar en een kus aan zijn vrouw overhandigde, die hem was komen opzoeken. Dat soort fratsen zorgden ervoor dat hij opviel tussen de oudere en stijvere leden van de generale staf, die bijna allemaal van een generatie eerder waren en die via de rangen van het Sovjetleger geleidelijk waren opgeklommen, voorafgaand aan de tijd dat Oekraïne onafhankelijk werd. Het telefoontje uit de Bankovastraat bereikte de generaal op het moment dat hij zich klaarmaakte voor een paar langverwachte vrije dagen. De verjaardag van zijn vrouw op 24 juli was altijd een grote gebeurtenis voor de familie, en Zaloezjny had dat weekend voor een tweedaags feest een restaurant in Brovary, een voorstad van Kyiv gereserveerd. Aan de vooravond van het feest kreeg hij een telefoontje van de staf van de president met de instructie dat hij alles uit zijn handen moest laten vallen en onmiddellijk naar de Bankovastraat moest komen. Hij had geen toestemming van zijn commandant om hun basis te verlaten, maar het duurde niet lang of hij bevond zich in de ambtsvertrekken van Zelensky, in dezelfde ruimte waar hij twee jaar eerder de nieuwe president een briefing had gegeven.

Deze keer zat de minister van Defensie echter naast de president aan tafel, net als de stafchef, Andri Jermak. Het gesprek duurde uren, veel langer dan Zaloezjny had verwacht, en het maakte hem nerveus. De vragen van de president en zijn team hadden weinig te maken met zijn werk in het leger of zijn droom om bevelvoerder te worden van de troepen in Oost-Oekraïne. Ze stelden belangrijkere, ambitieuzere vragen over de aard van leiderschap en vertrouwen. Toen ze eindelijk klaar waren, schudden de president en zijn assistenten de generaal de hand en zeiden dat hij de volgende dag terug moest komen. Zaloezjny stond voor een dilemma. Het restaurant was geboekt, de gasten zouden komen. De pot op met de gasten, weet hij nog dat hij dacht. Maar ook: hoe ga ik mijn vrouw vertellen dat het niet doorgaat? De toorn van zijn vrouw, zei hij tegen me, leek hem erger dan welke straf ook die zijn politieke bazen hem waarschijnlijk zouden opleggen. 'Vertel me gewoon wat jullie willen,' smeekte hij de presidentiële adviseurs, 'en we regelen het hier en nu.'

Ze dachten er even over na en stelden een compromis voor. Hun team zou naar het verjaardagsfeest komen en dan zouden ze daar de zaken regelen. En ja hoor, op de tweede dag van de festiviteiten – Zaloezjny in korte broek en met een biertje in zijn hand – kwam er opnieuw een telefoontje vanuit het kantoor van de president. Ze waren al in de buurt en stonden te popelen om belangrijk nieuws te komen brengen. Nu de Russische tanks zich naar de grens voortsleepten en de Amerikanen maar bleven waarschuwen dat Oekraïne binnenkort weleens aangevallen zou kunnen worden, had de president besloten Zaloezjny tot de hoogste militaire bevelhebber van het land te benoemen.

De generaal weet nog dat hij vroeg: 'Wat bedoelt u?' De feestelijke roes was snel verdwenen, vertelde hij, en hij keerde terug naar het feest alsof hij vlak daarvoor een enorme dreun had gekregen, 'niet alleen onder de gordel, maar rechtstreeks knock-out'. Het was niet de militaire kant van de promotie die hem bang maakte. Zijn zorgen hadden vooral te maken met de publieke afkeuring en de media-aandacht. De president stond op het punt om midden in een oorlogsdreiging generaal Chomtsjak, zijn hoogste militaire bevelhebber, te ontslaan. Zaloezjny zou, als zijn vervanger, verschillende van Chomtsjaks commandanten passeren en mogelijk vijanden maken binnen de generale staf. 'Veel mensen zullen hierdoor geschokt zijn,' zei Zaloezjny. 'En het zal mijn vrouw en mij de nodige kritiek opleveren.' Maar het was Zelensky's beslissing en hij wilde snel handelen.

Zoals altijd vertrouwde Zelensky bij beslissingen over het aannemen van personeel meer op zijn gevoel dan op het weloverwogen advies en de analyses van zijn assistenten. Het grote verschil in dit geval was de zware verantwoordelijkheid die Zaloezjny zou moeten dragen. Dit was wel wat anders dan het aanstellen van een centrale bankier. De nieuwe bevelhebber van de strijdkrachten zou op een kritiek moment in de oorlog de leiding op zich moeten nemen. Ook al was er een pauze in de vijandelijkheden die zomer, het officierskorps in Oekraïne begreep wel dat een Russische invasie elk moment kon beginnen. 'Mijn jongens en ik begonnen ons onmiddellijk op oorlog voor te bereiden,' vertelde

Zaloezjny. 'We wisten wat we moesten doen en we probeerden ons te troosten met het idee dat onze politieke leiders ook wisten wat ze moesten doen. Maar in werkelijkheid hadden we onze twijfels.'

Zodra Zaloezjny de leiding overnam, werd de militaire houding van Oekraïne assertiever. In plaats van escalatie te voorkomen na een bombardement of een aanval met scherpschutters door Rusland, was het zijn doel als bevelhebber om de vijand ervan te weerhouden überhaupt aan te vallen. Oekraïense troepen probeerden niet alleen stand te houden tegen de Russen. Waar mogelijk zouden ze beginnen met oprukken, zei Zaloezjny in zijn eerste toespraak na zijn aantreden. 'De strijdkrachten moeten zich verder ontwikkelen en hun tactiek verbeteren.'[203] Het belangrijkste, zei hij, is dat ze zich 'moeten voorbereiden op offensieve acties om de bezette gebieden te bevrijden'.

Zelensky maakte al snel duidelijk dat hij volledig achter de nieuwe aanpak van de generaal stond. Op de ochtend van 24 augustus 2021 trakteerde de president de Oekraïners op een militair machtsvertoon dat ze sinds zijn aantreden niet meer in de straten van Kyiv hadden gezien. Het hele Oekraïense arsenaal aan ballistische raketten, luchtafweersystemen, meervoudige raketwerpers en tanks rolde die ochtend over het Onafhankelijkheidsplein om de dertigste verjaardag van de onafhankelijkheid van Oekraïne te vieren. Troepen uit de VS, Canada en verschillende NAVO-landen namen deel aan de parade. Zelensky, die op een podium in het midden van het plein stond, keek omhoog en applaudisseerde enthousiast toen er gevechtshelikopters en straaljagers in de lucht verschenen. Achteraan in de colonne kwam de Bayraktar TB2, een aanvalsdrone met vleugels die vier rijstroken besloegen, die Oekraïne van Turkije had gekocht en die op een vrachtwagen over de boulevard werd gereden. De toeschouwers juichten. De stemming was feestelijk, maar de vertoning leek helemaal niet bij Zelensky te passen.

Twee jaar eerder, op de eerste Onafhankelijkheidsdag tijdens zijn ambtstermijn, had Zelensky het belangrijk gevonden dat de zware wapens juist uit de straten werden verbannen. De traditie van militaire parades, zei hij, 'is erg pompeus en verre van goedkoop'.[204] In plaats daarvan liet hij dat jaar bonussen aan Oekraïense militairen uitbetalen, en op de dag van de viering gaf hij leiding aan de zogenoemde Mars van Waardigheid, waarbij leraren en verpleegkundigen in formatie liepen. De weinige soldaten die waren uitgenodigd om deel te nemen, werd gevraagd om gewoon te lopen in plaats van te marcheren. Toen het zomer 2021 werd, waren de tijden veranderd, net als de president. 'Wat is een machtig land? Dat is een land dat ambitieus droomt en besluitvaardig handelt,' zei hij vanaf het podium.[205] 'Dit jaar worden er voor het leger nieuwe tanks en helikopters met Oekraïense rotorbladen gebouwd. Een machtig land blaast zijn vloot en marinebases nieuw leven in en bouwt korvetten. Een machtig land is een land dat een raketprogramma voor tien jaar aanneemt.'

Er waren pas vier maanden verstreken sinds onze reis naar het oostfront in het voorjaar, maar de president was veranderd. Hij had de hoop opgegeven dat zijn zwaarbevochten wapenstilstand met de Russen zou standhouden. Hun militaire bondgenoten in Oost-Oekraïne hadden het bestand in die vier maanden tientallen keren geschonden en daarnaast waren de vredesbesprekingen met Poetin stukgelopen. In augustus 2021 concludeerden Zelensky en zijn team dat het Kremlin alleen zou reageren op de klare taal van macht en militaire kracht. Dus besloot Zelensky die macht en kracht te tonen.

'Het idee voor de parade is afkomstig van de president,' zei Jermak tegen me. 'Hij was de ideoloog.' Zelensky begreep nu dat hij Oekraïne niet kon beschermen door te buigen en concessies te doen. Zijn stafchef verwoordde dat besef als volgt: 'Je hoeft geen relaties te bouwen op de bereidheid jezelf te kleineren.' Maar ze wisten ook welke risico's deze nieuwe aanpak met zich meebracht. 'Veel mensen, en ik denk vooral de Russen, konden die parade maar niet verkroppen,' zei Jermak. 'Het was een demonstratie van nationale glorie en volgens mij was dat een van de redenen waarom ze ons uiteindelijk niet konden vergeven.'

De nieuwe militaire leiding van Oekraïne gaf de Russen al snel nog een reden om zich zorgen te maken. Toen de parade voorbij was, werden al die wapensystemen niet gewoon teruggebracht naar hun bases en opgeslagen, want generaal Zaloezjny had plannen om ze te gebruiken. Kort nadat hij zijn post had ingenomen, gaf hij de officieren op de grond de vrijheid om 'met alle beschikbare wapens' terug te schieten, mochten ze worden aangevallen. Ze hoefden niet langer toestemming te vragen aan een hogere officier of 'onnodig' papierwerk in te vullen om te documenteren wat ze hadden gedaan. 'Misschien krijg ik daar kritiek op,' zei Zaloezjny later, toen we die beslissing bespraken. 'Maar het klopt: ik heb voor het oorlogsgebied inderdaad de order "shoot to kill" gegeven,' zei hij tegen me. 'Dat was ook onderdeel van het plan, want we moesten hun verlangen om ons aan te vallen de kop indrukken. We moesten hun verliezen toebrengen, en niet alleen omdat we de levens van onze soldaten wilden redden. En we moesten onze tanden ook laten zien omdat de vijand zich niet aan de voorwaarden van welk staakt-het-vuren dan ook hield.'

Onder deze nieuwe richtlijnen hoefden de Oekraïense troepen niet meer te aarzelen zoals tijdens de slag bij Sjoemy en bij andere vuurgevechten langs de frontlinie. Ze konden vijandig vuur naar believen beantwoorden. 'Het is mogelijk en noodzakelijk om vijanden te doden,' zei Zaloezjny eind september 2021 tijdens een briefing achter gesloten deuren, toen hij deze nieuwe regels aankondigde.[206]

De dag erna kwam president Zelensky met een aankondiging die de Russen woedend maakte. Na maanden onderhandelen had Zelensky niet alleen ingestemd met een deal om meer drones van Turkije te kopen, maar ook met de bouw van een fabriek in Oekraïne die die drones zou produceren. Nooit eerder had een NAVO-lidstaat goedkeuring gegeven aan zo'n deal met de Oekraïners. De uitvinder van de drone – overigens de schoonzoon van de Turkse president Recep Tayyip Erdoğan – reisde naar Kyiv om daar op 29 september zijn handtekening onder de deal te zetten. 'We hebben lang op dit moment gewacht,' zei Zelensky tijdens de ondertekeningsceremonie in zijn kantoor. 'Het is een grote, waarachtige stap voorwaarts.'[207]

De drone had zijn reputatie als tankkiller toen al bewezen.[208] Tijdens een korte oorlog in 2020 hadden de strijdkrachten van Azerbeidzjan hun vloot Bayraktars gebruikt om het leger van Armenië – een Russische bondgenoot – in iets meer dan een maand te verpletteren. Hoewel Rusland over veel meer andere vormen van militaire technologie beschikte dan Oekraïne, had het geen tegenhanger voor de Bayraktar in zijn arsenaal. (Veel later, toen ze midden in de invasie zaten, moest Poetin de Iraniërs vragen om hem aanvalsdrones te verkopen.) Zaloezjny was een fervent voorstander van deze wapens. Slechts een paar weken voordat hij de leiding over de strijdkrachten had overgenomen, had Oekraïne aangegeven dat het land zijn Bayraktars in opslag zou houden en ze alleen zou gebruiken ter verdediging tegen een 'grootschalige' Russische aanval. De nieuwe commandant veranderde die aanpak al snel: onder generaal Zaloezjny vloog de Bayraktar in de herfst zijn eerste gevechtsmissie boven het slagveld van Oost-Oekraïne.[209]

Op 26 oktober 2021 werd een Oekraïense stelling in de buurt van het front door pro-Russische separatisten beschoten, waarbij ten minste één soldaat om het leven kwam – de recentste in een escalerend patroon van Russische schendingen van het staakt-het-vuren. Deze keer stuurde Oekraïne een van zijn Bayraktar-drones de lucht in die een bom van 22 kilo op de Russische artilleriepositie dropte, waardoor deze werd vernietigd. Op een luchtvideo vanuit de drone, vrijgegeven door de Oekraïense strijdkrachten, was te zien hoe verschillende strijders wegrennen en wegstrompelen van de wrakstukken van hun houwitser. In het Kremlin ging dat niet onopgemerkt voorbij. Door de komst van de Bayraktars wist Poetin dat zijn militaire voorsprong op Oekraïne na verloop van tijd zou afnemen, waardoor de mogelijkheid om een snelle en beslissende aanval uit te voeren beperkt leek.

'Onze angst is helaas bewaarheid,' zei de woordvoerder van Poetin in reactie op het verschijnen van de Bayraktar boven Oost-Oekraïne.[210] Ter verdediging van de separatistische bondgenoten van Moskou in dat gebied liet de Russische luchtmacht in een ongewoon vertoon van vuurkracht straaljagers opstijgen. Toen Zelensky een paar dagen later naar het incident werd gevraagd, maakte hij duidelijk dat het geen losgeslagen commandant was geweest die zijn boekje te buiten was gegaan. 'Oekraïne zal op deze manier blijven opereren,' zei de president.[211] 'Als het Oekraïense leger de noodzaak voelt om zijn land te verdedigen, dan doet het dat. En het zal volgens dit principe blijven handelen.'

◆

Begin november, slechts een paar dagen na het debuut van de Bayraktar in de strijd boven Oost-Oekraïne, informeerden de Amerikanen Zelensky dat Rusland zich opnieuw voorbereidde op een invasie. De waarschuwingen waren deze keer verrassend gedetailleerd en de boodschappers waren onverzettelijker dan ze die lente waren geweest. De VS beweerden met een zekerheid van 75 tot 80 procent dat de invasie in januari 2022 zou beginnen.[212] Dat gaf de Oekraïners ongeveer twee maanden de tijd om zich voor te bereiden.

De hoogste veiligheidsadviseurs van Zelensky zagen hun agenda's al snel vollopen met bezoeken van Amerikaanse diplomaten en medewerkers van de inlichtingendienst. Oleksi Danilov, secretaris van de Nationale Veiligheids- en Defensieraad bood hun in zijn zonnige kantoor op het hoofdkwartier koffie aan en luisterde naar de mensen die de ondergang van Oekraïne voorspelden. 'Ze vertelden ons dat we binnen vier tot vijf dagen ingelijfd zouden worden en dat er concentratiekampen zouden komen,' vertelde Danilov me. 'En dat de hele politieke leiding vermoord zou worden.' De keer dat hij naar Kristina Kvien, de hoogste diplomate van de Amerikaanse ambassade in Kyiv was geweest, had ze hem aangekeken alsof hij een terdoodveroordeelde was. 'Ze had enorm medelijden met me,' vertelde Danilov. Hij was ontroerd maar ook beledigd geweest, en hij deed zijn best om de Amerikanen ervan te overtuigen dat Oekraïne zou standhouden. Maar volgens Kvien verkeerden Zelensky en zijn team in levensgevaar.

'Niemand geloofde het,' vertelde ze me later. 'Zelfs niet degenen die me in mijn gezicht zeiden van wel; die deden alleen maar alsof.' De gebruikelijke reactie van Zelensky's regering, zei Kvien, was dat de Russen de dreiging van geweld gebruikten om concessies uit de VS en hun bondgenoten te persen. 'Ze zeiden dat we voor de gek werden gehouden. De Russen hielden ons voor de gek.'

Om hun voorspellingen te staven deelden de Amerikanen allerlei inlichtingen met Zelensky, waaronder onderschepte telefoongesprekken en berichten waarin de Russen hun plannen leken te bespreken. Satellietbeelden toonden complete Russische legers die zich langs de grens hadden verzameld. Ze kwamen uit heel Rusland en sloten zich aan bij elitetroepen en tankformaties afkomstig uit de regio Moskou. Ze hadden veldhospitalen opgezet, proviand opgeslagen en zelfs gekoeld bloed meegenomen. In geheime briefings verwezen de Amerikanen ook naar een hooggeplaatste bron in Rusland. Die bron, zeiden ze, had de VS voorzien van details over Poetins plan om binnen te vallen. De identiteit van deze vermeende mol werd geheimgehouden, maar de Amerikaanse functionarissen gaven enkele hints. 'Denk aan *Kardinaal van het Kremlin* van Tom Clancy,' zei een van Zelensky's topadviseurs voor buitenlands beleid toen hij die bron destijds aan mij beschreef.* 'De ultieme spion. De ultieme insider. Die man is het.'

Hoewel ze geen geloof hechtten aan de Amerikaanse inlichtingen, wilden Zelensky en zijn team ze niet zonder meer afwijzen. 'Elke crisis biedt een mogelijkheid,' zei de adviseur buitenlands beleid, die nauw betrokken was bij de gesprekken met de Amerikanen. Oekraïne, merkte hij op, probeert al jaren de steun van het Westen tegen Rusland te krijgen. Als de Amerikanen hierdoor aandacht aan hen wilden schenken, was het voordeel duidelijk: 'Oekraïne zou meer hulp kunnen krijgen,' zei hij.

Om de gesprekken gaande te houden en om beter te begrijpen wat de Amerikanen op tafel hadden gelegd, stuurde Zelensky begin november zijn stafchef naar Washington. In het Witte Huis zou Jermak een

* In de roman, in 1988 gepubliceerd als vervolg op *De jacht op de Red October*, probeert CIA-analist Jack Ryan de waardevolste bron van de CIA binnen het Russische ministerie van Defensie te redden, een oorlogsheld met de codenaam Cardinal, die al tientallen jaren militaire en politieke inlichtingen doorgeeft aan de Amerikanen.

ontmoeting hebben met Jake Sullivan, de nationale veiligheidsadviseur van president Biden. Zijn verwachtingen waren niet hooggespannen. Sullivan was een paar jaar jonger dan Jermak en was een tot in de puntjes verzorgde en nogal stijve man, en hij stond niet bekend om een diepgaande interesse in Oekraïne of Rusland. Zijn topprioriteit wat betreft buitenlandse zaken was China, gevolgd door Iran en Afghanistan. (In de woorden van een gefrustreerde Amerikaanse diplomaat in Kyiv: de Nationale Veiligheidsraad onder Sullivan 'gaf geen fuck om Oekraïne' toen Biden aantrad.)

'Ik was voorbereid op een nogal droog, moeilijk gesprek en ik wist dat het erg belangrijk was om indruk te maken,' vertelde Jermak me. Hij en Sullivan leken het goed met elkaar te kunnen vinden en het was duidelijk dat de Amerikanen wilden helpen. 'We spraken dezelfde taal,' zei Jermak. Na die ontmoeting op 10 november begonnen ze elkaar berichten te sturen en te bellen, waardoor er een directe lijn ontstond van het Witte Huis naar de Bankovastraat die in de maanden erna van onschatbare waarde zou blijken voor Zelensky. 'We kunnen alles tegen elkaar zeggen,' zou Jermak tijdens een van onze interviews later over Sullivan zeggen. 'We kunnen elkaar op elk moment van de dag of nacht bellen.'

Ongeveer een week later stuurde Zelensky een andere delegatie naar Washington om de details van de wapenleveranties te bespreken. De delegatie werd geleid door de pas benoemde minister van Defensie, Oleksi Reznikov, die op dat moment nog geen twee weken in functie was. Hij stond hoog aangeschreven als advocaat en hij was jarenlang Zelensky's toponderhandelaar met de Russen geweest en hij kende het conflict door en door. Maar afgezien van zijn diensttijd in de Sovjetluchtmacht in de jaren tachtig had hij weinig ervaring in het leger. De reis naar Washington werd met zo'n haast georganiseerd dat Reznikov geen tijd had om zich te verdiepen in de soorten wapens die Oekraïne nodig had. 'Ik wist het verschil niet tussen een 155mm- en een 152mm-kaliber,' gaf hij toe, doelend op verschillende soorten artilleriegranaten.

Tijdens zijn ontmoetingen met de Amerikaanse minister van Defensie Lloyd Austin en andere topfunctionarissen drong Reznikov er bij de Amerikanen op aan om de dreiging niet te overdrijven. Poetin was er volgens hem van overtuigd dat de mensen in Oost-Oekraïne met Rusland sympathiseerden en de Russische troepen als bevrijders zouden begroeten. Het idee dat Poetin Kyiv zou kunnen bombarderen was onvoorstelbaar voor Reznikov en andere hoge functionarissen in de staf van Zelensky. 'Ik was ervan overtuigd,' vertelde de minister van Defensie, dat Poetin 'geen Russisch-orthodoxe kerken' in Oekraïne zou bombarderen. Toen de Amerikanen Reznikov toonden hoeveel Russische soldaten er langs de grenzen stonden opgesteld – meer dan honderdduizend op dat moment, half november 2021 – betwistte de minister van Defensie niet dat het er serieus uitzag. Maar Poetin had dezelfde troepenmacht in het voorjaar, net voor Pasen, ook naar de Oekraïense grenzen gestuurd. 'En wat kreeg Poetin daarvoor terug?' vroeg Reznikov. 'Hij kreeg twee telefoongesprekken met Biden en een persoonlijke ontmoeting in Genève.' Deze keer had het Kremlin hoogstwaarschijnlijk hetzelfde motief: meer concessies krijgen van de Amerikanen, meer discussies over de toekomst van Europa en meer prestigieuze topontmoetingen met de leiders van de vrije wereld. 'Poetin wilde dansen, maar niet met ons,' legde Reznikov uit. 'In zijn balboekje stonden het Witte Huis, Parijs, Berlijn en Londen.'

Maar toch, als de VS zo overtuigd waren van een ophanden zijnde Russische invasie, dan leek de volgende stap voor Reznikov klip-en-klaar: overspoel vanaf nu Oekraïne met wapens. Om te beginnen had het leger raketten nodig die vanaf de schouder gelanceerd konden worden, waarmee ze tanks konden uitschakelen en vliegtuigen en helikopters konden neerschieten. Met een beroep op wettelijke beperkingen en andere bureaucratische rompslomp vertelden de Amerikanen hem dat dit niet mogelijk was. Maar Reznikov voelde dat er een diepere reden was. Hij noemde die 'het Afghaanse syndroom'. Slechts drie maanden eerder hadden de VS na twintig jaar van oorlog al hun troepen teruggetrokken uit Afghanistan. Miljarden dollars van de Amerikaanse belastingbetaler waren besteed aan het bewapenen en trainen van het

Afghaanse leger om te voorkomen dat de taliban weer aan de macht zouden komen.

Beelden van talibanstrijders die over Amerikaanse bases slenterden en zich bewapenden met door de VS geleverde wapens vormden een dieptepunt in het Amerikaanse beleid in de regio. Het Amerikaanse ministerie van Defensie schatte later dat meer dan 7 miljard dollar aan door de VS gefinancierd materieel in handen van de taliban was gevallen, waaronder grote aantallen wapens, voertuigen en vliegtuigen. De regering-Biden wilde geen vergelijkbaar scenario met de Russen in Oekraïne riskeren. En het waren niet alleen de Amerikanen, zei Reznikov. 'De hele westerse wereld was er zeker van dat Oekraïne de openingsfase van de oorlog binnen tweeënzeventig uur zou verliezen.'

Begin december probeerde Joe Biden de crisis te bezweren met opnieuw een presidentieel telefoontje. Het had de vorige keer, midden in de lente, gewerkt, toen het vooruitzicht van een top met de Amerikanen Poetin had gemotiveerd zijn troepen een tijdje bij de grens weg te halen. Biden deed nu opnieuw het aanbod om te luisteren naar de 'strategische zorgen' van Rusland over de veiligheid in Europa, waarmee hij de deur opende voor een gespreksronde die de invasie zou kunnen vertragen, zo niet voorkomen. Hij beloofde zelfs om de toekomst van het NAVO-bondgenootschap te bespreken, een onderwerp waarover de VS lange tijd liever alleen met de lidstaten wilden praten.

Het antwoord van de Russische diplomaten liet geen ruimte voor serieuze onderhandelingen. Niet alleen eisten ze een schriftelijke garantie van de VS dat Oekraïne nooit lid zou worden van de NAVO, ze droegen de VS ook op om hun troepen terug te trekken uit Oost-Europa, terug naar de posities die ze hadden bezet voordat Poetin aan de macht kwam. Zoals de belangrijkste Russische gezant het verwoordde: 'De NAVO moet zijn spullen pakken en terugkeren naar waar het in 1997 was.'[213] De eisen waren zo schandalig dat de Amerikanen niet eens konden doen alsof ze ze serieus namen. Ze verwierpen Poetins agenda zonder meer. In plaats van een nieuwe presidentiële top te plannen, dreigden de VS met een reeks sancties die een groot deel van de Russische economie van de rest van de wereld zouden afsnijden. 'De geleidelijkheid uit het verleden bestaat niet meer,' zei een hoge ambtenaar van de regering-Biden.[214] 'En deze keer beginnen we boven aan de escalatieladder en blijven daar.'

De dreiging van sancties golfde die winter door de wereldeconomie, toen de aandelenmarkten reageerden op de mogelijkheid dat Rusland – 's werelds grootste exporteur van olie en de op een na grootste exporteur van aardgas – een desastreuze oorlog zou ontketenen. In de aanloop naar de invasie steeg de olieprijs naar het hoogste punt in acht jaar, waardoor Biden zich genoodzaakt zag om de strategische brandstofreserves aan te boren om 'de Amerikanen aan de benzinepomp enige verlichting te bieden'.[215] De Oekraïense munt kwam in een vrije val terecht doordat kapitaal wegvloeide en investeerders zich terugtrokken. Daarnaast bleven de populariteitscijfers van de president almaar dalen, wat zijn assistenten ertoe aanzette om meer aandacht te besteden aan binnenlandse problemen.[216] 'Energieprijzen, de economie, inflatie, al die dingen zullen slecht uitpakken,' zei een van hen tegen me tijdens een diner in Kyiv in die tijd. 'Dat zijn de directe risico's op dit moment.' Het risico van een invasie stond niet op dat lijstje.

Terwijl hij de dreiging vanuit Rusland bagatelliseerde, voerde Zelensky zijn aanvallen op politieke tegenstanders in eigen land op. In december dienden de autoriteiten in Kyiv een aanklacht wegens verraad tegen Petro Porosjenko in, waarin ze de voormalige president ervan beschuldigden dat hij aan het begin van de oorlog in 2014 en 2015 zaken had gedaan met separatisten in de Donbas. Porosjenko zei dat de aanklacht een daad van politieke vervolging was, en volgens een peiling die rond die tijd werd gehouden, was bijna de helft van de Oekraïners het met hem eens.[217] Westerse functionarissen uitten ook hun bezorgdheid over de kwestie en drongen er bij Zelensky op aan om de politieke verdeeldheid in Oekraïne niet nog groter te maken, nu hij net buiten de landsgrenzen geconfronteerd werd met een Russische troepenmacht van meer dan honderdvijftigduizend soldaten.[218] Maar hij weigerde te luisteren. Toen een verslaggever Zelensky vroeg naar de zaak tegen Porosjenko, beschuldigde de president hem en andere rijke politici van het organiseren van protesten tegen de regering door arme mensen te betalen om de straat op te gaan. 'Dat zien we allemaal,' benadrukte Zelensky. 'Ons land is niet blind en we gaan dat stap voor stap aanpakken.'[219]

Eind januari namen de VS stappen om gebaseerd op de verwachte Russische aanval de oostelijke flank van de NAVO te bewaken. Meer dan 8500 manschappen werden in Oost-Europa in hoogste staat van paraatheid gebracht, klaar om ingezet te worden naast marineschepen en oorlogsvliegtuigen. Het ministerie van Buitenlandse Zaken gaf niet-essentieel personeel en familieleden het bevel om de Amerikaanse ambassade in Kyiv te verlaten. De meeste Europese diplomaten volgden al snel. Zelensky nam het niet licht op. 'Dit is niet de Titanic,' zei hij tegen verslaggevers.[220] Op basis van satellietbeelden was het volgens hem onmogelijk te zeggen wat Rusland zou gaan doen met de troepen die Oekraïne hadden omsingeld. Sommige van hun tenten, zei hij, leken leeg te zijn. 'Het is psychologisch,' zei hij over de Russen. 'Ze proberen de psychologische druk op te bouwen.'

16

Blizzard 2022

Op 12 februari, een koude en bewolkte zaterdag in Kyiv, had Valeri Zaloezjny om negen uur 's ochtends zijn ondergeschikten bijeengeroepen voor een vergadering op het hoofdkwartier van de generale staf. Ze hadden de afgelopen dagen toezicht gehouden op een ambitieuze reeks militaire oefeningen, bekend als Blizzard 2022, die destijds in het hele land plaatsvonden.[221] Vele duizenden Oekraïense soldaten waren bij de oefeningen betrokken geweest en hun prestaties waren teleurstellend. De basismanoeuvres die bedoeld waren om een Russische aanval te simuleren hadden ernstige gebreken in de Oekraïense verdediging blootgelegd, en volgens Zaloezjny hadden de commandanten verzuimd die aan te pakken. Zijn reactie paste eigenlijk niet bij hem: 'Ik heb een uur staan schreeuwen.' De mannen rond de tafel waren veelal ouder en meer ervaren dan Zaloezjny, die niet de reputatie had dat hij vaak zijn geduld verloor, laat staan in het gezelschap van hoge officieren. 'Maar die keer wel,' zei hij tegen me. 'Dit waren zeer gerespecteerde mannen, generaals. En ik legde uit dat als dit niet zou verbeteren, het ons niet alleen ons leven zou kosten, maar ook ons land.'

Voor Zaloezjny vormden de oefeningen een belangrijk onderdeel van de defensieve strategie van Oekraïne, en de beste kans om te overleven. Het doel ervan, zoals beschreven in een vage verklaring op de Facebook-pagina van de Generale Staf, was het 'verwerven en uitbreiden van de operationele capaciteiten' van verschillende onderdelen van de Oekraïense strijdkrachten. De verklaring wekte de indruk dat deze oefeningen al lang gepland waren en slechts de laatste waren van de vele oefeningen en manoeuvres die het leger het afgelopen jaar had uitgevoerd. In werkelijkheid, vertelde Zaloezjny me, waren de oefeningen een dekmantel, bedoeld om de Oekraïense voorbereidingen voor oorlog te verbergen.

Als onderdeel van de oefeningen haalde het leger manschappen en wapens van hun bases weg en verspreidde ze over het hele land. Daartoe behoorden vliegtuigen, tanks en pantservoertuigen, maar ook luchtafweersystemen die Oekraïne binnenkort nodig zou hebben om zijn luchtruim te verdedigen. 'We lieten ze voortdurend rouleren,' zei Zaloezjny. Begin februari waren er ongeveer honderdtienduizend militairen in Oekraïne gestationeerd. Een derde deel daarvan was permanent aan de frontlinies in het oosten gelegerd, waar het waarschijnlijk was dat de invasie zou beginnen. Maar de rest – in totaal ongeveer vijfenzestigduizend manschappen – had het bevel gekregen om hun spullen in te pakken, hun garnizoen te verlaten en te beginnen met oefeningen ter voorbereiding op een Russische aanval. De commandant verwachtte dat die elk moment kon beginnen. De Russen hadden al een zeeblokkade ingesteld tegen Oekraïense havens in de Zwarte Zee en minstens dertigduizend van hun militairen waren aan het trainen in Belarus, op ongeveer 160 kilometer ten noorden van Kyiv. 'De geur van oorlog is heel herkenbaar,' zei de generaal, 'en geloof me, die hing al een tijdje in de lucht.'

Maar zelfs toen weigerde president Zelensky hem te geloven; hij was bezorgder over de economische gevolgen van de oorlogsdreiging dan over het risico van een Russisch bombardement. In hun frequente telefoongesprekken en vergaderingen in die tijd, drong de militaire leiding er bij Zelensky en zijn assistenten op aan zich intensiever voor te bereiden op een grootschalige oorlog. 'Het grootste probleem was dat we geen strategische voorraden aan munitie, brandstofreserves, uniformen en kogelwerende vesten hadden,' vertelde Zaloezjny me. De president stemde ermee in om die tekorten aan te vullen, zolang ze dat in het geheim konden doen, en zonder daarmee de Russen te provoceren of de bevolking bang te maken. Via diplomatieke kanalen overtuigden ze de vs en hun bondgenoten ervan om Oekraïne een grote voorraad in Bulgarije opgeslagen wapens toe te sturen, die oorspronkelijk bestemd waren voor het leger in Afghanistan. 'Deze munitie had geen bestemming meer,' zei de generaal, nadat de taliban in augustus 2021 Kabul hadden overgenomen, 'en wij sloegen onze slag. Alle lof voor de president, want hij liet me mijn verhaal doen, en door een ongelofelijk wonder slaagden we erin om die Afghaanse geheime voorraad te bemachtigen.' De wapens arriveerden half februari per vliegtuig en waren een godsgeschenk. Het ging alleen al om naar schatting dertienhonderd ton aan materieel van de Verenigde Staten,[222] en het Verenigd Koninkrijk leverde nog eens tweeduizend antitankraketten.[223] Al met al stuurde het Westen in aanloop naar de invasie voor ongeveer 1,5 miljard dollar aan militaire hulp, waardoor Oekraïne, als het alles op alles zou zetten, misschien een kans had.

Maar hoewel ze dringend om de wapens hadden gevraagd en de komst ervan vierden, bleven Zelensky en zijn regering de Russische dreiging wegwuiven. 'Maak je geen zorgen, slaap lekker,' zei Oleksi Reznikov, de minister van Defensie, eind januari in een toespraak voor het parlement.[224] 'Het is niet nodig om je koffers te pakken.' Na een skivakantie die week naar de Karpaten, bracht Zelensky een geruststellende videoboodschap uit, waar hij later belachelijk om zou worden gemaakt. 'Haal diep adem en blijf kalm,' zei hij in de clip. 'Wind je niet op.'[225] Komende lente, beloofde Zelensky, kan iedere Oekraïner weer sjasliek op de barbecue leggen, zoals Oekraïners elk jaar doen. Een paar dagen later lanceerde het staatsbureau voor toerisme een nieuwe campagneslogan: 'Blijf kalm en bezoek Oekraïne.'[226]

Tijdens een bijeenkomst met topmilitairen en veiligheidsfunctionarissen in die tijd schreeuwde een van Zelensky's assistenten tegen de aanwezigen dat ze moesten ophouden mensen bang te maken met hun voorspellingen van een invasie. De uitbarsting bracht de Oekraiense strijdkrachten in een lastig parket. De staf van de president had volgens generaal Zaloezjny 'politieke barrières' opgeworpen rond de militaire inspanningen om zich voor te bereiden. Het lukte niet om de strijdkrachten van Oekraïne voor een Russische invasie te mobiliseren zonder investeerders te alarmeren en de economie nog meer onder druk te zetten. Ze konden niet reageren op de afschrikwekkende waarschuwingen van de Amerikaanse inlichtingendienst zolang Zelensky, hun opperbevelhebber, deze waarschuwingen afdeed als onzin. 'We konden niet eens een colonne pantservoertuigen op klaarlichte dag verplaatsen. Dat deden we 's nachts,' vertelde Zaloezjny me later. 'In die politieke situatie deden mijn mannen en ik al het mogelijke.' Sommige van hun voorbereidingen vonden plaats buiten de politieke parameters die Zelensky had opgelegd. 'We vonden een aantal mazen in de wet,' zoals de generaal zei.

De belangrijkste maas in de wet was Blizzard 2022, die het leger een excuus gaf om troepen in positie te brengen. Toen de militairen op 8 februari hun bases verlieten, werd het voor Zaloezjny en de andere generaals veel gemakkelijker om hun kwetsbaarheden in te schatten. 'We zagen nu welke indicatoren echt alarmerend slecht waren,' zei hij. 'Als de Russen ons op dat moment hadden aangevallen, zou de uitkomst heel anders zijn geweest.' Na hun ontmoeting met Zaloezjny vier dagen later, haastten de generaals zich om een groot deel van de militaire uitrusting van het land te verplaatsen en te camoufleren, zodat het voor de Russen moeilijker zou zijn om in de eerste uren van de invasie vanuit de lucht toe te slaan. Ze probeerden er ook voor te zorgen dat eventuele bommen op Oekraïense garnizoenen de manschappen niet 's nachts als ze lagen te slapen zouden overvallen.

Het psychologische effect dat de oefeningen op de betrokken soldaten hadden was voor de verdediging van Oekraïne minstens zo waardevol. Wekenlang hadden vrijwel alle Oekraïense strijdkrachten getraind op een mogelijke aanval, ook op het slechtste scenario van een volledige invasie. 'Ze waren zich geestelijk aan het voorbereiden,' zei Denys Monastyrsky, de minister van Binnenlandse Zaken, die toezicht hield op een van de meest effectieve takken van de Oekraïense strijdkrachten, de Nationale Garde. Tijdens de voorbereidingen hield de generale staf de president op de hoogte van de oefeningen. Zelensky vloog op 16 februari – negen dagen voor de invasie – zelfs naar de stad Rivne, in het westen van Oekraïne, om te zien hoe Blizzard 2022 verliep. Zaloezjny gaf de president die ochtend een rondleiding door het trainingskamp en liet hem een aantal wapens zien die het Westen aan Oekraïne had geleverd, waaronder meervoudige raketwerpers en antitank- en luchtafweersystemen.

Maar als het op de details van zijn strategie aankwam, deelde Zaloezjny niet alles met de president en zijn assistenten. Het risico op een lek baarde hem zorgen. 'Ik was bang dat we het verrassingselement zouden kwijtraken,' vertelde Zaloezjny. 'De vijand moest denken dat we allemaal in onze gebruikelijke kampementen zaten, wiet rookten, tv-keken en op Facebook postten.' Niemand wist hoe diep Russische spionnen in het leger en de politieke leiding waren geïnfiltreerd. Als ze erachter kwamen waar men de Oekraïense soldaten en het materieel buiten hun bases had gestationeerd, was er geen mogelijkheid om uit te wijken en geen manier om ze te beschermen tegen een regen van raketaanvallen. 'Ik wist dat ik maar één kans had,' zei Zaloezjny. 'Het was mijn enige kans, en terwijl we ons daarvoor klaarmaakten, hield ik mijn kaarten tegen de borst.'

Terwijl de Blizzard-oefeningen doorgingen, hield hij nauw contact met zijn Amerikaanse tegenhanger, generaal Mark Milley. De twee mannen hadden elkaar die winter goed leren kennen en Zaloezjny bewonderde de Amerikaan om zijn onverzettelijkheid en ervaring. Net als de rest van de regering-Biden had Milley er bij de Oekraïners op aangedrongen hun militaire reserves op te roepen en alle beschikbare manschappen te mobiliseren. Daarnaast raadde hij een strategie aan die deed denken aan de Europese oorlogen uit een vorig tijdperk: begin met loopgraven maken en mijnenvelden aanleggen; hoe meer hoe beter.

Zaloezjny probeerde de politieke gevoeligheid van die aanpak uit te leggen. Loopgraven en versterkingen zijn moeilijk te verbergen en een massale mobilisatie van militairen zou zeker leiden tot een uittocht van burgers en bedrijven, en van iedereen die de dienstplicht wilde ontlopen. 'Hij bleef maar tegen me zeggen dat er oorlog zou komen en dat er raketaanvallen zouden volgen, en hij wilde dat ik bepaalde maatregelen zou nemen,' herinnert Zaloezjny zich. 'Maar dat kon ik niet, want ik ben slechts de opperbevelhebber van de strijdkrachten. Boven mij staat de echte opperbevelhebber' – president Zelensky – 'en hij was de enige die antwoord kon geven op veel van mijn vragen.'

Terwijl het gekibbel over en weer ging, vroeg Milley naar het plan dat Zaloezjny had bedacht. 'Ik probeerde hem de strategie uit te leggen, maar toen sloeg de angst me om het hart: wat gebeurt er als ik hem dingen vertel die ik beter niet kan vertellen?' Zaloezjny was bang dat zijn strategie zou uitlekken, hetzij naar de Russen, hetzij naar de Oekraïense bevolking. Hij was ook bang dat het uiteindelijk weer bij Zelensky zou terechtkomen. In plaats van de echte details van zijn strategie naar Milley te sturen, besloot Zaloezjny hem een nepstrategie te tonen. 'Ik kon niets beters bedenken.' Het gaf hem een slecht gevoel om zijn belangrijkste bondgenoot te bedriegen. Als de oorlog is afgelopen, zei hij, zou Milley het volste recht hebben om 'me over de knie te leggen en me een pak slaag te geven zoals een vader dat pleegt te doen'.

◆

In de vroege ochtend van 19 februari stapte Zelensky aan boord van het presidentiële vliegtuig voor wat zijn laatste buitenlandse reis in vele maanden zou worden. Oekraïne verlaten was onder de gegeven omstandigheden geen gemakkelijke beslissing. Er stonden nu bijna tweehonderdduizend Russische soldaten aan de Oekraïense grens en de stroom waarschuwingen over wat zij van plan waren was nog nooit zo serieus geweest. Met zijn reis naar het buitenland liep Zelensky het risico dat hij de Russen een onmiddellijk voordeel gaf. Hun propagandamachine zou beweren dat de president gevlucht was voor het geval er een totale oorlog zou uitbreken. Russische straaljagers zouden zijn terugkeer kunnen verhinderen, en hun bondgenoten in Kyiv, onder leiding van Viktor Medvedtsjoek, zouden het machtsvacuüm snel kunnen opvullen. Nog erger was dat ambtenaren van hoog tot laag bij het begin van een invasie veel minder druk zouden voelen om op hun post te blijven als hun president niet meer in het land was.

Maar Zelensky vond zijn reis de moeite van het risico waard. In Zuid-Duitsland kwamen dat weekend politieke en militaire leiders uit de hele wereld bijeen voor de Veiligheidsconferentie van München, de favoriete plek van NAVO-leden om te discussiëren over de dreigingen die ze in de wereld zagen en om hun tegenstanders uit te nodigen voor een pittig debat over de gevaren die ze in elkaar zagen. In de laatste dertig jaar van de Koude Oorlog was het voor Oost en West de belangrijkste locatie geweest om een staredown te houden en elkaar bij gelegenheid uit te horen. Dit was de top waar ik Zelensky's voorganger, Petro Porosjenko, in 2018 tijdens zijn toespraak voor een vrijwel lege zaal had horen pleiten voor westerse steun.

Het was ook de plaats die Vladimir Poetin in 2007 had gekozen om het begin van een nieuwe Koude Oorlog uit te roepen. 'De NAVO heeft haar frontlinie aan onze grenzen gesitueerd,' zei de Russische leider destijds op de conferentie in München, terwijl hij een menigte toesprak waarin senator John McCain, die toen ongeveer een jaar verwijderd was van zijn kandidatuur voor het Amerikaanse presidentschap, op de eerste rij zat.[227] Vanuit het perspectief van Rusland, zei Poetin, is de uitbreiding van de NAVO naar Oost-Europa door de toelating van Polen, de Baltische staten en andere voormalige satellietstaten van Moskou 'een ernstige provocatie [...] En wij hebben het recht om te vragen: tegen wie is deze uitbreiding bedoeld?'

Vanuit Poetins perspectief had de ineenstorting van de Sovjet-Unie een wereldorde mogelijk gemaakt die gedomineerd werd door de Amerikanen, in een systeem waarin slechts 'één centrum van autoriteit, één centrum van macht, één centrum van besluitvorming bestaat. Het is een wereld waarin maar één meester is, één soeverein.' Die meester en zijn bondgenoten hadden zich gemachtigd gevoeld om geweld te gebruiken tegen hun tegenstanders en waren daarmee weggekomen, zei Poetin, waarbij hij niet alleen verwees naar de oorlogen in Irak en Afghanistan, maar ook naar de NAVO-bombardementen die in 1999 de Serviërs in Joegoslavië – bondgenoten van Rusland – ervan moesten weerhouden genocide te plegen in Kosovo. 'Vandaag zijn we getuige van een bijna ongebreideld gebruik van geweld – militair geweld – in internationale betrekkingen, geweld dat de wereld in een afgrond van permanente conflicten stort,' zei Poetin. 'En dat is natuurlijk uitermate gevaarlijk. Het leidt ertoe dat niemand zich veilig voelt. Dat wil ik benadrukken: niemand voelt zich veilig!'

Poetins gevoel van veiligheid werd er niet beter op toen de NAVO-leiders in de lente daarna bij een top in Roemenië beloofden dat Oekraïne en Georgië ooit ook lid zouden kunnen worden. 'Deze landen zullen lid worden van de NAVO,' zei de alliantie in een formele verklaring in april 2008. Vier maanden later viel Rusland Georgië binnen. Het bracht zijn tanks tot in de hoofdstad Tbilisi en bezette ongeveer een vijfde deel van het Georgische grondgebied. Het was de eerste buitenlandse oorlog van Poetin en het leidde niet tot ernstige consequenties voor zijn regime. In München waarschuwde hij het Westen dat hij de uitbreiding van de NAVO beu was, en met de oorlog in Georgië liet hij zien dat hij bereid was om die met militair geweld aan te vechten.

Vijftien jaar later, aan de vooravond van een nieuwe Russische invasie, was het de beurt aan Zelensky om de vergadering in München toe te spreken en hij had moeite om de juiste woorden te vinden. Zelfs in het vliegtuig, toen hij in zijn An-148 over Europa vloog, worstelden de president en zijn assistenten met een toespraak die het Westen moest inspireren om Rusland ervan te weerhouden zijn tanks de grens over te sturen. 'We brachten voortdurend correcties aan,' vertelde Reznikov, de minister van Defensie. 'Elk woord werd op een goudschaaltje gewogen.'

Voorafgaand aan de toespraak die hij die middag zou houden, had Zelensky een ontmoeting met de Amerikaanse delegatie, die dat jaar werd geleid door vicepresident Kamala Harris. Haar sessie met de

Oekraïners was vanaf het begin ongemakkelijk. Het Bayerischer Hof, het hotel waar de conferentie al sinds haar oprichting in 1963 plaatsvindt, heeft geen tekort aan aangename zij het gedateerde zaaltjes, waar bondgenoten normaal gesproken hun gesprekken voeren. Zelensky's ontmoeting met Harris vond echter plaats rond een formele onderhandelingstafel, met de twee partijen tegenover elkaar. In tegenstelling tot Zelensky's andere afspraken in München, wilden de Amerikanen geen handen schudden en stonden ze erop mondkapjes te dragen, een protocol vanwege corona dat nog bijdroeg aan het gevoel van afstand tussen hen. Volgens de functionarissen die aan weerszijden van president Zelensky zaten, verklaarden de Amerikanen dat een invasie onvermijdelijk was, alsof de Amerikaanse inlichtingendiensten in de toekomst hadden gekeken en het dus konden voorspellen. Het was niet de eerste keer dat Zelensky dit hoorde; slechts een paar dagen eerder had hij nog via de telefoon met president Biden gesproken. De reportages in de Amerikaanse media stonden bol van verhalen afkomstig van bronnen in het Witte Huis, waarin gesuggereerd werd dat de Russische aanval zou beginnen met een 'ophanden zijnde' golf van cyberaanvallen en een spervuur van raketten en luchtbombardementen. President Biden zou tijdens een gesprek met zijn Europese bondgenoten zelfs een specifieke datum voor de invasie hebben genoemd: 16 februari.* Die datum was inmiddels verstreken, maar de Amerikaanse waarschuwingen waren niet afgenomen. Tegen de tijd dat ze op 19 februari in München bij elkaar zaten, had Zelensky zijn antwoord aan vicepresident Harris goed ingestudeerd. De dreiging van Russische agressie bestond al sinds de annexatie van de Krim in 2014, zei hij, en hij was blij dat de Amerikanen dat eindelijk ook erkenden. 'Godzijdank hebben jul-

* Na een gesprek met Biden over die voorspellingen, besloot Zelensky er luchtig over te doen. Hij spoorde de Oekraïners aan om de datum te vieren door vlaggen uit hun ramen te hangen en om tien uur die ochtend eendrachtig het volkslied te zingen. 'Ze zeggen tegen ons dat 16 februari de dag van de aanval zal zijn,' zei hij in een televisietoespraak voor de natie. 'Wij maken er de Dag van de Eenheid van.'

lie nu hetzelfde gezien als wij,' zei Zelensky tegen haar. 'Laten we daar samen op reageren.'

Om te beginnen stelden de Oekraïners een reeks sancties voor die zo heftig waren dat Poetin zijn beslissing om binnen te vallen zou heroverwegen. De Amerikanen zouden hun havens kunnen sluiten voor Russische schepen. Ze zouden een embargo op Russische olie en gas kunnen instellen en er bij de Europeanen op aan kunnen dringen hetzelfde te doen. Ze zouden kortsluiting kunnen veroorzaken in het Russische banksysteem. Daarnaast vroeg Zelensky om specifieke wapens, waaronder Stingers en Javelin-raketten, maar ook om gevechtsvliegtuigen en luchtafweergeschut; in elk geval genoeg om de Oekraïense kerncentrales te beschermen tegen bombardementen vanuit de lucht. Voor Harris was geen van deze voorstellen aanvaardbaar. De VS konden geen sancties opleggen, zei ze, omdat de straf pas na de misdaad kon komen. Ze leek er ook op gebrand dat Zelensky zou erkennen dat er inderdaad een volledige invasie ophanden was. Zelensky vroeg haar: 'Wat hebt u daaraan? Als ik dat hier in dit gesprek erken, gaat u dan wel sancties opleggen?' Reznikov herinnert zich dat de president dit verschillende keren vroeg tijdens de vergadering, maar dat hij nooit een duidelijk antwoord kreeg.

'Het is een interessant gegeven,' zei de minister van Defensie later tegen me. 'Waarom wilden ze dat zo graag horen? Als wij hadden gezegd: "Ja, hij gaat aanvallen," wat had dat dan opgeleverd? Moesten we ons dan overgeven? Of probeerden ze ons voor te bereiden op: "Oké, we weten dat [Poetin] zal aanvallen. We weten dat we niet zullen winnen." Dat betekent dat er een reden is om te capituleren, om nog een stel vredesakkoorden te ondertekenen zoals we in Minsk hebben gedaan, waarmee we toegeven aan nog meer eisen van het Kremlin. De wereld vermijdt de hete fase in de oorlog.' Bitter voegde hij eraan toe: 'Dan krijgt iedereen een pluim. Dan is iedereen een geweldige vredestichter.'

Zelensky en zijn team waren niet van plan om dat script te volgen. Ze waren niet van plan te capituleren, zeker niet zonder slag of stoot. Maar naarmate hun dag in München vorderde, raakten ze ervan overtuigd dat sommigen van hun westerse bondgenoten wilden dat ze het onomstotelijke feit van een Oekraïense nederlaag zouden accepteren. In hun ogen was het een eerste stap naar vrede op de voorwaarden van Poetin. Olaf Scholz, de Duitse bondskanselier, had twee dagen voordat de top in München begon een bezoek gebracht aan Moskou voor een nieuwe gespreksronde met Poetin, en hij zou graag hebben bemiddeld bij een soort deal. De Oekraïners zouden concessies moeten doen. Ze zouden waarschijnlijk de hoop moeten opgeven om lid te worden van de NAVO, en Zelensky was bereid om op dat specifieke punt over een compromis te praten. Hij begreep dat Oekraïne geen reële kans maakte om op korte termijn lid te worden van de NAVO. Maar hij was niet bereid om de aanspraak op het deel van Oekraïne dat al door Rusland werd bezet op te geven.

In de marge van de conferentie van München drongen verschillende westerse leiders er bij Zelensky op aan om die dag niet naar huis terug te gaan en in plaats daarvan te beginnen met het vormen van een regering in ballingschap. De president reageerde met een glimlach op dat voorstel: 'Ik heb vanmorgen in Kyiv gegeten,' zei hij, 'en vanavond ga ik daar weer eten.' Andri Sibiga, die getuige was van dat gesprek, geloofde niet dat het aandringen om Kyiv te verlaten slecht bedoeld was. De druk kwam van enkelen van de meest naaste en sterkste bondgenoten van Oekraïne en was niet bedoeld om Rusland een grotere kans te geven om Oekraïne zonder slag of stoot in te nemen. 'Het ging om de importantie van de president in deze strijd met de vijand,' vertelde Sibiga. 'Het voortbestaan van de staat zoals belichaamd in de president.'

Toch droeg het aanbod om te vluchten bij aan Zelensky's indruk dat zelfs zijn naaste bondgenoten in München hem hadden afgeschreven, en hij liet zijn frustratie blijken toen hij die middag het podium betrad. Het deed me denken aan de situatie in november 2019, aan de vooravond van zijn eerste gesprekken met Poetin, toen hij me vertelde dat hij geen van zijn bondgenoten in het Westen kon vertrouwen. Toen deed de eenzaamheid van zijn positie hem pijn, nu leek het hem woedend te maken. 'Het was hier, vijftien jaar geleden, dat Rusland zijn voornemen aankondigde om de veiligheid in de wereld te tarten,' zei hij.[228] 'Wat was de reactie van de wereld? Appeasement.' De NAVO was haar belofte om Oekraïne op weg te helpen naar het lidmaatschap niet nagekomen. 'Er is ons verteld dat de deur openstaat, maar tot nu toe mogen buitenstaanders niet naar binnen. Als niet alle leden van de alliantie ons willen, of als alle leden ons niet willen, vertel het ons dan eerlijk. Open deuren zijn goed, maar we hebben open antwoorden nodig, geen jarenlange open vragen.'

Hij eindigde zijn toespraak met het bedanken van de leiders die voor Oekraïne opkwamen en oprechte steun toonden. Tot de bondgenoten die hij bedoelde behoorde volgens zijn assistenten Boris Johnson, die Zelensky ook ontmoette tijdens zijn reis naar München. Maar in zijn toespraak noemde hij Johnson niet. 'Ik noem jullie niet bij naam,' zei hij. 'Ik wil niet dat sommige andere landen zich schamen. Dit is hun aangelegenheid, hun karma. Zij moeten daarmee leven.'

◆

Wat stelde Zelensky zich voor bij de aanval? Zou die geleid worden door paramilitairen, zoals in de Donbas in 2014? Zouden er Russische speciale militaire eenheden zonder herkenbare insignes op hun uniformen bij zijn, zoals op de Krim? Of zou de Russische campagne, net als in Syrië, vanuit de lucht worden gevoerd, met willekeurige bombardementen op burgers? Zou Poetin tanks de grens over sturen, en zo ja, hoe ver het land in? Helemaal tot aan de grenzen van de hoofdstad, zoals in Georgië in 2008? Of zouden ze zich beperken tot de grensgebieden in het oosten en het zuiden?

Zelensky wist het niet. Hij wist niet eens zeker wat zijn bondgenoten als een invasie zouden beschouwen, in tegenstelling tot bijvoorbeeld een schermutseling ergens aan de rand van Europa. President Biden suggereerde half januari in een terloopse opmerking dat Rusland alleen verantwoordelijk zou worden gehouden als de omvang van de aanval groot genoeg zou zijn. 'Het is één ding als het een betrekkelijk onbelangrijke inval is,' zei hij, 'dan zullen we uiteindelijk ruziemaken over wat we wel en niet moeten doen.' De opmerking leek Rusland enige ruimte te bieden om zijn ambities terug te schroeven en het volledige pakket aan westerse sancties te vermijden door enige terughoudendheid te betonen. Zelensky kon die strategie niet waarderen. Er bestaat niet zoiets als een betrekkelijk onbelangrijke inval, zei hij. 'Net zoals er geen betrekkelijk onbelangrijke slachtoffers zijn of betrekkelijk onbelangrijk verdriet door het verlies van dierbaren.'[229]

In feite wilde Zelensky het liefst allebei. Hij gokte op een kleine inval én hoopte dat die een grote reactie van het Westen zou uitlokken. Het scenario dat hij in zijn hoofd had was een Russische aanval vanuit het oosten, waar Poetin volgens hem mogelijk wilde proberen meer grondgebied te veroveren. Daar had het Kremlin nog steeds een kans om bondgenoten en sympathisanten te vinden. De stad Charkiv, in het noordoosten van Oekraïne, was bijzonder kwetsbaar. De buitenwijken liggen tegen de Russische grens aan en het historische centrum ligt wijd open voor Russisch artillerievuur, waarmee ze zelfs zonder Oekraïne in te gaan de stad zouden kunnen bombarderen. Tijdens een interview met *The Washington Post* in januari erkende Zelensky zelfs terloops dat Charkiv, de op een na grootste stad van het land, 'bezet zou kunnen worden'. Meer openheid dan dit toonde hij niet tegenover zijn volk.

Toen hij op 19 februari terugkeerde uit München was er in zijn verklaringen niets te merken van de gevaren die hij met westerse leiders had besproken. Hij erkende geen enkele serieuze dreiging van luchtbombardementen of de mogelijke omsingeling van Kyiv. Hij wist dat het Westen hem naar huis had gestuurd met niets – geen pakket sancties, geen veiligheidsgaranties – wat een invasie op welke schaal dan ook zou kunnen tegenhouden of zelfs maar vertragen. En dus wachtte Zelensky af, en in de dagen voordat de invasie begon werkte hij door volgens een min of meer normale agenda. Hij eerde de dodelijke slachtoffers onder de demonstranten op het Onafhankelijkheidsplein in 2014. Hij had een gesprek met de leider van Slovenië. De president van Estland kwam op bezoek en Zelensky drong er bij hem op aan te investeren in de IT-sector van Oekraïne.

Twee dagen na Zelensky's reis naar München hield Poetin een toespraak van een uur die klonk als een oorlogsverklaring. Hij beschuldigde Oekraïne van marteling, genocide en andere misdaden tegen de inwoners van de Donbas. Hij beweerde dat Oekraïne nucleaire ambities had die een rechtstreekse bedreiging vormden voor Rusland. Hij ontkende de levensvatbaarheid en zelfs het bestaan van Oekraïne als onafhankelijke staat. En hij kwam terug op het thema van de NAVO-uitbreiding, waarbij hij de argumenten herhaalde die hij vijftien jaar eerder al voor het eerst in München had laten horen. 'Ze negeren onze bezorgdheid, protesten en waarschuwingen volledig,' zei hij over het bondgenootschap.[230] 'Ze spugen erop en doen wat ze willen.' Maar aan het einde van zijn toespraak verklaarde Poetin Oekraïne niet de oorlog. Hij kondigde aan dat Rusland de afgescheiden regio's in Oost-Oekraïne, de zogenoemde Volksrepublieken Donetsk en Loehansk, als onafhankelijke staten zou erkennen. Het was een bureaucratische, halfslachtige maatregel die Zelensky enige ruimte bood om te hopen dat de ergste voorspellingen onjuist waren. Poetin maakte aanspraak op de regio's van Oekraïne die Rusland al acht jaar onder controle had. Hij richtte zijn vizier niet expliciet op Kyiv of landsdelen buiten de Donbas. Maar Amerikaanse functionarissen maakten zich geen illusies over Poetins ware intenties.

De Oekraïense topdiplomaat Dmytro Koeleba was die dag toevallig in Washington en president Biden nodigde hem na Poetins toespraak uit in het Witte Huis. 'Hij troostte me,' zei Koeleba later tegen me. 'Het is alsof je iemand spreekt die kanker heeft, het laatste stadium van kanker. Je weet dat die persoon ten dode is opgeschreven, maar je leeft echt met hem mee en probeert hem te helpen, en je doet je best terwijl je weet dat niets hem zal helpen. Dat was eigenlijk de sfeer tijdens de bijeenkomst.' Koeleba was diep ontroerd, maar ook doodsbang. Hij begreep dat de oorlog op het punt stond te beginnen en hij vroeg Biden om advies, niet als diplomaat maar als vader. Zou het zinvol zijn om zijn kinderen te evacueren? Of was het zijn plicht als regeringsfunctionaris om het goede voorbeeld te geven en zijn gezin in Kyiv te laten blijven? Biden legde een hand op zijn schouder en antwoordde: 'Wees een goede vader.' Toen Koeleba die avond zo snel mogelijk terugkeerde naar Oekraïne, belde hij met zijn gezin en zei hij dat ze de hoofdstad onmiddellijk moesten verlaten.

Op de Bankovastraat zaten Zelensky en zijn assistenten weer in zijn kantoor bij elkaar, druk doende een reactie op Poetins toespraak te formuleren. Die werd op 22 februari na middernacht uitgezonden en daarmee probeerde hij opnieuw de Oekraïners een gevoel van veiligheid te geven. 'Er is geen reden voor een slapeloze nacht,' zei de president in een televisietoespraak tot de natie. 'We zullen de waarheid nooit voor jullie verborgen houden. Zodra er verandering in de situatie komt, zodra we een toename van de risico's zien, zult u het horen.'[231]

Na het uitzenden van die verklaring hadden Oekraïne en zijn leider nog ongeveer achtenveertig uur om zich voor te bereiden. Maanden later zouden ze debatteren over de vraag wat er in die tijd gedaan had kunnen worden. Hoeveel weeshuizen of bejaardentehuizen langs de grenzen met Rusland er geëvacueerd hadden kunnen worden. Hoeveel voedsel, brandstof en andere voorraden men had kunnen aanleggen. Hoeveel levens er gered hadden kunnen worden. Maar op dat moment geloofden Zelensky en zijn team dat paniek het grootste gevaar vormde. 'Als we vóór de invasie chaos veroorzaken onder de mensen,' zei hij, 'zullen de Russen ons verslinden.'[232] Miljoenen mensen zouden op de vlucht slaan, de economie zou instorten, het land zou worden uitgehold en er zou niemand overblijven om het tegen de vijand te verdedigen. Dat was de angst die Zelensky dreef in de dagen voordat de bommen begonnen te vallen. Tot op het laatst dacht hij dat de aanval beperkt van omvang zou zijn, en zeker niet zo catastrofaal als de Amerikanen voorspelden. En hij bleef vasthouden aan de gedachte dat een exodus van mensen en kapitaal de grootste bedreiging voor het voortbestaan van Oekraïne was. Pas rond het middaguur op 23 februari, vlak voor de invasie, kwamen de president en zijn veiligheidsraad bijeen om de noodtoestand voor het hele land af te kondigen. Dat zou de autoriteiten in staat stellen huiszoekingen te doen, transporten te beperken, de beveiliging rond kritieke infrastructuur aan te scherpen en andere aan de oorlog gerelateerde voorzorgsmaatregelen te treffen. Maar zelfs toen was de boodschap aan de burgers nog dat ze zich geen zorgen hoefden te maken. 'Dit zijn preventieve maatregelen, zodat het rustig blijft in het land en de economie blijft functioneren,' zei Oleksi Danilov toen hij de noodtoestand afkondigde.[233]

Het laatste belangrijke agendapunt van de president die avond was een ontmoeting met de rijkste zakenlieden van Oekraïne, met wie Zelensky al meer dan een jaar strijd voerde. Kort daarvoor had hij een wet getekend waarmee de oligarchen hun macht was ontnomen en ze minder mediabedrijven mochten bezitten, geen openbare ambten meer konden bekleden en de politiek niet meer konden beïnvloeden. Nu, zittend rond een grote tafel met een aantal van de mannen die hij verdacht van ontrouw en verraad, probeerde de president de strijdbijl te begraven. 'Het belangrijkste was om de paniekssfeer niet aan te wakkeren,' zei Iryna Pobedonostseva, een van Zelensky's naaste medewerkers, die de bijeenkomst bijwoonde. 'Jullie moeten hier allemaal zijn,' weet ze nog dat de president tegen hen zei. 'Iedereen die meer wil doen dan geld verdienen in dit land, maar hier ook wil wonen en honderdduizenden mensen in dienst wil houden, moet hier zijn, want de mensen houden jullie in de gaten.'

Danilov en andere leden van de veiligheidsraad gaven de oligarchen vervolgens een update over de Russische dreiging. Die was ernstig, zeiden ze, maar beheersbaar omdat Rusland niet tot een totale invasie zou overgaan. 'Er werd ons vol vertrouwen verteld dat dat niet zou gebeuren; maak je geen zorgen, pieker er niet over,' vertelde de metaalmagnaat Serhi Taroeta me na afloop. Maar veel van de zakenlieden hadden nog steeds talloze connecties in Rusland. Ze kregen informatie van hun Russische bronnen die, zoals Taroeta het uitdrukte, 'niet overeenkwam met het officiële standpunt hier'. Het was al donker toen de vergadering werd afgesloten en de oligarchen in de Bankovastraat naar hun auto's liepen, waar hun chauffeurs de motor lieten draaien in de vrieskou. Zelensky had zijn officiële agenda voor die dag afgewerkt, en hij ging met Jermak, zijn stafchef, terug naar boven naar zijn kantoor om een toespraak voor de natie op te stellen.

De hele avond door kwamen er van de VS en andere bondgenoten nieuwe inlichtingen binnen, waarin werd gewaarschuwd dat de invasie die nacht zou beginnen. Hackers hadden websites van de overheid uit de lucht gehaald. Vanuit het oosten was Russisch militair materieel onderweg naar de bezette delen van de Donbas, waar separatistische leiders Poetin hadden opgeroepen hen te helpen met de verdediging. Voor Zelensky en zijn staf betekende de Russische intocht in die gebieden het officiële begin van de invasie, hoewel ze nog steeds hoopten dat de Russen niet verder zouden gaan dan die grensgebieden, in elk geval op dat moment nog niet. De president zat aan zijn bureau en gaf zijn protocoldienst opdracht hem te verbinden met het Kremlin. Hij wilde nog één keer proberen met Poetin te praten. Maar de oproep werd genegeerd, zei Jermak, die naast hem zat. 'Er kwam geen reactie van de andere kant.'

Pas toen, toen alle opties voor vrede waren uitgeput, probeerde Zelensky niet langer de bevolking te kalmeren. Hij wilde een rechtstreeks beroep doen op het Russische volk, en zijn toespraak tot hen was niet doorwrocht met de geruststellingen die hij zijn eigen burgers had voorgeschoteld. De toespraak ging kort na middernacht live. In het Russisch zei hij: 'Er staan vandaag bijna tweehonderdduizend soldaten en duizenden militaire voertuigen langs onze meer dan 2000 kilometer lange gemeenschappelijke grens. Uw leiderschap heeft hun bevolen op te rukken naar het grondgebied van een ander land. En die stap zou het begin kunnen zijn van een grote oorlog op het Europese continent.'[234]

'Er wordt jullie verteld dat dit vuur het volk van Oekraïne vrijheid zal brengen. Maar het volk van Oekraïne is al vrij,' zei Zelensky. 'Jullie krijgen te horen dat we nazi's zijn, maar kan er steun zijn voor het nazisme onder een volk dat meer dan acht miljoen levens gaf voor de overwinning op het nazisme? Hoe zou ik een nazi kunnen zijn? Stel die vraag aan mijn opa, die de hele oorlog als infanterist in het Sovjetleger vocht en uiteindelijk als kolonel in een onafhankelijk Oekraïne stierf. We weten het zeker: we willen geen oorlog. Geen koude oorlog, geen hete oorlog en ook geen hybride oorlog. Maar als we aangevallen worden, als iemand ons land, onze vrijheid, ons leven en dat van onze kinderen probeert af te nemen, dan zullen we onszelf verdedigen.' Als de Russen binnenvallen, zei Zelensky tegen hen, 'zullen jullie ons gezicht zien, niet onze rug'.

Deel IV

17

De slag om de Donbas

De dode Russische soldaat lag in de buurt van het dorp Mosjtsjoen, zijn lichaam was min of meer intact, de man was niet levend verbrand of verscheurd door een ontploffende granaat zoals zoveel van de andere mannen die sneuvelden tijdens hun poging om Kyiv te veroveren. De Oekraïense troepen, die op de tweede of derde dag van de invasie zijn lijk vonden, konden aan de insignes op zijn uniform zien dat hij tot een van de Russische elitecommando's behoorde. Tussen zijn bezittingen vonden ze een set kaarten, gekreukeld en vuil, maar nog steeds leesbaar genoeg om belangrijke zaken over zijn missie in Oekraïne te onthullen. Hij hoorde bij eenheid 07264, een onderdeel van de 76ste Garde Luchtmobiele Divisie die haar thuisbasis had in de stad Pskov, in het westen van Rusland. Honderden van deze mannen hadden deelgenomen aan de eerste aanval op het vliegveld in Hostomel, aan de westelijke buitengrenzen van Kyiv. De kaart was gelabeld als 'Geheim' en er stond een handgeschreven datum op die aangaf wanneer de bevelvoerende officieren de kaart aan hun manschappen hadden gegeven: 22 februari 2022, twee dagen voor het begin van de invasie.

'Meer waarschuwingen hadden ze niet gekregen,' zei Oleksi Danilov, de secretaris van de Oekraïense Nationale Veiligheids- en Defensieraad. 'Dit kregen ze twee dagen voordat ze hier kwamen om te sterven.' In de eerste week van de invasie bracht een officier van de Oekraïense commandotroepen de kaart naar Danilov, die hem moest bewaren.

Wat hem het meest verbaasde was de datum in de rechterbovenhoek. Daar stond dat de kaart was gepubliceerd in 1989, twee jaar voor de ineenstorting van de Sovjet-Unie, en ruim voordat veel van de Russische soldaten die nu bij de invasie waren gedood waren geboren. Bij de poging van het Russische leger om de expansiedrang van Vladimir Poetin te bevredigen, waren ze blijkbaar zo slecht voorbereid dat ze hadden verzuimd om de kaarten van het land dat ze binnenvielen te updaten. Ze hadden een greep gedaan in het archief, eruit gehaald wat er lag en een rode lijn getrokken langs de oude snelwegen van Belarus in het noorden, dwars door de radioactieve zone rond Tsjernobyl, helemaal tot in het centrum van Kyiv. Het resultaat was dat de Russische commando's in Oekraïne arriveerden als reizigers uit het verleden, die zoveel mogelijk te weten moesten zien te komen over de veranderingen die Oekraïne na de ineenstorting van de Sovjet-Unie had ondergaan, over de nieuwe bruggen en snelwegen die het land rond Kyiv had aangelegd, de bossen die waren gekapt om plaats te maken voor nieuwe huizen, en de scholen en winkelcentra die waren gebouwd in de loop van zijn bestaan als onafhankelijke staat. Niets van dit alles stond op de kaart aangegeven. 'Kun je het je voorstellen?' vroeg Danilov me op een middag, een paar maanden na de invasie, terwijl we over zijn vergadertafel gebogen stonden en het document bekeken. Hun kaarten, zei hij, stamden uit een ander tijdperk, net als hun strategie en hun mentaliteit.

Die fout kostte waarschijnlijk veel Russische soldaten het leven. Op een bepaald moment tijdens de slag om Kyiv landden stormtroepen met parachutes op een open plek, die op hun kaart stond aangegeven als een bebost gebied. Het gevolg was dat de paratroepers geen dekking hadden toen ze landden. Ze konden zich nergens verbergen en de Oekraïners maaiden hen neer met hun machinegeweren en artillerie. Er ging een enorme golf aan Russische troepen dezelfde kant op, ze rukten in colonnes van tanks en pantserwagens op naar Boetsja en Irpin, aan de rand van Kyiv. De Oekraïense strijdkrachten hadden zo weinig gevechtsvoertuigen in het gebied dat Danilov hun zijn gepantserde Land Cruiser schonk, het voertuig waarmee hij op de ochtend van de invasie naar de Bankovastraat was gereden. Een paar dagen later stuurde een van zijn vrienden bij de commandotroepen hem een foto van de SUV, doorzeefd met granaatscherven en kogelgaten. 'Het is goed zo,' zei Danilov toen hij de foto aan me liet zien. 'Hij heeft waarschijnlijk iemands leven gered.'

De slag om Kyiv, die eind maart 2022 woedde, had een grotere invloed op de loop van de Europese geschiedenis dan welke slag ook sinds het einde van de Tweede Wereldoorlog. Als het anders was afgelopen, had het Kremlin Zelensky kunnen vervangen door een marionet en had het de grens van de heerschappij van Moskou kunnen verleggen tot aan de oostgrens van Polen en Oekraïne van de kaart kunnen vegen. In plaats daarvan vermorzelde de verdediging van Kyiv het imago van Rusland als militaire grootmacht, een imago dat generatieslang het machtsevenwicht in Europa had bepaald. Het vertrouwen van de Oekraïense verdedigers steeg na hun overwinning, want in elk gevecht zien we het keerpunt wanneer het slachtoffer terugslaat en het bloed van de aanvaller vloeit. De slag om Kyiv vormde dat keerpunt, en het was opwindend maar ook angstaanjagend. En in een fractie van een seconde was er tevens het besef dat de tegenstoot eraan zat te komen en dat er geen weg terug was.

◆

Hoewel ze erin slaagden de hoofdstad te verdedigen, verloren de strijdkrachten van Oekraïne in het oosten en zuiden van het land grote hoeveelheden grondgebied. Enkele van de meest verschrikkelijke tegenslagen vonden plaats rond de haven van Marioepol, centrum van metaalindustrie en scheepvaart aan de Zee van Azov. Met een vooroorlogse bevolking van ongeveer vierhonderdvijftigduizend inwoners was de stad door haar ligging aan de zuidelijke rand van de Donbas, precies tussen de Krim en de Russische grens, een strategisch doelwit voor de Russen. De stad stond in de lente en zomer van 2014 al bijna onder Russische heerschappij toen Poetin een landcorridor door Marioepol naar de Krim wilde veiligstellen. Het Oekraïense leger had op dat moment niet de middelen om hem tegen te houden. Dus kwam de verdediging van de stad in handen van paramilitaire eenheden die na de revolutie van die winter waren gevormd. De sterkste groepen werden gesteund door Oekraïense oligarchen en financiers, die deze vrijwillige troepen sponsorden om te voorkomen dat hun eigen steden en ondernemingen dezelfde kant op zouden gaan als de Krim. In Marioepol was deze rol weggelegd voor de miljardair Serhi Taroeta, een staalmagnaat die de oprichting van het Azov-bataljon had betaald, een gevechtsgroep die veel van haar eerste leden uit de ondergrondse extreemrechtse en neonazistische bewegingen van Oekraïne had gehaald. Het bataljon ontleende zijn naam aan de Zee van Azov, en hun succesvolle verdediging van Marioepol in 2014 leverde hun in het hele land de status van helden op. De Oekraïense Nationale Garde nam het Azov-bataljon al snel in zijn gelederen op, waardoor het een volwaardig regiment binnen de strijdmacht werd, met duizenden manschappen en meerdere militaire bases.

Acht jaar later kreeg de belangrijkste basis van het Regiment Azov bij Marioepol in de eerste uren van de invasie met intensieve bombardementen te maken. Vanwege de banden van het regiment met extreemrechts raakte de propaganda van het Kremlin gefixeerd op Azov en werden de strijders afgeschilderd als 'satanisten' en radicalen die 'gedenazificeerd' moesten worden. De indringers wijdden veel van hun vuurkracht en middelen aan het omsingelen en vernietigen van het Regiment Azov, waarvan de troepen dapper vochten om de stad te verdedigen die hun thuis was geworden. Maar begin maart was Marioepol toch omsingeld. De Russen begonnen de stad meedogenloos te beschieten, waarbij hele wijken werden verwoest en water, verwarming en elektriciteit werden afgesneden. Halverwege maart liet een Russisch vliegtuig een zware bom vallen op het theater van Marioepol, waar duizenden burgers hun toevlucht hadden gezocht. Maar liefst zeshonderd mensen werden gedood, hun lichamen lagen begraven onder het puin in wat bekend werd als de ergste gruweldaad van de oorlog tot dan toe.[235]

De verdedigers van de stad, onder wie honderden strijders van het Regiment Azov, trokken zich terug op het grondgebied van de grootste fabriek van Marioepol, een gigantische staalfabriek met de naam Azovstal. De fabriek was in 1930 door de Sovjets gebouwd en besloeg tien vierkante kilometer langs de waterkant van de stad. Ze was uitgerust om dienst te doen als fort, met voldoende voorraden om een langdurige belegering te doorstaan. Ongeveer vijfentwintighonderd Oekraïense soldaten en burgers namen hun toevlucht in de bunkers onder Azovstal, waardoor het een symbool werd van Oekraïens verzet. Russische troepen belegerden en bombardeerden de fabriek met artillerie, straaljagers en oorlogsschepen die afgemeerd lagen in de Zee van Azov. Een van de commandanten die Azovstal probeerde te bestormen, riep het Kremlin op om chemische wapens te gebruiken, zoals sarin, om de overgave af te dwingen en, zoals hij het uitdrukte, 'de mollen uit hun holen te roken'.[236] In de tweede week van april – meer dan een maand na de belegering – meldden Oekraïense officieren dat er in Azovstal een schadelijk gas was binnengesijpeld dat de ogen en luchtwegen verbrandde van de soldaten die er vastzaten. Zelfs toen weigerden ze zich over te geven en probeerden ze nog terug te vechten door Russische stellingen rond de fabriek aan te vallen. Bijna twee weken nadat de belegering was begonnen, gaf Poetin het bevel om de fabriek zo hermetisch af te sluiten dat 'er nog geen vlieg kan ontsnappen'.[237] Op dat moment schuilden er honderden vrouwen en kinderen in de bunkers, samen met duizenden Oekraïense militairen.

Hun drinkwatervoorraden raakten al snel op en hun dagelijkse rantsoenen waren zo karig dat sommige soldaten flauwvielen door gebrek aan eten. Maar, en dat is een opmerkelijk kenmerk van een oorlog in de eenentwintigste eeuw, hun communicatieapparatuur bleef functioneren. Ze hadden dieselgeneratoren en genoeg brandstof om de Starlink-internetterminals operationeel te houden, waardoor ze online konden blijven, konden bellen en in real time hun verhaal aan de wereld konden vertellen. Het gaf hun ook de kans om rechtstreeks met de Oekraïense legerleiding te overleggen, onder meer met president Zelensky, die vanaf maart zelf hun telefoontjes begon aan te nemen. 'We kennen elkaar nu goed,' zei hij de maand erna tegen me. Op de meeste dagen wisselde hij berichten met hen uit via zijn telefoon, soms midden in de nacht. In het begin van hun contact ontving de president een sms-bericht van majoor Serhi Volynsky, commandant van de 36ste Marinebrigade, een van de eenheden die zich hadden teruggetrokken in Azovstal. Het bericht bevatte een selfie van de twee mannen met de president, die ze hadden genomen vóór de invasie, tijdens een bezoek van de president aan Volynsky's basis. 'We omhelzen elkaar daar zelfs, als vrienden,' zei Zelensky over de foto.

Deze communicatie maakte diepe indruk op Zelensky. Net als bij zijn eerdere reis naar de controleposten ten noorden van Kyiv kreeg hij ook nu weer de kans om contact te maken met zijn troepen en hun lijden te begrijpen, zo direct als maar weinig politieke leiders in oorlogstijd ervaren. Op de meeste dagen was Zelensky's Starlink-signaal sterk genoeg om de gezichten van de mannen in Azovstal op het scherm van zijn telefoon te zien. Ze smeekten hem om de blokkade te doorbreken en om meer wapens of versterkingen te sturen. 'Het was een ramp,' vertelde Zelensky over de strijd om Marioepol. 'Geen voedsel, geen water, geen wapens. Niets. Alles was op. Ze hadden het verschrikkelijk moeilijk en we probeerden elkaar te steunen.'

Telefonisch legden de officieren aan de president uit dat ze zich niet konden overgeven en evenmin hun posities konden verlaten. Dat zou betekenen dat ze de gewonden in de steek moesten laten en zichzelf te schande zouden maken. Zelensky probeerde hen gerust te stellen, hen ervan te overtuigen dat ze belangrijk waren voor Oekraïne. 'Het gaat niet alleen om dat stukje Azovstal, niet om de fabriek en zelfs niet om Marioepol. Het gaat om de symboliek van de situatie,' zei hij. De Russen wilden de mensen in die stad die volhielden als voorbeeld stellen; ze wilden laten zien wat er gebeurde met degenen die zich verzetten. 'Het enige wat ze willen is ons breken,' zei hij. 'Voor de Russen is het een symbool.'

Oekraïne stond op het punt die strijd te verliezen. Het leger had niet de wapens om de Russische omsingeling van Marioepol te doorbreken. Ze konden alleen helikopters sturen om gewonden te evacueren en voorraden en munitie af te leveren. Maar de Russische luchtverdediging bleef deze helikopters neerschieten, waardoor de toch al schamele gelederen aan Oekraïense piloten en hun vloot werden uitgehold. Nadat een van deze piloten boven Marioepol was gedood, schreef zijn moeder naar generaal Zaloezjny; ze was op zoek naar haar zoon. De commandant probeerde haar uit te leggen wat er was gebeurd, maar hij kon zijn emoties niet bedwingen. 'Ik had er de kracht niet voor.'[238] Het was het enige moment tijdens de invasie dat de generaal instortte en huilde.

Als er al een kans was om de militairen en burgers die in de fabriek waren achtergebleven te redden, dan zou dat volgens de president via onderhandelingen moeten gebeuren. Zelensky hoopte nog steeds op een ontmoeting met Poetin en hij hoopte dat ze het eens konden worden over een manier om de gewonden, vrouwen en kinderen uit Azovstal te evacueren. De hoofdonderhandelaar van Oekraïne, David Arachamja, bracht de kwestie vele malen bij de Russische gezanten ter sprake, en Zelensky vroeg hulp aan de president van Turkije, Recep Tayyip Erdoğan, een van de weinige leiders ter wereld die nog invloed leek te hebben op Poetin. Niets van dat alles werkte. 'De Russen blijven gewoon hun bloederige spelletjes spelen,' zei Zelensky tegen me gedurende deze onderhandelingen. 'Ze zeggen dat ze een deal willen sluiten, maar ze zetten het niet door.'

◆

Op de ochtend van 19 april – de vijfenvijftigste dag van de invasie – nam Zelensky plaats in het crisiscentrum op de tweede verdieping van het presidentieel complex, net naast het kantoor van de stafchef. Deze raamloze vergaderzaal met grijs tapijt en inbouwspotjes was zijn favoriete plek geworden om met zijn team te werken en te overleggen.

In plaats van de olieverfschilderijen en kroonluchters die hem in zijn kantoor boven omringden, had deze kamer slechts één versiering: een drietand aan de muur achter Zelensky's stoel. Er hingen grote monitors aan de andere muren en vanaf de andere kant van de vergadertafel stond er een camera op de president gericht.

Rond negen uur 's ochtends waren de schermen om hem heen gevuld met de gezichten van de topgeneraals en inlichtingenchefs van Oekraïne. De avond ervoor had Zelensky het begin van een nieuwe fase in de oorlog aangekondigd. 'Russische troepen zijn begonnen met de strijd om de Donbas,' had hij in zijn toespraak 's avonds laat tot de natie gezegd.[239] 'Een zeer groot deel van het gehele Russische leger is nu gericht op dit offensief.' Hij wilde dat de generaals verslag uitbrachten over hun vorderingen aan het oostfront, waar de gevechten het hevigst waren, waar de troepen zich hadden teruggetrokken, wie er gedeserteerd was, welke hulp ze nodig hadden en waar ze erin geslaagd waren op te rukken.

De Russische tactiek in het oosten leek niet op de blitzkrieg tegen Kyiv. Hun doel was nu om het grootste deel van de Oekraïense militairen in te sluiten in een pocket, die zij een *kotjol* – een ketel – noemen, die zich over honderden kilometers over de Donbas uitstrekte. Zodra het laatste verzet in de zuidelijke stad Mariopoel was neergeslagen, zouden de Russische colonnes oprukken naar het noorden. De andere zijde van hun tang zou vanuit de regio Charkiv zuidwaarts oprukken, in een poging de Oekraïense aanvoerlijnen af te snijden en de verdedigers met bombardementen tot overgave te dwingen. Tijdens Zelensky's gesprek met de generaals waren de gevechten het hevigst rond de stad Izjoem, in de regio Charkiv, waar de Oekraïners een tegenaanval hadden gelanceerd en verschillende dorpen hadden bevrijd, in de hoop de Russische omsingeling van de Donbas te blokkeren of op zijn minst te vertragen.

'Wat hebben jullie nodig? Waar ontbreekt het jullie aan?' vroeg Zelensky aan de officieren. Hij vroeg hun het exacte type wapens te noemen en het kaliber munitie. Hij gaf geen advies over tactieken op het slagveld, zei Oleksi Reznikov, de minister van Defensie, die deelnam aan het gesprek. 'Hij zegt ze niet hoe ze moeten vechten, want hij is een burger,' vertelde Reznikov. 'Hij geeft ze een gevoel van vrijheid en steun.' Gewapend met zijn aantekeningen van de briefings besteedde Zelensky een deel van de dag aan het bijeensprokkelen van wat de commandanten vroegen. 'Hij belt met presidenten en premiers van verschillende landen en zegt: 'Laat me lenen wat we nodig hebben. Laat me het gewoon lenen. Ik geef het terug,' zei Reznikov. 'Er is niets wat hem tegenhoudt; geen protocollen, geen gedragsregels, geen beleefdheden. Hij is gefixeerd op het behalen van resultaten.'

Op die bewuste dag had hij een gesprek met Mark Rutte, de premier van Nederland, die de Oekraïners op dat moment als een problematische partner beschouwde, en die wat extra druk nodig had om meer wapens te leveren. Zelensky sprak ook met Ursula von der Leyen, de voorzitter van de Europese Commissie, die nog maar pas terug was van haar reis naar Boetsja, en zij oefende druk uit op de EU om de Oekraïners op alle mogelijke manieren te steunen. Naast deze een-op-eengesprekken was de president vaak in het crisiscentrum te vinden om toespraken voor te bereiden. 'Mensen vragen vaak wie Zelensky's speechschrijver is,' zei zijn communicatieadviseur Dasja Zarivna. 'Hij is zelf de belangrijkste,' vertelde ze me. 'Hij werkt aan elke zin.' Zijn optredens leverden applaus en steunbetuigingen op, maar frustreerden Zelensky ook. Hij was verbolgen over het getreuzel van zijn bondgenoten. 'Het is oneerlijk dat Oekraïne nog steeds moet vragen om wat zijn partners al jaren ergens opgeslagen hebben liggen,' zei hij in zijn dagelijkse video, waarmee hij de frustratie van zijn gesprek met de generaals die ochtend kanaliseerde.[240] Een paar uur later, toen hij al minstens zes vergaderingen in zijn agenda voor die dag had staan, nodigde hij me uit voor een gesprek in zijn kantoor.

Zijn assistenten waarschuwden me dat zijn schema grillig was. De laatste tijd, zeiden ze, gold dat ook voor zijn humeur. Er was zelden een avond zonder een nieuwe noodsituatie en hij kon op elk moment worden weggeroepen om daar iets aan te doen. De compound voelde verlaten en een beetje griezelig aan, vond ik, nadat ik de beveiliging was gepasseerd. Het enige licht in de grote gang was afkomstig van een bureaulamp die op de grond stond en een vage gloed over de schilderijen aan de muren wierp. Ze zagen er allemaal zo vrolijk uit, die rij levendige overblijfselen uit een vroegere fase van de regering, die nu nogal ongerijmd in het halfduister hingen vanwege de gebarricadeerde ramen boven stapels zandzakken, waarachter de soldaten dekking konden zoeken in geval van een belegering.

Op de vierde verdieping, buiten bij de kantoren voor de leidinggevenden, had ik net mijn tas op de band van een röntgenapparaat gezet toen een stem uit een van de militaire radio's meldde dat de president onderweg was. Iedereen deed een stap achteruit om plaats te maken en al snel kwam Zelensky met zijn bodyguard uit de lift, lachend om iets op het scherm van zijn telefoon. Hij keek op en wreef zich in de ogen, en hij leek een beetje geschrokken van al die aanwezigen. Er stond een handjevol mensen – een verscheidenheid aan personeelsleden, soldaten en senior adviseurs – op de overloop, en het was merkwaardig om te zien hoe ze in de houding stonden, niet bang maar wel gespannen en een beetje op hun hoede voor zijn strakke blik.

In zijn directe omgeving waren de reacties niet altijd zo geweest. In het begin noemden zijn medewerkers en leden van de regering hem vaak bij de naam uit zijn jeugd, Volodja, en bleven ze zitten als hij een kamer binnenkwam. Inmiddels waren ze overgestapt op de formele manier van aanspreken, Volodymyr Oleksandrovytsj, of gebruikten ze zijn titel in Oekraïne, *Pane Prezidente*. Die veranderde houding deed me denken aan iets wat hij drie jaar eerder tijdens de campagne had gezegd. 'Het angstaanjagendste is dat je de mensen om je heen verliest,' zei hij toen, een paar maanden voordat hij werd gekozen, 'degenen die je met beide benen op de grond houden en die het je zeggen wanneer je het mis hebt.'

Het was niet duidelijk of er iemand in zijn entourage die rol nog speelde. Zijn vrouw zat nog steeds ondergedoken, net als zijn ouders. Hij had geen van zijn jeugdvrienden aan zijn zijde en niemand in de bunker kwam uit zijn vroegere KVN-jaren. Zelfs de gebroeders Sjefir, die Zelensky's mentoren en vertrouwelingen waren geweest tijdens zijn hele volwassen leven en het grootste deel van zijn presidentiële ambtstermijn, waren uit het zicht geraakt toen de invasie begon. Degenen die overbleven, zoals Jermak, Reznikov en Sibiga, waren niet het type mensen dat zijn intuïtie in twijfel zou trekken of hem tegen zou spreken. Zelensky was niet hun vriend, hij was hun baas en dat was te zien aan de manier waarop de sfeer gespannen raakte toen hij arriveerde.

De eisen die de oorlog aan hem stelde en de noodzaak voor de president om behalve van zijn belangrijkste stafleden geïsoleerd van iedereen te leven, hadden een proces versneld dat al veel eerder was begonnen, namelijk een geleidelijk verdwijnen van de adviseurs die hadden geprobeerd zijn intuïtie te weerleggen, de mensen die met gegevens of analyses waren gekomen die hem op andere gedachten konden brengen. Zijn zelfvertrouwen groeide naarmate de kring om hem heen hechter werd, en tegen de tijd dat we in de tweede maand van de invasie bij elkaar kwamen om te praten, keek hij niet langer naar zijn adviseurs als hij nadacht over het antwoord op een vraag. Hij wist wat hij wilde zeggen en er was niemand om hem tegen te spreken.

◆

De kamer die voor ons gesprek was gereserveerd was dezelfde als waar ik de vorige leiders van Oekraïne had geïnterviewd – Janoekovytsj tien jaar eerder en Porosjenko na de revolutie van 2014. We zaten zowaar aan dezelfde tafel, alleen het bladgoud op het oppervlak was in de loop der jaren afgebladderd. In de herfst van 2019, toen ik Zelensky hier voor de eerste keer ontmoette, had hij het gebouw beschreven als een vesting die hij wilde ontvluchten. Dat was slechts een jaar na zijn leven als acteur, en hij had er vreselijk gekwetst en aangedaan uitgezien toen hij meteen ook zijn afkeer van de politiek duidelijk maakte met de woorden: 'Ik vertrouw helemaal niemand.' Nu hij echt kwetsbaar was, in feite maar één Russische raketaanval verwijderd van de dood, hing er een zweem van onoverwinnelijkheid om hem heen, alsof de oorlog hem een koppig pantser had gegeven dat geen wapen ter wereld kon breken. Als dit een act was, dan zag die er tot in de details overtuigend uit, bijvoorbeeld in de manier waarop hij als een vorst op een geërfde troon in de stoel tegenover me ging zitten. De aanwezigheid van al die assistenten en al die lijfwachten, gaf hem niet langer een onbehaaglijk gevoel. Hij zag geen noodzaak meer om de symbolen van macht op wrange afstand te houden. De rol was nu van hem. Hij had hem geaccepteerd. Op zijn verzoek bracht een assistente hem een glas spuitwater en hij plaagde haar omdat ze niet de hele fles had meegebracht. 'Kijk,' zei hij tegen me, 'dit is hoe ze hier proberen te besparen.' Zijn assistenten ademden opgelucht uit, alsof de grap een teken was dat de baas een goed humeur had.

'Oké,' zei hij, met zijn handen plat op tafel. 'Spreken we Russisch of Oekraïens?' Het was een gevoelige vraag. Mijn Oekraïens is verre van vloeiend. We hadden eerder altijd Russisch gesproken en zijn vraag was een symptoom van de oorlog. De taal van de indringer was snel taboe aan het worden. Het grootste deel van zijn leven had Zelensky geworsteld met het Oekraïens. Het was niet zijn moedertaal en zijn pogingen om het te leren hadden tijdens de verkiezingscampagne gênante situaties opgeleverd. Nu was hij zo gewend aan de officiële taal van het land dat hij moeite had om zich sommige Russische woorden te herinneren. Het Oekraïens had ze verdrongen. In het begin van ons gesprek leek hij het Russische woord voor 'begrijpen' te zijn vergeten, waarna hij zich verontschuldigde, zichzelf corrigeerde – en een paar tellen later weer terugviel op het Oekraïens.

De eerste vragen in ons interview kwamen van hem. Hij wilde begrijpen wat het doel van ons gesprek was en wat het voor Oekraïne zou opleveren. 'Wat wil je overbrengen aan de mensen?' Voordat ik mijn mond kon opendoen om iets te zeggen, gaf hijzelf het antwoord al: 'Het is heel belangrijk dat de wereld begrijpt wat hier precies gebeurt. Het gaat me er persoonlijk niet om de mensen in de wereld meer emoties te laten voelen.' Hij was er niet op uit om te overdrijven of te manipuleren. 'We willen alleen de waarheid,' zei hij. 'Hoe meer mensen de realiteit zien, hoe meer ze zullen ervaren dat deze oorlog niet ergens ver weg is. Hij is heel dichtbij.'

Vervolgens wilde hij meer weten over mijn lezers, alsof ik enig inzicht had in de manier waarop zij de oorlog ervoeren. 'Denk je dat het Amerikaanse publiek dezelfde pijn voelt als jij hier?' vroeg hij. 'Dezelfde pijn als wij?' Ik zei hem dat ik dat niet zeker wist. De afgelopen weken leek de aandacht van de wereld te verslappen. Andere gebeurtenissen verdrongen Oekraïne van de voorpagina's en de grote netwerken waren niet meer zo gefixeerd op de oorlog als in maart. 'Dat gevoel heb ik ook,' zei de president, terwijl hij om zich heen keek naar zijn assistenten met een blik alsof ze het net over dit probleem hadden gehad. 'Het is slechts een kwestie van tijd. Helaas wordt onze oorlog beleefd via de grote socialemedianetwerken. Mensen zien de oorlog op Instagram. Als ze het zat zijn, scrollen ze weg. Overal is bloed, overal zijn emoties, en dat vermoeit de mensen. Voor hen is het een bron van entertainment die helaas veel levens heeft geëist, en als mensen er genoeg van krijgen om naar hetzelfde beeld, hetzelfde bloed, van telkens weer dezelfde natie te kijken, zullen sommigen zich afwenden.'

Een vorm van entertainment? Het klonk nogal hard om te veronderstellen dat de mensen deze tragedie op die manier tot zich namen, zelfs mensen die het alleen via hun scherm meemaakten. Maar Zelensky dacht dat zijn publiek, en het mijne, zo in elkaar stak. Zoals hij het zag was het aan hem de mensen betrokken te houden, om hun de ogen te openen en een beeld van de oorlog te laten zien dat hij wilde dat ze zagen. Door mijn werk was ik nuttig als vehikel om dat doel te bereiken. Zelensky zweeg even en schraapte zijn keel, hij realiseerde zich dat hij misschien een grens had overschreden door mij te vertellen hoe ik mijn werk moest doen. Maar toen ging hij op precies dezelfde voet verder. 'Het spijt me dat ik het zeg, maar volgens mij is het doel van journalistiek, van de media, dat ze moeten voorkomen dat mensen er hun buik vol van krijgen,' zei hij, verwijzend naar de oorlog. 'Als ze er wel hun buik vol van krijgen, leidt dat tot vermoeidheid en vermoeidheid veroorzaakt een verlies aan interesse. Voor ons land leidt dat tot verlies van steun.'

Zijn directheid was prijzenswaardig. In al mijn jaren van verslaggeving over Oekraïne was geen enkele politicus ooit zo open geweest over zijn motieven om met mij te praten. Ze hadden niets te maken met zijn ijdelheid, laat staan met mijn charmes. Het ging hem er niet om de historische gegevens te verduidelijken of de lezers over zijn plannen te informeren. Hier was de waarheid eenvoudiger en lelijker. Het leven van zijn volk hing af van zijn vermogen om de schijnwerpers op Oekraïne gericht te houden. Als zijn land wilde overleven, mochten de Amerikanen en Europeanen zich niet vervelen en een andere zender gaan zoeken. De president zag dit als een deel van zijn missie, en misschien wel het belangrijkste deel. Dat was niet uniek in de geschiedenis van oorlogvoering. Veel leiders smeken buitenlanders voortdurend om het lijden van hun volk te zien en hen te helpen. De meeste worden genegeerd. Soms toont de wereld pas interesse als het veel te laat is, als de moordpartijen voorbij zijn en het tijd is om te praten over tribunalen of commissies voor waarheid en verzoening. Zelensky was niet de eerste leider van Oekraïne die met dit probleem werd geconfronteerd. Ook zijn voorganger moest met de oorlog op tournee langs de politieke podia van de wereld, zoals Porosjenko die keer op de Veiligheidsconferentie in München in 2018 toen hij voor een halflege zaal met een haveloze Europese vlag zwaaide.

Nu was het de beurt aan Zelensky en hij toonde zich niet beschaamd of terughoudend over dit aspect van zijn werk. Hij wist dat hij er goed in was, en de president begreep ook dat hij de aandacht van de wereld meer dan ooit nodig had in deze nieuwe fase van de oorlog, die hij de avond ervoor in een toespraak had aangekondigd. In de Donbas waren de Russen ontegenzeggelijk in het voordeel. Ze konden tien of twintig keer meer granaten afvuren dan de Oekraïners. De strijd zou langzaam en bloedig worden en niet alleen bedoeld zijn om de vastberadenheid van Oekraïne te breken, maar ook om zijn westerse bondgenoten uit te putten. 'Op bepaalde punten in het oosten is het gewoon krankzinnig,' vertelde Zelensky me. 'Echt verschrikkelijk wat betreft de aanvalsfrequentie, het zware artillerievuur en de verliezen.' De generaals hadden hem die ochtend gewaarschuwd dat hij zich moest voorbereiden op een grootschalig gevecht in het oosten, 'groter dan we ooit op het grondgebied van Oekraïne hebben gezien,' zei Zelensky. 'Als we standhouden, zal het een beslissend moment voor ons zijn. Het kantelpunt.'

De weken die volgden zouden hem gelijk geven. Tegen eind april zouden de Russen in de Donbas minstens drie keer zoveel manschappen hebben als Oekraïne, waarbij ze alleen al in die regio zestigduizend soldaten hadden geconcentreerd. Door de Oekraïense tegenaanval rond Izjoem kon Rusland niet oprukken naar het zuiden en een pocket in de Donbas creëren. Toen de indringers dezelfde manoeuvre op kleinere schaal uitvoerden, vochten de Oekraïners zich keer op keer een uitweg. Tijdens een van de gevechten vernietigde de Oekraïense artillerie een hele Russische brigade toen die een rivier in de Donbas probeerde over te steken, waarbij volgens een schatting bijna vijfhonderd vijandelijke militairen werden gedood en tientallen Russische militaire voertuigen werden vernietigd.[241] Het dodental bereikte al snel een omvang die Europa sinds de Tweede Wereldoorlog niet meer had gezien. Eind mei zei Zelensky dat er dagelijks wel honderd van zijn soldaten stierven in de Donbas, naast nog eens vijfhonderd gewonden.[242] De verliezen aan Russische kant werden nog hoger ingeschat.

Maar het omslagpunt bleef ongrijpbaar. Zelfs toen de Russen er niet in slaagden belangrijke overwinningen te boeken of grote formaties Oekraïense soldaten te omsingelen, behielden ze een overweldigend voordeel in manschappen en vuurkracht, waardoor ze kilometer na kilometer konden oprukken. Daarbij gebruikten ze artillerie om hele steden te bombarderen voordat ze er vervolgens met tanks en gemechaniseerde infanterie overheen walsten. Jozef Stalin had artillerie ooit de god van de moderne oorlogvoering genoemd en in de Donbas werd die de motor van de Russische strategie. Alleen via een massale invoer van wapens uit het buitenland zou er sprake kunnen zijn van gelijke kansen. Zonder die wapens had Oekraïne geen schijn van kans dat het in het oosten zou kunnen standhouden.

18

Bovengronds

Eind april, ongeveer een week na ons interview, kreeg Zelensky bezoek van twee Amerikaanse mannen wier steun de loop van de oorlog zou veranderen. Antony Blinken, de Amerikaanse minister van Buitenlandse Zaken, en Lloyd Austin, de Amerikaanse minister van Defensie, hadden geprobeerd hun reisplannen geheim te houden totdat hun trein het centraal station van Kyiv zou binnenrijden. Maar Zelensky kondigde hun aankomst een dag eerder aan, op de vooravond van het orthodoxe paasfeest. 'We verwachten specifieke dingen,' vertelde de president aan verslaggevers tijdens een briefing in het metrostation dat het dichtst bij zijn compound ligt. 'Specifieke wapens.'

Zijn gasten voldeden aan zijn verwachting. Tijdens hun bezoek werd nog eens 700 miljoen dollar aan hulp aangekondigd, waaronder wapens die Oekraïne nodig had om de Russische aanval in het oosten af te slaan: houwitsers, radar-luchtverdedigingssystemen en een zending exploderende drones die bekendstaan als Phoenix Ghosts. In een pakhuis in Oost-Polen, staand tussen kratten en dozen vol met deze voorraden, verduidelijkte Lloyd Austin zijn visie op de oorlog in bewoordingen die zijn meer voorzichtige collega's in het Witte Huis nogal verontrustten. 'We willen Rusland verzwakt zien,' zei hij, 'zodat het niet meer zoiets kan doen als de inval in Oekraïne.'[243] Het doel van de VS was, met andere woorden, niet alleen Oekraïne te helpen deze oorlog door te komen, maar ook de mogelijkheid van Rusland om nog een keer oorlog te voeren te vernietigen.

Die verklaring onderstreepte de verandering in het Amerikaanse beleid. Nog maar twee maanden eerder had Austin tot de Amerikaanse functionarissen behoord die de Oekraïners duidelijk maakten dat leveringen van krachtiger wapens, zoals houwitsers, uit den boze waren en dat de Oekraïners in plaats daarvan loopgraven moesten aanleggen om de onvermijdelijke Russische opmars af te remmen. Maar de Russische terugtrekking uit de buitenwijken van Kyiv had het gesprek in het Witte Huis veranderd. Zoals Antony Blinken het tijdens de reis verwoordde: 'Rusland faalt. Oekraïne boekt succes.'[244] Zelfs met de risico's van een escalerende reactie van Russische kant – zoals een aanval op NAVO-aanvoerlijnen naar Oekraïne of zelfs het gebruik van een tactisch kernwapen – meenden de VS en hun bondgenoten dat de beloning de moeite waard zou zijn. Ze hadden de kans om de Russische oorlogsmachine te vernietigen en minister Austin maakte duidelijk dat de VS en hun bondgenoten 'hemel en aarde zullen blijven bewegen' om Oekraïne te helpen dat doel te bereiken.

Twee dagen na zijn bezoek aan Zelensky riep Austin op de luchtmachtbasis Ramstein in Duitsland een top van defensiespecialisten uit veertig landen bijeen om de hulp aan Oekraïne te coördineren. Het hoofd van de delegatie uit Kyiv was Oleksi Reznikov, de minister van Defensie, die al weken bezig was om zo'n coalitie samen te stellen. Bij zijn terugkeer naar Kyiv legde hij aan Zelensky uit dat de uitkomst van de top veel beter was dan eventuele wapentransporten. Het was, zoals hij het uitdrukte, een 'tektonische filosofische verschuiving' in 's werelds machtigste militaire alliantie. Oekraïne had nog steeds geen duidelijk uitgestippeld pad gekregen voor het lidmaatschap van de NAVO, maar de leiders waren eindelijk overeengekomen dat ze Oekraïense strijdkrachten wilden trainen en uitrusten alsof ze in hetzelfde team zaten en tegen dezelfde vijand vochten. 'Het is dat mooie woord,' zei Reznikov. 'Interoperabiliteit!'

Op een paar uitzonderingen na, zoals de Bayraktar-drones uit Turkije en de Javelin-raketten uit de VS, vertrouwde het Oekraïense leger op wapensystemen uit de Sovjet-Unie en het verbruikte die in hoog tempo. Hetzelfde gold voor het Russische leger, dat ook vasthield aan Sovjetstandaarden en -ontwerpen. Maar het Russische arsenaal was veel groter en de Russische militaire industrie kon veel sneller vervangende onderdelen produceren dan die in Oekraïne. Om het verschil te compenseren probeerde Oekraïne buitenlandse voorraden aan te boren bij landen als Bulgarije en Zuid-Korea. 'We klopten bij iedereen aan,' vertelde Reznikov. Maar we kwamen tekort. De landen die deze wapens bezaten hadden er niet genoeg, zei hij, 'of ze waren bevriend met de Russen.'

De top in Ramstein bood een oplossing voor de lange termijn. Oekraïne zou moeten breken met zijn afhankelijkheid van Sovjetwapens en met NAVO-wapens moeten leren omgaan. In plaats van de wereld af te speuren naar verouderde wapens om de gaten in het Oekraïense arsenaal te dichten, zou de alliantie de leveranties van nieuwe systemen uit haar eigen fabrieken en voorraden kunnen opvoeren. Deze strategie zou na verloop van tijd voor een evenwicht tussen de strijdende partijen zorgen, maar er waren ook grote risico's aan verbonden. Met de invasie wilde Poetin een van zijn doelen bereiken, namelijk voorkomen dat Oekraïne ooit lid zou worden van de NAVO. Slechts een paar weken voor de Ramsteinconferentie had Zelensky tijdens de vredesbesprekingen Poetin opnieuw aangeboden die toezegging te doen. Hij was bereid om de kandidatuur van Oekraïne voor het NAVO-lidmaatschap op te geven, zelfs als daarvoor een grondwetswijziging nodig was. Nu bewoog Oekraïne zich in de tegenovergestelde richting en de Russen waren woedend.

De propagandakanalen van het Kremlin legden er steeds vaker de nadruk op dat Rusland nu in oorlog was met de hele NAVO of, zoals ze het vaak uitdrukten, 'het collectieve Westen'. Minister van Buitenlandse Zaken Sergej Lavrov, een relatief gematigde stem in Poetins kringen, waarschuwde dat de stroom wapens naar Oekraïne het risico op een kernoorlog zou vergroten. 'Het gevaar is ernstig en reëel,' zei hij tegen de Russische staatstelevisie aan de vooravond van de Ramstein-conferentie. 'En het valt niet te onderschatten.' Dat soort waarschuwingen ontmoedigden Zelensky en zijn aanhangers in het Westen niet. Ze waren begonnen met een snel integratieproces. 'De facto,' vertelde Reznikov me, 'wordt Oekraïne een deel van de NAVO. We vechten met NAVO-wapens. Onze soldaten gaan trainen met NAVO-instructeurs.'

De minister liep op de zaken vooruit. Het zou nog maanden duren om de ideeën uit te voeren die Austin in Ramstein zo precies had omschreven. Maar het momentum was op meerdere fronten in het voordeel van Oekraïne aan het verschuiven. Met zijn beslissing om Oekraïne binnen te vallen had Vladimir Poetin precies die krachten ontketend die hij wilde tegenhouden. Finland en Zweden, twee van de laatste militair neutrale machten in Noord-Europa, dienden binnen drie maanden na de invasie van Oekraïne een aanvraag in om lid te worden van de NAVO. Met de toetreding van Finland in het voorjaar erna zou de grens van Rusland met de NAVO verdubbelen. Zelensky vroeg of hij de volgende in de rij mocht zijn, en nadat Oekraïne bijna twintig jaar op de deur van de NAVO had gebonsd voor bescherming tegen de Russen en altijd weinig meer dan holle beloften als reactie had gekregen, was het land nu op weg naar interoperabiliteit met de alliantie. Zelfs als een volledig lidmaatschap buiten bereik bleef zou het leger van Oekraïne, net als zijn spionagediensten, nauw verweven zijn met de NAVO.

Binnen een week na de conferentie in Ramstein kondigden de VS aan dat ze bezig waren enorme hoeveelheden geheime informatie naar de Oekraïners te sturen. 'We hebben de lijnen opengezet,' zei generaal Mark Milley.[245] Met behulp van Amerikaanse satellieten en bewakingssystemen kon Oekraïne nu zien waar de binnenvallende troepen commandoposten hadden opgezet en welke officieren daar op dat moment gestationeerd waren. Begin mei meldde *The New York Times* dat de inlichtingenstroom van de VS Oekraïne had geholpen om door middel van gerichte aanvallen maar liefst twaalf Russische generaals te doden. Sinds de Tweede Wereldoorlog had geen enkele grote militaire macht in zo'n korte tijd zo veel hoge officieren verloren.

Naarmate de uitwisseling van informatie verbeterde, verbeterde ook de relatie tussen Milley en Zaloezjny. De generaals hadden minstens één keer per week contact en ze planden operaties vaak tot in detail. 'Voor mij is deze man bijna een god,' vertelde Zaloezjny me in die tijd. De noodzaak van tolken bleef sommige van hun gesprekken vertroebelen, maar gebogen over de luidspreker in zijn commandocentrum kon Zaloezjny Milleys passie voelen voor het vechten en winnen van deze oorlog. 'Zijn hart lag echt bij ons,' zei hij. Hun eerdere meningsverschil van maart over gebrekkige inlichtingen was snel vergeten, en Zaloezjny had spijt van zijn eerdere weigering om de telefoontjes van de Amerikaanse generaal aan te nemen. 'Natuurlijk, ik ben jong en ik was een beetje dom,' zei hij tegen me, 'ik wilde de film terugspoelen en op een nieuwe manier met hem praten.'

◆

Halverwege het voorjaar begonnen Zelensky en zijn team het merendeel van hun tijd bovengronds door te brengen. Ze bleven nog wel sommige nachten in de bunker slapen en ze hielden daar enkele belangrijke vergaderingen, maar door de Russische terugtrekking uit de buitenwijken van Kyiv voelde het risico van een belegering ver weg. De president vroeg zijn mensen een bed voor hem op te maken in een kamertje achter zijn kantoor op de vierde verdieping. Het was een eenpersoonsbed, ongeveer even groot als zijn bed in de bunker, met een houten hoofdeinde en een tv die boven zijn voeten aan de muur hing. In de kast bewaarde hij verschillende kledingstukken van lokale militaire kledingleveranciers, die hem een ruime voorraad hadden gegeven aan T-shirts en fleeces, waardoor hij een onwaarschijnlijk mode-icoon was geworden. 'Ik moest tegen hen zeggen dat ze moesten stoppen,' zei hij.[246] 'Ze wilden allemaal dat ik hun T-shirts droeg.' In zijn kast hing ook één kostuum, geperst en klaar om te dragen, zei hij, voor de dag dat de oorlog zou eindigen in een overwinning voor Oekraïne.

Buiten op straat voelde de overwinning nog ver weg. De regeringswijk was een doolhof van controleposten en barricades. Auto's van burgers konden niet dichtbij komen en soldaten die op kruispunten stonden, vroegen voetgangers om geheime wachtwoorden die elke dag veranderden. Het waren meestal onzinzinnen, zoals филижанка залицяльник ('koffiekop vrijer'), Oekraïense tongbrekers die voor een Rus moeilijk waren te onthouden of uit te spreken. Ter verwarring van buitenstaanders waren veel straatnaambordjes en huisnummers verwijderd. Maar achter de veiligheidsstroken in het centrum van Kyiv waren de brede boulevards open voor verkeer en kwam de stad langzaam tot leven. Een paar straten verwijderd van de Bankovastraat ging de stomerij weer open en straatventers en straatmuzikanten verschenen weer op de trottoirs, net als de *chanters* van de Falun Gong, die voorbijgangers uitnodigden om tegenover het stadhuis samen met hen te mediteren.

Andri Sibiga, de adviseur buitenlands beleid van de president, weet nog dat hij die lente voor het eerst uit de bunker kwam om een wandeling door de buurt te maken. Hij had de hemel in weken niet gezien en hij was verbaasd over de vele mensen in de plaatselijke pizzeria. 'Er liepen zo veel buitenlanders rond,' had hij verbaasd opgemerkt. 'En de bazaar verkocht geïmporteerde spullen, allerlei bessen en groenten.' Sibiga maakte er al snel een gewoonte van om een wandelingetje door de stad te maken als hij de kans kreeg.

De presidentiële bewakers hadden er geen bezwaar tegen dat stafleden de compound verlieten of in hun gebruikelijke kantoren boven werkten. Sommige van de kamers waren bezet door soldaten, en daar waren de vloeren bedekt met dekens en slaapmatten. Maar voor het grootste deel zagen ze er hetzelfde uit, met dezelfde zware bureaus en leren banken, dezelfde printers en kopieermachines. Eén opvallend verschil was de duisternis. Veel ramen waren afgedekt met zandzakken en overal was het licht uit om het voor een vijandelijke sluipschutter moeilijker te maken om van buitenaf te schieten. Andere voorzorgsmaatregelen leken nergens op te slaan. Aan het begin van de invasie hadden bewakers de verlichting uit een lift gerukt die naar de suites van de hoogste machthebbers leidde. Een wirwar van draden stak uit de gaten waar ze gezeten hadden en Zelensky's assistenten stonden altijd in het donker als ze met de lift gingen. Niemand wist nog waarom.

Op de vierde verdieping bleef Zelensky's kantoor dezelfde cocon van bladgoud en koninklijk meubilair, en zijn staf vond het nog steeds benauwend. 'Als het hier gebombardeerd wordt,' grapte een van hen, 'hoeven we tenminste niet meer naar deze spullen te kijken.' Op rustige dagen, als er geen belangrijke bezoekers of vergaderingen op het programma stonden, was de stemming ontspannen. Schoonmakers stoften de kasten af en deden nieuwe zakken in de afvalbakken. Op een keer werd ik verrast toen bleek dat de metaaldetector en het röntgenapparaat bij de ingang waren uitgeschakeld terwijl een conciërge eromheen dweilde. Later vond ik het normaal dat een vermoeide bewaker slechts een blik in mijn tas wierp en me met een knikje van herkenning doorliet.

Eenmaal boven voelde de oorlog ver weg. De medewerkers negeerden het vaak als de sirenes loeiden en ze gingen meestal gewoon door met hun werk. Sommige meenden dat de luchtverdediging van Kyiv in elk geval rond de regeringswijk sterk genoeg was om een inkomende raket neer te schieten. Maar dat leek meer op een copingmechanisme; het gevolg van trotseren en ontkennen. Op dat moment in de oorlog had Oekraïne nog geen methode ontwikkeld om het type hypersonische raketten tegen te houden die Rusland op doelen in Kyiv en andere steden afvuurde. De Kh-22 'Kinzhal' of 'Dagger' kan zich met een snelheid van meer dan vijf keer het geluid verplaatsen, terwijl hij zigzagt om interceptors te ontwijken. Daarnaast kan hij een van de Russische kernkoppen meenemen.

Toen Zelensky's medewerkers geconfronteerd werden met die dreiging was de meest voorkomende reactie een soort fatalisme, dat al snel ging werken als een ordenend principe. Sommige grove voorzorgsmaatregelen zoals gebarricadeerde poorten en kogelwerende vesten waren tijdens de beginfase van de oorlog noodzakelijk geweest. Nu er geen risico meer bestond op binnenstormende Russische commando's, begreep Zelensky's team dat de oude manier van verdediging zinloos was. Ze stonden tegenover een indringer met een nucleair arsenaal. Ze hadden besloten niet te vluchten. Wat had het voor zin je te verstoppen?

◆

Op een middag in begin april bracht ik een bezoek aan een van Zelensky's meest vertrouwde assistenten, Mychajlo Podoljak. Hij had vanaf het begin van de invasie in de bunker gewoond en nu zat hij weer in zijn kantoor op de derde verdieping; zijn naamplaatje zat op de deur en het licht stroomde door de ramen naar binnen. Er waren geen zandzakken die moesten voorkomen dat het glas door een schokgolf verbrijzeld zou worden. Podoljak had zelfs de gordijnen niet gesloten. Toen ik hem hierop wees, zei hij schouderophalend dat de raketten vroeg of laat toch wel zouden komen: 'Ze zullen ons hier raken,' zei hij, 'en dan is er niets meer over.' Maar er klonk geen angst in zijn stem door toen hij dat zei, zelfs nauwelijks bezorgdheid. 'Wat kunnen we anders doen? We moeten doorwerken.'

Podoljak was relatief laat bij de staf gekomen. Hij zag er goed uit en was welbespraakt, en had een voorliefde voor heavymetalmuziek op zijn koptelefoon tijdens het werk. Hij was het grootste deel van zijn carrière als journalist werkzaam geweest voordat hij overstapte naar politieke pr en crisiscommunicatie. In het voorjaar van 2020, toen de coronapandemie de populariteit van Zelensky begon aan te tasten, kwam Podoljak als woordvoerder bij de staf. Zelfs in dat drukbezette domein viel hij op door zijn openheid en directheid tegenover de media. Zijn standpunten over Rusland waren vanaf het begin hard, maar na de invasie werd hij voorstander van een totale en compromisloze overwinning die, in elk geval in het begin, niet leek te stroken met de bedoelingen van de president. 'Het is heel belangrijk dat jullie het volgende begrijpen,' zei hij, toen we aan zijn vergadertafel gingen zitten en hij een stapel documenten en een recente kaart van de gevechten rond Kyiv opzijschoof. 'Er kan geen sprake zijn van normalisering van de betrekkingen met Rusland. De emotionele achtergrond wat betreft de perceptie van Rusland is volledig veranderd door de misdaden die ze hebben begaan. Voor Oekraïne is Rusland een land dat niet meer bestaat. Het zijn onmensen, monsters.'

Hij noemde de Russische 'filtratiekampen', waar burgers in Oost- en Zuid-Oekraïne werden vastgehouden en ondervraagd. Hele families verdwenen in die kampen. Vrouwen en kinderen werden ernaartoe gebracht voordat ze naar afgelegen gebieden in Rusland gedeporteerd werden, vaak tegen hun wil. Berichten over martelingen en mensonterende omstandigheden in de kampen deden de ronde en Podoljak wees terecht op de gelijkenis met Dachau en Buchenwald.

'Het verschil is dat deze wonden niet genezen, zoals wel het geval was na de Tweede Wereldoorlog,' zei hij tegen me. 'De Russen zien wat ze doen in Boetsja, en ze worden er alleen maar door geïnspireerd. Ze eisen massamoord. Het is een totaal ander begripsniveau. Voor de Duitsers was er berouw. Voor de Russen zal er geen berouw zijn.' Ik vond het vreemd dat Podoljak deze positie innam. Het leek op dat moment nog te vroeg om de steun van de Russische bevolking voor de invasie te kunnen inschatten. Uit enquêtes bleek dat ongeveer 60 procent van de Russen de invasie steunde, terwijl ongeveer een kwart het er niet mee eens was. Maar de meeste Russen wisten wel beter dan de staat te bekritiseren als een opiniepeiler hen belde, want begin maart had het Kremlin een wet uitgevaardigd die openlijk verzet tegen de oorlog verbood. Alleen al door de oorlog een oorlog te noemen in plaats van een 'speciale militaire operatie' kon je in Rusland tot wel vijftien jaar worden opgesloten.

Toch waren er nog steeds een paar Russische dissidenten die zich online uitspraken en protesten probeerden te organiseren. Een van hen, Ilja Jasjin, zou me later vanuit de gevangenis in Siberië een brief sturen. 'We verzetten ons,' schreef hij, en hij somde enkele geïsoleerde gevallen op van afwijkende meningen die al snel onderdrukt waren.[247] Jasjin kreeg van een rechtbank in Moskou achtenhalf jaar voor het posten van een video over de wreedheden in Boetsja. 'Degenen die in Rusland zijn gebleven,' schreef hij, 'leven met de rechten van gijzelaars [...] Het zwijgen van een gijzelaar die het pistool van een terrorist tegen zijn hoofd gedrukt krijgt, maakt hem nog geen medeplichtige van die terrorist.'

Zelensky leek het daar in elk geval in zijn publieke uitspraken mee eens te zijn. Hij was nog niet begonnen om alle Russen van medeplichtigheid te beschuldigen. Er was nog steeds hoop dat de oorlog in Oekraïne met een volksopstand in Moskou zou eindigen, en Zelensky wilde dat graag geloven. Maar halverwege de lente veranderde de toon binnen zijn regering. Podoljak, de woordvoerder van de president en zelfbenoemde intellectueel, werd verondersteld de stem van de rede te zijn. Hij was een van de hoofdonderhandelaars in de vredesbesprekingen met Rusland. Toch deed hij er alles aan om mij ervan te overtuigen dat de Russen een ras van wilden waren met wie nooit een duurzame vrede kon worden gesloten.

'Ze zijn niet zoals jij en ik,' zei hij. 'Het is een volslagen barbaars land dat in de zestiende of zeventiende eeuw is blijven hangen en een oorlog voert tegen de mensheid als zodanig. Ze willen alles wat menselijk in ons is uitroeien en ons in beesten veranderen.' Maar hoe zat het dan met het vredesproces? Waarom ging de president nog steeds in gesprek als hij geloofde dat de Russen barbaren waren? Podoljak zweeg even en leunde achterover in zijn stoel. 'President Zelensky gebruikt alle mogelijke instrumenten om zijn burgers te verdedigen.' Zijn stem was plotseling minder fel en had de rustige toon van een persattaché weer gevonden. 'Het is een instrument. Niet meer dan dat.' Hij wierp een blik op zijn telefoon, die al een tijdje zoemde door de gestage stroom aan berichten. Geen van Zelensky's adviseurs kon zich permitteren zijn of haar elektronische apparaten lang te negeren. De niet-aflatende stroom nieuws trok altijd aan hen, eiste voortdurend hun aandacht op. Deze keer leek Podoljak niet van streek door de berichten. Toen ik wegging vertelde hij me dat ik goed nieuws kon verwachten. Die avond, toen ik terug was in mijn appartement aan de rand van de regeringswijk, werd duidelijk wat hij bedoelde. Ook mijn telefoon liep vol met extatische berichten. Viktor Medvedtsjoek, trouwe vriend van Poetin, was opgepakt.

Zijn foto stond op Zelensky's socialemediapagina's, een verfomfaaid figuur in handboeien en een camouflage-uniform. De ommekeer leek te dramatisch om te geloven. Aan het begin van de invasie had Medvedtsjoek aan het hoofd van een Russische militaire parade de macht bijna overgenomen. Een paar maanden daarvoor had hij de op een na grootste politieke macht in het Oekraïense parlement aangevoerd, een club die Moskou met een fortuin had gepromoot en gekoesterd. Voorafgaand aan de invasie ging er bijna geen avond voorbij waarop de leiders van die partij niet in de belangrijkste Oekraïense praatprogramma's te zien waren; daar riepen ze op tot eenheid met Rusland en hekelden ze Zelensky als een clown, een zwakkeling of een despoot. Waar waren ze nu?

Een aantal van hen, onder wie de medevoorzitter van de partij, Joeri Bojko, was van kant gewisseld; hij veroordeelde de invasie en verklaarde trouw aan Oekraïne. Anderen bleven in hun posts op sociale media het Kremlin toejuichen met het perverse argument dat Zelensky's weigering om zich over te geven aan de Russen had geleid tot het zinloos doden van Oekraïners. Als het op hun eigen verblijfplaats aankwam waren deze politici vaag. De achtergrond van hun selfies was meestal neutraal en moeilijk te plaatsen. De meesten waren gewoon gevlucht. Sommigen kwamen in bevriende rechtsgebieden zoals Servië of Dubai terecht. De gelukkigen met een open visum voor de Europese Unie konden zomaar opduiken in Praag of Berlijn. De meest prominente politici namen mijn telefoontjes niet meer aan zodra de Russische tanks de grens waren overgestoken. Maandenlang had ik niemand kunnen bereiken die dicht bij Poetins oude vriend Medvedtsjoek stond. Het enige wat er over zijn lot was gemeld, was dat hij in de eerste uren van de invasie zijn enkelband onklaar had gemaakt en uit huisarrest was ontsnapt. Zijn vrouw was een paar dagen eerder gezien toen ze de grens met Belarus was overgestoken. De verblijfplaats van hun dochter Dasja, Poetins petekind, was een mysterie.

Hun verlaten villa's boden geen enkele aanwijzing. Halverwege maart ging een groep activisten bij een van die huizen naar binnen en daar zagen ze dat die woning gerenoveerd werd, met stapels schilderijen en antiek op de vloer.[248] Aan de rand van het terrein bevond zich een nagebouwd treinstation met de naam Dalnyaya (Verweggistan), waar een replica van een oude Pullman-restauratiewagon stond. Het plafond was voorzien van glas in lood en de bar stond vol met borden met de afbeelding van de Russische keizerlijke adelaar. Medvedtsjoek en zijn gezin deden in hun vrije tijd blijkbaar graag alsof ze in de stijl van negentiende-eeuwse aristocraten met de trein reisden. De foto's van de restauratiewagen gingen viraal en Medvedtsjoek werd de risee van Oekraïne. In mijn gesprekken met wetgevers en veiligheidsbeambten maakte ik er een gewoonte van om te vragen of iemand wist waar hij was gebleven. De antwoorden waren meestal een schouderophalen, soms een blik van wantrouwen. 'Wat kan jou dat schelen?' vroeg een lid van Zelensky's partij me. 'Zulke figuren hebben geen toekomst in Oekraïne. Het Russische politieke project is dood.'

Hij had gelijk, en nu stond het bewijs op Zelensky's Facebookpagina: een mugshot van Medvedtsjoek met warrig haar; totaal anders dan het opgepoetste imago dat hij altijd had gecultiveerd. De belangrijkste inlichtingendienst van Oekraïne, de SBU, kwam al snel met enkele details. Poetins vriend had, vermomd in het uniform van een Oekraïense soldaat, geprobeerd Oekraïne te ontvluchten. SBU-agenten hadden hem in een buitenwijk van Kyiv betrapt toen hij op weg was naar de Russische agenten die hem moesten evacueren. De reactie in de Bankovastraat was extatisch. Sommige adviseurs van Zelensky wilden Medvedtsjoek geboeid als trofee meenemen naar hun volgende ontmoeting met Poetin, die de twee partijen nog hoopten te regelen. 'We hebben veel Russische gevangenen en we hopen dat we ze tegen onze gevangenen kunnen ruilen,' zei David Arachamja, de hoofdonderhandelaar. Hij wist niet zeker hoeveel Medvedtsjoek waard zou zijn voor het Kremlin. Hoeveel Oekraïense krijgsgevangenen zou Poetin voor hem willen ruilen? 'Er zijn twee theorieën,' vertelde Arachamja me. 'De eerste is dat hij als goede vriend, als lid van de familie, erg waardevol is. De tweede theorie is dat hij geen enkele waarde meer heeft. Alles wat hij heeft gestolen, al het geld dat naar hem is gestuurd, de miljarden dollars die bedoeld waren om al die netwerken van mensen op te zetten, voor deze loyalisten die het moesten overnemen in het geval van een bezetting – al dat geld is uitgegeven aan jachten en bont, auto's en corruptie. Dus misschien is hij nu volslagen waardeloos. We kennen het Russische standpunt niet echt.'

De waarde van zijn gevangenneming voor het Oekraïense moreel viel echter nauwelijks te overschatten en werd een paar dagen later alleen maar groter, toen Zelensky's generaals hem nog meer goed nieuws brachten. Op 14 april lanceerde de Oekraïense marine twee torpedo's op de Moskva, het vlaggenschip van de Zwarte Zeevloot. Dit schip was de trots van de Russische marine, met een bemanning van meer dan vijfhonderd matrozen, en nu stond het in brand en zonk snel. De aanval gaf een nieuwe betekenis aan de Oekraïense strijdkreet 'Russian warship, go fuck yourself'. Die kreet had al snel zijn weg gevonden naar T-shirts en postzegels, samen met afbeeldingen van de Moskva die in vlammen opging.

Diezelfde week voerden de Oekraïense strijdkrachten een reeks precisieaanvallen uit op Russische doelen, waarbij minstens één generaal werd gedood. Inlichtingen van Amerikaanse satellieten bleken een belangrijke rol te spelen bij deze aanvallen, die een structurele tekortkoming van het Russische leger blootlegden. Dat vertrouwde nog steeds op de starre hiërarchieën van de Sovjet-Unie, waarin beginnende officieren nauwelijks zelfstandig beslissingen mochten nemen. Als er zich een probleem voordeed op het slagveld kwam de top naar het front om de zaken recht te zetten, waardoor ze werden blootgesteld aan Oekraïense aanvallen.

Alles bij elkaar hadden deze overwinningen een enorm effect op Zelensky en zijn team. Een paar weken eerder hadden ze nog verscholen gezeten in hun bunker en hun overlevingskansen op hooguit fiftyfifty geschat. Nu zagen ze de verliezen aan de kant van de indringers toenemen. Russische commandanten kwamen in een kist naar huis en in de twee weken strijd in de Donbas stierven meer van hun manschappen dan de vs hadden verloren tijdens twintig jaar oorlog in Afghanistan. Hoewel de eer voor deze verschuiving in de oorlog vooral toekwam aan de strijdkrachten van Oekraïne, hadden Zelensky's vaardigheden als communicator een cruciale rol gespeeld. Hij en zijn team zorgden voor de wapenvoorraden die het leger nodig had om te kunnen blijven vechten. Gedurende de lente hield Zelensky gemiddeld één toespraak per dag, op uiteenlopende locaties zoals het parlement van Zuid-Korea, de Wereldbank en tijdens de Grammy Awards. Elke toespraak was geschreven met het betreffende publiek in zijn achterhoofd. Bij zijn toespraak voor het Amerikaanse Congres verwees hij naar Pearl Harbor en 9/11. Het Duitse parlement hoorde dat hij de geschiedenis van de Holocaust en de Berlijnse Muur aanhaalde. Toen deze manier van opereren vruchten begon af te werpen met een gestage aanvoer van wapens uit het Westen, werd het voor Zelensky en zijn team veel gemakkelijker om zich een weg naar de overwinning voor te stellen. 'We zijn niet meer alleen aan het overleven,' zei zijn adviseur Oleksi Arestovytsj een paar dagen na het zinken van de Moskva tegen me. 'We zijn aan het winnen en de president ervaart een krachtige drive vanuit deze nieuwe rol. Hij voelt zich daarin als een vis in het water en hij geeft bevelen als Napoleon voor een veldslag. Ik denk dat het iets in hem wakker heeft gemaakt,' zei hij. 'Een bepaalde innerlijke kracht.'

Maanden later zou Zelensky dezelfde uitdrukking – 'innerlijke kracht' – gebruiken om te beschrijven wat hij op dat moment in de oorlog voelde. Hij vergeleek het met een wedstrijd armworstelen, wanneer je hand en pols op het punt staan de tafel te raken. 'En tot ieders verbazing til je vervolgens je hoofd op en hoor je het applaus en begin je terug te duwen.' De ommekeer gaf Zelensky het onwankelbare vertrouwen dat de oorlog nu volgens hetzelfde traject zou verlopen, ook al was de bekroning nog ver uit het zicht. Privé, zonder zijn adviseurs om zich heen, probeerde Zelensky zichzelf te dwingen nederiger te zijn over zijn kansen om de oorlog te winnen. 'Hoe hoger iemand op die berg klimt,' zei hij tegen me, 'hoe pijnlijker het is om te vallen.'

◆

Begin mei, toen het oostfront het epicentrum van de gevechten was, slaagde Olena Zelenska erin om uit haar isolement te komen en ten minste een deel van haar werk als first lady te hervatten. Ze begon op Moederdag, toen Jill Biden, haar Amerikaanse collega, een reis naar Oost-Polen maakte om Oekraïense vluchtelingen te bezoeken. Olena, die op dat moment al meer dan twee maanden ondergedoken zat, greep de kans met beide handen aan om haar te verwelkomen in de stad Vysjhorod, net binnen de Oekraïense grenzen. Ze hadden elkaar nog nooit ontmoet, maar, zoals Biden zich herinnerde, 'instinctief omhelsden we elkaar'.[249] Ze brachten een paar uur door in een school die tevens als opvangcentrum diende, waar ze samen met een groep kinderen die door de oorlog ontheemd waren geraakt beren maakten van vloeipapier. Olena deed haar best om natuurlijk en ontspannen over te komen tussen de camera's en onbekende gezichten. Maar Jill Biden kon haar angst voelen. 'In haar gespannen glimlach,' zei ze later, 'kon ik het gewicht zien dat ze met zich meedroeg.' De tijd die ze op de vlucht was geweest had zijn tol geëist en Olena kon dat trauma niet zomaar achter zich laten toen ze haar laatste schuiladres verliet.

Hoewel haar eigen kinderen buiten beeld bleven, ging Olena al snel weer aan het werk in haar kantoor op het presidentieel complex, waar haar bewegingen en agenda niet zo strikt beperkt waren. De aanpassing bleek moeilijk. Ze had moeite om haar plaats in de oorlogsregering te vinden en haar beveiliging was nog steeds strenger dan voor alle anderen op het terrein, inclusief de president en zijn militair commandanten. Gasten in het kantoor van de first lady mochten bijvoorbeeld geen glas water inschenken uit dezelfde karaf als zij.

In de eerste dagen na haar terugkeer kostte het haar moeite een manier te vinden om nuttig te zijn. Het programma dat ze in 2019 had opgestart om de kwaliteit van schoollunches te verbeteren leek nu zinloos, aangezien de meeste scholen in Oekraïne gesloten waren. Sommige waren verwoest door Russische luchtaanvallen en beschietingen. In Boetsja hadden de Russen hun artilleriestukken op de binnenplaats van een basisschool geparkeerd en ze gebruikten die om raketten op naburige steden af te vuren. Toen ze over deze verschrikkingen las en naar beelden van de slachtoffers op het nieuws keek, werd Olena overvallen door een soort verlamming die veel Oekraïners in die tijd voelden. 'Je hoort voortdurend sirenes. Je hoort wat er in andere regio's gebeurt,' vertelde ze me. 'Daar word je niet vrolijk van.'

De waardevolste begeleiding die ze in deze periode kreeg kwam niet van haar man of van de presidentiële staf, maar van de vrouwen die ze ooit als 'accessoires' van machtige mannen had beschouwd. In het jaar voor de invasie had ze een handvol van hen tijdens een top in Kyiv ontmoet, en de first ladies van Polen, Litouwen en Israël bleven nauw contact houden met Olena, net als de echtgenotes van andere buitenlandse leiders die zich meteen vanaf het begin hadden ingespannen voor de verdediging van Oekraïne. Ze spraken elkaar zo vaak mogelijk aan de telefoon. 'Deze club helpt me echt op dit moment,' vertelde ze me. 'We begrijpen elkaar.' Maar het bleek moeilijk om meer dan een paar van deze gesprekken per week te regelen, zei Olena met duidelijke frustratie, 'omdat elk contact op het niveau van first ladies via de protocoldienst moet gaan'.

Dat gold ook voor haar telefoontjes naar haar man tijdens haar onderduikperiode. Ze was inmiddels gewend aan alle protocollen, die na haar terugkeer in de Bankovastraat almaar strenger leken te worden. Zij en haar man gingen niet meer samenwonen. Zelensky en zijn veiligheidsdienst waren ervan overtuigd dat het te gevaarlijk voor hen zou zijn om allemaal op dezelfde plek te slapen en zijn agenda liet hem weinig vrijheid om tijd met zijn gezin door te brengen. 'We kijken geen films samen,' vertelde Olena met een glimlach. 'We kijken ze apart van elkaar.'

Ze zagen elkaar twee of drie keer per week, nog minder vaak samen met de kinderen. Af en toe kwam Olena haar man tegen in de gangen van het presidentieel complex als hij zich naar een van zijn vergaderingen spoedde, en dan wisselden ze gehaast een paar woorden.[250] Meestal werd ze omringd door assistenten en adviseurs die haar aanspoorden meer interviews te geven, op de voorpagina van tijdschriften te verschijnen en de oproepen van de president voor internationale hulp kracht bij te zetten. Zelensky stemde er een paar keer mee in om samen met zijn vrouw voor een interview op tv te verschijnen, en soms gebruikte ze deze gesprekken om hem naar zijn gevoelens te vragen, alsof de journalisten een dubbelrol hadden als huwelijksadviseurs.

'Bedankt voor deze tv-date,' zei ze tegen een Britse verslaggever.[251] 'We genieten elke keer oprecht van deze interviews, omdat we dan bij elkaar kunnen zijn.' Het klonk als een standje en Zelensky staarde gegeneerd naar zijn handen toen ze enkele details van hun gezinsleven onthulde. Hun dochter Sasja had zich aangemeld voor de universiteit en ze zou over een paar dagen eindexamen doen. 'Ze heeft haar papa echt nodig, ze wil met hem praten, zodat ze zich gemakkelijker door deze periode in haar leven op weg naar volwassenheid kan slaan,' zei Olena, terwijl ze zowel tegen haar man sprak als tegen de televisiecamera's die hen omringden. 'Helaas mogen we dat niet.'

Vastberaden probeerde Zelensky het onderwerp terug te brengen naar de oorlog, door erop te wijzen dat veel Oekraïense gezinnen het veel slechter hebben dan zij, zoals de gezinnen die onder de Russische bezetter leven. Zijn eerste prioriteit, zei hij, was de bevrijding van bezet gebied. 'Mijn tweede prioriteit is mijn gezin, mijn vrouw,' zei Zelensky. Hij miste hen en kon er niet aan wennen om gescheiden te zijn. Maar ze moesten sterk zijn, hield hij haar voor. Olena glimlachte en keek in de verte. Hun hele leven samen had Zelensky zijn werk op de eerste plaats gezet, te beginnen met die avonden toen hun kinderen nog klein waren en er altijd wel een filmopname afgerond of een optreden afgemaakt moest worden, voordat hij thuiskwam en te uitgeput was om nog iets anders te doen dan op de bank zitten en tv-kijken. Door de eisen van het presidentschap, en nu ook de oorlog, was deze manier van doen zo extreem geworden dat Olena het moeilijk kon accepteren. Maar nogmaals, veel van de functionarissen die Kyiv in de eerste dagen van de invasie ontvluchtten, deden dat omdat ze hun gezin in veiligheid moesten brengen. Zelensky bleef. 'Ik kon niet anders,' zei hij later in het interview. 'De president is de leider van de natie. De natie koos mij.'

Maar nu, in deze nieuwe fase van de oorlog, nu zijn gezin was teruggekeerd naar Kyiv om dicht bij hem te zijn, koos hij er nog steeds voor om apart van hen te leven, om zich nog vollediger aan zijn rol te wijden. De interviewer merkte op dat zulke situaties een huwelijk kapot kunnen maken. Zou het hun huwelijk sterker maken? Olena glimlachte bij die vraag en ze keek naar haar man. 'Wat denk je?' vroeg ze hem in het Engels, en een paar lange ogenblikken zocht hij naar een antwoord, omdat hij zijn gave om de juiste woorden te vinden plotseling was kwijtgeraakt. 'We zijn allemaal levende wezens,' zei hij. 'Waarschijnlijk zijn er door de jaren heen in elk gezin dergelijke momenten. Maar ik heb nooit het gevoel gehad dat er iets mis was in onze relatie.' Toen draaide hij de rollen om en vroeg zijn vrouw: 'Ben je ooit ongelukkig bij mij?'

'Bij jou – nooit,' antwoordde ze. 'Zónder jou voel ik me altijd heel ongelukkig.'

19

De politiek is terug

Laat op een avond in juni stapten de president en een groep van zijn naaste adviseurs niet ver van het centrum van Kyiv in een trein en installeerden ze zich voor een nachtelijke rit. Van buiten zag hun privéwagon eruit als een gewone passagierswagon, een oud Sovjetontwerp, blauw met gele details. Maar het interieur was pas gerenoveerd en had glanzende armaturen, beige tapijten en goudkleurige gordijnen voor de ramen. De staatsspoorwegen hadden lange tijd een handvol van deze luxewagons gehad om de leidinggevenden door het land te vervoeren. Aan het begin van de invasie, toen het luchtverkeer boven Oekraïne werd stilgelegd, stelde het bedrijf ze ter beschikking van de presidentiële staf, die ze ging gebruiken voor het vervoer van hoge ambtenaren en buitenlandse hoogwaardigheidsbekleders.

Dat voorjaar waren ze Zelensky's belangrijkste vervoermiddel om lange afstanden af te leggen en meestal genoot hij ervan. De reizen gaven hem de tijd om te lezen, en de geur van de rook van de locomotief riep herinneringen op aan zijn kindertijd. In zijn jeugd waren vliegreizen te duur geweest voor zijn familie en was hij soms per trein naar zijn vader in Mongolië gereisd. Die treinreis duurde acht dagen vanuit Kryvy Rih en ging dwars door Rusland en Siberië, met tussenstops in Moskou en Ulaanbaatar. Tijdens die lange dagen zat hij naast zijn moeder in een slaapwagon en staarde uit het raam naar de uitgestrektheid van het Sovjetrijk, terwijl hij genoot van glazen thee in metalen bekerhouders met de hamer en sikkel in reliëf. Vele jaren later, toen dat soort herinneringen opdoken tijdens de oorlog, gaf Zelensky toe dat ze nostalgische gevoelens opriepen. Maar die hadden nu een bittere bijsmaak, bezoedeld als ze waren door de ironie van het leven. Hij was opgevoed door het rijk waarvan hij nu de heropleving probeerde tegen te houden.

Op deze reis, de langste die hij had gemaakt sinds het begin van de invasie, gingen ze zuidwaarts richting de stad Mykolajiv; dichter bij het zuidelijke front kon de trein hen niet brengen. De meeste coupés werden bezet door veiligheidsmensen, die hun geweren in de bagagerekken hadden gelegd, hun voeten op de banken zetten en video's op hun telefoons bekeken. Volgens de oorlogsprotocollen moest de locomotief in een traag tempo rijden. In het geval van een raketaanval op een van de wagons, zouden de andere wagons dan minder schade oplopen en zouden waarschijnlijk meer passagiers het overleven. Bij de lange stukken door het landelijk hart van Oekraïne was de communicatie in de trein gebrekkig. Sommige telefoons hadden niet genoeg signaal om een berichtje te versturen of het nieuws te lezen. 'Het geeft ons de kans om in alle rust met elkaar te praten,' zei Denys Monastyrsky, de minister van Binnenlandse Zaken, die de president vergezelde.[252]

In de privéwagon van Zelensky zat men rond een vergadertafel of weggezakt in een smalle bank met groene bekleding. De ruimte was krap, maar de tafel was groot genoeg voor een handvol van Zelensky's assistenten om samen met hem een glas thee te drinken, die nog steeds geserveerd werd in een metalen bekerhouder, maar nu met het logo van de spoorwegmaatschappij in plaats van de hamer en sikkel. Voor Monastyrsky was de reis een bijzonder cadeau. In tegenstelling tot de meeste functionarissen in de trein, had hij nooit in de presidentiële bunker gewoond en waren zijn interacties met Zelensky tijdens de oorlog vaak gehaast en formeel. Tijdens veiligheidsbriefings wisselden ze korte stukjes informatie uit en gaven ze statusrapporten over de crisis van die dag. Maar tijdens de lange reis naar het zuiden, vertelde Monastyrsky me, 'spraken we over onze privézorgen, over hoe onze gezinnen zich probeerden te redden en over onze kinderen'.

Het was ook hun eerste echte kans om van gedachten te wisselen over de toekomst van de oorlog en hoe die zou kunnen eindigen. Ook al zou Oekraïne winnen, ze wisten dat de problemen van het land nog lang niet voorbij zouden zijn. De nationale economie lag aan gort en een groot deel van de infrastructuur was beschadigd of verwoest. Toen ze dichter bij hun bestemming kwamen, passeerden ze lege stations en half verlaten dorpen, en ontvelde bomen uiteengereten door mortiervuur. Bijna een derde deel van de bevolking was ontheemd. Veel mensen zouden terugkeren met de verwachting dat de overheid hen zou helpen. Minstens een miljoen oorlogsveteranen zouden ook naar hun woonplaats terugkeren en werk, sociale voorzieningen en psychologische ondersteuning nodig hebben. Ze zouden gewapend zijn en een deel van hen zou kwaad zijn op de regering. 'Wat gaan we doen in het geval van massademonstraties?' vroeg Monastyrsky, want de beperkingen vanwege de staat van beleg zouden vroeg of laat een tegenreactie oproepen. 'Die zullen tot massaprotesten leiden,' zei hij. 'Wat moet er gebeuren opdat we met de mensen kunnen praten? Wie gaat met ze praten? Het is duidelijk dat het iemand moet zijn die deze oorlog heeft meegemaakt, die de strijd heeft ervaren en die met de veteranen in hun eigen taal kan spreken.'

In zijn toespraken die de president 's avonds tot de natie hield, richtte hij zich meestal op de kwesties van de dag. Maar daarnaast begonnen hij en zijn assistenten na te denken over de politieke dreigingen van de toekomst. 'We hebben het niet alleen over de oorlog en de directe uitdagingen,' zei Monastyrsky. 'We moeten ook de risico's berekenen die daarbij komen kijken. Wat gebeurt er over een halfjaar? Wat voor soort misdaden zijn er te verwachten? Welke acties moeten we vandaag ondernemen om de problemen die mogelijk over een halfjaar spelen te kunnen aanpakken?' Ze geloofden allemaal in de uiteindelijke overwinning van Oekraïne, maar ze begrepen ook dat de oorlog wonden en scheuren in de samenleving zou achterlaten die vele jaren nodig zouden hebben om te helen. Op een tijdstip dat de staatsmiddelen uitgeput zouden zijn, zouden politieke leiders moeten voldoen aan de maatschappelijke eisen voor herstel en wederopbouw. Ze zouden een tijdje kunnen rekenen op het gevoel van eenheid en het gemeenschappelijke doel van de natie om stand te houden in de naoorlogse periode van ontberingen. Maar voor hoelang? Miljoenen ontheemde Oekraïners zouden terugkeren naar hun stad en die beschadigd of verwoest aantreffen, afgesneden van basisvoorzieningen, en ze zouden geen eindeloos geduld hebben met officiële beloften van wederopbouw.

Zelensky en zijn assistenten maakten zich vooral zorgen dat de oorlog tot onrust onder de bevolking zou kunnen leiden, en zelfs tot een nieuwe revolutie in Oekraïne. Kyrylo Tymosjenko, die die avond ook in de trein zat, begreep goed dat de Oekraïners hun geduld met de oorlog waren verloren toen de lente was overgegaan in de zomer. De kijkcijfers van de Telemarathon kelderden omdat miljoenen kijkers afhaakten. 'Mensen zouden vroeg of laat een keer moe worden van de stortvloed aan nieuws,' zei hij. In een poging ze terug te winnen, drong hij er bij de producenten op aan om meer amusement, populaire films en documentaires uit te zenden. 'We hebben dat meerdere keren geprobeerd, maar het werkte niet in de Telemarathon. Het was verkeerd om te denken dat de mensen daarmee de kans kregen om te ontspannen, want de kijkcijfers bleven dalen.'

Als belangrijkste nieuwsbron in het land bleef de Telemarathon een krachtig instrument voor de regering om het beeld van de oorlog vorm te geven. Voor bijna de helft van de bevolking was het de primaire nieuwsbron, en vaak de enige die beschikbaar was. Op alle grote netwerken werd het programma de klok rond uitgezonden en de uitzendingen neigden sterk naar patriottisme en geruststelling; een andere vorm van nationale verdoving. Zelensky's toespraken, berichten en publieke optredens werden meerdere keren per dag vertoond. Kritische geluiden over zijn beslissingen kwamen zelden op de buis. Maar de Telemarathon resulteerde niet in een monopolie op informatie.

Sociale media, zoals Instagram en Telegram, wedijveren met het tv-nieuws om populariteit, en sommige van de populairste stemmen op deze platforms begonnen vraagtekens te zetten bij de manier waarop de regering de oorlog aanpakte. Rond het beleg van Marioepol ontstond een bijzonder fel debat. De laatste verdedigers, die de media toespraken vanuit de bunkers van Azovstal, verweten de autoriteiten dat ze de Russen de mogelijkheid hadden gegeven de stad in slechts een paar dagen te omsingelen. Militaire leiders, gewone soldaten en onderofficieren waren ook niet vergeten dat Zelensky de dreiging van een invasie had gebagatelliseerd en weinig had gedaan om zich erop voor te bereiden. Denys Prokopenko, de commandant van het Regiment Azov, nam geen blad voor de mond in zijn veroordeling van de staat. 'We zijn aan ons lot overgelaten,' zei hij begin mei tegen Ukrainska Pravda, de grootste nieuwswebsite van het land.[253]

Tegen die tijd hadden verslaggevers van Ukrainska Pravda lucht gekregen van een geheim onderzoek dat de regering in het voorjaar had laten uitvoeren, met als doel het politieke speelveld te beoordelen en te zien hoe zich dat in oorlogstijd ontwikkelde.[254] De resultaten waren goed nieuws voor Zelensky. Zijn traditionele rivalen, zoals Petro Porosjenko, waren in de peilingen bijna onzichtbaar geworden. Maar andere figuren wonnen aan populariteit. Generaal Zaloezjny, de bevelhebber van de strijdkrachten, had in de eerste twee maanden van de invasie genoeg bewondering geoogst bij de kiezers om Zelensky uit te dagen voor een race om het presidentschap. De volgende verkiezingen zouden pas over twee jaar plaatsvinden, in de lente van 2024, en de populariteitscijfers van de president gaven hem geen dringende reden tot bezorgdheid; ze hadden in maart ongeveer 90 procent bereikt. De enige instelling met meer steun onder de bevolking was het leger, waarvan Zaloezjny in de ogen van de meeste Oekraïners de belichaming was.[255]

Hoewel hij zelden in het openbaar verscheen, had de generaal in Oekraïne een cultstatus bereikt. Memes en video's van hem gingen viraal. Afbeeldingen van Zaloezjny die het overwinningsteken maakt, waren in het hele land met spuitverf op muren aangebracht. In april richtte hij een stichting op om geld in te zamelen voor de strijdkrachten, en sommige functionarissen in de Bankovastraat zagen dit als een teken van Zaloezjny's politieke ambities – en dat was geen paranoïde gedachte. Hoewel de generaal zei geen plannen te hebben om zich verkiesbaar te stellen, vertelden enkelen van zijn naaste medewerkers me dat hij wel openstond voor het idee. 'Ik zou zeggen dat het een mogelijkheid is,' zei een van hen. 'Er zijn veel doden en gewonden en hij voelt een grote verantwoordelijkheid voor hen en hun families. Hij zou niet aan de zijlijn kunnen blijven staan als hij ziet dat het met het land de verkeerde kant op gaat.'

Op dat moment richtte Zaloezjny al zijn energie op het winnen van de oorlog, hij had nog geen definitieve beslissingen genomen over zijn toekomst in de politiek. Maar een groep van zijn adviseurs binnen de generale staf berekende wat hij nodig zou hebben om een politieke partij of een presidentiële campagne te lanceren. Zijn woordvoerster, Ljoedmila Dolhonovskaja, verzamelde materiaal voor een boek over Zaloezjny, een geautoriseerde biografie die hij haar hielp schrijven. 'Hij begrijpt dat het met het juiste team en het juiste programma niet al te moeilijk is om president te worden,' zei ze tegen me. 'Hij is goed voorbereid, maar ik weet niet zeker of hij ervoor wil gaan. Als alles goed gaat, als hij merkt dat de juiste stappen worden genomen, als ze de juiste houding jegens veteranen en jegens de families van de doden hebben, als er voldoende wordt gedaan om corruptie te bestrijden en het leger sterker wordt, ziet hij er misschien van af.'

Dat was een schrale troost voor Zelensky en zijn assistenten. Terwijl ze het echte of ingebeelde voorbije of toekomstige veld van politieke concurrenten overzagen, leek de staf van de president geen enkel risico te nemen. Nieuwszenders die weigerden de Telemarathon uit te zenden, werden aan het eind van dat voorjaar uit de lucht gehaald.[256] Het kanaal van Porosjenko, ooit een van de belangrijkste zenders in het land, was nog steeds te vinden op de kabel en YouTube, maar het aantal kijkers daalde snel, net als de steun van de bevolking voor de voormalige president en zijn partij. Porosjenko en zijn bondgenoten waren verbannen naar de 'digitale marge' van het internet, zoals een van Zelensky's adviseurs het uitdrukte.

Zelfs bondgenoten van de president werden verdacht als ze te populair werden. Vitaly Kim, de charismatische gouverneur van de regio Mykolajiv, bereikte in de eerste dagen van de oorlog de status van nationale held, toen hij de Russen op sociale media beschimpte en tartte, zelfs nog toen ze probeerden zijn stad te bestormen. In een van zijn berichten die viraal gingen bood hij Russische soldaten eten en een ticket naar huis aan als ze al hun wapens zouden inleveren. Naarmate Kims bekendheid groeide, werd hij in de media steeds vaker als mogelijke opvolger van Zelensky genoemd. De assistenten van de president waren hier niet van gediend en drongen er bij Kim op aan om zich minder publiekelijk te profileren. 'Het werd vervelend,' vertelde een van hen me.

Die spanningen verdwenen toen Zelensky's trein Mykolajiv binnenreed. Gouverneur Kim, gekleed in een T-shirt in de camouflagekleur groen, dat inmiddels standaard was onder politici in Oekraïne, kwam naar buiten om de presidentiële entourage te ontmoeten en hen mee te nemen voor een rondleiding door de puinhopen van de stad. De eerste Russische aanval op Mykolajiv had plaatsgevonden op 26 februari, de derde dag van de invasie. Vanuit de Krim waren Russische soldaten opgerukt naar het noorden en hadden de controle over een nabijgelegen vliegveld overgenomen, met de bedoeling het te gebruiken als uitvalsbasis voor hun verdere opmars door Zuid-Oekraïne. Het vliegveld was een jaar eerder net voltooid. De opening van het vliegveld was het perfecte voorbeeld van wat Zelensky 'The Big Build' had genoemd, dat model stond voor het plan van zijn regering om de infrastructuur van het land te ontwikkelen. Kyrylo Tymosjenko, die toezicht hield op het project, maakte zich aan het begin van de invasie zorgen dat het vliegveld mogelijk een slagveld zou worden en hij schreef in een sms'je aan generaal Zaloezjny: *Wees alsjeblieft heel voorzichtig als je daar in de buurt actief bent. De landingsbaan is net nieuw.* De generaal antwoordde: *Natuurlijk, begrepen.* Een paar dagen later voerden Oekraïense aanvalsdrones en artillerie een vernietigende aanval uit op de Russische soldaten op het vliegveld, waarbij talloze vijandelijke voertuigen en vliegtuigen werden vernietigd. Zaloezjny stuurde Tymosjenko een foto van de schade. De landingsbaan lag in puin. Het terminalgebouw was ingestort. *Sorry*, schreef de generaal erbij.

Wekenlang probeerden de Russen het vliegveld in te nemen, waarbij ze de ene colonne na de andere in het dradenkruis van de Oekraïense artillerie duwden. Minstens één Russische generaal en honderden soldaten kwamen om, en de naam van het dichtstbijzijnde dorp, Tsjernobajivka, werd synoniem voor het Oekraïense verzet en een symbool voor het falen van de Russen die niet wilden leren van hun kostbaarste fouten. In een video die op 5 maart werd gepost, kondigde Vitaly Kim aan dat de indringers uit Mykolajiv waren verdreven. 'Ze slaan gewoon op de vlucht,' zei de gouverneur. Maar ze gingen niet ver weg. Ze groeven zich in rond de stad Cherson, op ongeveer 65 kilometer naar het zuidoosten, waarna Russische raketten en artillerie wraak namen voor de nederlaag door de stad te bombarderen waar hun opmars was gestopt. Op 29 maart trof een raket het hoofdkwartier van de regionale regering in Mykolajiv, waarbij minstens eenendertig mensen omkwamen en het kantoor van de gouverneur werd verwoest. Kim was er op dat moment toevallig niet en overleefde de aanval. Toen hij Zelensky in juni meenam om het gebouw te bekijken, huiverde de president bij de omvang van de verwoesting. Het centrale gedeelte was ingestort waardoor er een gapend gat in het midden was ontstaan.

Het spervuur ging maandenlang door. In elke stad die erin slaagde de vijand tegen te houden, van Charkiv in het oosten tot Zaporizja in het zuiden, volgden zware bombardementen, waarbij honderden burgers omkwamen en de Russen de mensen terroriseerden die ze niet hadden kunnen verslaan. Tijdens het bezoek van Zelensky werd Mykolajiv door minstens vier raketten geraakt, en een dag voor zijn komst had een raket een van de grootste fabrieken van de stad getroffen. Toch koos de president ervoor om deze aanvallen niet centraal te stellen in zijn reis naar het zuidelijke front. Hij reikte medailles uit aan degenen die de verdediging van de regio leidden, onder wie gouverneur Kim, en hij keek vooral vooruit naar het proces van wederopbouw en herstel. Hij en Kim spraken over de reparatie van de watertoevoer, die maanden eerder door de Russische bommen was afgesneden. Ze spraken over de oogst in de regio en hoe ze de boeren konden voorzien van voldoende brandstof voor hun combines, voldoende opslag voor hun graan en logistieke routes om dat te vervoeren. Later die dag in Odessa, de stad met de grootste zeehaven van het land, concentreerde Zelensky zich op zijn plan om de export van voedsel te hervatten, waarvoor hij de Russen moest zien te overtuigen dat ze hun blokkade van de scheepvaartroutes door de Zwarte Zee moesten versoepelen. Tijdens de rit terug naar Kyiv stapte hij na middernacht uit zijn privéwagon en nam hij in het gangpad een toespraak op, waar het gerammel van de trein hem dwong zijn stem te verheffen. 'De verliezen zijn aanzienlijk,' zei hij in de camera van zijn telefoon. Rondom Odessa en Mykolajiv 'zijn veel huizen verwoest, is de civiele logistiek tijdelijk niet beschikbaar en is er veel vraag naar maatschappelijke hulpverlening'. Hij had regionale ambtenaren opgedragen om zich niet alleen bezig te houden met defensie, maar ook met herstel, maatschappelijke hulp en steun aan de slachtoffers. 'We gaan absoluut alles wat verwoest is weer opbouwen,' zei hij. 'Rusland heeft niet zo veel raketten als wij mensen hebben die de wil hebben om te overleven.'

Vier maanden na de oorlog waren er ongeveer drie miljoen vluchtelingen vanuit de Europese Unie naar Oekraïne teruggekeerd, wat neerkwam op ruwweg dertigduizend mensen per dag. Zelensky wilde dat ze ten minste licht en verwarming en scholen voor hun kinderen zouden hebben, en een kans om te werken en voor hun gezin te zorgen. De eisen die de oorlog stelde, bevrijdden hem niet van de meer alledaagse verantwoordelijkheden die bij het leiderschap hoorden, en evenmin van zijn bezorgdheid dat zijn volk uiteindelijk geen geduld meer zou hebben en zich tegen hem zou keren. De staat had bij lange na niet genoeg middelen om financiële steun te bieden aan de militairen, wier aantal sinds het begin van de invasie verdrievoudigd was tot meer dan zevenhonderdduizend. De noodzaak om hun salarissen te betalen, om nog maar te zwijgen van hun medische rekeningen, zorgde halverwege de zomer voor een maximale belasting van het nationale budget, en

Zelensky's assistenten begrepen dat het ontbreken van voldoende zorg voor de militairen grote politieke risico's inhield. David Arachamja, een goede vriend van de president en leider van diens partij in het parlement, schatte dat Oekraïne tegen het eind van de oorlog twee miljoen actieve of gepensioneerde militairen zou hebben, wat gelijkstond aan ongeveer 15 procent van de economisch actieve bevolking. 'We zullen niet genoeg geld hebben om ze allemaal tevreden te houden,' zei hij die zomer tegen een forum van militaire veteranen.[257] Als de staat geen manieren kan vinden om hen te steunen, voegde hij eraan toe, 'zullen ze ons tussen zes planken naar buiten dragen, alle ministers, alle politici, de hele regering'.

◆

De dag nadat Zelensky was teruggekeerd van het zuidelijke front, ging ik naar de first lady in haar kantoor, een paar verdiepingen lager. Het was een maandag in juni en de compound voelde rustig aan, veel ingetogener dan het een maand of twee eerder was geweest. Nu het lekkerder weer werd, hadden veel leden van de presidentiële staf vrij genomen om uit te rusten. Het belangrijkste op de agenda van de president voor die dag was een ontmoeting met Ben Stiller, een van de vele Hollywoodsterren die die zomer de bedevaart naar de Bankovastraat zouden maken. Bij de controlepost om binnen te komen leken de soldaten ontspannen, hoewel hun gezichten verhardden toen ik mijn afspraak met Olena noemde. Een hoge officier van de staatsveiligheidsdienst kwam naar beneden om me er vragen over te stellen. De bewakers doorzochten mijn tas met bijzondere aandacht en niets van mijn elektronica mocht in de buurt van de first lady komen.

Op de tweede verdieping staarde haar lijfwacht, de enorme Jaroslav, voorzien van een dolk aan de voorkant van zijn riem, me vanuit de deuropening aan. Zonder hem en de andere aanwezige soldaten zou Olena's suite in de presidentiële compound op een chic ontwerpbureau hebben geleken, met grijze muren en paarsblauwe tapijten, en een duo varens in vazen van gegoten beton. Vanaf een tafel bij de ingang keek haar gezicht me vanaf de covers van verschillende tijdschriften aan: een Frans en een Pools magazine en de Oekraïense editie van *Vogue*. Er was een fotograaf met me meegekomen om haar te portretteren voor de cover van *TIME*, en toen Olena de kamer binnenkwam, leek ze verbaasd dat zijn studioverlichting op haar gericht was. Verschillende assistenten fladderden om haar heen om haar outfit, haar en make-up te doen. Een styliste had voor de foto's een stijlvolle gele blazer voor haar uitgekozen, maar vanaf haar middel was ze gekleed als de oude Olena, de scenarioschrijfster in baggy jeans en plompe schoenen.

Sinds het begin van de invasie had ze voor haar oude filmstudio niet meer aan scripts gewerkt. 'Voor de oorlog kon ik beide doen,' zei ze. 'Nu niet meer.' Het had haar een onnozel gevoel gegeven toen ze het had geprobeerd; ze wilde nu graag praten over haar nieuwe werk, over de projecten die ze had opgezet om Oekraïners te helpen met hun trauma's om te gaan, en waar mogelijk haar man te steunen. Ze hadden haar ideeën om psychologische hulp te bieden aan oorlogsslachtoffers een paar keer besproken, en de president moedigde Olena aan om zich daarvoor in te zetten. Maar de afstand tussen hen tweeën maakte het moeilijk om hem bij haar werk betrokken te houden. Hun ontmoetingen waren te kort en te onregelmatig om hem bij te praten over de kinderen en andere privézaken, laat staan over haar publieke ambities als first lady. 'Hij geeft nooit zijn mening over mijn werk,' zei ze ronduit. 'Hij raakt er niet bij betrokken.'

Olena stelde dus haar eigen agenda op en gebruikte de macht die haar positie met zich meebracht om haar projecten door de bureaucratische rompslomp te loodsen. Zoals veel Oekraïners vond Olena verlichting in het kleine beetje dat ze kon doen om haar land te helpen de oorlog te winnen en het lijden van de slachtoffers te verzachten. Wanhoop openbaarde zich het makkelijkst onder toeschouwers en doemdenkers, terwijl degenen die een vorm van dienstverlening vonden – of dat nu was door zandzakken te vullen of maaltijden te koken voor soldaten bij een controlepost – het konden aanwenden als een manier om rust in hun hoofd te vinden en minder vatbaar te zijn voor de aantrekkingskracht van waanzin en depressie. Aan het begin van de zomer zaten Olena's dagen vol met toespraken, vergaderingen, paneldiscussies en interviews. Ze zette trainingsprogramma's op voor Oekraïense traumatherapeuten en zorgde voor hotlines om hun diensten op grote schaal beschikbaar te maken. De grootste uitdaging was de Oekraïners ervan te overtuigen dat het belangrijk was om psychologische hulp te zoeken. Toen we erover spraken, gebruikte Olena de Engelse term *mental health* omdat het concept moeilijk te omschrijven is in het Oekraïens. 'We hebben een bepaald wantrouwen tegenover termen waar het woord "psycho" in voorkomt,' zei ze. Het woord 'psychotherapie' roept in Oekraïne vaak beelden op van staatsinrichtingen, plaatsen die ontworpen zijn om zieken te isoleren van de maatschappij. Een groot deel van dat stigma, vertelde Zelenska me, heeft zijn wortels in de Sovjet-Unie, waar hele generaties Oekraïners werden opgevoed om met trauma's om te gaan door ze weg te stoppen. De algemene houding, zei ze, was: 'Leer ermee leven, laat het achter je, en als je klaagt ben je zwak.'

In samenwerking met het ministerie van Volksgezondheid begon ze een netwerk van psychologen en therapeuten op te zetten die traumaverwerking aan zowel soldaten als burgers konden bieden. Het ministerie van Volksgezondheid maakte een schatting dat ongeveer een derde deel van de bevolking, oftewel vijftien miljoen mensen, een vorm van geestelijke gezondheidszorg nodig zou hebben. Olena en haar man waren geen uitzondering. 'Je zuigt het in je op,' zei ze over de oorlog. 'Ieder van ons, ikzelf ook, heeft het gevoel dat onze geestelijke toestand niet is wat die zou moeten zijn.' Het is nu vier maanden geleden dat de invasie is begonnen, zei ze, 'en niemand voelt zich echt oké.'[258]

◆

De week nadat Zelensky terugkeerde van zijn reis naar het zuiden richtte hij zijn aandacht weer op zijn politieke agenda in de hoofdstad, waar hij verderging met de oppositie indammen. Het ministerie van

Justitie verbood de politieke partij van Medvedtsjoek zonder meer. De activiteiten van tien andere partijen werden voor de duur van de oorlog opgeschort vanwege hun vermeende banden met Rusland. Zelensky vereffende ook een rekening met zijn vroegere beschermheer, de media- en bankmagnaat Ihor Kolomojsky, wiens Oekraïense staatsburgerschap in juli zonder pardon door de staat werd ingetrokken. Hetzelfde overkwam Hennadi Korban, een belangrijke *power broker* uit de regio Dnipro. Toen Korban het land probeerde binnen te komen, trokken grenswachten zijn paspoort in en weigerden ze hem door te laten. De president reageerde zelfgenoegzaam toen hem werd gevraagd deze beslissing uit te leggen. 'We verlenen staatsburgerschap en we nemen het weer af,' zei hij. 'Het is een doorlopend proces.'[259]

Hartje zomer kregen de leidende politieke clans in Oekraïne genoeg van Zelensky's eigenmachtige optreden. Veel wetgevers begonnen zich langzamerhand af te vragen of hij wel kon omgaan met de bevoegdheden die hem onder de staat van beleg waren toevertrouwd, en of hij er ooit afstand van zou kunnen doen. 'Deze bevoegdheden moeten voorzichtig worden gebruikt,' zei Serhi Taroeta, een prominente industrieel en parlementslid uit Marioepol. 'Ze moeten ons verenigen, niet manipuleren. En ze moeten niet worden gebruikt om politieke tegenstanders te bestrijden.'

Aan de vooravond van de invasie was Taroeta een van de rijke zakenlui geweest die Zelensky in zijn vertrekken hadden opgezocht. Ze waren die avond overeengekomen dat ze een politieke wapenstilstand zouden afkondigen, en de meesten hadden zich daaraan gehouden. De openbare kritiek op de regering was in de eerste weken van de grootscheepse oorlog verstomd. Ongeacht hun eerdere loyaliteit richtten de politici die in Oekraïne waren gebleven zich nu op de nationale defensie. Maar nu was dat bestand verbroken, vertelde Taroeta me, en dat was de schuld van het team van de president. 'Ze zijn bezig hun politieke rivalen te vernietigen,' zei hij. 'Het is krankzinnig.' Onder de staat van beleg had het parlement niet veel macht om de regering om uitleg te vragen. Het bleef achter gesloten deuren opereren en stemde klakkeloos in met de initiatieven die vanuit de Bankovastraat werden gestuurd. Journalisten mochten de plenaire vergaderingen niet bijwonen en zelfs het gebouw niet betreden, maar in hun eigen vergaderingen en beraadslagingen, vertelde Taroeta me, begonnen de wetgevers te mopperen over Zelensky's nalatigheid in aanloop naar de invasie. 'Ze hadden paniek kunnen voorkomen en zich tegelijkertijd kunnen voorbereiden,' zei hij. 'Die dingen sluiten elkaar niet uit.'

Het lot van zijn geboortestad Marioepol zat Taroeta het meest dwars. Aan het begin van de Krimoorlog in 2014 was hij gouverneur geweest van de regio Donetsk, waar Marioepol onder valt, en was hij op de hoogte van de militaire plannen om de stad te verdedigen. Om de opmars van Russische troepen vanuit de Krim tegen te houden, hadden de Oekraïners de smalle landengte die de Krim met het vasteland verbindt volgelegd met mijnen. Daarnaast hadden ze ook explosieven geplaatst rond een brug die over de Straat van Tsjonhar van de Krim naar het noorden leidt. Maar op de ochtend van 24 februari, toen de invasie begon, was geen van deze bommen tot ontploffing gebracht. De brug bleef intact en de gepantserde Russische colonnes konden er gewoon overheen trekken, naar het noorden naar de regio Cherson en vandaar verder naar Marioepol. 'De doorgang bij Tsjonhar was in 2014 al vol mijnen gelegd,' vertelde Taroeta me. 'Waarom hebben ze die niet opgeblazen? Waarom lieten ze hen oversteken?'

Niemand van het leger of de regering was naar voren gekomen om deze rampzalige blunder uit te leggen, en bij de Telemarathon werd het niet uitgebreid besproken. Toen Oleksi Arestovytsj er begin mei naar werd gevraagd, gaf hij een eerlijk maar onbevredigend antwoord: 'We hebben het verkloot.'[260] De president en zijn assistenten beloofden het fiasco te onderzoeken en alle functionarissen te straffen die de Russische opmars door nalatigheid of verraad hadden bespoedigd. In de eerste maanden van de oorlog waren dergelijke beloften genoeg om de roep om verantwoording af te wenden. Maar tegen het midden van de zomer verloren de tegenstanders hun geduld en was het publiek minder geneigd om Zelensky het voordeel van de twijfel te geven. 'Niemand deed iets zolang het de vraag was of we het zouden overleven,' vertelde Arestovytsj. 'Zodra duidelijk was dat we het overleefden, begon dit hele verhaal naar buiten te sijpelen.' Het deed hem denken aan 2014 en 2015, tijdens een eerdere fase van de oorlog, toen de bemiddelde elites in Kyiv hun gekibbel konden voortzetten terwijl de Donbas in brand stond. 'We verliezen opnieuw het gevoel van nationale eenheid,' zei Arestovytsj. 'De politiek is terug.'

Journalisten stelden ook weer vragen aan de machthebbers. Onder de staat van beleg, die het parlement eind april had verlengd, had de overheid het recht de pers te censureren en de ether te controleren. Maar tegen de zomer begonnen verslaggevers zich tegen die beperkingen te verzetten. Tijdens een briefing met Zelensky in juni ter ere van de Nationale Dag van de Journalist kwam de eerste vraag van een verslaggever van Ukrainska Pravda. Hij vroeg de president naar zijn mening over censuur in oorlogstijd. Zijn antwoord maakte duidelijk dat deze zou blijven bestaan zo lang dat nodig was om de oorlog te winnen. 'Het wapen van informatie,' zei hij, 'is heel belangrijk. Jullie zien het in mijn acties en in jullie acties als journalisten. Het is ook belangrijk om dit wapen niet op ons eigen hoofd te richten, maar in de richting van de vijand.' Zelensky ging nog even door en vergeleek journalisten met 'soldaten aan het front' en prees de Telemarathon als een 'verenigd informatiewapen'. Dit was zijn kans om het perskorps op zijn plaats te zetten en hij leek ervan te genieten. Zijn relatie met de media was altijd gespannen geweest. In een beroemde tirade uit 2021, een paar maanden voor de invasie, haalde hij tijdens een briefing op televisie uit naar een van de toonaangevendste Oekraïense journalisten. 'Jij bent een van de destabiliserende factoren van dit land,' zei hij. 'Het is ook aan jou te wijten dat dit gebeurt, dat de boel in ons land voortdurend in het honderd loopt. Dat is dankzij de media!'[261]

Er waren maar weinig nieuwsmedia waar Zelensky zo kregel van werd als Ukrainska Pravda, dat bekendstond om zijn onverschrokken onderzoeken naar oligarchen en de politici die zij in hun macht hadden, maar in de loop der jaren had de website een hoge prijs betaald voor zijn berichtgeving. De oprichter van de site, Heorhi Gongadze, werd in 2000 vermoord. Zijn moordenaars onthoofdden hem, overgoten zijn hoofd met zuur en dumpten het in een bos buiten Kyiv. De toenmalige president van Oekraïne, Leonid Koetsjma, werd ervan beschuldigd opdracht te hebben gegeven voor de moord. Zijn eigen lijfwacht had in Koetsjma's kantoor in de Bankovastraat een heimelijke geluidsopname van de president gemaakt terwijl hij besprak hoe en wanneer Gongadze het zwijgen moest worden opgelegd. Koetsjma ontkende betrokkenheid bij de moord, en in 2011 verwierp de rechter een poging om hem ervoor te vervolgen. Maar de smet op zijn reputatie bleef en de verslaggevers van Ukrainska Pravda bleven door de jaren heen Gongadzes nalatenschap hooghouden.

Toen ik begin juni hun redactieruimte bezocht was die grotendeels verlaten. Slechts een paar bureaus waren bezet door verslaggevers, die opkeken en me met een knikje begroetten voordat ze zich weer op hun beeldschermen richtten. Ze waren net voordat de invasie begon verhuisd naar een nieuw kantoor en hun hoofdredacteur, Sevhil Moesajeva, verontschuldigde zich voor de rommel terwijl ze me rondleidde. Een van de eerste dingen die ze aan de muur had gehangen was een zwartwitportret van haar collega Pavlo Sjeremet, een beroemde columnist die in 2016 bij een autobomaanslag was omgekomen. In een van de verhuisdozen vond ze een oud backgammonbord dat van Gongadze was geweest, waarvan het houten oppervlak was kromgetrokken door ouderdom en overmatig gebruik. In een andere doos vond ze foto's van zijn verminkte lichaam in het mortuarium. 'Ze waren gewoon weggestopt op onze oude plek,' vertelde ze me. 'Nu wonen ze hier bij ons.'

Moesajeva, afkomstig uit de Krim, was nog in de twintig toen ze in 2014 de leiding kreeg van Ukrainska Pravda. Dat was vlak nadat haar thuisregio was geannexeerd door de Russen en de oorlog in de Donbas begon. Als aandachtige luisteraar en onwillige prater droeg ze haar rol met een intensiteit die haar een afstandelijk imago gaven, en ze vermeed de primetimetalkshows waar de bloedigste confrontaties van de Oekraïense politiek zich afspeelden. Toen Zelensky besloot zich kandidaat te stellen voor het presidentschap, bekeek Moesajeva de capriolen van zijn campagne met dezelfde argwaan als ze bij iedere andere presidentskandidaat zou hebben gedaan. Ze zei tegen haar verslaggevers dat ze moesten graven, en dat deden ze, en daarbij namen ze de financiële handel en wandel van Zelensky en zijn gebruik van buitenlandse bankrekeningen onder de loep. Nadat hij de race om het presidentschap had gewonnen, probeerde hij Moesajeva in te lijven door haar een baan als zijn perschef aan te bieden. Ze veranderde haar weigering in een vraag. Als ze het aanbod aannam, vroeg ze aan Zelensky, 'wie zou er dan over u waken?'

Drie jaar later, bij het begin van de invasie, verminderde de spanning in hun relatie enigszins. Ukrainska Pravda nam, net als zijn belangrijkste concurrenten, in het voorjaar van 2022 een pauze van de politieke vuilspuiterij. Moesajeva's nieuwsredactie wilde in een tijd van totale oorlog solidariteit en respect voor de president tonen, en wilde zich richten op de veel dringender zaken omtrent de nationale defensie. Maar al snel deden ze alweer verslag van de ruzies binnen de staf van de president, en dat leverde ze veel vijanden op in de Bankovastraat. Hun gebrekkige anticipatie op de omvang van de invasie en de pogingen om de waarschuwingen die afkomstig waren van het leger te verzwijgen, waren voor Zelensky en zijn team de gevoeligste onderwerpen. Op elke berichtgeving over de spanningen tussen de president en zijn hoogste generaal werd dan ook woedend gereageerd. 'Ze zeggen dat we giftig zijn, dat we alleen maar leugens schrijven,' zei Moesajeva. 'Maar hun conflict met Zaloezjny bestaat wel degelijk. Ze doen alsof we maar één held kunnen hebben, en dat is Zelensky. En niemand anders.'

Een paar weken later, toen er weer genoeg vrienden en collega's naar Kyiv waren teruggekeerd, besloot Moesajeva een verjaardagsfeest te geven in haar appartement in het centrum van Kyiv, en ze nodigde mij ook uit. De gasten waren voornamelijk activisten en verslaggevers. De meeste hadden elkaar in geen maanden gezien en het duurde even voordat ze gewend waren aan de feestelijke sfeer. Het wazige licht dat door de ramen naar binnen viel, de rinkelende glazen en de boeketten; het voelde allemaal als een halfvergeten droom, en te sereen om te kunnen bestaan binnen de nachtmerrie van de oorlog.

Sommigen van de gasten waren nieuwerwetse militaire veteranen die zich hadden aangemeld om te vechten toen de invasie begon. Enkele kwamen in uniform naar het feest. Een van de aanwezigen, een schrijver, droeg een pistool aan zijn riem. Hij zei dat hij de week ervoor was teruggekeerd van het front, en na zijn derde of vierde glas whisky sloot hij zijn ogen en beschreef hij hoe hij bijna gedood was door Russisch granaatvuur, dat hij zich had willen ingraven toen de grond onder zijn buik omhoog kwam en hem, telkens als er een mortier dichtbij insloeg, in de lucht wierp. Verscheidene van zijn kameraden waren gedood. Toen het spervuur afnam, stonden de anderen op en bleven ze in de richting van de Russische stellingen rennen. 'Het is een hel,' zei hij, terwijl hij de zonovergoten kamer rondkeek. 'En niemand hier weet ervan. Niemand weet hoe het echt is.' Hij deed zijn ogen weer dicht. 'Het is heel moeilijk om daarvan terug te keren en jullie wijn te zien drinken. Maar dan denk ik: dit is waar we voor vechten – dat dit leven kan bestaan.'

Buiten op het balkon stonden twee jonge mannen e-sigaretten te roken en de fijne kneepjes van Russische artilleriesystemen te bespreken, op een toon die hipsters in Brooklyn mogelijk ook gebruiken om over de stijgende huur of parkeerproblemen te praten. De explosieve kracht van een Kalibr-raket, het feit dat hypersonische munitie geen geluid maakt voordat ze inslaat: dit was die zomer onder millennials in Kyiv hetzelfde als praten over koetjes en kalfjes. Het enige onderwerp dat meer aandacht kreeg was politiek, waarbij de aanwezigen Zelensky niet konden luchten of zien. Tussen het beantwoorden van de deurbel en het toosten door stelde Moesajeva me voor aan een van haar vrienden en collega-journalisten. Het was Miroslava Gongadze, de weduwe van de oprichter van Ukrainska Pravda. Maandenlang had ze bij de president aangedrongen op een interview, en net als honderden anderen was ze genegeerd. 'Wees niet te aardig voor hem,' zei Gongadze tegen me. 'Je weet niet wat er van hem gaat worden.'

20

Onafhankelijkheidsdag

In de eerste maanden van de invasie zag het Oekraïense volk generaal Zaloezjny niet vaak. Hij was opvallend afwezig bij de Telemarathon. Als hij verscheen was dat meestal in beelden die viraal gingen op sociale media: de generaal knielend naast de kist bij de begrafenis van een soldaat, als ceremoniemeester bij het huwelijk van een militair, staand met zijn troepen bij een controlepost. Fanpagina's die aan hem waren gewijd hadden honderdduizenden volgers. In krantenkoppen werd hij de IJzeren Generaal genoemd. Mensen zetten zijn beeltenis op T-shirts om ze als souvenirs te verkopen. Tijdens het enige interview dat hij voorafgaand aan de invasie in september 2021 gaf, toonde hij niets van de machtshonger waarvan sommige functionarissen rond de president hem verdachten. Integendeel, hij leek ineen te krimpen onder het verblindende licht van de camera's, alsof hij verlegen was met zijn grote gestalte. Het verbaasde me dan ook te horen dat de IJzeren Generaal, vijf maanden na de invasie, wilde praten.

De uitnodiging kwam van zijn naaste adviseur, Oleksi Noskov, die ik had ontmoet tijdens mijn reis met president Zelensky naar de Donbas een jaar eerder. Noskov, een kolonel met een slank postuur en een sombere inborst, was niet het type voor zware gevechten. Binnen de generale staf deed hij zijn werk van achter zijn bureau, en hij was gespecialiseerd in informatieoorlogen en psychologische oorlogvoering. Hij was ook verantwoordelijk voor Zaloezjny's publieke imago, zijn accounts op sociale media en zijn interviews, en hij had er bij zijn baas op aangedrongen om diens publieke profiel uit te breiden; Noskov geloofde dat publiciteit als een schild kon dienen tegen pogingen om Zaloezjny op een zijspoor te zetten of te ontslaan. Maandenlang, zei Noskov, had de staf van de president er bij de commandant op aangedrongen niet officieel met de pers te praten. Pas in de zomer zwichtten ze en vroeg Noskov me voor een interview naar een hotel in het centrum van Kyiv te komen. De plek had geen zichtbare connectie met de strijdkrachten; er waren geen militaire voertuigen of geüniformeerd personeel, alleen een klusjesman die in de brandende zon aan de rand van de parkeerplaats iets aan het repareren was toen ik aankwam. De bewakers keken me met grote ogen aan en renden terug naar hun hokje toen ik zei dat ik voor Zaloezjny kwam. Was ik bij het verkeerde adres? Na een paar minuten verscheen Noskov met een pistool op zijn heup en zei dat ze me moesten doorlaten. 'Je hebt daar echt paniek veroorzaakt,' zei hij tegen me. 'Niemand mag weten dat Zaloezjny hier woont.'

Al snel verscheen de commandant aan de rand van de parkeerplaats, en hij kwam in korte broek en gympen op ons afstappen. Zijn T-shirt zag eruit als de shirts in de kraampjes met snuisterijen in Kyiv. Het toonde de Moskva, de trots van de Russische marine, zinkend in de Zwarte Zee, en de onsterfelijke zin 'Russian warship, go fuck yourself'. De generaal had een badgehouder aan een koordje om zijn nek hangen met daarin een afbeelding van een pistool, een SIG Sauer M17. Was dat een wapenvergunning? Waarom zou een generaal midden in een oorlog een wapenvergunning nodig hebben? 'O, dat is om mijn kamersleutel in te bewaren,' zei hij met een glimlach. 'Ik ben hem zo vaak kwijtgeraakt dat mijn vrouw me dit heeft gegeven.'

Zijn vrouw? Woonde ze bij hem? Opnieuw glimlachte Zaloezjny. Tegen het einde van de lente, rond de tijd dat zijn manschappen de regio Kyiv hadden bevrijd, was hij uit de bunker onder het ministerie van Defensie verhuisd en herenigd met zijn wederhelft. Het was te gevaarlijk voor hen om thuis te wonen, dus hadden ze hun intrek genomen in een door het leger gevorderd hotel. Het hotel had geen goede schuilkelder, maar de bediening was goed. Obers brachten ons een paar blikjes cola en een schaal met fruit. Af en toe stopte Zaloezjny een felgele e-sigaret tussen zijn lippen en nam een trekje. Het leek hem te helpen zijn gedachten te ordenen.

'Ik ga dit allemaal één keer vertellen,' zei hij, 'en daarna vertel ik het nooit meer.' Een van zijn meer veelzeggende verhalen speelde zich af in de zomer van 2020, ongeveer een jaar voordat de president hem koos om het leger te leiden. In augustus van dat jaar organiseerde Zaloezjny een reeks militaire oefeningen in het zuiden van Oekraïne en Zelensky vloog erheen om ze te observeren. Het doel van de oefeningen was om te laten zien dat Oekraïne in staat zou zijn om een Russische aanval vanuit het zuiden af te slaan, precies het soort aanval dat ongeveer anderhalf jaar later zou plaatsvinden.

De eerste stop tijdens de tour was Slangeneiland, een dor eilandje in de Zwarte Zee waar Oekraïne een kazerne en een radarstation had om de bewegingen van de Russische marine te observeren, en het bood een inspiratieloze aanblik. Oekraïne had niet langer een zeemacht om mee voor de dag te komen. Bijna alle oorlogsschepen van het land waren gestationeerd geweest op de Krim en waren in 2014 door de Russen in beslag genomen, samen met de rest van het schiereiland. Wat overbleef was een nogal gammele vloot van patrouilleboten en helikopters; Zelensky bekeek die met een verrekijker, met Zaloezjny aan zijn zijde. Daarna brachten helikopters hen vanaf Slangeneiland naar een veel grotere basis in de regio Mykolajiv, waar de generaal een reeks tank- en infanteriemanoeuvres had voorbereid. Ze begonnen goed ondanks de hitte, die die dag slopend was, vooral voor de soldaten die in kogelwerende vesten moesten rondlopen.

Zaloezjny wilde testen of ze in staat waren om een offensief tegen de Russen te beginnen – niet alleen om grondgebied te behouden, maar ook om het terug te winnen. Hij wilde ook de hervormingen in het leger laten zien. Het doel van die hervormingen, legde hij uit, was om de Oekraïense strijdkrachten effectiever te laten reageren op verrassingen op het slagveld, door onderling te communiceren en elkaar te steunen, in plaats van alleen maar te wachten op orders van hogerhand. Om dat te bereiken moesten de strijdkrachten zich radicaal ontdoen van de commandostructuur die nog uit het Rode Leger stamde, toen alle belangrijke beslissingen in Moskou werden genomen en bekendgemaakt. Zaloezjny vertelde met verve over de noodzaak om dat systeem overboord te gooien. Als reactie op veranderingen op het slagveld, zo stelde hij, moeten officieren ter plaatse de vrijheid en het vertrouwen hebben om zelf beslissingen te nemen. De Amerikanen en andere westerse bondgenoten pleitten al jaren voor deze hervormingen, die Oekraïne dichter bij de normen van het NAVO-bondgenootschap zouden hebben gebracht. Maar de generaals in Kyiv boden felle weerstand. Alle oudere kaderleden waren opgegroeid in het Sovjetleger en zij zagen de veranderingen als een bedreiging voor hun gezag en de discipline binnen hun gelederen. 'Het was een helse klus,' herinnerde Zaloezjny zich van die periode. 'Het hele controlesysteem van de Sovjet-Unie moest omvergeworpen worden.'

Toen Zelensky aantrad was hij zich nauwelijks bewust van deze hervormingen, en Zaloezjny probeerde de president niet te overladen met te veel details. 'Dat is een gewoonte van me,' zei Zaloezjny. 'Mijn vrouw verwijt het me vaak. Ze zegt dat het net is alsof ik drie manieren heb om iets uit te leggen: één voor normale mensen, een tweede voor mensen die geen idee hebben waar ik het over heb en een derde voor imbecielen.'

De generaal begreep dat Zelensky vanaf het observatiedek via een verrekijker de nuances van de oefeningen moeilijk kon volgen. Het kostte nogal wat tijd om ze uit te voeren, maar de staf van de president, die een groep verslaggevers had uitgenodigd om de oefeningen te verslaan, verwachtte een betere demonstratie. Amerikaanse en Europese militair adviseurs waren voor de gelegenheid ook overgevlogen en stonden samen met de entourage van de president op het observatiedek. Om het evenement wat indrukwekkender te maken, vroegen ze Zaloezjny om op het laatste moment nog een wijziging in het programma aan te brengen: een demonstratie van de Javelin-raket. Hij stemde toe, zij het met tegenzin.

De Javelins, een Amerikaans wapen met een prijskaartje van ongeveer een kwart miljoen dollar per stuk, waren het symbool geworden van de Amerikaanse steun aan Oekraïne. De regering-Obama had jarenlang geweigerd deze antitankwapens te leveren, uit angst voor een escalatiespiraal met de Russen. Maar in 2017, onder president Trump, verscheepten de VS eindelijk een aantal Javelins naar Oekraïne. Ze zagen eruit als lompe, hightech bazooka's, met een geleidingssysteem dat zo geavanceerd was dat het promotiemateriaal voor soldaten die ermee moesten werken sprak van *fire and forget*. Maar de slogan was misleidend. Dit waren geen eenvoudige wapens om te gebruiken en er waren maar weinig Oekraïners die er ooit mee hadden getraind. Zaloezjny was er niet gerust op dat hij ze ten tonele moest voeren.

'Het was niet mijn idee,' zei hij tegen me. 'En het werkte niet.' Toen de marinier het vizier instelde en de computer opdracht gaf om te vuren, gebeurde er niets. Het observatiedek viel stil. De raket was een blindganger, of misschien was de soldaat niet getraind om hem te gebruiken. In elk geval keken Zelensky en de rest van de mannen op de tribune naar Zaloezjny. 'Vervolgens bogen ze hun hoofd, draaiden zich om en liepen weg.' Het incident overschaduwde de tot dan toe prima prestatie van de soldaten, die allemaal hun best hadden gedaan in de verzengende hitte. Toen de oefeningen die middag waren afgelopen, daalde de presidentiële entourage van het observatiedek af naar beneden en ging men naar de eetzaal voor een lunch van boekweit en kipfricassee. Voor Zaloezjny voelde hun zwijgen erger dan welke berisping ook. 'Voor mij betekende het: je deugt niet, pak je spullen en verdwijn.' Hij was er zeker van dat hij bij de staf van de president voor altijd bekend zou staan als 'de loser met de defecte Javelins'.

Het verhaal dat hij als een amusante anekdote uit een ver verleden zonder boosheid vertelde, leek kenmerkend voor een veelvoorkomende frustratie in zijn ervaring als commandant. Zaloezjny maakte duidelijk dat politici en generaals geen geweldige partners zijn. Ze begrijpen elkaar zelden en ze kunnen het best met elkaar opschieten als ze elkaar niet in de weg lopen. Zaloezjny zag Zelensky als de belichaming van de staat, en hij respecteerde de moed en het leiderschap van de president toen de invasie eenmaal begon. 'Hij is de opperbevelhebber en voor mij is dat een symbool, een baas.' Maar het leger functioneerde het best onder leiding van professionals en het had geen zin om te proberen de president te leren hoe hij de strijdkrachten moest leiden. 'Hij hoeft net zomin verstand te hebben van militaire zaken als van medicijnen of bruggen bouwen,' zei Zaloezjny.[262]

Naarmate de invasie dichterbij kwam, werden de stafleden van de president meer betrokken bij het militair ingrijpen. Ze drongen er bij Zaloezjny op aan om geen onrust te zaaien onder het publiek en hij vroeg al snel geen toestemming meer voor de stappen die hij nodig achtte. Hij informeerde de president niet over de details van zijn voorbereidingen op de oorlog. Afgezien van de behoefte aan geheimhouding, was de generaal bang dat Zelensky en zijn team zich ermee zouden bemoeien en de boel in de war zouden sturen, een beetje zoals ze hadden gedaan tijdens die oefeningen in 2020.

Toen de invasie eenmaal was begonnen, werkte hun relatie het best als Zelensky zich bij zijn eigen specialiteiten hield: massacommunicatie, buitenlandse zaken en bondgenoten overtuigen om de wapens te leveren die Oekraïne nodig had. Maar toen de aanvankelijke paniek in Kyiv wegebde en de Russen zich terugtrokken, kreeg Zelensky meer zelfvertrouwen. Hij stelde zijn eigen militaire prioriteiten en die lagen niet altijd op één lijn met die van de generaal. Al snel werd de kloof tussen de twee mannen groter en botsten ze steeds vaker.

◆

Eind juni, een paar weken na mijn interview met generaal Zaloezjny, leverden de VS een krachtig nieuw wapen aan de strijdkrachten die onder zijn bevel stonden. De High Mobility Artillery Rocket Systems, beter bekend als HIMARS, zouden het bereik en de ambitie van het

Oekraïense leger enorm vergroten en de krachtsverhoudingen in de oorlog verschuiven. Deze raketten, die achter op vrachtwagens van het Amerikaanse leger waren gemonteerd, hadden een bescheiden laadvermogen maar een opmerkelijke nauwkeurigheid. Ze waren in staat om een geparkeerde auto of een bijgebouwtje op honderden kilometers afstand te raken.

In combinatie met nieuwe informatie van Amerikaanse militaire satellieten zouden deze wapens paniek kunnen zaaien onder de Russische manschappen en ver achter de frontlinies aanvallen kunnen uitvoeren op hun kazernes, commandocentra, brandstofdepots en munitieopslagplaatsen. 'Met deze satellieten kunnen we zien wat de vijand verbergt,' vertelde Oleksi Reznikov, de minister van Defensie me. 'Met de HIMARS kunnen we dat vernietigen.' Bij de eerste aanval met dit wapen in Oekraïne, eind juni, waren maar liefst veertig Russische soldaten gedood. Deze aanvallen, die meestal in het holst van de nacht werden uitgevoerd, werden al snel routine en markeerden een nieuw level van Amerikaanse betrokkenheid bij de oorlog. De Amerikanen verstrekten nu zowel de precieze locatie van Russische doelen als de langeafstandswapens om ze te vernietigen.

Voor president Joe Biden was deze regeling lastig te verteren geweest. Hij wilde een escalatie vermijden waardoor NAVO-strijdkrachten in een rechtstreeks conflict met Russische troepen zouden kunnen raken, en het kostte weken van debat en getouwtrek binnen het Witte Huis om hem ervan te overtuigen dat de waarde van de levering van HIMARS aan Oekraïne opwoog tegen de risico's. Generaal Milley trad op als bemiddelaar in deze discussies en drong er bij Biden op aan de leveringen zo snel mogelijk goed te keuren, terwijl hij de Oekraïners ook vroeg geduldig te zijn. Milley vond het Oekraïense verlanglijstje voor wapens vaak fantasierijk, en hij zei dat ze hun eisen binnen wat hij het 'realiteitskader' noemde moesten houden. Als ze te veel van het Witte Huis zouden vragen, zou de relatie alleen maar onder druk komen te staan.

Maar Zelensky vond het moeilijk om zich in te houden. Tijdens een telefoongesprek op 15 juni, ongeveer twee weken nadat de VS de beslissing bekendmaakten om HIMARS naar Oekraïne te sturen, was Zelensky nog maar nauwelijks klaar met Biden bedanken voordat hij meteen een nieuwe opsomming gaf van de wapens die de VS nog moesten leveren. Biden verloor naar verluidt zijn geduld met Zelensky.[263] Hij had net daarvoor een pakket militaire hulp aan Oekraïne ter waarde van 1 miljard dollar goedgekeurd, het grootste pakket sinds de invasie, en in plaats van een momentje in te lassen om zijn erkentelijkheid te betuigen voor de Amerikaanse vrijgevigheid, bleef de Oekraïense leider aandringen op meer. In een ontmoeting met verslaggevers klaagde een Amerikaanse diplomaat dat Zelensky minder waardering toonde voor Biden dan voor andere leiders, zoals Boris Johnson, de Britse premier, wiens regering veel minder hulp verleende.

In de context van de oorlog waren dat soort spanningen kleinzielig en ze leidden niet tot een blijvende breuk tussen Kyiv en Washington. Beide partijen waren vastbesloten om de Russen te verslaan. In een poging om de verdediging van de bezetters in het zuiden en oosten van Oekraïne te verzwakken, regende het de hele maand juli geleide raketten op Russische bases, kazernes, commandoposten en munitieopslagplaatsen. Het leiderschap in Kyiv vierde deze aanvallen met spottende posts op sociale media. Als de avond viel in Kyiv, verspreidde het ministerie van Defensie vaak de volgende mededeling: 'It's HIMARS o'clock.' Andri Jermak vermeldde de aanvallen liever met een emoji van een raket op zijn Twitter-feed.

De raketten vlogen in beide richtingen, en naarmate de Russische verliezen in het oosten toenamen, koelden hun commandanten hun woede op onschuldige burgers. Op 14 juli trof een kruisraket die werd afgevuurd vanaf een Russische onderzeeër in de Zwarte Zee, het centrum van Vinnytsja, een regionale hoofdstad in centraal Oekraïne, waarbij ten minste achtentwintig mensen omkwamen en meer dan tweehonderd andere gewond raakten. Onder de slachtoffers bevond zich een vierjarig meisje genaamd Liza Dmitrjeva; ze werd gedood terwijl haar moeder met haar in een wandelwagen op de stoep liep. Beelden van haar lichaampje verspreidden zich die dag via sociale media en bereikten tegen de avond het kantoor van Olena Zelenska, op de tweede verdieping van de presidentiële compound. Ze was die dag druk bezig met de voorbereidingen voor een bezoek aan Washington en ze besloot Liza's verhaal daarin mee te nemen.

Zolang haar man niet naar het buitenland kon reizen, besefte Olena, was haar waardevolste rol in de regering die van pleitbezorger op het wereldtoneel, en niet alleen voor Zelensky maar voor alle Oekraïense slachtoffers van de invasie. Ze maakte zich nog steeds zorgen dat een of andere verkeerde manoeuvre het land in verlegenheid zou kunnen brengen en zijn aanzien in de wereld zou kunnen schaden, maar de angst om zichzelf in verlegenheid te brengen was voorbij. 'De oorlog heeft die tenietgedaan,' vertelde ze me. 'Ik maak me geen zorgen meer om mezelf.' Om veiligheidsredenen namen zij en haar team een lijnvlucht naar Washington, in de hoop op te gaan in de menigte van gewone reizigers. Maar tijdens hun overstap kondigde de luchtvaartmaatschappij aan dat de vlucht overboekt was en dat ze de volgende dag een andere vlucht zouden moeten nemen. 'We konden geen herrie schoppen,' herinnert ze zich. 'We hadden het bezoek niet van tevoren aangekondigd. Dat mocht niet.' Olena's veiligheidsagenten gaven haar assistent toestemming om het personeel van de luchtvaartmaatschappij te vertellen dat hun passagier de first lady van Oekraïne was, een land in oorlog, en dat ze op weg was naar president Biden. Vervolgens mochten er drie extra passagiers aan boord: Olena, haar bodyguard en een van haar assistenten. Vanaf dat moment verliep alles soepel, zei ze, 'alsof alle puzzelstukjes in elkaar pasten'.

Toen ze in het Witte Huis aankwam, doorbrak Jill Biden het officiële protocol met een reeks vriendschappelijke gebaren – een knuffel, een bemoedigende aanraking – die Olena het gevoel gaven dat ze op bezoek was bij vrienden. Het was de eerste keer sinds mensenheugenis dat een president van de vs de first lady van een ander land in het Oval Office ontving. Later die dag werd ze uitgenodigd om een gezamenlijke zitting van het Congres toe te spreken, nog een primeur voor de vrouw van een buitenlandse president. Het schrijven van de toespraak, in overleg met Zelensky en de hoogste diplomaten van Oekraïne, had uren geduurd, en zij moedigden haar aan om de stijlfiguren die verwacht worden in de toespraak van een first lady te doorbreken en de geboden kans ten volle te benutten. 'Ik had het misschien over bloemen en baby's willen hebben,' grapte ze. 'Maar nee.'

Ze had haar halve leven besteed aan het schrijven van de scripts voor haar man. Nu ging ze een toespraak houden waarbij ze zijn nieuwe persoonlijkheid in bepaalde banen moest leiden, een toespraak over de oorlog en al zijn verschrikkingen, de Russische poging om hun land te vernietigen en de wapens die ze nodig hadden om in leven te blijven. Toen ze haar speech in het vliegtuig en in haar hotelkamer in Washington had doorgelezen, had ze bij verschillende onderdelen haar tranen moeten bedwingen, vooral bij het verhaal over het meisje Liza. Maar toen het moment daar was om te spreken, bracht ze het perfect. Met beelden geprojecteerd op een scherm achter zich, sprak Olena over de kinderen die door Russische bommen waren gedood of ledematen hadden verloren, over een gezin dat in hun auto was doodgeschoten door Russische soldaten terwijl ze probeerden het gebied te verlaten. Vervolgens vroeg ze om hulp met dezelfde directheid die de wereld van haar man gewend was. 'Ik vraag om wapens,' zei ze. 'Ik vraag om luchtverdedigingssystemen, zodat raketten geen kinderen in een wandelwagen meer kunnen doden.'

De felle lichten op het podium maakten het moeilijk voor haar om het publiek te zien, maar ze kon de reactie van de wetgevers op de voorste rijen horen toen ze stonden te applaudisseren en naar haar toe kwamen om haar de hand te schudden. 'Ik zag tranen in de ogen van die respectabele mannen in hun dure pakken,' vertelde ze. 'En ze deden niet alsof.' Toen ze terugkwam in Kyiv, zeiden haar vrienden en collega's in de Bankovastraat tegen haar dat de toespraak een enorm succes was. Alleen Zelensky hield zich in, alsof hij de waarde van haar reis naar Washington nog niet goed kon inschatten. 'Hij bedankte me in vrij droge bewoordingen,' zei Olena, 'met de opmerking: "Oké, het lijkt erop dat alles goed is gegaan."'

Zijn reactie had niets te maken met haar optreden in Washington. Olena had in haar toespraak elk belangrijk onderdeel en elke boodschap waar ze samen aan hadden gewerkt ter sprake gebracht. Maar de president en zijn team hadden halverwege de zomer besloten dat hun diplomatieke strategie op haar einde liep. Hun beroep op gemeenschappelijke waarden met het Westen, op de verontwaardiging van de wereld over de Russische wreedheden, was beperkt gebleven tot het regelen van wapens en financiële hulp.

Sommige Europese leiders, zoals premier Viktor Orban van Hongarije, stelden dat militaire hulp aan Oekraïne het conflict eerder aanwakkerde dan oploste. 'De Oekraïners zullen niet als overwinnaars uit de strijd komen,' zei Orban eind juli in een toespraak.[264] De Russen, voegde hij eraan toe, hadden een 'asymmetrische dominantie' die zelfs niet met een infuus van westerse wapens viel te overwinnen. Zelensky wist dat als dergelijke ideeën bij de NAVO-leden zouden postvatten, hij moest laten zien dat Oekraïne in staat was te winnen en de Russen terug te dringen, en het door hen bezette gebied terug te winnen – dat was de beste manier om die opvatting te weerleggen. 'Hoe cynisch het ook klinkt,' vertelde de president me, 'iedereen wil aan de kant van de winnaar staan. Natuurlijk is het waar dat Amerika Oekraïne steunt vanwege onze gedeelde waarden, maar die steun begint af te zwakken als ze geen resultaten zien.'

En die resultaten konden maar in één vorm manifesteren: een tegenaanval. In samenwerking met hun naaste NAVO-bondgenoten maakten generaal Zaloezjny en zijn collega-commandanten een afweging tussen de reeks opties met de verschillende kansen op positieve resultaten en risico's. In een serie virtuele oorlogsgames werkten ze de ontwikkelingen uit van de verschillende aanvalslinies op het slagveld en stelden ze vast welke wapens Oekraïne nodig zou hebben om door de Russische verdedigingslinies te kunnen breken. Begin juli, toen er begonnen werd om met HIMARS Russische commandoposten en munitieopslagplaatsen te bombarderen, kregen Zelensky en zijn team genoeg vertrouwen in de krachtsverhoudingen om een offensief aan te kondigen. Het doel, zeiden ze, zou de bevrijding van Zuid-Oekraïne zijn en ze riepen burgers op het gebied te verlaten.

Generaal Zaloezjny, die de leiding had over de operatie, wilde de tijd nemen, wapens opslaan en troepen voorbereiden op een grootscheepse zuidwaartse aanval die de achterhoede van de Russische bezetters moest breken. Hij wilde eerst de steden Cherson en Melitopol bevrijden voordat hij dieper in het gebied, tot aan de rand van de Krim, wilde aanvallen. De missie, zo stelde hij, zou geheimhouding en zorgvuldige planning vereisen, maar de staf van de president wilde snel handelen. Uit gegevens van Amerikaanse satellieten bleek dat de Russische posities het zwakst waren in het noordoosten, aan de andere kant van het front, rond de stad Charkiv. Nadat Zelensky was begonnen te waarschuwen voor een dreigend offensief in het zuiden, hadden de Russen veel van hun soldaten uit dat gebied weggetrokken. Maar Zaloezjny weerstond de verleiding om de regio rond Charkiv aan te vallen. Hoewel het een gemakkelijker doelwit was, zei de generaal dat de strategische waarde verbleekte in vergelijking met wat hij met het offensief wilde bereiken. Hij maakte zich ook zorgen over de mogelijkheid om de noordoostelijke regio's, die aan de Russische grens liggen, te behouden. 'Het probleem met Charkiv is dat we dan tot aan de grens oprukken, en wat doen we dan? We zijn onbeschermd,' zei kolonel Noskov. 'Ze kunnen vanaf de andere kant van de grens zo op ons schieten.'

Hoe zouden de Oekraïners dan reageren? Zouden ze terugschieten? Zouden ze overgaan tot een inval in Rusland zelf? In dit opzicht waren hun handen gebonden. Als voorwaarde voor het leveren van geavanceerde wapens aan Oekraïne, stonden de VS erop dat die systemen niet zouden worden gebruikt om ermee op Russisch grondgebied te schieten. Rond Charkiv zou generaal Zaloezjny de winnende tactiek van de slag om Kyiv niet kunnen herhalen, omdat de indringers hun aanvoerlijnen niet hoefden te verlengen en kwetsbaar zouden maken. Ze konden Oekraïense stellingen vanaf de Russische kant van de grens bestoken en daardoor zou het voor Oekraïne moeilijk worden om het grondgebied dat ze in het noordoosten misschien zouden bevrijden vervolgens ook in handen te houden.

Zaloezjny bleef zich daarom op de operatie in het zuiden richten en hij leek de steun te hebben van de westerse bondgenoten van Oekraïne. In plaats van een nepstrategie naar de Amerikanen te sturen, zoals hij voor de invasie in februari had gedaan, deelden Zaloezjny en zijn team hun plannen voor een tegenoffensief met generaal Milley en andere hoge bevelhebbers in de VS en Europa. 'De partners uitten de wens om deel te nemen aan deze succesvolle campagne,' zei Oleksi Reznikov, de minister van Defensie. 'Ze zeiden: geef ons inzicht in hoe jullie willen aanvallen, en wij laten jullie weten welke hulp we kunnen bieden en welke wapens effectief zouden kunnen zijn.'

Het vermogen van de HIMARS om Russische bases en munitiedepots ver achter de vijandelijke linies te raken, bleek van cruciaal belang bij de voorbereiding op het tegenoffensief. Een van hun belangrijkste doelen was de Antonovskibrug, een vitale bevoorradingslijn voor de Russische troepen in het zuiden. Tegen eind juli hadden precisieaanvallen genoeg gaten in de brug geslagen om hem onbegaanbaar te maken, waardoor de Russen afhankelijk waren van drijvende pontonbruggen en veerboten om hun troepen in Cherson van voedsel en munitie te voorzien. Reznikov vertelde me dat deze aanvallen bedoeld waren om de Russische troepen aan het zuidelijke front te isoleren en de weg te bereiden voor hun omsingeling. Maar zelfs toen hadden de Oekraïners nog geen besluit genomen over een eventuele aanval. 'We wogen onze opties af,' zei Reznikov. 'Gaan we het redden? Hebben we genoeg tijd om de verdediging op te bouwen?'

Het debat werd heftiger naarmate de Russische opmars in de Donbas voortschreed en daardoor waren de Oekraïners gedwongen meer grondgebied op te geven. Begin juli kregen de indringers volledige controle over de oostelijke regio Loehansk. Het Kremlin vierde het als een grote overwinning en Vladimir Poetin reikte medailles uit aan de commandanten die bij het offensief betrokken waren geweest. Hij zei dat ze moesten uitrusten en zich moesten voorbereiden op een verdere opmars in de Donbas. Deze tegenslagen baarden generaal Zaloezjny zorgen, en in zijn dagelijkse telefoongesprekken met de president werd zijn verzoek om wapens steeds wanhopiger. 'Hij stelt de vragen,' zei Noskov, die deelnam aan die gesprekken. 'Wanneer krijgen we de munitie? Er sterven elke dag mensen. Ze kunnen niet terugschieten, dus trekken ze zich terug. En uiteindelijk verliezen we grondgebied. Waar zijn de kanonnen? Waar zijn de granaten? Waar is de munitie?'

Hoewel de aanvoer van HIMARS en andere geavanceerde wapens uit het Westen de positie van Oekraïne had verbeterd, arriveerden ze te langzaam aan het front en waren het er te weinig om de niet-aflatende golven van inkomend vuur te beantwoorden. De Russen bleven wel zestigduizend granaten per dag afvuren. Langs een frontlijn van meer dan tweeduizend kilometer hadden ze genoeg kanonnen om er om de paar honderd meter een te plaatsen, terwijl Oekraïne er om de paar kilometer een kon plaatsen. Generaal Zaloezjny deed er alles aan om de gaten op te vullen. Hij drong er bij de president en het ministerie van Defensie op aan om meer voorraden wapens uit het Sovjettijdperk aan te schaffen in plaats van te wachten op het chiquere materieel van de NAVO. In de lente richtte Zaloezjny zelfs zijn eigen liefdadigheidsstichting op om deze wapens te helpen financieren. 'De behoeften van het leger voor de gevechten in deze oorlog zijn enorm,' schreef de generaal in zijn openbare oproep voor donaties aan het fonds.

De presidentiële staf had zijn bedenkingen bij het initiatief. Zelensky en zijn directe medewerkers hadden het tot hun missie gemaakt geld en wapens te werven bij buitenlandse donoren. Waarom zou de bevelhebber van de strijdkrachten besluiten om zelf fondsen te gaan werven? Had hij nog niet genoeg te doen? Voor sommige functionarissen in de Bankovastraat leek het een teken dat Zaloezjny politieke ambities had, maar de generaal distantieerde zich ervan nadat Zelensky United24 had opgericht, een aparte stichting om fondsen te werven voor het leger. Afgezien van dit incident zag het publiek geen teken van de oplopende spanningen tussen hun president en hun hoogste militaire bevelhebber. Beide mannen bleven hameren op de kracht van hun relatie, maar heimelijk stond de generaal onder toenemende druk om met de middelen die hij had resultaten te behalen. Toen Zelensky en zijn assistenten te snel met het tegenoffensief wilden beginnen, antwoordde Zaloezjny: waarmee? 'We hebben honderd kanonnen die in reparatie zijn en dus niet gebruikt kunnen worden.' Dat zei Noskov tegen me tijdens een diner, midden augustus. 'Waarmee moet hij aanvallen? Stel dat hij in de aanval gaat en verliezen lijdt? Ze zullen zeggen dat hij het niet kan.'

Maar de tijd drong. Omdat de Russen hun troepen verplaatsten om het zuiden te verdedigen, moest Oekraïne steeds meer manschappen en wapens verzamelen voor een grootscheepse aanval in die regio, waardoor hun offensief nog meer vertraging opliep. Tegen het einde van de zomer weigerde de president nog langer te wachten. Als de omstandigheden niet goed waren voor een doorbraak in het zuiden, dan wilde Zelensky het noordoosten aanvallen, waar Oekraïne kon laten zien dat het in staat was om de Russen terug te dringen. In een reeks strategische sessies drong hij er bij zijn hoogste generaals op aan om de aanval in de richting van Charkiv in te zetten. Zaloezjny weigerde. 'Hij wilde niet aanvallen waar we konden,' vertelde Noskov me, 'maar waar we zouden moeten.'

◆

Naarmate het debat zich voortsleepte, zocht de president naar agressievere manieren om te laten zien dat Oekraïne in staat was om toe te slaan. De resultaten speelden zich ver van het oorlogsgebied af, op een clandestien front waar Oekraïne de Russen aanzienlijke schade kon toebrengen met de bescheiden wapens die het tot zijn beschikking had. De man die de leiding had over deze strategie was de jongste generaal van Oekraïne, Kyrylo Boedanov, de zevendertigjarige commandant van de militaire inlichtingendienst die bekendstaat als de GUR. Boedanov, een commando van de speciale strijdkrachten die hoofd van de spionageafdeling was geworden, was een opvallende figuur met zijn regelmatige televisieoptredens, waarin hij vage dreigementen uitte en duistere hints gaf over zijn plannen. 'We hebben Russen gedood,' zei hij ooit opschepperig, 'en we zullen Russen waar ook ter wereld blijven doden, totdat Oekraïne de totale overwinnaar is.'[265] Boedanov, wiens zelfvertrouwen bijna messiaans was, was niet het type om de president tegen te spreken of hem te waarschuwen voor een gevaarlijke zet. 'Er zijn geen grenzen,' zei hij in een ander interview. 'Er is niets wat we niet kunnen bereiken.'[266] Hij beloofde de daders van het bloedbad in Boetsja op te sporen en 'fysiek uit te roeien', en hij zei dat het hem plezier deed dat de Russische propaganda hem een terrorist noemde. Zijn plaatsvervanger verklaarde later in een interview met een Duitse krant dat agenten van de GUR een plan beraamden om Poetin en een groot deel van zijn vertrouwelingen te vermoorden, onder wie de leidinggevenden van het Russische militair-industriële complex.[267]

Het werk van de GUR werd het onderwerp van felle speculaties, wat Boedanov een soort cultstatus in Oekraïne opleverde. In de eerste maanden van de invasie werden Russische militaire terreinen en brandstofdepots in regio's die het dichtst bij Oekraïne lagen vaak door explosies en branden verwoest, en Russische functionarissen hielden Oekraïense droneaanvallen of saboteurs verantwoordelijk voor deze incidenten. In april staken laagvliegende helikopters minstens twee keer de grens over en vielen doelen aan in de Russische regio Belgorod. Oekraïne ontkende de verantwoordelijkheid voor deze aanvallen en het Kremlin bagatelliseerde ze, opdat Rusland niet in verlegenheid zou worden gebracht. Aan het eind van de zomer, toen president Zelensky en zijn team ongeduldig op het begin van een groot tegenoffensief wachtten, werden deze geheime aanvallen gedurfder en dramatischer. Ze reikten dieper in Russisch grondgebied, terwijl de officiële ontkenningen vanuit Kyiv dat zij verantwoordelijk waren steeds halfslachtiger werden en meestal vergezeld gingen van een knipoog en een grijns.

Oleksi Arestovytsj, een voormalige officier van de GUR en een van de adviseurs van Zelensky aan het begin van de invasie, noemde enkele van deze aanvallen toen we elkaar begin augustus ontmoetten. Vervolgens leunde hij achterover in zijn stoel, keek naar mijn audiorecorder en vormde geluidloos de woorden: *dat waren wij*. We zaten op onze gebruikelijke plek in de lobby van het Intercontinental, vlak bij het Onafhankelijkheidsplein. Een paar maanden eerder zat het daar nog vol met buitenlanders. Nieuwszenders vanuit de hele wereld hadden dat voorjaar complete verdiepingen afgehuurd om hun uitzendingen live vanaf de balkons uit te kunnen zenden. Nu waren de meeste verdwenen. De lobby was leeg en Arestovytsj zat aan een tafel in gedempt licht, met zijn lijfwacht op een bank vlakbij. De enige andere persoon aan de bar, een jonge vrouw, naderde zijn tafel en vroeg of ze met hem op de foto mocht. 'Ik probeer enig gezag te krijgen over mijn tienerzoon,' zei de vrouw. 'Hij kijkt de hele tijd naar wat u doet.'

De regelmatige briefings die Arestovytsj vanaf het presidentiële podium en via zijn socialemediakanalen gaf, zorgden ervoor dat hij in het voorjaar een begrip werd en niet meer door de straten van Kyiv kon lopen zonder te worden opgejaagd door mensen die hem uitjouwden, of door fans. Zijn breedvoerige lezingen over de omstandigheden aan het front en de stemming in de Bankovastraat trokken vaak miljoenen kijkers. Maar tegen het eind van de zomer had men zijn toegang tot de president beperkt. De mensen die waren overgebleven van Zelensky's krimpende kring van vertrouwelingen bekritiseerden Arestovytsj omdat hij een toneelspeler was, alsof dat niet de reden was waarom ze hem überhaupt in hun team hadden opgenomen. 'We zien elkaar nog maar zelden,' zei hij over Zelensky.

Zoals veel voormalige bewoners van de bunker verlangde Arestovytsj vaak terug naar de ondergrondse nachten. Hij miste de kameraadschap en de nabijheid van de president. 'Al die tijd,' zei Arestovytsj weemoedig, 'woonden we in aangrenzende kamers. We praatten als kamergenoten, poetsten onze tanden naast elkaar, aten samen.' Hij was nog steeds een nauwgezette waarnemer van Zelensky, en de veranderingen in de president verbaasden Arestovytsj. 'Vroeger had hij een bepaalde lichtheid over zich. Snelle bewegingen, snelle beslissingen, veel praten, grapjes maken. Nu is er een dik pantser,' zei hij, terwijl hij zijn beste impressie van een krachtpatser gaf: kaak naar voren, de ogen samengeknepen. Om zijn punt duidelijk te maken pakte hij zijn telefoon en tikte op een recent nieuwsbericht. Er waren beelden te zien van een explosie in de verte. 'De Krim,' zei hij. 'Zojuist.' Ver achter de vijandelijke linies hadden de Oekraïners een Russische luchtmachtbasis vol gevechtsvliegtuigen opgeblazen. Minstens acht toestellen waren vernietigd. Enorme vuurballen en rookwolken vulden de lucht boven de Krim, terwijl Russische toeristen de stranden ontvluchtten. Voor Poetin was het een vernedering. De Krim symboliseerde zijn aanspraak op het imperium en nu werd het aangevallen. 'Dat is de nieuwe Zelensky,' zei Arestovytsj. 'Hij loopt niet zomaar wat te rotzooien.'

We betaalden onze rekening en liepen naar de rand van het Sint-Michielsplein, waar het standbeeld van prinses Olga in zandzakken verpakt was, te midden van een tentoonstelling van vernielde Russische voertuigen, oorlogstrofeeën bedekt met graffiti als 'POETIN IS EEN EIKEL!' en 'GLORIE AAN DE STRIJDKRACHTEN VAN OEKRAÏNE!' Bij de stoeprand bood Arestovytsj me een lift aan. Mijn huis lag op zijn route en zijn chauffeur wachtte ons op in een witte Mercedes; op de achterbank lag een voorraad sleutelhangers en flesopeners, die allemaal Arestovytsj als thema hadden. Hij gaf me er een paar die waren bedrukt met beroemde zinnen uit zijn livestreams. Op eentje stond eenvoudigweg '2-3 WEKEN', zijn beruchte voorspelling hoelang het zou duren voordat de overwinning van Oekraïne een feit zou zijn. Achter in de auto keek Arestovytsj weer naar de beelden van de Krim op zijn telefoon: de vluchtende toeristen, de dikke rookwolken. 'Ze komen nu naar Kyiv,' fluisterde hij. 'Poetin zal dit niet zomaar over zijn kant laten gaan.'

Die opmerking bleef in mijn hoofd hangen en dagenlang had ik het gevoel alsof de sirenes van het luchtalarm met hernieuwde volharding voor mijn ramen loeiden. De voorspelling klopte niet. Oekraïne ging door met het bombarderen van Russische militaire doelen ver van het front en de Russen gaven geen duidelijke reactie, in elk geval niets wat het spektakel van deze nieuwe aanvallen kon evenaren. Met een van de aanvallen werden enorme voorraden Russische munitie en een elektrisch onderstation op de Krim uitgeschakeld, en raakte de spoorlijn die Rusland gebruikte om zijn troepen in het zuiden te bevoorraden beschadigd. Zelensky maakte duidelijk dat deze aanvallen nog maar het begin waren. In zijn toespraak 's avonds laat na de eerste aanval op de Krim zei hij dat de oorlog pas zou eindigen als Oekraïne het hele schiereiland weer in bezit zou hebben. 'We zullen nooit opgeven,' zei hij. In het kantoor van de president keken zijn assistenten naar de beelden van de explosies en ze sloegen elkaar op de rug van blijdschap. Ongeveer een week later ging een Russische militaire basis in Belgorod in vlammen op. Vervolgens trof een drone het hoofdkwartier van de Zwarte Zeevloot in de bezette Krim, waardoor er opnieuw een enorme rookkolom opsteeg. Bij elke aanval werd het gevoel van trots in Kyiv gevolgd door een gevoel van angst. Een Russische reactie leek onvermijdelijk.

Op 20 augustus, vier dagen voordat Oekraïne zijn Onafhankelijkheidsdag zou vieren, ontplofte er een autobom dichter bij het keizerlijke hof van Poetin dan bij welke aanslag ook sinds het begin van de invasie. Het slachtoffer was Darja Doegina, een extreemrechtse activiste en voorvechtster van de oorlog, en een vaste aanwezigheid op de propagandazenders van het Kremlin. Haar vader, de neo-imperialistische ideoloog Alexandr Doegin, werd geprezen voor het ontwerp van het intellectuele kader rond de pogingen van Rusland om Oekraïne te veroveren. Hij riep het Russische leger op om Oekraïne met alle macht te veroveren. 'Dood ze, dood ze, dood ze!' riep hij in 2014 in een videotoespraak tot zijn volgelingen. De bom die zijn dochter doodde veranderde de stemming onder de elites van Moskou, in elk geval voor een tijdje. De oorlog in Oekraïne voelde nu dichterbij dan ooit. Op het moment van de explosie had Doegin zelf ook in de auto moeten zitten, op weg naar huis na een top van Russische nationalisten die hij samen met zijn dochter had bijgewoond. In plaats daarvan reed ze alleen de stad in en werd ze op slag gedood. Op beelden die op de Russische staatstelevisie te zien waren, stond Doegin bij het wrak en greep wanhopig naar zijn hoofd, terwijl brandweerlieden arriveerden om de vlammen te doven die het lichaam van zijn dochter omhulden. 'Onze harten verlangen niet alleen naar wraak,' schreef Doegin kort na de aanval. 'Het enige wat we nodig hebben is een overwinning. Mijn dochter heeft haar jonge leven geofferd op het altaar van de overwinning.'[268]

Het Kremlin behandelde de jonge propagandiste als een martelaar en Poetin verleende haar postuum de Orde voor Dapperheid. De Russische veiligheidsdiensten beweerden dat ze op bevel van Kyiv was vermoord en bronnen van de Amerikaanse inlichtingendienst bevestigden later aan *The New York Times* dat dit klopte. Maar Zelensky en zijn regering ontkenden elke betrokkenheid. Ze realiseerden zich dat Rusland het incident zou kunnen gebruiken om verdere aanvallen te rechtvaardigen. 'We moeten ons ervan bewust zijn dat Rusland deze week kan proberen om iets bijzonder smerigs te doen, iets bijzonder wreeds,' zei Zelensky na de bomaanslag. 'Zo is onze vijand.'[269] Hij merkte op dat de raketaanvallen op Oekraïense burgers nooit zijn gestopt, niet één keer sinds het begin van de invasie. Een week eerder had een raket een bejaardentehuis in Charkiv getroffen, waarbij zeven doden en zestien gewonden waren gevallen, onder wie een kind. Maar zelfs naar de gruwelijke maatstaven van deze bombardementen maakte de dreiging van een Russische aanval op Onafhankelijkheidsdag veel van Zelensky's bondgenoten nogal nerveus.

Op 22 augustus, twee dagen voor de feestdag, drong het Amerikaanse ministerie van Buitenlandse Zaken er bij de Amerikanen op aan om vanwege het verhoogde risico op Russische aanvallen op burgerdoelen op welke manier dan ook uit Oekraïne te vertrekken. In de Bankovastraat vaardigde de presidentiële garde een tijdelijk verbod uit voor niet-noodzakelijke bezoekers aan de compound, onder wie ikzelf. 'Ze willen op dit moment niemand in het gebouw hebben,' vertelde een medewerker me, die vroeg om onze vergadering van die middag te verplaatsen naar een café in de buurt. De waarschuwingen kwamen van de Amerikaanse inlichtingendienst, zei hij, en die beweerde dat er '90 procent kans' was op een raketaanval in Kyiv de volgende dag. Het voornaamste doelwit zou naar verwachting het kantoor van de president zijn. 'Als de Amerikanen ons waarschuwen, negeren we ze niet meer,' zei de medewerker. 'We hebben onze les geleerd.'

Maar de president veegde de voorzorgsmaatregelen van tafel. Terwijl zijn bewakers het personeel in de Bankovastraat aanspoorden om die ochtend het gebouw te verlaten, vulde Zelensky zijn agenda met openbare evenementen. Zijn woordvoerster nodigde me uit voor een briefing in de openlucht, een paar straten verwijderd van het presidentiële gebouw op het plein bij het parlement, en ruim binnen de ontploffingsradius van de verwachte raketaanval. Terwijl ik in de zon op hem wachtte, was de enige geruststelling een loopgraaf die soldaten aan het begin van de invasie hadden gegraven in het grasveld naast het parlement. Die was ongeveer een meter diep, verstevigd met zandzakken en lang genoeg voor alle verslaggevers en presidentiële assistenten om zich erin te wurmen, mochten er bommen vallen. Zouden we die nodig hebben? Was deze briefing nodig?

De setting leek in elk geval gekozen om duidelijk te maken dat Zelensky niet bang was. Maar moest hij dat echt nog bewijzen? Niemand kon hem ervan beschuldigen dat hij zich verstopte of wegdook voor de Russische dreiging. Hij had de wereld laten zien dat zijn tolerantiegrens voor gevaar hoog was. Zijn behoefte om een onbevreesde indruk te maken leek nu een doel op zich. Waarom zou hij anders hierheen komen op de dag dat het risico zo duidelijk was en de inlichtingendienst zulke specifieke waarschuwingen had afgegeven? Niet alleen zijn leven stond op het spel. De president van Polen, Andrzej Duda, voegde zich bij Zelensky voor de briefing buiten in de zon. Een stuk of tien journalisten en minstens evenveel soldaten hadden zich daar met de entourage van de president verzameld. Een van de verslaggevers stak een hand op en vroeg naar de dreiging van een raketaanval op de plek waar we stonden. 'Ik denk dat iedereen bang is voor de dood,' zei Zelensky nonchalant. 'Niemand wil dood. Maar niemand is bang voor Rusland, en dat is het belangrijkste signaal.'

21

De tegenaanval

Na maanden van overleg, voorbereiding en planning ging het Oekraïense tegenoffensief begin september van start, niet in het zuiden, waar generaal Zaloezjny op had aangedrongen, maar in het noordoosten, rond Charkiv. De president kreeg zijn zin. Nadat hij een paar maanden eerder de gevechten had overgelaten aan de legerleiding, voelde hij zich nu zeker genoeg van zijn capaciteiten als opperbevelhebber om bij deze belangrijke militaire strategische kwestie op zijn strepen te staan. Zelensky besloot uiteindelijk het hoofd van de strijdkrachten terzijde te schuiven en de operatie door te laten gaan. Daarbij vertrouwde hij kolonel-generaal Oleksandr Syrsky, de op een na hoogste officier van Oekraïne, de leiding van de aanval in het noordoosten toe.

Syrsky, een slanke en stoïcijnse man met een hoog voorhoofd en een gereserveerdheid waardoor hij voortdurend op zijn hoede leek, had in maart een belangrijke rol gespeeld bij de verdediging van Kyiv. Vóór de invasie beschouwde de president hem als kandidaat om de Oekraïense strijdkrachten te leiden, maar hij koos voor de jongere en charismatischere Zaloezjny. Nu, op 57-jarige leeftijd, kreeg Syrsky zijn kans om het bevel te voeren bij het grootste tegenoffensief van de oorlog, en hij stelde niet teleur. Op 6 september braken grondtroepen onder zijn bevel door de Russische linies rond Charkiv en heroverden in de daaropvolgende dagen honderden steden en dorpen. In sommige steden meldde de lokale bevolking dat Russische soldaten hun wapens hadden achtergelaten, burgerkleding hadden aangetrokken en met gestolen auto's en fietsen probeerden te vluchten. De aftocht sloeg opnieuw een gapend gat in het imago van Rusland als militaire grootmacht. Het ministerie van Defensie in Moskou zag zich genoodzaakt om 'een georganiseerde inspanning om troepen te verplaatsen',[270] weg van het slagveld bij Charkiv, aan te kondigen; een retorisch vijgenblad dat nauwelijks de schande van hun terugtocht kon bedekken.

Amper een week na het begin van het offensief bij Charkiv, en terwijl Syrsky en zijn troepen de Russen nog steeds naar het oosten dreven en probeerden degenen die overbleven te omsingelen, bracht president Zelensky een bezoek aan de bevrijde stad Izjoem, die een cruciale basis was geweest voor de logistiek van de vijand. Zelensky's veiligheidsdienst organiseerde de gevaarlijkste delen van de reis in het grootste geheim. Toen Zelensky op het centrale plein in Izjoem een minuut stilte in acht nam om de soldaten te eren die tijdens het tegenoffensief waren gesneuveld, hoorde je in de verte de explosies klinken. Bij de ceremonie en tijdens het grootste deel van het bezoek bleef generaal Syrsky aan zijn zijde, en de geruchten verspreidden zich dat hij binnenkort gepromoveerd zou worden tot de hoogste militaire post van het land.

Generaal Zaloezjny was nergens te zien op de beelden die op de Telemarathon van bevrijde steden rond Charkiv werden getoond. Hij was weer terug in zijn commandocentrum en coördineerde de aanval langs het zuidelijke front, die in een verschrikkelijk traag tempo en met enorme verliezen verliep. Sommigen van zijn assistenten en bondgenoten zouden lang blijven mopperen dat het noordoostelijk offensief onder leiding van generaal Syrsky voorbarig was geweest, ondanks de overduidelijke waarde ervan wat betreft grondgebied en moreel. Sommigen beweerden dat het te veel kracht had onttrokken aan de gelijktijdige opmars langs het zuidelijke front, waardoor de belangrijkere winst op de Krim verder buiten bereik was gekomen. Maar in de Bankovastraat twijfelde niemand eraan dat de president gelijk had gehad met zijn bevel voor de aanval in de richting van Charkiv en dat Zaloezjny er verkeerd aan had gedaan om zich ertegen te verzetten.

Na hun terugkeer in Kyiv midden september buitten Zelensky en zijn team hun succes op het slagveld uit met een hernieuwd verzoek om militaire steun. 'Het tempo is nu erg belangrijk,' zei de president in een van zijn toespraken van 's avonds laat uit die tijd.[271] 'Het tempo van de hulpverlening aan Oekraïne moet overeenkomen met het tempo van onze voortgang.' Voor Oleksi Reznikov, de minister van Defensie, was het nu gemakkelijker om geavanceerde wapens uit het Westen te krijgen. Twee dagen na het begin van het offensief in Charkiv deelde het Witte Huis het Congres mee dat het van plan was nog eens 2,2 miljard dollar extra te investeren in 'langetermijninvesteringen'[272] voor de verdediging tegen Rusland, wat het totaal aan Amerikaanse militaire hulp aan Oekraïne tijdens de regering-Biden op meer dan 15 miljard dollar bracht. In de zes maanden erna zou dat bedrag nog verdubbelen, omdat Zelensky's bondgenoten inzagen dat buitenlandse hulp de oorlog niet alleen verlengde door Oekraïne in staat te stellen langer stand te houden, maar ook de naderende nederlaag van Rusland versnelde, die nu de meest waarschijnlijke uitkomst van de oorlog leek. 'Psychologisch gezien zit het in ons overlevingsmodel om de kant van de overwinnaar te kiezen,' vertelde Reznikov me een paar dagen nadat Zelensky de vlag boven Izjoem had gehesen. 'Vandaag laten we de wereld het antwoord zien op de belangrijkste vraag: kunnen de Russen verslagen worden? Nou, dat kan. En ik zou daaraan willen toevoegen: dat moet!'

Het succes van het tegenoffensief choqueerde en irriteerde de gevestigde nieuwsmedia in Moskou. De officiële lijn op de Russische staatstelevisie, die had volgehouden dat Poetins 'speciale militaire operatie' volgens plan verliep en naar een Russische overwinning toe werkte, werd zelfs voor de trouwe propagandisten van het Kremlin onhoudbaar. 'In de afgelopen dagen hebben we een zeer pijnlijke mentale klap gekregen,' gaf een van hen toe in een uitzending tijdens de Oekraïense opmars.[273] President Poetin probeerde de ramp eerst te negeren. Terwijl zijn troepen hun wapens in de steek lieten en op de vlucht sloegen, vierde hij op 10 september de verjaardag van Moskou met de onthulling van een gigantisch reuzenrad in een van de parken in de stad. Datzelfde weekend begaf de motor van het rad het, waardoor enkele tientallen bezoekers in de lucht bungelden, als een perfect voorbeeld van Russisch disfunctioneren.

Al voordat het Oekraïense tegenoffensief was begonnen, hadden Russische generaals en militaire haviken Poetin gesmeekt alvast te beginnen met het inlijven van gezonde mannen in het leger. Zijn invasieleger van ongeveer tweehonderdduizend manschappen was sinds februari zo zwaar gehavend geraakt dat het geen schijn van kans had om het door Rusland bezette gebied te behouden, laat staan verder op te rukken. Het Kremlin had de noodzaak van een militaire dienstplicht maandenlang gebagatelliseerd. Aan het begin van de invasie had Poetin in een televisietoespraak zelfs beloofd dat er geen dienstplichtigen zouden worden gestuurd om in Oekraïne te vechten. Maar op 21 september, binnen twee weken nadat de Russische defensie rond Charkiv ineen was gestort, verbrak hij die belofte; bij de eerste mobilisatie van Russische strijdkrachten sinds de Tweede Wereldoorlog riep hij driehonderdduizend extra manschappen op. Poetin dreigde die dag opnieuw kernwapens te gebruiken. Alleen vond hij het deze keer nodig om eraan toe te voegen: 'Dit is geen bluf.'

Een paar dagen later kondigde Poetin zijn voornemen aan om vier regio's in het oosten en zuiden van Oekraïne te annexeren. 'Ik wil dat de autoriteiten in Kyiv en hun echte meesters in het Westen naar me luisteren en dat niemand dit vergeet,' zei hij in een toespraak in het Kremlin.[274] 'Mensen die in Loehansk en Donetsk, Cherson en Zaporizja wonen, worden onze burgers. Voor altijd.' Welbeschouwd was deze verklaring belachelijk. De Russische troepen hadden geen volledige controle over de regio's die Poetin nu opeiste als de zijne. In de gebieden die ze bezet hadden, werden ambtenaren die loyaal waren aan het Kremlin links en rechts uitgeschakeld.[275] Bij een van hen werd een zenuwgif in zijn eten gedaan, waarna de man om medische redenen naar Rusland geëvacueerd moest worden. Een ander werd doodgeschoten in de straten van Cherson. Het lichaam van een derde werd naar verluidt gevonden op de vloer van zijn huis in diezelfde stad, met zijn vriendin naast hem, bloedend uit een steekwond in haar nek en meer dood dan levend. In totaal voerden Oekraïense agenten in die regio's meer dan tien aanvallen uit op door Rusland gesteunde functionarissen, waarbij autobomaanslagen tot de meest gebruikte methoden behoorden.

Toen Poetin de annexatie van deze regio's aankondigde, zorgde Zelensky voor een tegenoffensief op het diplomatieke front. Hij schreef die dag namens Oekraïne een officieel verzoek om lid te mogen worden van de NAVO, maar het document had geen onmiddellijk effect; de NAVO was nog steeds niet van plan Oekraïne op korte termijn als lid te accepteren. Maar het gebaar maakte duidelijk dat Zelensky de Oekraïense neutraliteit niet langer zou accepteren als een concessie aan de Russen in ruil voor vrede. Diezelfde dag maakte hij die boodschap nog duidelijker met presidentieel decreet nummer 679, dat verdere onderhandelingen met Poetin uitsloot.[276] 'Voor ons land is hij momenteel het prototype van een terrorist,' zei Zelensky. 'Wat valt er verder nog met hem te bespreken?'[277]

Maar welke woede Zelensky op dat moment ook tegenover Poetin voelde, hij werd er niet door verblind. Rond de strategische buitenpost Lyman werden op dat moment duizenden Russische manschappen omsingeld door de Oekraïense troepen. De belegering leek op de slag bij Ilovajsk, die gold als een van de bloedigste episoden van de oorlog, waarbij in de zomer van 2014 honderden Oekraïense militairen werden afgeslacht toen ze zich probeerden terug te trekken uit een Russische omsingeling. Acht jaar later waren de rollen omgedraaid en kregen de Oekraïense strijdkrachten de kans om de Russen terug te betalen voor die barbaarse daad.[278] Zelensky voelde de verleiding. 'Ik zeg niet dat er geen verlangen is om wraak te nemen. We voelen het allemaal, de haat voor die soldaten. Ik zal niet tegen je liegen. We haten ze allemaal,' zei hij later tegen me over dat moment. 'Oorlog dwingt je om de moeilijkste beslissingen te nemen, en de Russen maakten een beschamende keuze toen ze die jongens zonder genade neermaaiden.

Deze keer waren wij de winnaars en we schoten de Russen niet in de rug. We zeiden dat ze zich moesten overgeven en velen deden dat, een behoorlijk aantal.'

Als de heersers in het Kremlin dat mogelijk zagen als een teken van weinig vastberadenheid in Kyiv, dan werd dat beeld al snel door Zelensky gecorrigeerd. Op de ochtend van 8 oktober – de dag na de zeventigste verjaardag van Poetin – reed een vrachtwagen vol explosieven vlak voor zonsopgang de Krimbrug op, de belangrijkste weg voor trein- en autoverkeer om vanaf het Russische vasteland de Krim te bereiken. De ontploffing die om zeven minuten over zes uur plaatsvond veroorzaakte rampzalig veel schade. Twee overspanningen van de brug stortten in het water eronder, en de schokgolf was zo krachtig dat de brandstof in de tankwagons die toevallig op dat moment de brug overstaken kapotscheurden en in brand vlogen. De brand die daarop ontstond woedde de hele ochtend, terwijl doodsbange inwoners van de Krim zich aan de andere kant van de brug klaarmaakten om te vluchten. Tijdens de invasie diende de brug als een vitale bevoorradingslijn voor Russische troepen die betrokken waren bij de invasie van Oekraïne, waardoor het een belangrijk doelwit was voor de Oekraïense commandotroepen. De symbolische waarde van de brug maakte de aanval nog dramatischer. Tijdens de officiële onthulling van de brug in 2018 had Poetin de bouw ervan een 'wonder' genoemd. Het was de bekroning van zijn vorstelijk project in Oekraïne. Nu bliezen de Oekraïners de brug voor het oog van de hele wereld op.[279]

De aanval maakte Poetin woedend, en naarmate de herfst steeds kouder werd, werd zijn tactiek steeds wreder. Op de dag van de explosie benoemde hij een nieuwe commandant om de Russische troepen in Oekraïne te leiden: generaal Sergej Soerovikin, een oorlogsmisdadiger die onder Poetin met een mix van stompzinnige loyaliteit en grenzeloze wreedheid meer dan twintig jaar de tijd had gehad om in rang op te klimmen. De donkerste bladzijde uit Soerovikins militaire carrière speelde zich af in Syrië, waar hij in 2017 het bevel voerde over de Russische militaire operatie vanuit de lucht. Op zijn bevel vielen bommenwerpers en straaljagers systematisch burgerdoelen aan om hun verzet tegen het aan het Kremlin verwante regime in Damascus te breken. Als blijk van waardering speldde Poetin Soerovikin in december de felbegeerde medaille Held van de Russische Federatie op de borst, en de Russische staatsmedia noemden hem steeds vaker bewonderend 'generaal Armageddon'.

Vijf jaar later liet hij op Oekraïne dezelfde Russische tactieken los die hij boven Idlib en Aleppo had aangescherpt. In een flagrante schending van het oorlogsrecht vuurden Russische vliegtuigen opnieuw raketten af op de civiele infrastructuur, gericht op elektriciteitscentrales, elektrische onderstations en nutsvoorzieningen die de huizen in de steden van verwarming moesten voorzien. Het doel was kennelijk de Oekraïners te laten doodvriezen en ze zo bang te maken dat ze zich zouden overgeven, waardoor er een nieuwe golf vluchtelingen zou ontstaan die in het begin van de winter de grenzen van de Europese Unie zouden bereiken. In de Bankovastraat kreeg men een akelig voorgevoel toen de lichten in de presidentiële kantoren begonnen te flikkeren, de radiatoren koud werden en er in de toiletruimten geen water meer uit de kraan kwam.

Zelensky leek geen krimp te geven. Eind oktober nam hij een toespraak op de binnenplaats buiten bij zijn kantoor op, met de ramen en straatverlichting achter hem verduisterd. In de week ervoor waren de grootste steden van Oekraïne getroffen door minstens veertig kruisraketten en zestien aanvalsdrones. Door de aanvallen, die vooral gericht waren op het elektriciteitsnet, zaten meer dan een miljoen Oekraïense huizen zonder stroom, en toen de winter inzette was de regering genoodzaakt de nutsvoorzieningen te rantsoeneren. Maar de president riep op tot meer verzet. Op de grond naast hem lagen de resten van een Iraanse gevechtsdrone, een Shahed-136, het type dat Rusland had gebruikt voor zijn laatste golf aanvallen. Het kenmerkende geluid dat ze maakten wanneer ze uit de lucht vielen – als een scooter die zijn motor op toeren brengt – werd al snel het symbool voor een nieuwe fase van de oorlog. De Oekraïners werden 's nachts wakker door het gejammer van deze onheilsgeesten en vroegen zich af of hun huizen op het punt stonden geraakt te worden. Toen hij naast een van die machines stond, merkte Zelensky op dat het geweld niet echt nieuw was; Rusland had sinds het begin van de invasie vijfenveertighonderd raketaanvallen en achtduizend bombardementen uitgevoerd. 'We laten ons er niet onder krijgen door beschietingen,' zei hij.[280] 'Voor ons is het geluid van vijandelijke raketten in de lucht lang niet zo eng als het horen van het volkslied van de vijand op ons grondgebied. We zijn niet bang in het donker. De donkerste tijden zijn voor ons niet de tijden zonder licht, maar de tijden zonder vrijheid.'

◆

Begin september was er tussen de staf van Zelensky en de Russen nog maar één onderhandelingstraject actief en productief, namelijk dat van de krijgsgevangenen. Tegen die tijd waren er bijna duizend krijgsgevangenen teruggekeerd naar Oekraïne en de inspanningen om er nog meer naar huis te brengen gingen rustig door, ondanks het feit dat het de ergste periode van de oorlog was, met onthullingen van wreedheden en het bombarderen van burgers. 'De president heeft zich ten doel gesteld om iedereen zo snel mogelijk terug te brengen,' zei Andri Jermak, die toezicht hield op deze onderhandelingen. Zelfs als dat betekende dat Russen die verdacht werden van oorlogsmisdaden deel uitmaakten van de ruil, stond Zelensky erop dat ze door zouden gaan. Het was af en toe een moeilijke taak, omdat de strijdende partijen kibbelden over lijsten met namen en de waarde van iedere gevangene. De uiteindelijke goedkeuring vanuit Russische zijde liep soms helemaal via Poetin; hij kon besluiten om een plan waar maanden aan was gewerkt te torpederen. 'Met zo'n ruil gingen we altijd langs het randje,' vertelde Jermak me. 'Ze hingen telkens aan een zijden draadje.'

De meest ambitieuze ruil viel toevallig samen met het tegenoffensief en viel daardoor bijna in duigen. Terwijl de Oekraïners door de vijandelijke verdediging drongen en de wegen en velden rond Charkiv bezaaid lagen met de achtergebleven lichamen van Russische strijdkrachten, bleven ze nog hun best doen voor de vrijlating van hun meest waardevolle krijgsgevangenen. Op hun lijst stonden honderden van de laatste verdedigers van Marioepol, de stad die zich half mei had overgegeven. De Russen dreigden al maanden met een showproces tegen de officieren die bij Azovstal gevangen waren genomen, en Zelensky vreesde dat dit zou eindigen met hun openbare executie. In plaats daarvan werden de gevangenen de hele zomer in een aantal overvolle kampen vastgehouden en systematisch geslagen, uitgehongerd en gemarteld. Eind juli werden drieënvijftig krijgsgevangenen en minstens vijfenzeventig andere gedood bij een explosie in het Russische kamp in Olenivka, een bezette stad in de Donbas, waardoor de Oekraïense inspanningen om de rest naar huis te brengen een wanhopig gevoel van urgentie kreeg.

Zelensky's waardevolste onderhandelingstroef bleek zijn voormalige rivaal Viktor Medvedtsjoek te zijn, die de Oekraïners na zijn gevangenneming ongeveer vijf maanden lang op een geheime locatie verborgen hielden. Hij had geen concrete strategische waarde voor de Russen. Ze hadden alle hoop om Medvedtsjoek in de plaats van Zelensky te installeren in maart opgegeven, tegelijk met de missie om Kyiv te veroveren. Medvedtsjoeks politieke partij was verboden en zijn tv-zenders waren afgesloten. Maar Poetin behandelde Medvedtsjoek nog steeds als een persoonlijke vriend en de Russen waren bereid om zowat iedereen te ruilen voor zijn invrijheidstelling. Begin september stemden ze zelfs in met de vrijlating van de leiders van het Regiment Azov, wier arrestatie in de staalfabriek in Marioepol een van de weinige aantoonbare overwinningen van Moskou in deze oorlog waren geweest, en de waardevolste op propagandagebied. Op de Russische staatstelevisie werd het Regiment Azov afgeschilderd als een bende satanisten en neonazi's. Toen Poetin sprak over de 'denazificatie' van Oekraïne, bedoelde hij in de eerste plaats de vernietiging van het Regiment Azov. Maar Poetin was bereid om ze in ruil voor Medvedtsjoek te laten vertrekken.

Op de ochtend van 21 september ontving Jermak rond zonsopgang een bericht van de GUR, de Oekraïense militaire inlichtingendienst, dat de ruil was begonnen. Ze hadden Medvedtsjoek over de grens naar Polen gebracht, waar hij op een vliegveld wachtte op zijn vrijlating. Vijf van de waardevolste gijzelaars van Rusland, onder wie Denys Prokopenko, de commandant van het Regiment Azov, landden al snel in Ankara, de Turkse hoofdstad. De hele ochtend hield Jermak zijn telefoon in de gaten, wachtend op updates. Hij wist dat Poetin woedend was vanwege de Oekraïense aanval rond Charkiv en de omsingeling van de Russische troepen bij Lyman. Poetins toespraak, waarin hij de mobilisatie van driehonderdduizend Russische dienstplichtigen aankondigde, werd uitgezonden terwijl de gevangenenruil in volle gang was, en Jermak vreesde dat het Kremlin elk moment de stekker eruit kon trekken. Er gingen uren voorbij, en de Oekraïense gezanten – Kyrylo Boedanov, het hoofd van de militaire inlichtingendienst, en Denys Monastyrsky, de minister van Binnenlandse Zaken – eisten dat ze de gevangenen te zien kregen die aan boord zaten van het vliegtuig dat hen naar Ankara zou brengen. Op de foto die ze terugstuurden naar de Bankovastraat zagen de gevangenen er miserabel uit: de uniformen hingen los om hun uitgemergelde lichaam, hun mond was gekneveld met tape. Maar ze leefden nog en Jermak maakte het nieuws al snel wereldkundig op sociale media: 'Onze helden zijn vrij.' In totaal lieten de Russen 215 gevangenen vrij, onder wie 108 leden van het Regiment Azov, in ruil voor 55 gevangenen uit Oekraïne, onder wie Medvedtsjoek.

Het nieuws leidde tot een nieuwe golf van verontwaardiging onder de Russische machthebbers en militaire bloggers. In de dagen die volgden, braken overal in Rusland protesten uit tegen de militaire dienstplicht, terwijl Russische commentatoren woest waren over de vrijlating van de Azov-commandanten. Zo kort na het verlies van de regio Charkiv en de omsingeling van de Russische troepen in Lyman, leek dit laatste debacle bijna te veel voor de ijzervreters in Moskou. Igor Girkin, de voormalige inlichtingenofficier die in 2014 de Russische inval in de Donbas leidde, noemde de gevangenenruil een daad van 'ongebreidelde stupiditeit' en sabotage.[281] 'Weet je hoe dit eruitziet?' schreef hij. 'Het lijkt alsof ze de mensen hebben opgeroepen om "op te komen voor de Russische gebieden" en vervolgens op de hoofden van degenen die aan die oproep gehoor gaven hebben gescheten.'

De gevangenenruil werd overal in Oekraïne gevierd als een triomf die zou bijdragen het moreel tijdens de donkerste winterdagen hoog te houden. In Rusland was Poetins positie erdoor verzwakt; hij leek oneerlijk over zijn motieven en onverschillig over de opofferingen van het Russische leger, terwijl Zelensky een grote toewijding aan zijn troepen had getoond en had laten zien dat hij de Russen aan de onderhandelingstafel te slim af kon zijn. Het voelde alsof de oorlog een nieuwe wending had genomen. Maandenlang had er op de gevel van het stadhuis van Kyiv een bord gehangen met de tekst: 'BEVRIJD DE VERDEDIGERS VAN MARIOEPOL'. Duizenden van hen zaten nog steeds in Russische gevangenschap, maar Zelensky had zijn belofte waargemaakt en had de levens gered van hun commandanten, en honderden anderen zouden snel thuiskomen via een gevangenenruil onder toezicht van Jermak. Zelfs de critici van de president juichten deze prestatie toe, en toen op de slagvelden in Charkiv het stof was neergedaald, leek zijn beslissing om door te gaan met dat offensief de juiste. De vroege overwinning van Oekraïne in de slag om Kyiv werd door veel waarnemers nog steeds gezien als een militair wonder. Maar de slag om Charkiv toonde aan dat Oekraïne, uitgerust met wapens en inlichtingen uit het Westen, stand kon houden tegen de Russische strijdkrachten en ze mogelijk kon verslaan.

Toch werd het applaus binnen de hogere rangen van het leger niet algemeen gesteund. Hoge officieren bleven mopperen dat Zelensky en zijn team materieel aan het zuidelijke front hadden onttrokken, waardoor de zo belangrijke opmars naar de Krim was vertraagd. Sommigen zagen de rol van generaal Syrsky als leider van het offensief rond Charkiv als een poging om snel carrière te maken en een daad van insubordinatie. Door interviews voor Syrsky te organiseren en hem veel zendtijd te geven op de Telemarathon leek de staf van de president hem klaar te stomen om het volledige commando over de strijdkrachten op zich te nemen. Generaal Zaloezjny daarentegen werd buiten beeld gehouden, mocht niet naar de frontlinies reizen, en ook niet vrijelijk in het openbaar met zijn manschappen omgaan. Zijn adjudant, kolonel Noskov, kwam ook onder druk te staan. De staf van de president drong er bij Zaloezjny op aan om hem te ontslaan en de Oekraïense contraspionagedienst onderwierp Noskov aan een verhoor en een leugendetectortest. De agenten vroegen de kolonel naar zijn banden met Zelensky's politieke tegenstanders en de Russische inlichtingendiensten. Er werd geen aanklacht ingediend, maar door alle onderzoeken werd hij gedwongen zich gedeisd te houden. Noskov verscheen niet langer naast Zaloezjny tijdens de vergaderingen van de generaal of tijdens videogesprekken met de president. 'Ik heb een stap opzij gedaan, en sta nu aan de zijlijn,' zei hij tegen me.

Toen Zelensky werd gevraagd naar zijn relatie met Zaloezjny bleef hij ontkennen dat hij van plan was zijn topcommandant te ontslaan. Maar binnen het leger en onder Zelensky's naaste medewerkers was het conflict tussen de twee een publiek geheim. Joeri Tyra, een oude vriend van de president, hoorde erover van de manschappen die hij ontmoette toen hij voorraden leverde en concerten organiseerde voor de soldaten aan het front. Toen ik op een avond in november bij hem thuis langsging, was hij druk bezig weer een comedyshow in de Donbas te organiseren. Door de laatste golf van Russische raketaanvallen rond de hoofdstad waren de elektriciteit en de mobiele telefoondiensten in Tyra's buurt uitgevallen, en mijn gebons op zijn poort werd ongeveer twintig minuten lang overstemd door het lawaai van zijn dieselgenerator, voordat hij eindelijk op de oprit verscheen en me uitnodigde in zijn rommelige garage. De ruimte stond volgestapeld met kratten vol hulpmiddelen en apparatuur, dozen met gereedschap en asbakken overvol met sigarettenpeuken. Een kapotte ambulance stond te wachten op reparatie en certificaten van dankbaarheid en lof van verschillende militaire eenheden bedekten de muren. De oudste dateerden van de comedyshows die Tyra in 2014 voor Zelensky in het oorlogsgebied had helpen organiseren, en het waren die shows geweest die hem ervan hadden overtuigd zich kandidaat te stellen voor het presidentschap. Het voelt als een mensenleven geleden, zei Tyra. Toen renden de militairen op Zelensky af om hem te omhelzen en probeerden ze hem op hun schouders te dragen. Nu respecteerden de manschappen zijn beslissing om te blijven en het land de oorlog in te leiden. Maar de geruchten over zijn conflict met generaal Zaloezjny deden veel officieren twijfelen aan de bedoelingen van de president, en dat bracht Tyra in een lastig parket. 'Mensen blijven me maar vragen: hoor je bij de president of bij Zaloezjny?' zei hij. 'Het is de een of de ander.'

In die populariteitsstrijd had Zelensky niet de overhand, in elk geval niet onder de mannen en vrouwen die in het oorlogsgebied vochten. Daar, zei Tyra, werd de generaal zo bewonderd dat geen enkele politicus dat kon bereiken. Voor de pr-mensen in de Bankovastraat 'is het het angstaanjagendste dat juist de jongeren voor Zaloezjny zijn, de besten en slimsten zijn voor hem'. De staf van de president kon daar weinig aan doen. Proberen de generaal te ontslaan of hem anderszins beperken zou geen slimme strategie zijn, zei Tyra, omdat de militairen dan zeker in opstand zouden komen om hun commandant te verdedigen. 'Het ergste komt mogelijk als de oorlog voorbij is,' zei Tyra tegen me. 'Let op mijn woorden. Er zal zich een enorme shitstorm ontketenen over de vraag of de oorlog voorkomen had kunnen worden en of we te veel mensen hebben verloren.' Dergelijke debatten bleven onder de oppervlakte zolang de gevechten in Oekraïne woedden, maar uiteindelijk zouden de mensen antwoorden eisen. 'De lichten zullen aangaan,' zei Tyra. 'En de honden zullen gaan blaffen.'

22

De bevrijding

Begin november arriveerde Jake Sullivan, de nationale veiligheidsadviseur van het Witte Huis, op het centraal station van Kyiv waarna hij in een gepantserd konvooi naar president Zelensky in de Bankovastraat werd gebracht. Hij kwam niet met lege handen. Een zending drones, luchtdoelraketten en opgeknapte Sovjettanks maakten allemaal deel uit van het hulppakket van 400 miljoen dollar dat tijdens het bezoek van Sullivan bekend werd gemaakt en dat de geschatte waarde van de Amerikaanse hulp sinds het begin van de invasie op meer dan 25 miljard dollar bracht.[282] Maar in Washington wist de regering-Biden niet zeker hoelang ze de bevoorrading in dit tempo kon laten doorgaan. In de week erna zouden de tussentijdse verkiezingen in de VS plaatsvinden en de Republikeinen waren hard op weg om de controle over het Congres terug te winnen. Hun leider in het Huis, Kevin McCarthy, had Oekraïne gewaarschuwd dat het geen 'blanco cheque' zou krijgen om eindeloos door te gaan met oorlog voeren. Niet alleen in de VS, maar in heel Europa begonnen politieke leiders zich af te vragen wanneer de gevechten zouden stoppen, hoe Zelensky overgehaald kon worden om met Poetin te onderhandelen en of zijn vertrouwen in Oekraïne dat het de oorlog kon winnen hem blind had gemaakt voor de grenzen aan de mogelijkheden van het Westen om hem te helpen.

Decreet 679, dat hij een maand eerder had uitgevaardigd, baarde sommige van zijn westerse bondgenoten zorgen. Als reactie op de door het Kremlin uitgeroepen annexatie van vier Oekraïense regio's had Zelensky een officieel verbod op gesprekken met Vladimir Poetin afgekondigd. 'Hij weet niet wat waardigheid en eerlijkheid betekenen,' zei Zelensky.[283] 'Wij zijn bereid tot een dialoog met Rusland, maar dan met een andere Russische president.' De verklaring, die nog kracht werd bijgezet door een bevel van de Nationale Veiligheids- en Defensieraad, sloot de diplomatieke wegen af die veel bondgenoten van Oekraïne nog wilden bewandelen. Halverwege de herfst drongen ze er bij Zelensky op aan om in zijn retoriek meer ruimte te laten voor de mogelijkheid om de oorlog middels onderhandelingen te beëindigen. Op de dag dat Sullivan aankwam, gaven de ministers van Buitenlandse Zaken van de rijkste zeven democratieën ter wereld een gezamenlijke verklaring uit waarin ze Zelensky eraan herinnerden de 'bereidheid tot een rechtvaardige vrede' te handhaven.[284] Sullivan gebruikte dezelfde uitdrukking – 'een rechtvaardige vrede' – tijdens zijn ontmoeting met de president en zijn assistenten in Kyiv, en hij drong er bij hen op aan om na te denken over wat er nodig zou zijn voor zo'n soort vrede.

Maar Zelensky voelde er niets voor om daarover te praten. De eerste maanden van de invasie, zelfs na de gruweldaden in Boetsja, geloofde hij nog dat Poetin voor rede vatbaar was, dat de misdaden van de Russische troepen misschien voor hem verborgen waren gebleven. Die illusie was verdwenen. Na het Oekraïense succes op het slagveld in de regio Charkiv was de president van plan het leger te blijven inzetten om de Russen terug te dringen. Hij wist dat zijn idee van een 'rechtvaardige vrede' niet aanvaardbaar was voor de huidige Russische machthebbers. Om een einde te maken aan de oorlog zouden ze hun troepen moeten terugtrekken van al het grondgebied dat ze in Oekraïne hadden bezet, inclusief de Krim. Ze zouden moeten meewerken aan de bestraffing van iedereen die verantwoordelijk was voor oorlogsmisdaden tegen Oekraïne. Poetin en zijn generaals zouden deze voorwaarden nooit accepteren, dus Zelensky zag geen basis voor vredesbesprekingen. Ze konden er in elk geval niet op vertrouwen dat de Russen zich zouden houden aan beloften die ze eventueel aan de onderhandelingstafel zouden doen. Zelfs terwijl ze beweerden dat ze geïnteresseerd waren in een staakt-het-vuren, regende het Russische raketten op vreedzame steden en stroomden hun militaire rekruteringskantoren vol met nieuwe rekruten.

'Ze blijven mensen bijeenbrengen om ze vervolgens de dood in te jagen,' zei Zelensky in een televisietoespraak op de avond van zijn ontmoeting met Sullivan.[285] Waarschijnlijk gebruikte de president die avond de opmerking 'een rechtvaardige vrede' als een concessie aan zijn gast. Maar hij eindigde met een geheugensteuntje aan het soort vrede dat hij voor ogen had. 'We herinneren ons elke hoek van ons land,' zei Zelensky. 'We zullen al onze steden en dorpen bevrijden, ongeacht hoe de bezetters hun verblijf op Oekraïens grondgebied ook willen rekken. Oekraïne zal vrij zijn. En onze gehele grens zal hersteld worden.'

◆

Een paar dagen later zetten de strijdkrachten van Oekraïne een grote stap in de richting van dat doel. In de zomer en de vroege herfst vorderde hun tegenoffensief aan het zuidelijke front met horten en stoten, volgens de routekaart die generaal Zaloezjny in overleg met zijn bondgenoten in het Westen had opgesteld. De Oekraïners kregen de controle terug over steden en dorpen aan de noordelijke rand van de regio Cherson, al ging dat wel ten koste van een enorm aantal soldatenlevens. Ondertussen gebruikten ze hun geavanceerde artilleriesystemen om de Russische aanvoerlijnen over de Dnipro te bombarderen. Zelensky vierde deze aanvallen met een soort duivelse vrolijkheid. 'Onze kleingeestige vijanden zullen sterven,' zei hij glimlachend na een succesvolle aanval begin november, 'net zoals de dauw opdroogt in de zon, net zoals de Russische rivierovergangen onder de aanvallen van onze HIMARS.'[286]

Tegen die tijd leken de Russische stellingen rond Cherson zelfs voor de bevelhebbers in Moskou niet meer te verdedigen, en ze besloten al snel om zich terug te trekken. In een video op de Russische staatstelevisie deed Sergej Soerovikin, beter bekend als generaal Armageddon, deze aankondiging, terwijl hij met een aanwijsstok in zijn hand ongemakkelijk naar een kaart van het slagveld stond te kijken. Hij legde uit dat de Russische troepen in de stad Cherson 'volledig geïsoleerd' dreigden te raken en zich moesten terugtrekken. 'Ik begrijp dat dit een zeer moeilijke beslissing is,' zei Soerovikin. 'Tegelijkertijd zullen we de levens van onze manschappen redden, en dat is het belangrijkste.'[287]

De verklaring klonk te mooi om waar te zijn. Zelensky en zijn adviseurs veronderstelden dat het een val was, waarschijnlijk bedoeld om Oekraïense troepen weg te lokken van het zuidelijke front of hen in een hinderlaag te lokken. Cherson was de enige regionale hoofdstad die de Russen sinds het begin van de invasie hadden weten in te nemen en er was nauwelijks een maand verstreken na Poetins verklaring dat Cherson voor altijd deel zou uitmaken van Rusland. Hij had gedreigd alle militaire middelen te gebruiken, inclusief kernwapens, om dit deel van Oekraïne als het zijne te verdedigen. Nu had Zelensky voor het oog van de wereld de Russische bluf doorzien, en dit was Poetins antwoord? Hij zou zijn troepen inkrimpen, waarna ze zich stilletjes uit de voeten zouden maken? Niemand in de Bankovastraat kon het geloven. 'De vijand geeft ons geen cadeautjes,' zei Zelensky die avond, terwijl hij zijn mensen aanspoorde hun emoties in bedwang te houden.[288]

Maar twee dagen later, toen de strijdkrachten van Oekraïne Cherson binnentrokken en de nationale vlag boven het stadscentrum hesen, braken in het hele land feestelijkheden uit. De Russische terugtrekking uit Kyiv vervulde de Oekraïners met opluchting en veerkracht, en de bevrijding van de regio Charkiv gaf hun een reëel gevoel van hoop, maar dit was iets nieuws; dit was een duidelijk bewijs dat Oekraïne de Russen op de knieën kon krijgen. Het centrum van Kyiv barstte die avond van vreugde uit zijn voegen, met claxons die loeiden van blijdschap en mensen die op straat met de nationale vlag zwaaiden. De ongeschreven regel tegen openbare feestvreugde had tijdens de eerste maanden van de oorlog in Kyiv standgehouden, want het voelde onfatsoenlijk om te feesten terwijl andere steden in brand stonden, maar dat taboe werd doorbroken met de bevrijding van Cherson. Een van Zelensky's adviseurs nodigde me die avond uit in een nachtclub niet ver van de Bankovastraat. In de bar in een van de kerkers zagen we travestieten die karaoke zongen om de menigte op te warmen. Het begon langzaam, maar met elk drankje schudden ze meer van het gewicht van de oorlog van zich af en even later begonnen ze te dansen en keihard te zingen, niet langer bang het geluk te tarten dat ze nog leefden.

Voor de een bleek de somberheid moeilijker te verdrijven dan voor de ander, en de angst voor de winter hing dreigend boven het geklets van de rokers buiten op straat. Volgens een van de geruchten had Iran nog krachtiger drones en ballistische raketten aan de Russen geleverd. Men vroeg zich af hoeveel mensen er door de aanvallen op het elektriciteitsnet en de centrale verwarmingssystemen zouden doodvriezen. De bewoners van hoge woontorens hadden voorraadjes voedsel en water in de liften gelegd, bestemd voor iedereen die er vast zou komen te zitten tijdens een stroomstoring. Toch faalde de Russische strategie. Toen de winter naderde waren er geen massa's vluchtelingen uit de steden weggetrokken. In plaats daarvan bleven ze terugkeren uit ballingschap, want de mensen wilden het gevoel van triomf dat in de lucht hing voor geen goud missen. Beneden in de bar was het voelbaar. 'Ik ben Oekraïne!' zong de menigte. 'Wij zijn Oekraïne!'

◆

De uitnodiging van de staf van de president kwam de dag erna. *Maak je klaar voor een reis,* schreef zijn assistent in een sms, *en vergeet je tandenborstel niet.* Hij gaf geen details over de bestemming of hoe we er zouden komen, maar het was niet moeilijk te raden. Uit alles wat Zelensky over zichzelf sinds de invasie had verteld, was duidelijk dat hij zo snel mogelijk een bezoek aan Cherson wilde brengen. Tot aan ons vertrek de volgende avond hadden zijn lijfwachten er bij hem op aangedrongen om te wachten. De Russen hadden de infrastructuur van de stad vernietigd; er was geen water, elektriciteit of verwarming. De buitenwijken lagen nog steeds bezaaid met landmijnen en in overheidsgebouwen hingen struikeldraden. Door een explosie was op de snelweg naar Cherson een brug ingestort en onbegaanbaar geworden. De Russen werden er ook van verdacht dat ze tijdens hun vlucht informanten en saboteurs hadden achtergelaten, die mogelijk zouden proberen het presidentiële konvooi aan te vallen, Zelensky te vermoorden of hem te gijzelen. Op het centrale plein, waar mensenmassa's zich hadden verzameld om hun bevrijding te vieren, kon zijn veiligheid niet worden gegarandeerd. Daar bevond hij zich binnen het bereik van de Russische artillerie, en een hypersonische raket, afgevuurd vanaf de Zwarte Zee zou hooguit een paar minuten nodig hebben om zijn doel op het plein te bereiken. 'Mijn team beveiligers was er unaniem op tegen,' vertelde de president over de reis. 'Van mijn kant is het inderdaad een beetje roekeloos.'[289]

Waarom ging hij het dan toch doen? Zelensky doden of gevangennemen en zijn regering op straat zetten, dat was aan het begin van de invasie het doel geweest van de Russen. Waarom zou je hun dan zo'n gemakkelijke kans geven om toe te slaan op het moment dat de Russen meer dan woest en vreselijk vernederd waren? Vanwege de informatieoorlog, dat was de voor de hand liggende reden. Door de stad binnen te rollen die Poetin nog steeds als de zijne beschouwde, zou de leider van Oekraïne een bres slaan in de verhalen over veroveringen en vorstelijke overwinningen die de Russische propaganda al maanden gebruikte om de oorlog te rechtvaardigen. Het bezoek van Zelensky zou de schaamte bij de Russen over hun terugtocht vergroten en de wil bij de Oekraïners om de winter door te komen versterken. Het zou de geloofwaardigheid van Poetins nucleaire dreigementen eveneens aantasten en dus de laatste aanspraak die Rusland maakte op de status van mondiale supermacht verzwakken.

Maar dat waren niet de redenen die Zelensky zelf gaf voor de reis. 'Het zijn de mensen,' zei hij tegen me. 'Negen maanden lang zijn ze bezet geweest, zonder licht, zonder iets. Ja, ze hebben twee dagen euforie gekend omdat ze weer bij Oekraïne horen. Maar die twee dagen zijn voorbij.' Al snel zou de lange weg naar herstel in zicht komen, waarna velen zouden willen terugkeren naar de normale omstandigheden, vaak veel sneller dan de staat dat zou kunnen realiseren. 'Ze zullen in een depressie terechtkomen en het zal heel moeilijk worden,' zei Zelensky. 'Zoals ik het zie, is het mijn plicht om daarheen te gaan en hun te laten zien dat Oekraïne terug is, dat het land hen steunt. Misschien geeft het hun genoeg moed om het nog een paar dagen vol te houden. Maar ik weet het niet zeker. Ik maak me geen illusies.'

◆

Onze ontmoetingsplaats die zondagavond was de gebruikelijke plek buiten de brandweerkazerne, in een deel van het centrum van Kyiv dat verduisterd was tegen de tijd dat de fotograaf en ik aankwamen. Kaarsen flikkerden in de ramen van appartementen, en mensen die hun hond uitlieten gebruikten hun telefoon om de trottoirs te verlichten. Zelfs de centrale overdekte markt was donker, hoewel de verkopers binnen bij het schijnsel van elektrische lantaarns nog steeds vers fruit en kaas, augurken en buikspek verkochten. Toen we ze sjouwend met onze kogelwerende vesten en helmen passeerden, zorgden we ervoor dat we wat eten voor onderweg meenamen. *Neem wat snacks mee*, had een van Zelensky's assistenten in een sms gezegd. *Deze reizen verlopen vaak erg ongeorganiseerd.*

Dat zou je niet zeggen, afgaand op het zwarte busje dat ons stipt zoals afgesproken om halfacht kwam ophalen en ons langs de militaire controleposten bracht. De bewakers zagen er inmiddels vertrouwd uit, net als de gebouwen van de presidentiële compound, hoewel de verduistering ze een spookachtige aanblik gaf. Soldaten gluurden uit wachthuisjes die tussen de bomen verborgen waren en licht van zaklantaarns flikkerde door de ramen van Zelensky's kantoor op de vierde verdieping. 'Heb je papieren bij je?' vroeg een van de bewakers terwijl hij me bekeek. 'Mooi, dan weten we tenminste wat we op je graf moeten zetten als je achteropraakt bij het konvooi.' Zijn kameraden lagen dubbel van het lachen.

Tegen de tijd dat ons konvooi de compound verliet, waren de straten leeg en konden we door het centrum van de stad rijden. De avondklok zou pas over twee uur ingaan, maar omdat veel verkeerslichten tijdens de verduisteringen waren uitgeschakeld waagden alleen de dapperen het om door het centrum te rijden. In de buurt van het treinstation namen we een achterafweggetje en reden we stapvoets verder tot er een groep soldaten in de koplampen verscheen. Achter hen, aan de rand van een industrieterrein en tussen hopen bouwmateriaal, stond een trein met een paar wagons stationair te draaien. Het enige licht kwam uit de geopende deuren van een slaapwagon, waar een glimlachende begeleider, gekleed in het uniform van de staatsspoorwegen, op ons stond te wachten. Zelensky's assistenten en stafleden hadden nooit eerder verslaggevers in de presidentiële trein gezien en dit nieuwigheidje vonden ze wel leuk. Hun enige verzoek was of we geen foto's wilden maken of details publiceren waardoor iemand Zelensky's privéwagon zou kunnen identificeren. 'Het is ons enige vervoermiddel,' legde een van hen uit. 'Als de Russen het vinden, is dat voor hen een schot in de roos.'

De trein deed er die nacht negen uur over om Oekraïne van noord naar zuid te doorkruisen. Toen we vroeg in de ochtend de stad Mykolajiv naderden, waren de bomen achter de ramen op het oosten in nevelen gehuld. Aan de andere kant van de trein kwam de zon op met roze strepen verspreid over de vochtige zwarte aarde, de keurige rechthoeken Oekraïens boerenland, dat door ontplofte granaten voor een groot deel vol gaten en geulen zat. Het eerste signaal van de oorlog werd zichtbaar op een landelijk knooppunt, waar enkele tientallen soldaten bezig waren een handvol tanks op de perrons te zetten. De machines zagen er oud uit, als relikwieën uit de Tweede Wereldoorlog, en de mannen leken op ijverige jongens die rond de koepels klauterden.

De trein stopte al snel op een stoffig terrein vol plompe garages en bungalows. Enkele tientallen commando's keken toe toen we uit de trein sprongen en naar een konvooi busjes renden. 'Goedemorgen,' zei ik tegen een van de soldaten. 'Harder lopen,' was zijn antwoord. Zelfs toen onze chauffeurs op volle snelheid doorreden en andere auto's in de berm duwden, duurde het nog ongeveer een uur voordat het konvooi de bevrijde stad had bereikt, die niet toegankelijk was voor treinverkeer. Op een gegeven moment kwamen we een sleepwagen tegen die met een kraan een militair voertuig van de snelweg moest halen; het verkoolde en verroeste geraamte bungelde in de lucht. Onze chauffeur stopte om de arbeiders hun werk te laten doen, maar door zijn radio klonk een ongeduldige stem. 'Hervat activiteit,' werd er in het Russisch gezegd. 'We hebben geen tijd.'

Aan de rand van de regio Cherson werden we door een ingestorte brug gedwongen om van de snelweg af te gaan en de droge rivierbedding in te rijden. Sappeurs gebruikten metaaldetectors om op landmijnen en niet-geëxplodeerde granaten te controleren. 'Kijk daar,' zei de stem op de radio van de bestuurder. 'Ze hebben een ambulance vernietigd.' Het omhulsel lag onherkenbaar vervormd en zwartgeblakerd tussen de wrakstukken van de brug. In een omtrek van enkele kilometers was elk verkeersbord en elk gebouw zwaar beschadigd door kogels, granaten en granaatscherven, en het werd al snel duidelijk waarom. We passeerden de beruchte dodelijke zone rond Tsjornobajivka, dicht bij het vliegveld dat door inwoners van Cherson wordt gebruikt. Dit was de plek waar de vijandelijke opmars in het zuiden was gestopt. Tientallen kapotte voertuigen stonden in de nabijgelegen velden en leken op oud speelgoed dat was achtergelaten in een zandbak. Sinds de hevigste gevechten in het gebied waren er enkele maanden verstreken, maar de kraaien cirkelden nog steeds boven de wrakstukken, op zoek naar vlees om van de menselijke botten te pikken.

Niemand had de inwoners van Cherson verteld dat de president naar hun stad onderweg was. Het nieuws van zijn komst bleef een staatsgeheim, zelfs voor de militaire officieren die in het gebied gelegerd waren. Toch werd door de veiligheidsmaatregelen rond het centrale plein halverwege de ochtend duidelijk dat er iets spectaculairs stond te gebeuren. Twee dagen lang had het plein vol gestaan met massa's mensen om de bevrijding van Cherson te vieren, overwinningstekens op de gebouwen te spuiten en foto's te nemen met de Oekraïense troepen die er als in een roes rondliepen. Nu had de politie het gebied afgezet, zodat er slechts enkele tientallen toeschouwers aan de westelijke rand van het plein konden staan, vlak bij de bioscoop. Aan de andere kant, voor het hoofdkwartier van de regionale regering, stonden rijen soldaten in losse formatie met het geweer over hun schouder. Enkele hoge functionarissen uit Kyiv stonden in de buurt te wachten, omhelsden elkaar en namen selfies voor de graffiti die op de gebouwen was gespoten: GLORIE AAN DE STRIJDKRACHTEN VAN OEKRAÏNE! en: GLORIE AAN DE HELDEN! Een van Zelensky's assistenten, Dasja Zarivna, was opgegroeid in Cherson en ze was bijna in tranen terwijl ze naar de Oekraïense vlaggen stond te kijken die boven het plein wapperden. 'Ik was bang dat ik deze plek nooit meer zou zien,' zei ze tegen me. 'Maar hier zijn we dan.'

Een paar minuten later klonk de eerste explosie, iedereen verstijfde en keek naar de lucht, in afwachting van een neerkomende granaat. Toen kwam er nog een knal. Het klonk dichterbij dan de eerste en de geluidsgolf beukte tegen de gebouwen. Iemand suggereerde dat het uitgaand artillerievuur was, hoewel dat eerder een optimistische gok leek. De Russen hadden zich teruggetrokken op de linkeroever van de rivier de Dnipro, die nu ongeveer anderhalve kilometer verderop de frontlinie vormde. De knallen bleven klinken, maar Zelensky, die naast zijn Land Cruiser stond te wachten, leek er geen last van te hebben. Hij weigerde zoals gewoonlijk een helm of kogelwerend vest te dragen. Aan de rand van het plein hadden de soldaten een internetterminal van Starlink geïnstalleerd en de satellietschotel op een dieselgenerator aangesloten. Toen de president dat zag, pakte hij zijn telefoon en vroeg om het wifiwachtwoord. De meeste mensen om hem heen waren gewapend met geweren. Maar dit was *zíjn* wapen; Zelensky gebruikte het laatste model iPhone om de grootste landoorlog van het informatietijdperk te voeren.

Al snel arriveerden de mediabussen en tientallen verslaggevers haastten zich naar het plein om een rij camera's op te stellen. Zelensky hield de ceremonie kort, omdat hij zijn bewakers niet wilde irriteren door langer dan nodig binnen het bereik van Russische kanonnen te blijven. Ze zouden hem later vertellen dat er hoog boven zijn hoofd, te hoog voor iemand van ons om het op dat moment op te merken, een vijandelijke verkenningsdrone boven het plein surveilleerde en beelden doorgaf aan de Russische troepen aan de overkant van de rivier. Het toestel registreerde dat Zelensky de Oekraïense vlag hees en met zijn hand op zijn hart het volkslied zong. Het registreerde dat hij naar de wachtende tv-camera's liep om een paar vragen van verslaggevers te beantwoorden. De eerste kwam meteen ter zake: was dit het begin van het einde van de oorlog? Zelensky herhaalde de vraag langzaam voor de camera's, zodat hij een paar tellen had om over zijn antwoord na te denken.

Net als na eerdere overwinningen op het slagveld zorgde de overwinning in Cherson ervoor dat veel van Zelensky's bondgenoten zich afvroegen of dit het moment was voor Oekraïne om het vredesproces te hervatten, deze keer vanuit een relatief krachtige positie. De Russen leken bereid om aan de onderhandelingstafel plaats te nemen. Ook al bleven hun oorlogsvliegtuigen doelen in Oekraïne bombarderen en civiele infrastructuur vernietigen, hun retoriek was wel degelijk veranderd. Poetin noemde de autoriteiten in Kyiv niet langer 'drugsverslaafden' en 'neonazi's'; in plaats daarvan sprak hij eind oktober over hen als zijn 'Oekraïense partners', woorden die hij sinds lang voordat de invasie begon niet meer had gebezigd.[290] Diezelfde dag gaf een van Poetins naaste bondgenoten een opmerkelijke verklaring uit, waarin hij de Oekraïense leider prees. 'Ook al is Zelensky de president van een land dat Rusland momenteel vijandig gezind is, toch is hij een sterke, zelfverzekerde, pragmatische en sympathieke man,' zei de Russische krijgsheer Jevgeni Prigozjin, leider van de huurlingengroep Wagner.[291]

De ogenschijnlijke verandering van toon kwam niet overeen met de voortdurende barbaarse daden van Rusland. De huurlingen van Prigozjin waren begonnen hun eigen deserteurs te executeren door ze met een moker op het hoofd te slaan. In de bevrijde regio Charkiv vonden onderzoekers van oorlogsmisdaden bewijzen van wijdverbreide Russische wreedheden, waaronder massagraven, filtratiekampen en martelkamers. In weerwil van de positieve draai in de berichtgeving op de Russische televisie, was de beslissing om Cherson te verlaten niet zozeer een gebaar van goede wil van de Russische strijdkrachten als wel een daad van zelfbehoud. Toch besloten velen in het Westen deze ontwikkeling te beschouwen als een kans op vrede. Zelfs generaal Mark Milley, een van de invloedrijkste steunpilaren van Oekraïne in Washington, drong er bij Zelensky en zijn team op aan om het vredesproces te hervatten. 'Als er een kans is om te onderhandelen, als er vrede kan worden bereikt, grijp die dan! Grijp dat moment,' zei Milley in een toespraak in New York op 9 november 2022, de dag dat de Russen hun terugtrekking uit Cherson aankondigden.[292]

Om zijn opmerking kracht bij te zetten nam Milley de Eerste Wereldoorlog als voorbeeld, toen miljoenen mensen stierven in de Europese loopgraven, terwijl de frontlinies jarenlang heen en weer schoven. Volgens Milleys schatting waren er in Oekraïne sinds februari aan beide kanten al meer dan honderdduizend soldaten gedood. Europese leiders sloten zich bij dat getal aan, ook al hielden de Oekraïners hun werkelijke aantallen slachtoffers nog steeds voor het publiek verborgen. Het laatst bekende officiële dodental had generaal Zaloezjny in augustus bekendgemaakt; hij beweerde toen dat Oekraïne negenduizend van zijn manschappen had verloren – een grove onderschatting. In reactie op Milleys opmerking over de kans op vrede gaf Zaloezjny op zijn Facebook-pagina een ongebruikelijk scherpe verklaring uit: 'Ons doel is om al het Oekraïense land van de Russische bezetter te bevrijden,' schreef de generaal.[293] 'We zullen onder geen beding afzien van deze ingeslagen weg. Het Oekraïense leger zal geen onderhandelingen, overeenkomsten of compromissen accepteren, geen enkele. Er is maar één voorwaarde om te kunnen onderhandelen: Rusland moet alle veroverde gebieden verlaten.'

Zelensky dacht er hetzelfde over. Waarom stoppen als hij het momentum had? Vanaf het centrale plein in Cherson was de afstand naar de Krim ongeveer 100 kilometer. De Oekraïense strijdkrachten zouden die binnen enkele dagen kunnen afleggen, als Zelensky het Westen maar kon overtuigen om genoeg wapens te leveren om door de Russische verdediging heen te breken. 'Is dit het begin van het einde van de oorlog?' zei de president tegen de verslaggevers op het plein. 'Je ziet ons sterke leger. We gaan stap voor stap naar ons land, naar alle tijdelijk bezette gebieden.' Toen kwam er nog een vraag uit de menigte: wat is het volgende? 'Niet Moskou,' zei Zelensky met een glimlach. 'We zijn niet geïnteresseerd in gebieden van een ander land. We zijn alleen geïnteresseerd in de bevrijding van ons eigen land, van ons eigen grondgebied.' Bovendien, zei hij, heeft het geen zin om te onderhandelen met een vijand die het over vrede heeft terwijl hij burgers bombardeert. 'We geloven Rusland niet,' zei Zelensky. 'Ze houden de hele wereld voor de gek. Daarom gaan we door.'

Op dat moment brak er links van de president een gejuich uit: 'Glorie aan Oekraïne!' En het antwoord was een koor van voornamelijk vrouwenstemmen: 'Glorie aan de helden!' Zelensky zag hen en tot frustratie van zijn bewakers ging hij ze begroeten; hij liep naar de menigte toe, bestaande uit enkele honderden inwoners, die naar voren kwamen toen hij hen naderde. De verslaggevers snelden van achteren op hem af en de president raakte opgesloten in een menigte die zijn bewakers niet in bedwang konden houden. Je zag de schrik in de ogen bij een van hen toen hij de gezichten in de menigte op bedreigingen scande. Zelensky glimlachte en zwaaide. 'Hoe gaat het?' zei hij tegen zijn aanhangers. 'Alles goed met jullie?'

◆

Vanaf het centrale plein van Cherson gingen we in konvooi naar een ondergrondse commandopost, waar Zelensky de officieren zou ontmoeten die de leiding hadden over het zuidelijke front. De post zat verborgen onder een oude machinefabriek die bezaaid lag met puin en gebroken glas. Om bij de ingang te komen moest Zelensky naar beneden klauteren, naar een zware metalen deur, eenzelfde deur als hij elke dag in Kyiv gebruikte om bij zijn oorlogsonderkomen naar binnen te gaan. Voor de rest leek de plek niet op zijn eigen, goed ingerichte schuilplaats. Aan het einde van de trap leidde een donkere gang ons door een wasgelegenheid naar een ruimte die vol stond met stapelbedden van de manschappen. Er was niemand die in de houding stond of de bezoekende opperbevelhebber groette, en er had die ochtend niemand de gemeenschappelijke toiletruimte schoongemaakt, waar spinnenwebben vol kleine vliegjes de muren achter de wc's bedekten. De meeste officieren bleven in hun vertrekken, starend naar hun scherm en rammelend op hun toetsenbord. Een van de soldaten bleef een tijdje liggen dutten, ging toen rechtop in bed zitten, trok zijn uniform aan over zijn lange onderbroek en ging weer aan het werk. Zelensky liep langs hem heen en ging naar de eetzaal, waar de lunch werd geserveerd in plastic kommen en papieren bekertjes: rijst met *ragu* en worstsoep met brood van een dag oud. Als hij de keuze had, vertelde Zelensky me later, zou hij het liefst altijd verwelkomd worden als de gelijke van zijn soldaten en niet als hun potentaat; het gebrek aan protocol kwam niet op hem over als gebrek aan respect. Het motiveerde de mannen en vrouwen om vrijuit te spreken over de verschrikkingen die ze hadden gezien en over de strijd die Cherson nog te wachten stond.

De stad was bevrijd, maar bleef een doelwit voor de Russen. Veel Russische informanten waren achtergebleven en ze hadden veel bondgenoten onder de lokale bevolking. De Oekraïense veiligheidstroepen moesten nu diegenen die met de bezetter hadden meegewerkt opsporen en ondervragen. Veel medewerkers van nutsbedrijven, politieagenten en andere ambtenaren waren op hun post gebleven om de stad draaiende te houden terwijl ze onder Russische controle stond. Sommige lokale leerkrachten en bestuurders hadden de scholen tijdens de bezetting opengehouden. In de eerste maand van de invasie had Zelensky een wet getekend die strenge straffen oplegde voor het helpen van de bezetter, met voor de ergste overtreders een levenslange gevangenisstraf wegens verraad, en de president was niet geneigd om genade te tonen aan degenen die hij als verraders beschouwde. 'Ze bevinden zich onder ons,' zei de president tegen me. 'In appartementen, in kelders, tussen de burgers, en we moeten ze ontmaskeren, want zij vormen een groot risico.'

Terwijl de generaals zich concentreerden op de taak om de Russen terug te dringen, hield Zelensky rekening met een ander aspect van de oorlog. Maandenlang had hij beloofd om elke vierkante kilometer van Oekraïne te bevrijden, inclusief de hele Donbas en de Krim. Maar als politicus besefte hij dat een militaire overwinning in deze regio's het begin zou zijn van een veel zwaardere strijd. Het zou zijn taak zijn om de gebieden die Oekraïne op de indringers terugveroverde te besturen, en daarvoor zou hij de mensen die daar woonden voor zich moeten winnen. In Cherson zou dat misschien niet zo moeilijk zijn. De bezetting had acht maanden geduurd – niet lang genoeg voor de Russen om het volksverzet te breken. De lokale bevolking bleef de bezetters trotseren via burgerlijke ongehoorzaamheid, openbare protesten, en in sommige gevallen gewelddadige aanvallen en moorden. Toen de Oekraïense troepen terugkeerden naar Cherson, werden ze door de inwoners hartelijk verwelkomd. Soms wierpen ze zich op de soldaten en huilden van vreugde. Maar Zelensky verwachtte niet hetzelfde welkom in alle regio's die hij beloofde te bevrijden, zeker niet in de bezette delen van Oost-Oekraïne. 'Ik zou met hen moeten praten,' zei hij, 'ervan uitgaand dat de mensen daar bereid zijn om te luisteren.'

Aan het begin van zijn ambtstermijn probeerde de president dwars over de frontlinies heen een beroep op hen te doen, door pensioenen en overheidsdiensten aan te bieden en door wegen voor hen te openen zodat ze de bezette delen van de Donbas konden verlaten en de rest van Oekraïne konden bezoeken. Nu vreesde hij dat het te laat was. De kinderen in die regio's was geleerd om Kyiv als de vijand te zien en de mannen waren opgeroepen voor militaire dienst om aan de zijde van de Russen te vechten. De jongste soldaten in de Donbas waren in 2014, toen de bezetting begon, pas tien jaar oud geweest, en ze hadden sindsdien gezien dat Oekraïense troepen bommen naar hen gooiden, hun vrienden doodden en hun steden verwoestten. 'Zij sterven ook,' zei Zelensky. 'En als hun lichamen thuis worden gebracht, krijgen ze te horen: "Kijk eens wat de Oekraïners hebben gedaan!"' Om hen zover te krijgen dat ze Oekraïne als hun thuisland zouden willen omarmen, zou een inspanning vergen die Zelensky zich nauwelijks kon voorstellen. 'We zouden de mensen daar moeten veranderen en ze laten zien dat we ze halverwege tegemoetkomen,' zei Zelensky. 'We zouden onze eigen comfortzone waarin we ons nu bevinden moeten loslaten en vragen: "Donbas, kunnen jullie ons horen?" Misschien horen ze ons niet. En het is niet genoeg om dat alleen maar te vragen. We moeten handelen, dichter bij hen zien te komen.'

Als sommigen uiteindelijk zouden weigeren om de terugkeer van het Oekraïense gezag te accepteren of niet zouden geloven in de goede bedoelingen van het leiderschap in Kyiv, zou het volgens hem verkeerd zijn om hun de schuld te geven of te straffen. 'Ik zou dat niet als verraad beschouwen,' zei hij. 'Het is passiviteit. Oekraïne moet zo actief mogelijk een doorbraak forceren in de huidige informatiekanalen. Hij wilde de stroom Russische propaganda naar deze regio's afsnijden en zijn eigen kanalen daarvoor in de plaats stellen. 'Maar de ervaring leert dat zolang we niet dáár zijn, we geen doorbraak kunnen forceren. We kunnen ze niet bereiken.'

Na de laatste opmars van Oekraïne in het zuiden werd niet verwacht dat de frontlinies voor het begin van de winter veel zouden bewegen, maar de president wilde niet dat ze ter plaatse zouden bevriezen. In de eetzaal zette hij zijn bord weg en liep naar de andere kant van de bunker, waar verschillende officieren een briefing hadden voorbereid over de omstandigheden aan het front. Iedereen moest zijn telefoon bij de deur van de vergaderzaal achterlaten. Binnen hing een recente gevechtskaart aan de muur, waarop te zien was hoe de indringers zich achter twee gevaarlijke obstakels hadden gepositioneerd, die ze nu als schild wilden gebruiken. Om vanuit het westen op te rukken, moesten de Oekraïners onder een mogelijke regen van artillerie- en machinegeweervuur het water van de Dnipro doorwaden. Als ze vanuit het noorden zouden oprukken, zouden ze op de grootste kerncentrale van Oekraïne stuiten, die sinds begin maart door de Russen werd bezet. De reactoren bevonden zich nu in de frontlinie en Zelensky begreep dat als ze via dat gebied zouden oprukken het risico op een nucleaire ramp zou bestaan. De vraag was wat de Russen met die reactoren zouden doen als ze zich terugtrokken. Waren ze zodanig gemanipuleerd dat ze zouden ontploffen? En hoe ver zou de fall-out zich verspreiden in het geval van een meltdown?

Zelensky was inmiddels gewend aan dat soort vragen. Hij had er maanden over nagedacht en hij had manieren ontwikkeld om zijn gedachten te structureren rond dilemma's waar hij zich in normale tijden misschien overweldigd door zou voelen. De eerste vraag had meestal betrekking op mensenlevens: hoeveel levens zouden verloren gaan als we een bepaalde weg insloegen? Met de beslissing om door te stoten naar Cherson was het net zo gegaan. 'We hadden Cherson eerder kunnen binnenvallen, met meer vuur- en mankracht,' zei hij. 'Maar we wisten dat er dan veel meer mensen zouden omkomen. Daarom hebben we voor een andere tactiek gekozen en godzijdank werkte die. Ik denk niet dat het een geniale zet van ons was. Het was de rede die het won, de wijsheid die het won van snelheid en ambitie.'

◆

Tegen de tijd dat we weer bij de trein van de president aankwamen was de zon bijna onder. De locomotief stond op een afstandje van het dichtstbijzijnde station stationair te draaien, de wagons warm en klaar voor vertrek. De weg terug naar Kyiv zou nog minstens negen uur duren. Na een volle dag met vergaderingen, briefings en ceremonies had de president nu de tijd om de reis met een pauze te beginnen om zijn hoofd leeg te maken, maar hij wilde geen loze momenten in zijn agenda. Zodra de trein begon te rijden kwam Zelensky's assistent naar me toe. Hij leidde me door de verschillende wagons met veiligheidsagenten en medewerkers en bracht me naar de privéwagon van de president. In een van de coupés zat Andri Jermak op een smal bed in zijn telefoon te schreeuwen; de ontvangst viel telkens weg terwijl hij probeerde de secretaris-generaal van de Verenigde Naties iets belangrijks duidelijk te maken. Bij de ingang van Zelensky's wagons werd ik gefouilleerd door een bewaker, die meteen blauw plakband over de cameralenzen van mijn telefoon plakte. De kamer achter hem straalde de universele luxe uit van een chic hotel: houten panelen, zacht licht en gouden armaturen, waardoor de kleine ruimte nog krapper aanvoelde, bijna bedompt. Mijn verwachtingen van een hightechcommandocentrum op wielen werden niet ingelost. De president was gekleed in zijn gebruikelijke groene fleecetrui en zat aan een kleine vergadertafel met voor zich een kop koffie en een wirwar van documenten; de jaloezieën voor de ramen waren gesloten en tegen de muur links van hem stond een smalle bank gedrukt.

Toen ik tegenover hem ging zitten, pakte hij een pocketboek en bekeek het. Het ging over het leven van Hitler en Stalin tijdens de Tweede Wereldoorlog, een vergelijkende studie naar de twee tirannen die Oekraïne het meest hadden gepijnigd. Zelensky had nog geen tijd gehad om het te lezen. 'De hoeveelheid documenten in mijn beroep verdringt alle literatuur,' zei hij. Maar dit soort boeken over geschiedenis en biografieën behoorden al lang tot zijn reisgezellen. Sinds het begin van de invasie had hij boeken gelezen over het leven van Winston Churchill, de historische figuur met wie hij sinds het begin van de invasie het vaakst werd vergeleken, maar hij kon de suggestie dat ze iets gemeen hadden niet waarderen.

'Er worden verschillende dingen over hem gezegd,' merkte Zelensky droogjes op, en hij maakte duidelijk dat hij geen bewondering had voor Churchill wat betreft zijn staat van dienst als imperialist. Hij werd liever geassocieerd met andere figuren uit Churchills tijd, zoals George Orwell, een van Zelensky's favoriete schrijvers, of met Charlie Chaplin, de grote komiek die midden in de Holocaust Hitler belachelijk maakte. 'Ik heb Charlie Chaplin als voorbeeld genomen,' zei Zelensky, 'omdat ik wil laten zien hoe hij tijdens de Tweede Wereldoorlog informatie als wapen gebruikte om tegen het fascisme te vechten. Er waren mensen, kunstenaars, die zo de samenleving hielpen,' zei hij, 'en hun invloed was vaak groter dan die van de artillerie.' Dat was het soort invloed dat Zelensky wilde nastreven en het pantheon waarvan hij deel wilde uitmaken.

Toen de trein de gebieden langs de frontlinie verliet en wat snelheid begon te maken, werd me duidelijk dat het doel van zijn leiderschap in oorlogstijd veel verder ging dan welke overwinning op het slagveld dan ook. Hij wilde de manier veranderen waarop de Oekraïners met hun rol in de wereld, hun toekomst en de trauma's van hun verleden omgingen. Het grootste deel van mijn leven, zei hij, 'had ik helemaal geen haatgevoelens'. Hij geloofde in het zelfcorrigerend vermogen van de mens, waarbij de slechten werden gestraft en de goeden beschermd. Zelensky groeide op met het geloof dat de Sovjet-Unie respect en bewondering verdiende, zelfs als hij naar de geschiedenis van dat land keek. De Sovjet-Unie had tientallen verschillende culturen en naties samengebracht, en ze had hun diversiteit benut en hun talenten gekoesterd om enkele van de grootste prestaties in de geschiedenis op het gebied van wetenschap en kunst te realiseren. Die gevoelens hebben de oorlog niet overleefd, vertelde Zelensky. 'Nu voel ik weerzin tegen alles wat met dat verleden te maken heeft.'

Meer dan eens bracht hij tijdens onze gesprekken de begrafenisrituelen van Jozef Stalin ter sprake, wiens dood in 1953 de Sovjet-Unie in een heftige roes van rouw bracht. Toen het stoffelijk overschot van Stalin tijdens een openbare processie over het Rode Plein werd gereden, 'vertrapten de mensen elkaar en verpletterden ze ouderen en kinderen op hun pad, alleen maar om een blik te kunnen werpen op de heerser die hen had verlaten,' vertelde Zelensky in april, toen we elkaar in zijn kantoor spraken. Een halfjaar later, toen we op de terugweg waren uit Cherson, kwamen deze scènes weer bij hem op. 'Ze verpletterden elkaar,' zei hij tegen me in de trein, 'alleen maar om hem te zien, alleen maar om dat stuk schorem aan te raken dat de hele Oekraïne had vertrapt.'

Wat Zelensky terugbracht naar die beelden – het wassen gezicht en de verschrompelde arm van de generalissimo in zijn kist, de menigte die bij de muren van het Kremlin om hem jammerde – was de greep die de Sovjet-Unie op haar volk had gehad, de manier waarop haar propaganda de mensen ervan had overtuigd dat de duivel een heilige was. In de huidige oorlog vocht Oekraïne tegen een soortgelijke reeks waanideeën en Zelensky begreep dat de Russen moeilijk te verslaan zouden zijn, niet alleen vanwege hun arsenaal, maar ook vanwege de kracht van Poetins leugens. 'Het schokt me als ik de macht van deze informatie zie, het ziekelijke ervan,' zei hij. 'Het angstaanjagendste is dat de mensen er niet doorheen kunnen prikken. Als ik me baseer op de reacties die we hebben gezien, wensen ze ons dood en willen ze dat onze kinderen sterven.' Op dat moment in de oorlog lieten opiniepeilingen telkens weer zien dat een meerderheid van de Russen de oorlog steunde, en Zelensky zag het als zijn missie om die ban te doorbreken, om de verhalen die het volk via de Russische televisie tot zich nam te ondermijnen. Het verklaarde mede waarom hij voorafgaand aan de invasie zo gefixeerd was geweest op het uitschakelen van de Russische propagandakanalen in Oekraïne en waarom Poetin zo woedend had gereageerd.

Lang voordat het schieten begint wordt een oorlog in de hoofden van mannen en vrouwen uitgevochten, en Zelensky, de showman die president werd, opereerde op dat vlak. Hij kende de kracht en het gevaar van overreding en hij wist dat het Kremlin, lang voordat de Russische tanks de grens met Oekraïne overstaken, zijn oorlog al was begonnen middels propaganda en probeerde om iedereen die Russisch spreekt ervan te overtuigen dat Oekraïne niet bestaat, dat zijn leiders vermomde, herrezen nazi's zijn die de verraderlijke doelen van het Westen tegen Rusland najagen. De waanzin van deze overtuiging voorkwam niet dat ze kon postvatten. Toen de invasie begon, mocht Poetin van de staatscontrole op informatie duizenden jonge mannen naar Oekraïne blijven sturen om er te doden en te sterven, zonder dat hun families, Russische burgers, zich daartegen verzetten.

Met Stalin was het net zo gegaan, zei Zelensky. Tijdens de gedwongen beslaglegging van de Oekraïense oogsten in de jaren dertig – resulterend in genocide, de Grote Hongersnood, die bekendstaat als de Holodomor – kon het Kremlin door middel van de Sovjetcensuur en propaganda wegkomen met de moord op miljoenen Oekraïners. Generatieslang bleef de bevolking van de Sovjet-Unie onwetend over deze misdaden. Al het bewijs werd begraven, de getuigen onderdrukt. Zelensky kwam pas achter de details van die hongersnood toen hij in de jaren negentig op de middelbare school zat, jaren na de ineenstorting van de Sovjet-Unie. Pas later, tijdens zijn presidentschap, herkende hij het als onderdeel van een patroon. Eerst de Holodomor, daarna de Holocaust en de Tweede Wereldoorlog en vervolgens twee generaties van Sovjetonderdrukking. 'Deze tragedies volgden elkaar op,' zei hij, 'met de ene enorme klap op de andere.'

Ik vroeg of deze geschiedenis Oekraïne als natie op een of andere manier had verhard, en of dat bijdroeg aan hun vastberadenheid in de strijd in de huidige oorlog. De vraag leverde me een priemende blik op. 'Sommige mensen zeggen misschien dat het ons verhard heeft. Maar ik denk dat het vooral veel heeft weggenomen van de kansen van Oekraïne om zich te ontwikkelen. Het was de ene klap na de andere, van de ergste soort. Hoe kan dat ons verharden? Mensen konden nauwelijks overleven; ze werden gebroken door de honger. Het brak hun geest en dat laat natuurlijk sporen na.' Nu was het de beurt aan zijn generatie om de volgende klap van een buitenlandse indringer te verwerken. In plaats van Stalin en Hitler was het nu Poetin die hun wilskracht probeerde te breken door hun warmte en licht te ontzeggen, hun mogelijkheden om voedsel te oogsten te vernietigen, of na te denken over iets anders dan overleven. De volgende generatie Oekraïners, onder wie Zelensky's eigen zoon, zou opgroeien met kennis over oorlogstuig in plaats van te werken aan de eigen welvaart. Tijdens een recent bezoek zag Zelensky de jongen rondlopen in een uniform en op negenjarige leeftijd al een mening hebben over het soort wapens dat het leger nodig heeft.

Een einde te maken aan die cyclus, aan dat patroon van onderdrukking dat hij als jongeman niet had herkend, dat was het doel van zijn presidentschap, zei Zelensky, en zijn plan daartoe berustte op meer dan wapens alleen. 'Ik wil geen afweging maken wie er meer tanks en legers heeft,' zei hij. Rusland is een nucleaire supermacht. Hoe vaak zijn troepen zich ook moeten terugtrekken uit Oekraïense steden, ze kunnen nog steeds hergroeperen, zich terugtrekken en het opnieuw proberen. 'We hebben te maken met een machtige staat die een ziekelijke onwil toont om Oekraïne los te laten,' zei Zelensky. 'Ze zien de democratie en vrijheid van Oekraïne als een kwestie voor hun eigen overleven.' De enige manier om zo'n vijand te verslaan – niet alleen om een tijdelijke wapenstilstand te realiseren, maar om de oorlog te winnen – is door de Oekraïners erin te laten geloven dat hun vrijheid de oorlogsopofferingen waard is, en om de rest van de democratische wereld ervan te overtuigen dat ze Oekraïne de andere kant op moeten trekken, in de richting van soevereiniteit, onafhankelijkheid en vrede. Dat zou de bijdrage van Zelensky zijn. Hij had de VS en Europa al overtuigd om Oekraïne van voldoende wapens te voorzien om het momentum in deze oorlog te grijpen. Maar met dit verdergaande verzoek deed hij een beroep op zijn bondgenoten om meer te bieden dan materiële steun voor stapsgewijze overwinningen. Hij waarschuwde hen keer op keer in zijn toespraken dat het verlies van vrijheid in één land de vrijheid in alle andere landen zou uithollen. 'Als ze ons verslinden,' zei hij tegen me in de trein, 'zal de zon aan jullie hemel zwakker worden.'

We waren bijna halverwege Kyiv en de president had maar een paar uur om uit te rusten en zich voor te bereiden op het volgende punt in zijn agenda. Rond drie uur 's nachts, Kyivse tijd, zou hij een toespraak houden op de G20-top in Bali, waar de leiders van de rijkste landen ter wereld bijeen waren om een hele lijst van crises te bespreken. De oorlog in Oekraïne stond boven aan de agenda. Rusland zag dat zijn delegatie op Bali verbannen werd, ondanks zijn status als stichtend lid en als een van de invloedrijkste van de groep. De minister van Buitenlandse Zaken, Sergej Lavrov, besloot snel naar huis te gaan, waarmee hij het succes van Zelensky's strategie tegen de Russen bevestigde. Oekraïne was niet eens lid van de G20, maar zijn president wist dat hij kon rekenen op de aandacht van de leiders wanneer hij zou inbellen vanuit de Oekraïense hoofdstad. 'De Russen moeten begrijpen,' zei hij tegen me toen we afscheid namen, 'dat ze geen vergiffenis krijgen. Ze zullen niet geaccepteerd worden in de wereld.'

Het was bijna middernacht toen we de eerste lichten van Kyiv door de raampjes zagen schijnen. De presidentiële trein stopte dicht bij het centraal station, naast een opening in een betonnen muur. Daarachter wachtte een ander konvooi auto's om hem terug te brengen naar zijn kantoor. Zijn toespraak was klaar. Hij had het grootste deel zelf geschreven, zwoegend op de boodschap die hij wilde overbrengen. Het zou een oproep zijn aan de kleinere naties van de wereld, de landen die geen kernwapens of gigantische legers hebben, om samen te werken in het beëindigen van de cycli van geweld waarmee hun kolonisatoren hen confronteren. Een paar uur voor zonsopgang nam Zelensky plaats in het crisiscentrum, met de drietand die aan de muur achter hem hing. Hij keek in de camera tegenover hem aan de andere kant van het vertrek.

'Gegroet,' zei hij, 'meerderheid van de wereld, die achter ons staat.'

Nawoord

De eerstvolgende keer dat ik Zelensky zag, was een paar dagen voor Kerstmis aan de andere kant van de wereld. Hij was voor een verrassingsbezoek in Washington tijdens zijn eerste buitenlandse reis sinds het begin van de invasie. Een van zijn assistenten gaf me die ochtend in een sms een halve dag de tijd om vanuit Brooklyn bij hen te komen voordat hun vliegtuig landde. In tegenstelling tot de first lady vloog de president niet met een lijnvlucht. Het Witte Huis stuurde een straalvliegtuig van de Amerikaanse luchtmacht om Zelensky in Oost-Polen op te halen, en met een escorte van een NAVO-spionagevliegtuig en een F-15 Eagle-gevechtsvliegtuig, werd hij afgeleverd op de Joint Base Andrews, niet ver van de Amerikaanse hoofdstad. Van daaruit volgde hij vrij nauwkeurig de voetstappen van zijn vrouw, door eerst met Joe en Jill Biden in het Oval Office te verschijnen voordat hij een toespraak hield voor een gezamenlijke zitting van het Congres. We zagen elkaar kort, net lang genoeg voor een knikje, toen hij zich door de gangen van het Capitool haastte.[294]

Misschien was er ergens, waarschijnlijk rond de ogen, nog sprake van de jonge Zelensky uit het komediecircuit in Kryvy Rih waarop zijn gelaatstrekken die dag nog waren geïnspireerd. Maar ik zag daar niet veel van terug toen hij door het gangpad van het Huis van Afgevaardigden liep. De gemakkelijke veerkrachtige gang uit die vroege stadia van zijn jeugd had de impact van de invasie niet overleefd. Zijn tred leek nu loodzwaar, gefixeerd in de schouders, als een buldog op weg naar een gevecht. Gekleed in zijn gebruikelijke legergroene sweatshirt verklaarde hij vanaf het podium in het Congres dat Oekraïne het deel van de oorlog had gewonnen dat er het meest toe doet. 'We hebben Rusland verslagen in de strijd om de geest,' zei hij. Niet alleen de geest van de Oekraïners, maar die van alle naties die ooit bang waren voor Rusland en onder de invloed van zijn propaganda moesten leven. 'De Russische tirannie heeft de controle over ons verloren en zal onze geest nooit meer beïnvloeden.'

Toch was de strijd om levens en land in Oekraïne nog lang niet voorbij. Het epicentrum van de strijd om de Donbas was verplaatst naar de stad Bachhmoet, die Zelensky de dag voordat hij naar Washington kwam had bezocht. 'Elke centimeter van dat land is doordrenkt met bloed,' zei hij tegen de leden van het Congres. (Een Russische commandant, Jevgeni Prigozjin van de huurlingengroep Wagner, zou later toegeven dat hij zo'n twintigduizend van zijn strijders had verloren tijdens de gevechten om die ene stad, waarvan de gehele vooroorlogse bevolking slechts zo'n zeventigduizend mensen telde.) Om Bachhmoet te verdedigen had Zelensky meer wapens nodig – tanks, gevechtsvliegtuigen en luchtdoelraketten – die de vs en hun bondgenoten weigerden te leveren. Ze hadden hun eigen angst voor een Russische escalatie nog niet overwonnen. Om hen daarbij te helpen bood hij hun een strijdvlag van de soldaten in Bachhmoet aan, die bedekt was met hun boodschappen van hoop en veerkracht. 'Hou deze vlag bij u, dames en heren,' zei hij tegen de zaal. 'Deze vlag is een symbool van onze overwinning in deze oorlog.'

Terwijl ik vanaf het balkon toekeek, telde ik dertien staande ovaties, voordat het er zoveel werden dat ik het tellen moest opgeven. Een senator vertelde me na afloop dat hij zich in zijn dertig jaar op Capitol Hill niet kon herinneren dat een buitenlandse leider zo'n lovende ontvangst had gekregen. Een paar rechtse Republikeinen en aanhangers van Donald Trump weigerden te gaan staan of te applaudisseren voor Zelensky, maar het hele jaar door had hij op overweldigende steun kunnen rekenen van beide partijen. Het Congres keurde in 2022 in totaal 113 miljard dollar aan hulp voor Oekraïne goed, waaronder 67 miljard aan defensie-uitgaven. (Om in perspectief te plaatsen: de gemiddelde omvang van de hele Oekraïense economie was in de voorgaande jaren minder dan tweehonderd miljard dollar.) Het grootste Amerikaanse hulppakket, ter waarde van veertig miljard dollar, werd in het Huis aangenomen met 368 tegen 57 stemmen en in de Senaat met 86 tegen 11 stemmen. Oekraïne kreeg zo'n zeven miljard meer dan het Witte Huis had gevraagd. 'Is het genoeg?' vroeg Zelensky tijdens zijn toespraak voor het Congres. 'Om eerlijk te zijn, niet echt.'

Sommigen in de zaal moesten grinniken om die opmerking. Anderen rolden met hun ogen om Zelensky's brutaliteit. Hij ging nog een paar minuten door, eindigend met een zwierig gebaar dat een soort visitekaartje van zijn oraties was geworden. Hij haalde een episode uit de geschiedenis van zijn publiek aan. In 1777 behaalden de Amerikanen tijdens hun Onafhankelijkheidsoorlog in de slag bij Saratoga een cruciale overwinning op de Britten. Binnenkort zou Oekraïne hetzelfde doen in Bachhmoet, zei Zelensky, maar ze hadden hulp nodig. 'We staan er, we vechten en we zullen winnen omdat we verenigd zijn: Oekraïne, Amerika en de hele vrije wereld.' De zaal barstte opnieuw uit in applaus, met joelende en schreeuwende leden die telkens riepen: *slava Ukraini!* Glorie aan Oekraïne!

◆

Toen de toespraak was afgelopen, bleef de president niet lang in Washington. Hij haastte zich die avond met zijn team terug naar zijn vliegtuig. Ik bleef achter. Het was tijd om te stoppen met materiaal voor dit boek verzamelen en me te gaan concentreren op het schrijven ervan. De oorlog was nog niet afgelopen, bij lange na niet, en er was evenmin een punt van duidelijkheid of oplossing aan de horizon gezet. Maar naar mijn mening had de man die de hele tijd in het middelpunt had gestaan zijn transformatie voltooid tot de leider in oorlogstijd die hij zou blijven. Hij had bewezen dat zijn vaardigheden als showman in deze oorlog minstens zo waardevol waren als het tactische vernuft van zijn generaals. Ze hadden elkaar nodig, en Zelensky had zijn bijdrage voor hen geleverd via de kracht van zijn oproepen op alle politieke podia van de wereld; in de manier waarop hij zijn collega's in het Westen overhaalde en inspireerde om deze oorlog als de hunne te zien; en door in een diplomatieke marathon die eindeloos voortduurde de terughoudendheid te verminderen van degenen die nog steeds te bang waren voor Rusland. Zelensky gaf geen enkele blijk van angst, ook al hadden hij en zijn gezin genoeg om bang voor te zijn.

Gedurende mijn tijd met hem, die begon tijdens de politieke campagne in 2019 en doorging in het eerste jaar van de totale oorlog, is niet elk aspect van zijn karakter in beeld gekomen. Sommige dingen bleven onduidelijk en andere baarden me zorgen, vooral toen ik me voorstelde hoe Oekraïne er onder zijn leiderschap na de oorlog uit zou zien. Een van de belangrijkste tests voor hem en zijn regering zou zich kunnen voordoen na nog een paar indrukwekkende overwinningen op het slagveld of na een langdurige patstelling langs de frontlinies, als een kritische massa van de Oekraïners van mening zou zijn dat de oorlog genoeg gestabiliseerd was om alle uitgaansverboden op te heffen, volwassen mannen het recht terug te geven vrij te reizen, het parlement toe te staan zijn normale functies te hervatten, en wat naar ik vermoed vooral moeilijk zal zijn voor Zelensky: een einde te maken aan de Telemarathon en de media te bevrijden van de censuur. De omstandigheden aan het front zullen deze beslissingen ongetwijfeld sturen, maar er zal waarschijnlijk onenigheid zijn tussen het kabinet van de president en het parlement, tussen de overheid en het volk, als het gaat om de timing van de terugkeer naar het leven in een constitutionele democratie, met regelmatige verkiezingen en persvrijheid. Ik weet niet hoe Zelensky met die beladen overgang zal omgaan, of hij de wijsheid en terughoudendheid zal hebben om afstand te doen van de buitengewone bevoegdheden die hem onder de staat van beleg zijn verleend, of dat hij, zoals zo veel leiders in de geschiedenis, die macht te verslavend zal vinden.

Toen we over dergelijke vragen spraken, hielpen zijn antwoorden om mij gerust te stellen dat na de oorlog het volgende hoofdstuk in de geschiedenis van Oekraïne er weleens een van autocratie zou kunnen zijn. Hij was zich bewust van het oordeel van de geschiedenis en op zijn hoede voor de verheven loftuitingen die hij van verschillende internationale organisaties kreeg. Op een keer, aan het einde van de eerste zomer van de oorlog, kwam de minister van Posterijen met een proefdruk voor een nieuwe postzegel naar Zelensky's kantoor op de vierde verdieping, en hij bood aan die nog voor de Onafhankelijkheidsdag in augustus uit te brengen. Het was een blauw-gele weergave van het gezicht van de president, statig en imponerend, met oorlogswapens op de achtergrond. Zelensky kromp ineen en sloeg de map dicht toen hij hem zag. 'Dit is niet het juiste moment,' zei hij, 'om een persoonlijkheidscultus te beginnen.'[295]

Bescheidenheid is zeker nooit zijn sterkste kant geweest, maar hij had genoeg gezond verstand om dat soort daden van zelfverheerlijking te vermijden. Hij en zijn team hadden ook genoeg respect voor het werk van onafhankelijke journalisten om mij zonder voorwaarden in de Bankovastraat mijn werk te laten doen. Toen ik in de zomer van 2023 een eerste versie van dit boek af had, was het nog steeds oorlog en niemand kon zeggen hoe de overwinning van Oekraïne – als die er zou komen – uit zou zien. Sommigen, zoals generaal Zaloezjny, waarschuwden me dat de oorlog nooit echt zou eindigen. 'Op basis van wat ik uit de eerste hand weet over de Russen, zal onze overwinning niet definitief zijn,' zei hij. 'Onze overwinning zal ons de gelegenheid geven om even op adem te komen en ons voor te bereiden op de volgende oorlog.'

Acht jaar vechten in de Donbas had hem ervan overtuigd dat Rusland altijd een bedreiging zou zijn, en hij wilde dat alle Oekraïners deze realiteit onder ogen zouden zien, zich zouden voorbereiden op een permanente staat van waakzaamheid en een oneindige conflictcyclus met de nucleaire macht van hun buurland. De strijdkrachten onder zijn bevel waren al tot dat inzicht gekomen en de rest van de samenleving kwam daar nu ook snel achter, vooral na de wreedheden waarvan ze getuige waren geweest in Boetsja en andere bevrijde steden. 'We zien dat als we ons een kilometer terugtrekken, die kilometer bedekt is met bloed,' zei Zaloezjny me. Met zo'n vijand, voegde hij eraan toe, 'is het niet genoeg om voor je land te sterven. Je moet ook doden.'

Sommigen beschouwden de generaal als het soort leider dat Oekraïne straks nodig zou hebben. En Zelensky had overwogen om de uitverkoren commandant te ontslaan. Maar aan het begin van 2023 leken Zaloezjny en de president hun meningsverschillen te hebben bijgelegd.[296] De generaal stemde ermee in om twee van zijn assistenten te ontslaan die zijn imago voor de politiek hadden voorbereid. Na de doorbraken rond Charkiv en Cherson richtten hij en de president hun aandacht op het bredere tegenoffensief dat Zaloezjny voor ogen had, bestaande uit een aanval in meerdere fasen om de Krim af te snijden van de Russische aanvoerlijnen die zich via Marioepol over de Donbas uitstrekten. De president leek geen haast te maken met de voorbereidingen voor die aanval, die begin juni 2023 aanving. Toen het in de zomer niet lukte om een doorbraak te forceren, werden Zelensky en Zaloezjny het eens over een plan om de oorlog naar vijandelijke bodem te brengen, met droneaanvallen die Moskou en andere doelen ver van het front moesten raken. Over sommige zaken waren ze het oneens, zoals over de vraag wanneer ze zich moesten terugtrekken uit de dodelijke valstrik Bachhmoet. De generaal, die zich realiseerde dat de stad niet langer verdedigd kon worden, wilde de troepen een paar weken eerder terugtrekken dan de president, die erop stond dat ze bleven vechten, vooral om de Russische troepen uit te putten en weg te houden van andere delen van het front. Voor Zelensky was Bachhmoet ook een symbool van vastberadenheid, en hij won het pleidooi over de noodzaak om de ruïnes te blijven verdedigen ondanks de gruwelijke prijs die daarvoor betaald moest worden. Over het geheel genomen bleef hij een veel grotere rol spelen in strategische beslissingen dan aan het begin van de invasie. Maar de president bleef zich richten op wat hij het beste kon: steun verwerven, het moreel verhogen, Oekraïne in de schijnwerpers houden en zorgen voor wapenleveranties en financiële hulp.

Het was onvermijdelijk dat de volharding die hij daarbij aan de dag legde zijn bondgenoten irriteerde, zelfs de meest toegewijde. Ben Wallace, de Britse minister van Defensie, las Zelensky tijdens een NAVO-top in juli 2023 streng de les. 'Mensen willen dankbaarheid zien,' zei hij. 'We zijn Amazon niet.'[297] Het Verenigd Koninkrijk had al zo veel voertuigen voor mijnopruiming aan Oekraïne gegeven dat Wallace zei: 'Ik denk dat er niets meer over is.' Dergelijke vermaningen veranderden weinig aan de toon van Zelensky. Uiteindelijk voelde Wallace de noodzaak zich te verontschuldigen omdat hij met zijn opmerkingen over de schreef was gegaan, niet Zelensky, terwijl geld en materieel vanuit het Westen naar Oekraïne bleven stromen. Ondanks bijna een jaar van vertragingen en weigeringen, gaven de VS in het tweede jaar van de totale oorlog Zelensky uiteindelijk wat hij het meeste nodig had, waarmee het wapenarsenaal dat beschikbaar was voor de Oekraïense strijdkrachten enorm werd uitgebreid.

De officiële aankondiging van de levering van Amerikaanse en Duitse tanks viel op 25 januari 2023, toevallig Zelensky's vijfenveertigste verjaardag. Die avond plaatste zijn vrouw een ongebruikelijke boodschap voor hem op sociale media. 'Ze vragen me vaak of je dit jaar veranderd bent,' schreef ze. 'En ik antwoord altijd: hij is niet veranderd. "Hij is nog steeds dezelfde. Dezelfde jongen die ik ontmoette toen we zeventien waren."' Maar dat was niet waar, gaf ze toe. 'Er is wel iets veranderd: je lacht nu veel minder.' Ze wenste hem meer redenen om te glimlachen en vroeg er iets voor terug. 'Ik wil voor altijd met jou lachen. Geef me die kans!'

Het was niet de eerste keer dat ze zo'n publiek pleidooi voor zijn aandacht hield, en deze keer leek hij haar te horen. Toen de oorlog zijn tweede jaar in ging, verschenen de president en zijn vrouw vaker samen en ze toonden daarbij meer genegenheid voor elkaar. Tragedies brachten hen vaak dichter bij elkaar, verenigd in rouw, zoals op die vreselijke dag toen ze het nieuws van de dood van hun vriend hoorden. Denys Monastyrsky, de minister van Binnenlandse Zaken, kwam op

18 januari 2023 om het leven bij een helikopterongeluk in een buitenwijk van Kyiv, samen met zes van zijn belangrijkste assistenten en stafleden. Monastyrsky had voor zonsopgang op de ochtend van de invasie aan Zelensky's zijde gestaan en hij was een van de dapperste mannen die ik heb leren kennen tijdens het schrijven van dit boek. De president en de first lady konden beiden hun tranen niet bedwingen toen ze Monastyrsky's dierbaren op diens begrafenis probeerden te troosten. 'Ik wil dat iedereen dit vandaag ervaart,' zei Zelensky die avond in een videotoespraak, 'dat men ervaart hoeveel briljante mensen we in tijden van oorlog verliezen.'

Jaren later, wanneer Oekraïne terugkijkt op de verschrikkingen van deze oorlog, wordt de ware tol misschien duidelijk, ervan uitgaande dat de staat er ooit mee instemt om de cijfers van het aantal slachtoffers openbaar te maken. Anderhalf jaar na de grootschalige invasie liep het geschatte dodental in de honderdduizenden, waaronder de legioenen mannen en vrouwen, dokters en deejays, schoolmeesters en winkeliers, mensen uit alle hoeken van de samenleving die zich vrijwillig aanmeldden om te helpen bij de verdediging van het land waar ze van hielden. Zelensky sprak in onze gesprekken nooit in chauvinistische termen over hun opoffering. Hij reduceerde hen nooit tot een gigantische massa die was gestorven voor een doel dat groter was dan zijzelf. Hij sprak over hen als individuen en het verdriet was van zijn gezicht af te lezen.

Toen we een keer spraken over wat hij denkt dat deze oorlog het land heeft gekost, vroeg hij me om me een vader voor te stellen die aan een bureau zit met een ingelijste foto van een zoon die niet van het front is teruggekeerd, of een dochter die bij een raketaanval om het leven is gekomen. 'Zo'n tragedie motiveert die vader niet,' zei hij. 'Voor hem is het één grote ellende... Dat is wat deze oorlog ons kost.' Hij zweeg even en probeerde de zingeving te vinden in het beeld dat hij had geschetst. Uiteindelijk zei hij: 'Ik denk dat Oekraïne een grote kans heeft om het respect van de wereld te krijgen – onafhankelijkheid van de Russische invloed.' Om de nagedachtenis te eren van de gestorvenen, was hij vastbesloten om die kans niet te laten lopen, hoelang het ook zou duren of hoe moeilijk de strijd ook zou zijn. 'Dat is wat me motiveert,' zei hij. Niet het applaus en de bewondering, de roem die bij zijn positie hoorde, en zelfs niet het respect en de adoratie van miljoenen Oekraïners. Die dingen had hij in zijn vorige leven als showman gekend. Nu wilde hij iets anders. Hij wilde een cyclus van imperialistische onderdrukking doorbreken die generaties voor zijn geboorte al was begonnen. Dat was nu zijn doel en op de weg daarnaartoe had hij zijn angst lang geleden al overwonnen. 'Het oordeel over ons wordt later geveld,' zei hij tegen me. 'Ik ben nog niet klaar met deze grote, belangrijke actie voor ons land. Nog niet.'

Dankwoord

De geschiedenis wordt niet geschreven door de overwinnaars. Het wordt geschreven door de getuigen, en zij verdienen meer eer voor dit boek dan ik. Honderden van hen waren bereid met mij te spreken in de loop van mijn werk als verslaggever in Oekraïne, sommigen meerdere keren en urenlang, en ik ben hun allen zeer dankbaar dat ze mij de verhalen hebben toevertrouwd die de basis vormden voor dit boek. Veel van de interviews worden op deze pagina's aangehaald. Maar het zou een veel dikker boek dan dit vergen om de namen en bijdragen van alle moedige Oekraïners op te sommen die me inspireerden, me op de been hielden en hun ontembare geloof in een vrij, vreedzaam en welvarend Oekraïne met me deelden. Aan hen allen wil ik mijn blijvende dank en bewondering uitspreken.

In de maanden na de Russische invasie was ik niet volledig afhankelijk van de uitnodiging van president Zelensky om de presidentiële compound in Kyiv te kunnen bezoeken. Er was geen pasje waarmee ik kon komen en gaan wanneer ik wilde. Voor elke dag die ik in het regeringskwartier was, was er een lid van de presidentiële staf nodig die mijn bezoek regelde en me door de beveiligingskordons kon loodsen. Voor deze inspanningen, en voor al hun geduld en hun loyale hulp bij mijn werk wil ik mijn dank uitspreken aan Andri Jermak, Dasja Zarivna, Serhi Nikiforov, Mychajlo Podoljak, Serhi Lesjtsjenko, Iryna Pobedonostseva, Andri Smyrnov, Kyrylo Tymosjenko, Tetjana

Hajdoetsjenko, Oleh Havrysj, en de vele leden van de presidentiële administratie en het veiligheidsteam die mij verwelkomden in de Bankovastraat. Lesja Tsjervinska van het ministerie van Binnenlandse Zaken, Iryna Zolotar van het ministerie van Defensie en Oleksi Noskov van de generale staf hebben ook veel gedaan om mijn gesprekken met belangrijke leden van het oorlogskabinet en andere belangrijke bronnen te vergemakkelijken. Mijn dank gaat tevens uit naar Serhi Kyslytsja, ambassadeur van Oekraïne bij de Verenigde Naties, die me zo hartelijk uitnodigde voor een gesprek toen ik in New York was en mijn begrip van de Oekraïense diplomatie in oorlogstijd verdiepte.

In haar rol als presidentieel woordvoerder hielp Joelia Mendel president Zelensky tijdens de eerste twee jaar van zijn ambtstermijn met het managen van briefings, reizen en interviews; ik bedank haar daarvoor en voor de openhartigheid en warmte in onze gesprekken. Tijdens de campagne van 2019 was Olha Roedenko mijn belangrijkste contact met Zelensky, en ik ben haar dankbaar dat ze me dat voorjaar aan hem en zijn team heeft voorgesteld.

Bij uitgeverij William Morrow had ik het voorrecht te mogen samenwerken met Mauro DiPreta, die in dit boek geloofde en de ontwikkeling van begin tot eind volgde. Mijn dank gaat tevens uit naar de uitgever van William Morrow, Liate Stehlik, en de rest van het team bij de Morrow Group en HarperCollins voor de zorgvuldige en professionele afhandeling van dit project. Voor de aanvullende redactie heb ik vertrouwd op Mark Morrow, wiens waardevolle inzichten en overwegingen van de eerste tot de laatste versie een leidraad zijn geweest voor dit boek. Mijn literair agent Todd Shuster (geen familie, tenminste voor zover wij weten) heeft geweldig werk geleverd door dit project van het begin tot aan de publicatie te begeleiden. Mijn dank gaat uit naar hem en het team van Aevitas, in het bijzonder Vanessa Kerr, Allison Warren, Lauren Liebow, Erin Files en Jack Haug voor hun steun.

Mijn oprechte dank gaat ook uit naar mijn redacteuren, collega's en iedereen bij *TIME* die me heeft 'opgevoed' en me de steun en aanmoediging heeft gegeven die ik nodig had om dit boek te schrijven, in het bijzonder Massimo Calabresi, maar ook Marc en Lynne Benioff, Edward Felsenthal, Sam Jacobs, Alex Altman, Karl Vick, Vera Bergengruen, W.J. Hennigan, Brian Bennett, Lucas Wittman en vele anderen bij het tijdschrift die in de loop der jaren een bijdrage hebben geleverd aan onze reportages over Oekraïne en Rusland.

Toen ik aan het boek werkte, kon ik rekenen op hulp bij mijn onderzoek van Natalia Hontsjarova en Joelia Tkatsj, die ook hielpen met het checken van de feiten, net als Barbara Maddux. Mijn dank aan hen allen.

Mijn dank en respect gaat uit naar de fotografen die met mij in Oekraïne hebben gereisd en gewerkt, in het bijzonder Maxim Dondjoek, die ik met trots een vriend mag noemen sinds we elkaar in 2014 voor het eerst op het Maidanplein ontmoetten, Anastasia Taylor-Lind, die mij in 2019 backstage met Zelensky vergezelde, en Alexander Tsjekmenev, die in 2022 enkele van de meest iconische portretten van de president nam.

Mijn grootste dankbaarheid ben ik verschuldigd aan mijn familie – mijn grootmoeder, mijn ouders, mijn broer en mijn vrouw Marie, die ik tijdens de vreselijke dagen in 2014 leerde kennen toen de oorlog in Oekraïne begon en die sindsdien altijd bij me is gebleven. Dit boek behoort haar en onze dochter rechtens toe. Samen hebben ze me gesteund wanneer ik in 2022 van huis weg was en tijdens de vele lange dagen aan de schrijftafel. Dank je wel.

Noten

Mijn voornaamste bronnen voor de verslaglegging in dit boek zijn interviews geweest met deelnemers aan de beschreven gebeurtenissen, met name de vijf interviews met Volodymyr Zelensky, die ik tussen het voorjaar van 2019 en het najaar van 2022 heb afgenomen. De meeste interviews worden rechtstreeks aangehaald in de tekst. In die gevallen heb ik ze niet opnieuw in dezeeindnoten opgenomen.

Bij mijn onderzoek voor dit boek heb ik gebruikgemaakt van het moedige werk van mijn collega's ter plaatse, vooral van dat van Sevgil Moesajeva en haar team van Ukrainska Pravda; de redacties van RBC-Ukraine, de *Kyiv Post* en de *Kyiv Independent*; de Oekraïense nieuwsdiensten van de BBC en Radio Free Europe/Radio Liberty, en vele andere. Ik heb veel geleerd van de internationale verslaggeving over de oorlog door Associated Press, *The Washington Post*, *The Wall Street Journal*, *The New York Time*s, *The Guardian*, CNN, *Bild*, *Der Spiegel* en andere. Ook boeken hebben mijn inzicht in de geschiedenis van Oekraïne en de oorlog met Rusland verdiept, vooral die van de hand van Catherine Belton,Iuliia Mendel, Christopher Miller, Serhii Plokhy, Serhii Roedenko, Shaun Walker, Joshua Yaffa en Mikhail Zygar.

De nu volgende noten verwijzen naar mijn bronnen voor specifieke citaten en ander materiaal, vooral in gevallen waarin mijn bronnen niet direct duidelijk zijn in de tekst.

Voorwoord

1 Het was Olha Roedenko die me op 13 maart 2019 achter het toneel van het Paleis van Oekraïne waarschuwde voor de bommelding. Roman Nedzelsky, op dat moment algemeen directeur van het theater, vertelde me op 28 juni 2022 wat zich toen precies had afgespeeld, ook over wat de politie toen deed en het besluit dat in samenspraak met Zelensky werd genomen om de show niet af te blazen. Een paar Oekraïense media maakten de volgende dag melding van de bommelding, waaronder Strana.ua, dat bronnen bij de politie aanhaalde.

2 Zelensky gaf deze verklaring in een aflevering van een documentaireserie over hem en zijn gezelschap, Studio Kvartal 95, die door het bedrijf was geproduceerd en op 12 oktober 2014 op YouTube was gepost, getiteld Квартал и его команда (*Kvartal en zijn team*).

1 – Dageraad

3 De beschrijving van de residentie van de president in Kontsja-Zaspa is gebaseerd op foto's die me zijn toegestuurd door Olena Zelenska, en op oudere beelden die zijn gepubliceerd door nieuwsagentschap Unian en andere Oekraïense media, waarvan vertegenwoordigers de residentie hebben bezocht.

4 Onderzoeksjournalist Mychajlo Tkatsj, die toen werkzaam was voor Radio Free Europe/Radio Liberty, was de eerste die in juli 2020 wist te melden dat president Zelensky met zijn gezin was verhuisd naar Kontsja-Zaspa.

5 Interview van Zelensky met RBC-Ukraine, 18 april 2019.

6 Interview van Zelensky met Politico Europe, 6 oktober 2020, waarvan het transcript verscheen op de website van de president.

7 Zelensky's karakter in de première van de serie *Dienaar van het volk*.

8 De beschrijving van het gezin van de president aan de vooravond van de invasie en hun eerste reactie zijn afkomstig uit mijn interviews met Olena Zelenska.

9 Hoe Zelensky naar zijn werk ging op de eerste dag van de invasie is gebaseerd op mijn bezoeken aan Kontsja-Zaspa en het complex aan de Bankovastraat, en op mijn interviews met de president en leden van zijn regering, vooral met Denys Monastyrsky.

10 Oleksi Danilov, secretaris van de Nationale Veiligheids- en Defensieraad, verschafte details van de schaal van de invasie en zijn reactie op de invasie.

11 Het geschatte aantal manschappen en militaire voertuigen betrokken bij de Russische poging Kyiv vanuit het noorden in te nemen, is afkomstig uit het interview van RBC-Ukraine met luitenant-generaal Oleksandr Pavlyuk, de eerste onderminister voor Defensie, gepubliceerd op 11 april 2023.

12 Interview van Zelensky met John Simpson van de BBC, uitgezonden op de eerste verjaardag van de invasie.

13 De oorlogsverklaring van Vladimir Poetin, zoals gepubliceerd op de website van het Kremlin op 24 februari 2022.

14 Interview van Oleksi Danilov met Ukrainska Pravda, gepubliceerd op 5 september 2022 als onderdeel van de reconstructie van de eerste uren van de invasie en de dagen ervoor.

15 De geschatte omvang van de legers aan beide kanten zijn overgenomen uit een rapport van het Europees parlement, gepubliceerd in maart 2022 met de titel 'Russia's War on Ukraine: Military Balance of Power'.

16 Zelensky's interview met *The Washington Post*, gepubliceerd op 16 augustus 2022.

17 Het verslag van het telefoongesprek van Zelensky met president Emmanuel Macron op de ochtend van de invasie is afkomstig van de opname van het gesprek die voorkomt in de documentaire *Un président, l'Europe et la guerre* onder regie van Guy Lagache.

18 Het verslag van Andri Jermaks telefoongesprek met Dmytro Kozak is afkomstig uit Jermaks interview met *The Washington Post*, gepubliceerd op 24 augustus 2022 in de reconstructie van de invasie door de krant.

19 Details van de evacuatie van het gezin van de president met de trein zijn afkomstig uit mijn interviews met drie functionarissen die hierbij waren betrokken, maar slechts wilden praten op voorwaarde van anonimiteit.

2 – Het doelwit

20 Het verslag van de evacuatie van de president naar de bunker is afkomstig uit mijn interviews met vijf leden van zijn team die die dag bij hem waren. Enkele details van de voorzieningen in de bunker komen van functionarissen

die hadden geholpen met de voorbereidingen of die daar na de invasie bij hem introkken.

21 David Arachamja's interview met *The Washington Post*, gepubliceerd op 24 februari 2023 als onderdeel van de orale geschiedenis van de invasie.

22 Wat werd gedaan om het presidentieel complex te beveiligen is mij beschreven door talloze functionarissen die deze gebeurtenissen hadden gezien of eraan hadden deelgenomen.

23 Andri Smyrnov in zijn beschrijving van hoe hij de servers van de rechtbank vernietigde; hij liet ook foto's zien van de aangebrachte schade om zijn verhaal te staven.

24 Het verbranden van gevoelige documenten op de binnenplaats van het ministerie van Defensie werd me verteld door twee functionarissen van de generale staf die er getuige van waren geweest; een van hen liet me foto's zien van de burnpits. Deze functionarissen en anderen vertelden me ook over de schoten die op het ministerie werden afgevuurd vanuit de Manhattan City-torens. Tijdens een bezoek aan het terrein zag ik schade die overeenkwam met hun verhaal, ook die aan het nabijgelegen ministerie van Infrastructuur.

25 Details van het bezoek van William Burns, directeur van de CIA, aan Kyiv in januari 2022 zijn uitgebreid gepubliceerd in de Amerikaanse media, vooral in *The Washington Post*, *The Wall Street Journal* en op CNN.

26 Interview van Zelensky met *The Washington Post*, gepubliceerd op 16 augustus 2022.

27 Details van de slag om het vliegveld van Hostomel zijn deels afkomstig van de reconstructie van de gebeurtenissen door RBC-Ukraine, gepubliceerd op 3 april 2023.

28 De reacties van de president op deze gebeurtenissen werden me verteld door Mychajlo Podoljak, Denys Monastyrsky en anderen.

29 Details van Zelensky's deelname aan de Europese top op 24 februari 2022 zijn deels overgenomen uit de verslaggeving van Politico Europe en *The Washington Post*.

30 Over Zelensky's verklaring aan de Europese leiders tijdens de top werd eerst bericht door de *Financial Times* en Axios. Later werden zijn uitspraken bevestigd en van details voorzien door Andri Sibiga en andere medewerkers van Zelensky.

31 Zelensky's verklaring in de perszaal zoals gepubliceerd op de website van de president op 25 februari 2022.

32 Monastyrsky's boodschap aan zijn gezin werd aangetroffen op zijn mobiele telefoon nadat hij ongeveer elf maanden later, op 18 januari 2023, was omgekomen in een helikopterongeluk bij Kyiv. Zijn vrouw, Zjanna Monastyrska, liet me de opname horen en ik citeer eruit met haar toestemming.

33 De video van Zelensky en zijn medewerkers werd gepubliceerd op de socialemedia-accounts van de president op 25 februari 2022.

3 – Bandietenstad

34 Het verslag over de tijd waarin Olena Zelenska met haar kinderen op de vlucht was, is gebaseerd op mijn gesprekken met haar, waaraan ik details heb toegevoegd uit haar interviews met andere journalisten, vooral met Shaun Walker van *The Guardian*.

35 Interview van Zelensky met de Oekraïense journalist Dmitry Hordon voor diens programma *Op bezoek bij Dmitry Hordon*, dat in december 2018 voor het eerst werd uitgezonden.

36 Details van de bendecultuur in Kryvy Rih in de jaren tachtig en negentig zijn afkomstig uit mijn interview met Olena Zelenska en uit een rapport over dit onderwerp van de Oekraïense journalist Samoejil Proskoerjakov op Zaborona, een Oekraïense onafhankelijke nieuwssite, op 15 september 2020.

37 Het verslag over Zelensky's familiegeschiedenis en jeugd is gebaseerd op mijn interviews met hem, aangevuld met details uit zijn interviews met Dmitry Hordon in december 2018 en The Times of Israel in januari 2020.

38 'Mijn ouders gunden me geen enkele vrije tijd' en andere citaten over Zelensky's jeugd in deze alinea komen uit zijn interview met Dmitry Hordon, uitgezonden in december 2018.

39 Oleksandr Zelensky's interview met de Oekraïense omroep TSN in een documentaire over Zelensky, uitgezonden op de dag van zijn inauguratie, 20 mei 2019.

40 Oleksandr Pikalov vertelde over zijn eerste ontmoeting met Zelensky in een interview voor een documentaire voor het programma *Pozaochi*, dat in 2011 werd uitgezonden door de Oekraïense zender Inter TV.

41 Zelensky's verhaal over de weigering van zijn vader om hem naar Israël te laten gaan, verscheen in een interview in *Op bezoek bij Dmitry Hordon*, dat in december 2018 werd uitgezonden.

42 Uit Zelensky's interview voor de documentaire van *Pozaochi*, uitgezonden in 2011.

43 Interview van Olena Zelenska met Shaun Walker van *The Guardian*, gepubliceerd op 18 juni 2022.

44 Deze opmerking van Zelensky komt voor in dezelfde aflevering van de eerdergenoemde documentaire *Kvartal en zijn team*.

45 Een Oekraïens personage, gespeeld door Zelensky, zei dit in een *all star show* van KVN, die werd uitgezonden op 11 november 2001; een video van de hele, twee uur durende show is gepost op de fanpage van KVN, KVNbest.ru.

46 In zijn boek *War and Punishment*, dat in 2023 verscheen, citeert Michajil Zygar uit de sketch die Zelensky's gezelschap opvoerde op 20 oktober 2002 tijdens de KVN-competitie tegen een team uit Moskou (blz. 213).

4 – Meneer Groen

47 Zelensky vertelde over zijn terugtrekking uit de KVN en zijn vertrek uit Moskou in een interview in *Op bezoek bij Dmitry Hordon* in 2018.

48 Oleksandr Zelensky vertelde hoe hij tegenover de professionele ambities van zijn zoon stond in een interview voor het documentaireprogramma *Pozaochi*, dat in 2001 werd uitgezonden door de Oekraïense zender Inter TV.

49 Gleb Pavlovsky, begin jaren 2000 politiek adviseur van het Kremlin, in zijn beschrijving van de Oranjerevolutie in het boek van Serhi Plotchi, *The Russo-Ukrainian War* (blz. 83).

50 Dat Zelensky's ouders op de partij van Janoekovytsj stemden, vertelde hij in een interview in *Op bezoek bij Dmitry Hordon* in 2018.

51 Zelensky en zijn gezelschap zongen dit satirische liedje in de eerste aflevering van *Een avondje Kvartal*, dat in 2005 werd uitgezonden.

52 Zelensky's moeder Rimma vertelde over haar reactie op de politieke satire van haar zoon in een interview voor de eerdergenoemde documentaireserie *Kvartal en zijn team*.

53 Details over Zelensky's rijkdom en zijn gebruik van brievenbusmaatschappijen zijn in de Oekraïense en de internationale pers uitvoerig besproken, vooral door

RBC-Ukraine en Ukrainska Pravda, en door een consortium van onderzoeksjournalisten dat in 2021 de *Pandora Papers* openbaar heeft gemaakt.

54 Zelensky's commentaar op zijn persoonlijke rijkdom in deze alinea is afkomstig uit het interview dat hij gaf in *Op bezoek bij Dmitry Hordon.*

55 Zelensky's reactie op de weergave van zijn financiën, zoals gepubliceerd in de *Pandora Papers*, in zijn interview met de Oekraïense nieuwszender ICTV op 17 oktober 2021.

56 Zelensky's opmerkingen over de spanningen tussen hem en de leiding van Inter TV en pogingen van Janoekovytsj om hem af te kopen met 100 miljoen dollar kwamen voor in zijn interview in *Op bezoek bij Dmitry Hordon.*

57 Details van de verkiezingen van 2010 in Oekraïne komen uit mijn verslaglegging van die presidentsrace vanuit Kyiv voor Associated Press.

58 De beschuldiging dat Janoekovytsj en trawanten 100 miljard dollar uit Oekraïne hadden weggesluisd tijdens zijn presidentschap, kwam voor in een interview van Reuters met de procureur-generaal van Oekraïne, Oleh Machnitsky, gepubliceerd op 30 april 2014.

59 Mijn interview met Janoekovytsj en daarmee samenhangende verslaglegging over zijn presidentschap verscheen in juni 2012 in *TIME*.

5 – Annexatie

60 Zelensky's persconferentie in december 2013, waarin hij reclame maakte voor *Liefde in de grote stad 3*.

61 In zijn boek *Zelensky. De biografie*, dat in 2022 verscheen, beschrijft Serhi Roedenko de controverse over de grap van de wapenstokken die gebruikt werden om elektriciteit op te wekken (blz. 83).

62 Jevhen Kosjovy beschreef de houding van het gezelschap ten aanzien van de revolutie tijdens ons interview in Kyiv in juni 2022.

63 Het verslag over de Revolutie van Waardigheid en de nasleep is gebaseerd op mijn verslaggeving vanaf de plaats waar het gebeurde, gepubliceerd in een reeks artikelen in *TIME* in 2014.

64 Het totaal aantal slachtoffers dat tijdens de revolutie is gevallen, staat in het boek van Serhi Plotchi, *The Russo-Ukrainian War* (blz. 97).

65 Oleksandr Polisjtsjoek vertelde over de Russische bezetting van de Krim tijdens ons interview in Kyiv in juni 2022, toen hij de Oekraïense onderminister van Defensie was.

66 Het verslag van mijn interview met Aksjonov in zijn hoofdkwartier op de Krim verscheen in een artikel in *TIME* in maart 2014.

67 Poetins toespraak zoals gepubliceerd op de website van het Kremlin op 18 maart 2014.

68 Dit en andere citaten in dit deel zijn afkomstig uit Zelensky's optreden in de nieuwsuitzending van TSN op 1 maart 2014.

69 Zelensky's persconferentie in het presidentieel complex in Kyiv op 3 maart 2022.

6 – De slag om Kyiv

70 Het verslag van Zelensky's beginperiode in de bunker is gebaseerd op mijn interviews met hem en met leden van zijn staf, en op mijn eigen waarneming in het presidentieel complex tijdens de invasie.

71 De beschrijving van de commandopost waar generaal Valeri Zaloezjny in de eerste dagen van de invasie woonde en werkte, is gebaseerd op interviews met hem en leden van zijn staf, en op foto's die ze mij van het gebouw lieten zien.

72 Serhi Plotchi geeft een gedetailleerd verslag van de bezetting van de centrale van Tsjernobyl in zijn *The Russo-Ukrainian War* (blz. 158-159).

73 De opiniepeiling van Eurobarometer werd gepubliceerd op 5 mei 2022 in een persverklaring van de Europese Commissie met de titel: 'Eurobarometer: Europeans Approve of EU's Response to the War in Ukraine'.

74 De opiniepeiling over de invasie van Reuters/Ipsos in de VS werd door Reuters gepubliceerd op 4 maart 2022.

75 De toespraak van bondskanselier Olaf Scholz zoals gepubliceerd op de website van de kanselarij op 27 februari 2022.

76 Toespraak van Zelensky aan het land zoals gepubliceerd op de presidentiële website op 25 februari 2022.

77 Toespraak van Zelensky aan het land zoals gepubliceerd op de presidentiële website op 27 februari 2022.

78 Het verslag van de eerste onderhandelingsronde in Belarus is gebaseerd op mijn interviews met Arachamja en andere Oekraïense onderhandelaars.

79 Een kopie van de voorstellen die Oekraïne overlegde tijdens de vredesbesprekingen werd gelekt naar de onafhankelijke Russische journalist Farida Roestamova, die ze op 22 maart 2022 openbaar maakte in haar nieuwsbrief *Faridaily* onder de kop 'Oekraïnes tienpuntenplan'.

80 Details van de slag om het vliegveld in Hostomel zijn gedeeltelijk afkomstig uit de reconstructie van de gebeurtenissen van RBC-Ukraine, gepubliceerd op 3 april 2023.

81 Generaal Vladimir Sjamanov in een interview met de Russische journalist Oksana Kravtsova, gepost op YouTube op 22 mei 2022.

82 Interview van Oleksi Reznikov met de Oekraïense journalist Dmytro Komarov voor een aflevering van zijn documentaireserie *Year. Off-screen*, over de invasie, gepost op YouTube op 5 mei 2023.

83 Onafhankelijke schattingen van de Russische verliezen in de eerste weken van de invasie zijn afkomstig van verschillende bronnen, van Amerikaanse geheime diensten tot westerse denktanks. Ik heb gebruikgemaakt van de grondige analyse van al deze cijfers, die werd gemaakt door Andrew Roth van *The Guardian* en gepubliceerd op 22 maart 2022 onder de kop: 'How Many Russian Soldiers Have Died in the War in Ukraine?'

84 Paul Ronzheimer van *Bild* was op deze persconferentie van 3 maart 2022 aanwezig en vertelde me er later gedetailleerd over. In *The New York Times* verscheen die dag een verslag van Andrew Kramer onder te kop: 'Behind Sandbags, Ukraine's Leader Meets the Media'.

7 – De bunker

85 Het verslag over de reactie in de Bankovastraat op de Russische bezetting van de kerncentrale van Zaporizja op 4 maart 2022 is gebaseerd op mijn interviews met enkele hogere medewerkers en adviseurs van Zelensky, onder wie Andri Jermak, Kyrylo Tymosjenko en Serhi Lesjtsjenko.

86 Zelensky's interview met Dmytro Komarov voor de eerste aflevering van de documentaireserie *Year. Off-screen*, uitgezonden op 28 april 2023.

87 De staatsinvestering in Telekanal Rada werd voor mij beschreven door een van de correspondenten, Maxim Zborowsky, die later toonaangevende presentator zou worden van 'Verenigde Nieuws' Telemarathon.

88 De invloed die op Telemarathon werd uitgeoefend door het kantoor van de president is voor mij beschreven door Kyrylo Tymosjenko, toezichthouder op de Telemarathon.

89 Izobel Kosjiv deed verslag voor *The Guardian* over oorsprong en programmering van de Telemarathon in een artikel dat op 25 mei 2022 verscheen onder de kop '"Death to the Enemy": Ukraine's News Channels Unite to Cover War'.

90 Over de consumptie van alcohol in de presidentiële bunker is me door verscheidene van de bewoners verteld. Mychajlo Podoljak, een hoge medewerker van de president, sprak hier ook over tijdens een openbare bijeenkomst op 11 augustus 2022 in Kyiv, waarbij ik aanwezig was.

91 De oorlogsballade, met de titel 'Oekraïense woede', werd geschreven en gezongen door de zangeres Chrystyna Solovji en op 7 maart 2022 gepost op haar YouTube-kanaal, waar het miljoenen views kreeg.

92 Dat alleen vrouwelijke volksvertegenwoordigers handwapens kregen op de dag van de invasie werd gerapporteerd door Roman Kravets en Roman Romanioek van Ukrainska Pravda in hun reconstructie van de gebeurtenissen van die dag, gepubliceerd op 5 september 2022.

93 Beelden van het dagboek van de jongen werden op 3 mei 2022 gepost op het Facebook-account van een inwoner van Marioepol, Evgeny Sosnovsky. Ze werden online breed gedeeld en er werd over verhaald door Oekraïense en internationale media, waaronder Radio Free Europe/Radio Liberty, dat de jongen opspoorde; het bleek volgens een publicatie van 22 juni 2022 de achtjarige Yegor Kravtsov te zijn.

8 – Blanco blad

94 Zelensky's tv-interview in augustus 2014 in *Snidanok*, een ochtendprogramma dat door de omroep 1+1 werd uitgezonden. Het verhaal over zijn ontmoeting met een soldaat in de Donbas die spreken moeilijk vond, stond eveneens in dat interview.

95 Poetin maakte deze opmerkingen over Novorossiya in zijn jaarlijkse show waarin onderdanen hem konden bellen, op 17 april 2014. Een video en een transcript staan op de website van het Kremlin.

96 Poetins toespraak in het Kremlin op 18 maart 2014, zoals gepubliceerd op de website van het Kremlin.

97 Uit opiniepeilingen die in februari 2014 werden gehouden door het Kyiv Internationaal Instituut voor Sociologie en de Stichting voor Democratische Initiatieven Kucheriv, zoals geciteerd door het Pew Research Center, bleek weinig enthousiasme in Oekraïne voor het idee van een vereniging met Rusland. Zelfs in oostelijk Oekraïne steunde slechts 26 procent van de ondervraagde burgers het idee.

98 De botsingen in Odessa, inclusief de brand in het Huis van de Vakbonden waarbij minstens tweeënveertig mensen omkwamen, zijn weergegeven in het BBC-verslag van 6 mei 2014 onder de kop 'How Did Odessa's Fire Happen?'

99 Mijn verslaglegging over de verspreiding van het Russisch separatisme en de daaropvolgende oorlog in het oosten van Oekraïne verscheen in een reeks berichten in *TIME* in de lente en zomer van 2014.

100 Zelensky nam in mei 2014 parodieën op het nieuws op aan de rand van het Rode Plein in Moskou voor het al lang lopende programma *Chisto NEWS*.

101 Zelensky beschreef zijn vertrek uit Rusland in 2014, evenals het doorsnijden van zijn persoonlijke en professionele banden in Moskou, in 2018 in een interview in *Op bezoek bij Dmitry Hordon*, waarin hij ook de financiële gevolgen besprak van het verliezen van de Russische markt en zijn weigering in te gaan op uitnodigingen om in Rusland op te treden na de annexatie van de Krim.

102 Zelensky's eerste concerten in oorlogsgebied in augustus 2014 werden breed uitgemeten in de Oekraïense media, waaronder een opname die werd uitgezonden door de omroep TSN.

103 Zelensky zong het nummer, getiteld 'Ik hou van mijn moederland', tijdens zijn trip naar oorlogsgebied in 2014 en was in de jaren daarna niet meer weg te denken uit het repertoire van Studio Kvartal 95.

104 Zelensky's interview in het ochtendprogramma *Snidanok*, waarvoor hij was uitgenodigd om te praten over zijn tripje naar het front in augustus 2014.

105 Deze scène waarin Zelensky's personage ervan droomt om het Oekraïense parlement neer te maaien zit in seizoen 2, aflevering 8, van *Dienaar van het volk*.

106 Zelensky's persconferentie in december 2013 om het verschijnen van *Liefde in de grote stad 3* aan te kondigen.

107 De inschrijving van een nieuwe politieke partij genaamd Dienaar van het volk werd op 4 december 2017 bekendgemaakt door Ukrainska Pravda.

108 Een video van de tirade van Ihor Kolomojsky verscheen op het Oekraïense YouTube-kanaal van Radio Free Europe/Radio Liberty op 19 maart 2015.

109 Details van Zelensky's relatie met Kolomojsky verschenen in mijn verslag voor *TIME* over de Oekraïense presidentsverkiezingen, gepubliceerd op 28 maart 2019.

110 Een landelijk onderzoek dat op 25 september 2018 werd gepubliceerd door de Rating Group, een toonaangevend Oekraïens onderzoeksbureau, zette Zelensky op de tweede plaats van de potentiële presidentskandidaten met 7,8 procent; de zittende president kreeg 6,8 procent en Joelja Tymosjenko 13,2 procent.

9 – De favoriet

111 Het corruptieschandaal met betrekking tot de smokkel en verkoop van Russische militaire wapens in Oekraïne werd vermeld in een onderzoeksrapport van Bihus.info, een Oekraïens mediabedrijf, en gepubliceerd op 25 februari 2019 onder de kop: 'Leger. Vrienden. Poen.'

112 De Oekraïense vestiging van de BBC versloeg het schandaal naar aanleiding van opnamen van een hoge officier van justitie belast met corruptiebestrijding, Nazar Cholodnitsky, in een gedetailleerd artikel dat werd gepubliceerd op 4 april 2018.

113 Uit de toespraak van Petro Porosjenko op 16 februari 2018 voor de Veiligheidsconferentie in München.

114 In een post op sociale media op 17 februari 2018 van de Veiligheidsconferentie in München leek de Oekraïense minister van Buitenlandse Zaken, Pavlo Klimkin, de schuld van het schorsen van de vredesbesprekingen met Rusland van die dag te geven aan 'de Duitse delegatie', nadat de Duitse minister van Buitenlandse Zaken, Sigmar Gabriel, een belangrijke bemiddelaar bij de besprekingen, terugging naar Berlijn om een persconferentie te houden na vrijlating van de Duitse journalist Deniz Yücel uit een Turkse gevangenis.

115 De volgende ronde vredesbesprekingen in het zogenoemde Normandy Format tussen de ministers van Buitenlandse Zaken van Rusland, Oekraïne, Duitsland en Frankrijk vond plaats in Berlijn op 11 juni 2018.

116 Op 13 maart 2019, meer dan drie maanden na aanvang van zijn presidentscampagne, maakte Zelensky op sociale media bekend dat de filmopnamen van het derde en laatste seizoen van *Dienaar van het volk* waren voltooid.

117 Het Oekraïense parlement, de Verchovna Rada, nam op 17 oktober 2019 amendementen op de anticorruptiewet aan en voldeed daarmee aan de belofte die Zelensky tijdens zijn campagne had gedaan, namelijk dat mensen die corrupte functionarissen aangeven financieel mogen worden beloond.

118 Gallup publiceerde de uitkomsten van een internationaal onderzoek naar het vertrouwen dat het publiek heeft in het parlement op 21 maart 2019 onder de kop 'World-Low 9% of Ukrainians Confident in Government'.

119 Mijn interview met Joelja Tymosjenko verscheen op 28 maart 2019 in *TIME* onder de kop 'She Was Next in Line to Be the President. He Plays One on TV. Who Will Win Ukraine's Election?'

120 Het derde seizoen van *Dienaar van het volk* ging op 27 maart 2019 in première, zoals de BBC vermeldt. De eerste ronde van de presidentsverkiezingen werd vier dagen later gehouden, op zondag 31 maart.

121 Volgens de uitkomsten die zijn bekendgemaakt door de Centrale Kiescommissie van Oekraïne kreeg Zelensky 89 procent van de stemmen in Loehansk en 87 procent in Donetsk. Hij verloor alleen de tweede ronde in de westelijke regio Lviv, waar Porosjenko 63 procent van de stemmen kreeg.

10 – Vertrouw niemand

122 Volgens een peiling die in september 2019 werd gepubliceerd door het Razumkov Center, een toonaangevend onderzoekscentrum in Oekraïne, had 97 procent van de respondenten vertrouwen in Zelensky.

123 Van de respondenten zei 65 procent dat het eerste wat de president moest doen 'een einde maken aan de oorlog in de Donbas' was, volgens een onderzoek dat in juni 2019 werd verricht door de Rating Group.

124 Zelensky maakte die opmerking tijdens het rondleiden van een groep journalisten door zijn kantoor. De Russischtalige afdeling van Deutsche Welle postte een video van de rondleiding op hun YouTube-kanaal op 21 juni 2019.

125 Interfax-Ukraine behoorde tot de eerste van vele Oekraïense media die publiceerden over Zelensky's aangifte inkomstenbelasting op 20 mei 2019, de dag van zijn inauguratie.

126 Reuters vermeldde op 1 mei 2019 de prijs, die onder de marktwaarde lag en door de familie Zelensky was betaald voor het huis op de Krim onder de kop 'Exclusive: Wife of Ukraine President-elect Got Penthouse Bargain from Tycoon'.

127 Wat Rudy Giuliani in dit telefoongesprek met Jermak zei, verscheen voor het eerst in mijn verslag in *TIME* op 9 februari 2021. Later zond CNN een deel van de opname van het gesprek uit.

128 Het Witte Huis gaf op 24 september 2019 een transcriptie vrij van het telefoongesprek van Zelensky met Trump.

129 Mijn interview met Jermak verscheen in *TIME* op 10 december 2019.

130 Zelensky's interview verscheen op 2 december 2019 in *TIME*. De president had naast mij nog drie journalisten uitgenodigd van toonaangevende Europese media: *Le Monde*, *Der Spiegel* en de Poolse *Gazeta Wyborcza*.

11 – Het kerkhof

131 Mijn verslaglegging vanuit Boetsja verscheen voor het eerst in *TIME* op 13 april 2022.

132 Een korte video over het massagraf op het kerkhof verscheen op de Facebookpagina van een inwoner, Mykola Krivenok, op 12 maart 2022. Pater Andri Halavin heeft de authenticiteit van de video bevestigd.

133 In de daaropvolgende maanden zijn talloze onderzoeken naar de Russische wreedheden begaan in Boetsja verschenen in de internationale media. Op 3 november 2022 publiceerde Associated Press een verslag onder de kop 'Crime Scene: Bucha. How Russian Soldiers Ran a "Cleansing" Operation in the Ukrainian City'. Op 22 december 2022 publiceerde *The New York Times* een verslag onder de kop 'Caught on Camera, Traced by Phone: The Russian Military Unit That Killed Dozens in Bucha'.

134 Het aantal gewonde en gesneuvelde soldaten dat werd bekendgemaakt door de Russische krant *Komsomolskaya Pravda* en snel weer van hun site werd verwijderd, was al overgenomen door *The Guardian* en verscheen op 22 maart 2022

in een stuk onder de kop 'How Many Russian Soldiers Have Died in the War in Ukraine?'

135 Associated Press publiceerde op 11 augustus 2022 het aantal lijken dat volgens gemeentelijke autoriteiten in en rond Boetsja is aangetroffen.

136 Zelensky maakte deze opmerking over de duivel op 24 februari 2023 op een persconferentie ter herdenking van de eerste verjaardag van de invasie.

137 Het Institute for he Study of War, een Amerikaanse denktank, schatte in zijn beoordeling van het strijdtoneel op 24 augustus 2022 dat de Russen vanaf 21 maart ongeveer vijfenveertigduizend vierkante kilometer Oekraïens grondgebied hadden verloren.

138 Zelensky's toespraak voor de Veiligheidsraad van de VN, zoals gepubliceerd op de website van de president op 5 april 2022.

139 Tomasz Grodzki, voorzitter van het Poolse hogerhuis, maakte deze vergelijking van Boetsja en andere voorsteden van Kyiv in een post op sociale media op 14 april 2022.

140 Zelensky sprak uitvoerig over de vredesonderhandelingen tijdens een interview met een groep onafhankelijke Russische journalisten op 27 maart 2022, zoals bekendgemaakt op Zelensky's presidentiële website.

141 Aleksandr Fomin, de Russische onderhandelaar, gaf deze verklaring op 29 maart 2022 aan verslaggevers in Istanbul, zoals bekendgemaakt door het Russische nieuwsagentschap Interfax.

142 Oleksi Danilov, die sprak met *The Washington Post* voor een artikel dat op 22 februari 2023 verscheen, vertelde details van het etentje van Zelensky met zijn medewerkers in het communicatiecentrum op de dag nadat de president Boetsja voor de eerste keer had bezocht.

143 Zelensky deed deze uitspraak op 5 april 2022 voor Oekraïense journalisten, zoals gepubliceerd op de presidentiële website.

144 Mijn verslag over het bezoek dat Ursula von der Leyen bracht aan Boetsja verscheen op 28 april 2022 in *TIME* onder de kop 'Inside Volodymyr Zelensky's World'.

145 Zelensky's interview met Paul Ronzheimer van *Bild* verscheen op 8 april 2022.

12 – Paard van Troje

146 Poetins opmerking tijdens de plenaire zitting van het Internationaal Economisch Forum in Sint-Petersburg op 7 juni 2019, zoals gemeld op de website van het Kremlin.

147 Uit gegevens van het Internationaal Monetair Fonds bleek dat de economie van Oekraïne van 2013 tot 2015 met de helft kromp, en in 2019 nog lang niet hersteld was.

148 Hromadske berichtte over de terugtrekking van troepen aan het begin van Zelensky's ambtstermijn in een stuk dat op 27 juni 2019 werd gepubliceerd onder de kop 'Ukraine's War-Torn Stanytsia Luhanska Sees Historic Separation of Forces'.

149 De Organisatie voor Veiligheid en Samenwerking in Europa bevestigde de terugtrekking tijdens haar waarnemingsmissie in Oost-Oekraïne in een samenvatting van de belangrijkste punten die werd gepubliceerd op 30 juni 2019.

150 De Amerikaanse ambassadeur William Taylor vertelde dat hij dit advies in 2019 aan Zelensky gaf. In David Ignatius' column in *The Washington Post*, gepubliceerd op 30 november 2021, citeert hij Taylor ook over dit advies aan Zelensky.

151 Zelensky maakte die opmerking in een van zijn videoblogs, geplaatst op YouTube op 17 juli 2019.

152 Het persbureau Unian versloeg de dood van vier Oekraïense mariniers en het daaropvolgende telefoongesprek tussen Poetin en Zelensky in een verslag dat op 7 augustus 2019 werd gepubliceerd.

153 In een verhaal gepubliceerd op 7 september 2019 was *The New York Times* een van de vele kanalen die de gevangenenruil versloeg.

154 Deutsche Welle berichtte over de vrijgave door Rusland van de drie Oekraïense marineschepen in een verhaal dat werd gepubliceerd op 18 november 2019.

155 Porosjenko beschreef zijn vredesplannen tijdens een interview voor een artikel, gepubliceerd in *TIME* op 12 juni 2014, onder de kop 'Petro Poroshenko: Man in the Middle,' dat ook mijn verslag bevat over de botsingen in de Donbas dat voorjaar.

156 Bidens toespraak tot het Oekraïense parlement op 9 december 2015 is beschikbaar in de archieven van het Witte Huis tijdens Obama.

157 Peilingen naar de publieke opinie in de bezette delen van de Donbas werden in 2019 uitgevoerd door het Centre for East European and International Studies in Berlijn, waarvan de directeur, Gwendolyn Sasse, de resultaten en de methodologie heeft beschreven in een rapport dat op 14 oktober 2019 werd gepubliceerd in *The Conversation*.

158 Interview van Zelensky met mij en drie Europese journalisten op 30 november 2019.

159 Zelensky tijdens een persconferentie waarin hij zijn plannen voor de uitvoering van de Minsk-akkoorden aankondigde, die plaatsvond op 1 oktober 2019 in Kyiv, zoals meegedeeld door Radio Free Europe/Radio Liberty.

160 Interview van Zelensky met mij en drie Europese journalisten op 30 november 2019.

161 Het bericht in *The New York Times* over Zelensky die zich in Parijs goed staande hield verscheen op 9 december 2019, onder de kop 'In First Meeting With Putin, Zelensky Plays to a Draw Despite a Bad Hand'.

162 Het Oekraïense parlement, de Verchovna Rada, nam op 12 december 2019 een wet aan die de voorwaarden van tijdelijke 'lokale autonomie' in de bezette delen van de Donbas met een jaar verlengde, en volgens een verklaring die op 18 december 2019 op de presidentiële website werd gepubliceerd, ondertekende Zelensky de wet de week daarop om 'de vreedzame oplossing van de situatie' in die regio's te bevorderen.

163 Deutsche Welle berichtte over de oplossing van het financiële geschil van Oekraïne met Rusland in een artikel dat werd gepubliceerd op 21 december 2019, onder de kop 'Gazprom to Pay $2.9 Billion in New Ukraine Gas Deal.'

164 Reuters berichtte op 30 december 2019 over het nieuwe vijfjarige gascontract, onder de kop 'Russia, Ukraine Clinch Final Gas Deal on Gas Transit to Europe.'

165 Hromadske berichtte op 5 februari 2022 dat het parlement een wetsvoorstel dat pensioenbetalingen in de bezette delen van de Donbas mogelijk zou maken in de koelkast zou zetten.

166 Op 15 juli 2020 werd op de website van de Verchovna Rada melding gemaakt van de parlementaire stemming in verband met verkiezingen in de Donbas, en werd op het YouTube-kanaal van Telekanal Rada een volledige video van die

plenaire vergadering geplaatst. De volledige tekst van die wet, geregistreerd als nr. 795-IX en ondertekend door voorzitter Dmytro Razoemkov, is ook op de website van het parlement geplaatst.

167 Tijdens ons interview op 14 november 2022 vertelde Zelensky me over zijn falen in 2019 en 2020 om een duurzame vrede in de Donbas te bewerkstelligen.

13 – De snode prins

168 Een van de vele bronnen die berichtte over de rol van Viktor Medvedtsjoek in de overheidscampagne tegen Sovjetdissidenten was *The New York Times*. In een profiel uit 2015 werd over hem geschreven: 'Er wordt algemeen aangenomen dat zijn rol in het Sovjetoptreden tegen dissidenten in de aanloop naar de Olympische Spelen van 1980 heeft bijgedragen aan de dood van de Oekraïense dichter en mensenrechtenactivist Vasyl Stoes.' Medvedtsjoek, die de door de staat aangewezen advocaat van Stoes was, heeft lang ontkend dat hij de autoriteiten had geholpen bij de vervolging van Stoes.

169 Het Russische medium LifeNews publiceerde een video van het bezoek van Poetin in juli 2012 aan de villa van de familie Medvedtsjoek op de Krim, die vervolgens op tal van Oekraïense tv-zenders werd uitgezonden.

170 De Oekraïense dienst van Radio Free Europe/Radio Liberty publiceerde op 21 februari 2017 een gedetailleerd onderzoek naar de rol van Medvedtsjoek in de energiehandel.

171 Mijn verslag over de relatie tussen Poetin en Medvedtsjoek en zijn rol tijdens de invasie van Oekraïne verscheen voor het eerst in *TIME* op 2 februari 2022, onder de kop 'The Untold Story of the Ukraine Crisis'.

172 De plattegronden en andere details van Poetins woning aan het Valdajmeer werden op 15 april 2021 gepubliceerd door de Anti-Corruption Foundation, een activistische groep onder leiding van de dissident Alexej Navalny.

173 De journalist en auteur Michajil Zygar deed verslag van Poetins isolatie bij het Valdajmeer in een stuk voor *The New York Times* dat op 10 maart 2022 verscheen onder de kop 'How Vladimir Putin Lost Interest in the Present'.

174 Zelensky maakte deze opmerking op 7 oktober 2020 in een bericht op zijn officiële Telegram-kanaal.

175 In een peiling die op 20 oktober 2020 werd gepubliceerd, stelde de Rating Group vast dat 16,7 procent van de mensen die van plan waren te gaan stemmen dat op Zelensky's partij Dienaar van het Volk zouden doen.

176 Volgens statistieken gepubliceerd door Worldometer waren in Oekraïne als gevolg van COVID-19 half december 2020 vijftienduizend mensen overleden. Het Bureau van de Hoge Commissaris voor de Mensenrechten van de VN schatte in een rapport dat in januari 2022 werd gepubliceerd dat het totale dodental als gevolg van de oorlog in de Donbas van 2014 tot en met 2021 tussen de 14.200 en 14.400 mensen bedroeg.

177 Pfizer en BioNTech, een Duits bedrijf, kondigden op 9 november 2020 aan dat hun kandidaat-vaccin werkzaam was tegen COVID-19.

178 Zelensky deed die uitspraak op 13 oktober 2022 in een televisie-interview met de Duitse omroep ZDF.

179 In een video die op 5 juni 2020 op YouTube werd geplaatst, rapporteerde de Oekraïense nieuwssite Censor.net in detail over de manier waarop de tv-zender van Kolomojsky was begonnen met het bekritiseren van Zelensky.

180 Uit onderzoek van de Rating Group, dat op 23 december 2020 werd gepubliceerd, bleek dat de populariteitscijfers van de president sinds dat voorjaar gestaag daalden, waarbij 65 procent van de respondenten aan het einde van het jaar zei dat ze het niet eens waren met de regering.

181 Interfax-Ukraine meldde op 28 december 2020 dat Medvedtsjoeks partij de partij van Zelensky in de peilingen had ingehaald, waarbij het bureau zich baseerde op twee onafhankelijke peilingen die rond die tijd waren gehouden.

182 Razoemkov en ik ontmoetten elkaar voor een interview in zijn kantoor in de Verchovna Rada op 6 oktober 2021, de dag voordat Zelensky's meerderheid in het parlement besloot hem zijn positie als voorzitter te ontnemen.

183 Zelensky vertelde me over zijn juridische aanval op Medvedtsjoek tijdens ons interview op 9 april 2021.

184 De EU-hoofdwoordvoerder voor Buitenlandse Zaken en Veiligheidsbeleid, Peter Stano, verklaarde dit tegenover Interfax-Ukraine op 3 februari 2021, de dag nadat de sancties werden opgelegd tegen de tv-zenders van Medvedtsjoek.

185 De verklaring van de Amerikaanse ambassade in Kyiv in reactie op de sancties tegen de bezittingen van Medvedtsjoek werd op 20 februari 2021 op Twitter geplaatst.

186 Briefing met hoge ambtenaren van het ministerie van Buitenlandse Zaken in het voorjaar van 2021.

187 Poetins verklaring in reactie op de sancties werd op 17 februari 2021 gemeld door TASS en andere Russische staatsnieuwszenders.

188 De sancties tegen Medvedtsjoek en zijn vrouw werden opgelegd via Decreet nr. 64/2021 en op 19 februari 2021 op de presidentiële website geplaatst, en daarna ondertekend door Oleksi Danilov, de secretaris van de Nationale Veiligheids- en Defensieraad van Oekraïne.

189 De verklaring waarin de plotselinge Russische militaire oefeningen werden aangekondigd, verscheen in de ochtend van 21 februari 2021 op ten minste twee websites van het ministerie van Defensie (structure.mil.ru en function.mil.ru) en werd door verschillende media en blogs in Rusland en Belarus overgenomen. Een van de weinige Oekraïense nieuwssites die de aankondiging oppikte, was NV.ua, die er die avond een bericht over publiceerde waarin de persdienst van het Russische ministerie van Defensie werd geciteerd.

14 – Welkom in Ragnarok

190 Het motto van Demining Center 2641, een groep sappeurs, is 'fouten maken is geen optie' oftewel 'mistake is not an option', zoals dat rond de tijd van de gevechten bij Sjoemy in het Engels in een banner op hun Facebook-pagina verscheen (www.facebook.com/deminingcenter 2641).

191 Het verslag van het vuurgevecht bij Sjoemy is gebaseerd op mijn bezoek ter plaatse en de gesprekken met legerofficieren die betrokken waren bij het officiële onderzoek naar het incident, onder wie generaal Roeslan Chomtsjak, die er toezicht op hield. Een verkorte versie van het verslag verscheen voor het eerst in *TIME* op 12 april 2021.

192 Zelensky's uitspraak verscheen op 26 maart 2021 op zijn officiële Telegram-account, en werd geciteerd in verslagen van Interfax-Ukraine en andere bronnen.

193 De toespraak van generaal Chomtsjak tijdens een buitengewone zitting van

het parlement en het daaropvolgende debat verschenen op 30 maart 2021 op de website van de Verchovna Rada.

194 Van de respondenten uitte 63 procent zijn wantrouwen jegens Zelensky in een enquête gepubliceerd op 16 maart 2021 door het Razumkov Center.

195 Volgens een bericht op de website van het Witte Huis vond Zelensky's telefoongesprek met Biden plaats op 2 april 2021.

196 Zelensky's opmerkingen tijdens het gesprek met Jens Stoltenberg werden gemeld door Reuters op 6 april 2021, als citaat van een presidentiële verklaring.

197 Deze uitspraak van Kremlin-woordvoerder Dmitri Peskov tegenover verslaggevers verscheen op 6 april 2021 in een artikel in *The Guardian*.

198 RBC-Ukraine meldde op 16 maart 2021 dat de steun aan Zelensky in de peilingen met een paar punten was gestegen tot 25 procent, gebaseerd op de peiling van het Razumkov Center.

199 Een verslag van mijn reis met Zelensky naar de Donbas verscheen op 12 april 2021 voor het eerst in *TIME*.

200 Igor Bezler, de separatistische commandant die bekendstaat als de Demon, schept op over executies in een interview met Shaun Walker van *The Guardian*, dat op 29 juli 2014 werd gepubliceerd.

201 Een verslag van mijn ontmoeting met de Russische strijder Babay verscheen op 23 april 2014 voor het eerst in een artikel in *TIME*.

15 – Shoot to kill

202 Het verslag van de benoeming van generaal Zaloezjny verscheen op 26 september 2022 voor het eerst in het profiel dat ik voor *TIME* van hem maakte, geschreven in samenwerking met mijn collega Vera Bergengruen.

203 Generaal Zaloezjny gaf zijn eerste openbare toespraak als opperbevelhebber van de strijdkrachten op 22 augustus 2021, op een militair forum, 'Ukraine 30. Defenders'. De toespraak werd live uitgezonden op YouTube.

204 Zelensky's opmerking over de traditie van militaire parades verscheen op 9 juli 2019 in een korte video op zijn Facebook-pagina.

205 Zelensky's toespraak tijdens de parade voor Onafhankelijkheidsdag verscheen op 24 augustus 2021 op de presidentiële website, tegelijk met een video van de parade.

206 Zaloezjny's opmerkingen tijdens de briefing achter gesloten deuren verschenen op 28 september 2021 in de vrijgegeven verslagen van de deelnemers, waaronder een Facebook-post van de woordvoerder van het ministerie van Defensie Oleksi Hodzenko.

207 Zelensky's opmerkingen tijdens de ondertekeningsceremonie met de Turkse ingenieur Haluk Bayraktar verschenen op 29 september 2021 op de presidentiële website.

208 Eado Hecht, 'Drones in the Nagorno-Karabakh War: Analyzing the Data,' *Military Strategy Magazine*, deel 7, jaargang 4, winter 2022, p. 31-37.

209 In een verhaal dat werd gepubliceerd op 27 oktober 2021 berichtte de *Kyiv Post* over het eerste gebruik van de Bayraktar TB2 door Oekraïne in gevechten boven de Donbas, met luchtvideo's van de aanval afkomstig van de generale staf van de strijdkrachten van Oekraïne.

210 De opmerkingen van Kremlin-woordvoerder Dmitri Peskov over de droneaanval werden gemeld door Reuters op 27 oktober 2021.

211 Zelensky's commentaar op de droneaanval verscheen op 29 oktober 2021 op de presidentiële website.

212 De Amerikaanse minister van Buitenlandse Zaken, Antony Blinken, ontmoette Zelensky op 2 november 2021 op een klimaattop in het Schotse Glasgow en waarschuwde hem voor de mogelijkheid van een invasie, volgens Blinkens commentaar aan *The Washington Post*, gepubliceerd op 16 augustus 2022. Oekraïense functionarissen die deze waarschuwingen destijds ontvingen, vertelden me dat de Amerikanen de kans op een invasie op 75 tot 80 procent schatten.

213 De Russische onderminister van Buitenlandse Zaken, Sergej Rjabkov, deed deze uitspraak in een interview met staatspersbureau TASS, dat op 9 januari 2022 werd gepubliceerd.

214 Deze opmerking van een hoge ambtenaar van de regering van Biden verscheen voor het eerst op 2 februari 2022 als coverstory van *TIME*, geschreven met hulp van mijn collega's in Washington, Brian Bennett, W.J. Hennigan en Nik Popli.

215 Reuters meldde op 14 februari 2022 dat de olieprijzen uit angst voor een Russische invasie in Oekraïne na zeven jaar een hoogtepunt van bijna honderd dollar per vat hadden bereikt.

216 Begin december zei 20 procent van de respondenten in een landelijke enquête dat ze bereid waren om op Zelensky te stemmen voor het presidentschap, een daling ten opzichte van de 23 procent in juni, volgens een peiling gepubliceerd door het Internationaal Instituut voor Sociologie van Kyiv.

217 Bijna de helft van de respondenten (49,5 procent) zei dat de zaak tegen Porosjenko een daad van politieke vervolging was, in een enquête die op 20 en 21 januari werd uitgevoerd door het Internationaal Instituut voor Sociologie van Kyiv en werd gepubliceerd op zijn website.

218 Carl Bildt, de voormalige premier van Zweden, veroordeelde de aanklachten tegen Porosjenko als 'duidelijk politiek' en 'enorm schadelijk' voor de cohesie van Oekraïne, volgens zijn post op sociale media op 17 januari 2022.

219 Zelensky gaf commentaar op de beschuldigingen tegen Porosjenko tijdens een persbriefing op 21 december 2021, waarvan een video op het YouTube-kanaal van NV.ua is geplaatst.

220 Deze uitspraak werd gedaan tijdens Zelensky's persconferentie met buitenlandse media op 28 januari 2022, zoals gemeld door Reuters en op de presidentiële website.

16 – Blizzard 2022

221 De generale staf kondigde op 8 februari 2022 in een verklaring op haar socialemedia-accounts de officiële start van oefeningen voor Blizzard 2022 aan.

222 Minister van Defensie Oleksi Reznikov kondigde op 11 februari 2022 in een verklaring op sociale media de komst van dertienhonderd ton aan Amerikaanse militaire hulpgoederen aan.

223 Sky News meldde de 'stille maar opmerkelijke opbouw' van Britse militaire hulp aan Oekraïne op 20 januari 2022, waaronder de tweeduizend antitankraketten.

224 Reznikovs opmerkingen in het parlement haalden de krantenkoppen in de hele wereld, waaronder die van Associated Press, op 25 januari 2022.

225 Zelensky's videoboodschap op de presidentiële website werd op 24 januari 2022 belachelijk gemaakt in een vernietigende reportage op het Oekraïense Channel 5, het netwerk dat eigendom is van Petro Porosjenko.

226 De slogan 'Blijf kalm en bezoek Oekraïne' verscheen op 27 januari 2022 op de website van het staatsbureau voor toerisme.

227 Poetins beroemde toespraak tot de conferentie van München vond plaats op 10 februari 2007 en werd gepubliceerd op de website van het Kremlin.

228 Zelensky's volledige toespraak is te vinden op een video-opname op de presidentiële website van 19 februari 2022.

229 Zelensky reageerde op Bidens opmerking over een 'betrekkelijk onbelangrijke inval', geplaatst in een verklaring op sociale media op 20 januari 2022.

230 Poetins toespraak verscheen op 21 februari 2022 op de website van het Kremlin.

231 Zelensky's toespraak verscheen op 22 februari 2022 kort voor drie uur 's nachts op de presidentiële website.

232 Zelensky deed deze uitspraak in een interview met *The Washington Post*, gepubliceerd op 16 augustus 2022.

233 Danilovs aankondiging van de noodtoestand werd op 23 februari 2022 live uitgezonden vanuit de presidentiële briefingruimte.

234 Zelensky's toespraak tot de Russische natie werd aan de vooravond van de invasie op zijn eigen pagina geplaatst.

17 – De slag om de Donbas

235 In het onderzoek van Associated Press naar de Russische luchtaanval op het theater in Marioepol, gepubliceerd op 4 mei 2022, was de schatting dat er zeshonderd doden binnen en buiten het gebouw waren gevallen.

236 Eduard Basurin, een defensiewoordvoerder van de pro-Russische separatistische strijders in Donetsk, leek tijdens een interview op de Russische staatstelevisie op te roepen tot het gebruik van chemische wapens in Azovstal, volgens een op 12 april 2022 gepubliceerd bericht in de *Kyiv Post*.

237 Poetin gaf tijdens een vergadering met zijn minister van Defensie het bevel om Azovstal af te sluiten, waarvan op 21 april 2022 een video-opname werd gepubliceerd op de website van het Kremlin.

238 Generaal Zaloezjny vertelde over zijn gesprek met de moeder van een gedode piloot in een interview met de journalist Dmytro Komarov in een aflevering van de documentaireserie *Year. Off-screen*, die werd uitgezonden op 12 mei 2023.

239 Zelensky kondigde het begin van de strijd om Donbas aan in een toespraak op 18 april 2022, waarvan een video-opname werd geplaatst op de presidentiële website.

240 Zelensky's toespraak werd op 19 april 2022 op de presidentiële website geplaatst.

241 Het Institute for the Study of War meldde in een evaluatie van het slagveld, gepubliceerd op zijn website op 14 mei 2022, dat er mogelijk 485 Russische soldaten gedood werden en 80 militaire uitrustingsstukken vernietigd zijn door Oekraïens vuur, toen de Russen een paar dagen eerder geprobeerd hadden de brug over de rivier de Siversky Donets over te steken.

242 Zelensky's schatting van het aantal slachtoffers in de strijd om de Donbas – zestig tot honderd Oekraïense gedode soldaten per dag en ongeveer vijfhonderd gewond – verscheen in zijn interview met Newsmax op 31 mei 2022.

18 – Bovengronds

243 Lloyd Austin sprak op 25 april 2022 tot een groep journalisten, die naar verluidt werd gevraagd hun exacte locatie in het oosten van Polen niet bekend te maken.

244 Antony Blinken maakte deze opmerking tijdens dezelfde op televisie uitgezonden briefing op 25 april 2022, staande naast minister Austin.

245 Generaal Mark Milley maakte deze opmerking op 3 mei 2022, tijdens een getuigenis voor het Defense Subcommittee van het Appropriations Committee van de Amerikaanse Senaat.

246 Zelensky beschreef zijn garderobe aan Dmytro Komarov tijdens een rondleiding door zijn vertrekken op de vierde verdieping van de presidentiële compound, die verscheen in een aflevering van de documentaireserie *Year. Offscreen*, op 24 februari 2023.

247 De brief van Ilja Jasjin verscheen in *TIME* op 10 februari 2023, onder de kop 'A Message to the World from Inside a Russian Prison'.

248 Verslaggevers van de Oekraïense nieuwsdienst Slidstvo.info gingen Medvedtsjoeks landhuis binnen en maakten er een videoreportage over die werd uitgezonden op 13 maart 2022.

249 Jill Bidens herinnering aan haar ontmoeting met de first lady van Oekraïne verscheen in een artikel in *TIME* op 13 april 2023.

250 In een profiel van Olena Zelenska, gepubliceerd in *The Guardian* op 18 juni 2022, stond een foto van een vluchtige ontmoeting met haar man in de gangen van het presidentiële gebouw.

251 Olena Zelenska en de president gaven een gezamenlijk interview aan *Piers Morgan Uncensored*, dat op 27 juli 2022 op het YouTube-kanaal van het programma werd geplaatst.

19 – De politiek is terug

252 Het verslag van Zelensky's treinreis naar Zuid-Oekraïne is gebaseerd op mijn gesprekken met verschillende deelnemers en mijn reis met de president in dezelfde trein naar het zuidelijke front een paar maanden later.

253 Denys Prokopenko's interview met Ukrainska Pravda werd gepubliceerd op 8 mei 2022.

254 Ukrainska Pravda deed verslag van het geheime onderzoek in opdracht van het kantoor van de president in een artikel dat op 21 april 2022 werd gepubliceerd onder de kop 'Politics in a Time of War: How Zelensky Destroys Competitors'.

255 Volgens peilingen van de Rating Group stond de populariteitsscore van Zelensky op 1 maart 2022 op 93 procent.

256 Ten minste drie televisiezenders – Espresso, Pryamiy en Channel 5 – werden in april 2022 uit de lucht gehaald, volgens de openbare klachtenbrieven die ze toen naar het kantoor van de president stuurden.

257 Arachamja maakte die opmerking op 22 augustus 2022, tijdens 'Defenders. Roll Call', een forum voor militaire veteranen, dat ik die dag bijwoonde in het auditorium onder het Moederlandmonument. Een volledige video van het forum werd later geplaatst op het YouTube-kanaal van het ministerie van Veteranenzaken.

258 Een verslag van mijn interview met Olena Zelenska verscheen voor het eerst in *TIME* op 7 juli 2022.

259 Zelensky maakte die opmerking over het intrekken van de paspoorten van Kolomojsky en Hennadi Korban tijdens een openbare ceremonie die ik bijwoonde op 28 juli 2022 in het Mariinsky Paleis in Kyiv.

260 Oleksi Arestovytsj maakte de opmerking nadat het niet was gelukt om de brug bij Tsjonhar op te blazen in een gelivestreamd interview op 9 mei 2022, gepubliceerd door het Unian-nieuwsagentschap en anderen.

261 Zelensky leverde kritiek op Savik Shuster, een van de meest toonaangevende journalisten van Oekraïne, tijdens een op televisie uitgezonden briefing op 26 november 2021, gepubliceerd door Unian en anderen.

20 – Onafhankelijkheidsdag

262 Een verslag van mijn interview met generaal Zaloezjny, geschreven in samenwerking met Vera Bergengruen, verscheen in een artikel in *TIME* op 26 september 2022.

263 Op basis van vier verhalen uit de eerste hand meldde NBC News op 31 oktober 2022 dat Biden zijn geduld had verloren met Zelensky tijdens hun telefoongesprek in juni.

264 Viktor Orban hield deze toespraak op 23 juli tijdens een bezoek aan Roemenië, zoals gemeld door Radio Free Europe/Radio Liberty en andere nieuwsbronnen.

265 Kyrylo Boedanov maakte die opmerking in een interview met Yahoo News dat werd gepubliceerd op 6 mei 2023.

266 Boedanovs woorden in een televisie-interview met Dmytro Komarov in een aflevering van de documentaireserie *Year. Off-screen*, uitgezonden op 19 mei 2023.

267 Vadim Skibitsky, het plaatsvervangend hoofd van de GUR, vertelde in een interview dat op 25 mei 2023 in de Duitse krant *Die Welt* werd gepubliceerd over de moordplannen van zijn organisatie.

268 *The New York Times* meldde op 5 oktober 2022, met citaten van niet nader genoemde Amerikaanse functionarissen, dat Amerikaanse inlichtingendiensten geloven dat 'delen van de Oekraïense regering' opdracht hebben gegeven voor de moord op Darja Doehina.

269 Zelensky gaf deze waarschuwing in zijn videotoespraak op 21 augustus 2022, drie dagen voor Onafhankelijkheidsdag.

21 – De tegenaanval

270 In een verklaring op 10 september 2022 kondigde het Russische ministerie van Defensie de terugtrekking uit de regio Charkiv aan, zoals gemeld door Interfax en andere nieuwsbronnen.

271 Zelensky's oproep voor meer militaire hulp ten tijde van het Charkivoffensief verscheen in een videotoespraak die op 19 september 2022 op de presidentiële website werd geplaatst.

272 De regering-Biden kondigde de extra militaire hulp aan Oekraïne aan in een verklaring die op 8 september 2022 op de website van het ministerie van Buitenlandse Zaken werd geplaatst.

273 Russische commentator en politiek consulent Aleksandr Kazakov maakte deze opmerking tijdens een talkshow op het Russische kanaal NTV, geplaatst op zijn website op 9 september 2022.

274 Poetins annexatietoespraak zoals gepubliceerd op de website van het Kremlin op 30 september 2022.

275 *The Moscow Times* berichtte over de moorden op door Rusland gesteunde functionarissen in de bezette gebieden in een artikel dat werd gepubliceerd op 1 september 2022.

276 Decreet nummer 679 werd op 30 september 2022 op de presidentiële website geplaatst.

277 Zelensky verwierp het idee van onderhandelingen met Poetin in een interview met de Duitse omroep ZDF dat werd uitgezonden op 12 oktober 2022.

278 Mychajlo Podoljak vergeleek in een post op sociale media op 30 september 2022 de omsingeling van Russische troepen bij Lyman met de omsingeling, acht jaar eerder, van Oekraïense troepen bij Ilovajsk, waarbij hij over het bloedbad bij Ilovajsk zei: 'Rusland heeft zijn woord gebroken. De colonne werd neergeschoten. Vandaag zal [Rusland] moeten vragen om een vertrek uit Lyman.'

279 *The New York Times* publiceerde op 17 november 2022 een gedetailleerde reconstructie van het bombardement op de Krimbrug de maand ervoor.

280 Zelensky's toespraak, staand naast de Iraanse drone, verscheen in een videoopname die op 27 oktober 2022 op het YouTube-kanaal van de president werd geplaatst.

281 Igor Girkin uitte zijn kritiek op de gevangenenruil in een bericht op zijn Telegram-kanaal op 22 september 2022.

22 – De bevrijding

282 De Amerikaanse ambassade in Kyiv kondigde het aanvullende militaire hulppakket aan in een verklaring op haar website op 4 november 2022, tijdens het bezoek van Jake Sullivan.

283 Zelensky's opmerkingen over Poetin verschenen in een bericht van Reuters dat gepubliceerd werd op 4 oktober 2022, de dag dat Zelensky's verbod op onderhandelingen met Poetin van kracht werd.

284 De verklaring van de G7 verscheen op 4 november 2022 op de website van het Amerikaanse ministerie van Buitenlandse Zaken.

285 Zelensky's toespraak na zijn ontmoeting met Sullivan werd op het presidentiële YouTube-kanaal gepubliceerd op de avond van 4 november 2022.

286 Zelensky's opmerkingen verschenen op 9 november 2022 in een videotoespraak op het presidentiële YouTube-kanaal.

287 De verklaring van Sergej Soerovikin over de terugtrekking uit Cherson verscheen op 9 november 2022 op verschillende Russische propagandakanalen.

288 Zelensky's voorzichtige reactie op de terugtrekking verscheen op 9 november 2022 in een videotoespraak op het presidentiële YouTube-kanaal.

289 Een verslag van mijn reis met Zelensky naar Cherson verscheen op 7 december 2022 in *TIME*.

290 Poetin maakte de opmerking tijdens een briefing met Russische media in Sotsji op 31 oktober 2022, zoals vermeld op de website van het Kremlin.

291 Jevgeni Prigozjin uitte zijn lovende commentaar op Zelensky tegenover verslaggevers, geplaatst op de socialemediapagina VKontakte van zijn cateringbedrijf, Concord, op 31 oktober 2022, zoals gemeld door *Moskovsky Komsomolets* en andere Russische media.

292 Generaal Milley riep op tot onderhandelingen tijdens een optreden in The Economic Club of New York op 9 november 2022, zoals gemeld door NPR en gepubliceerd op het YouTube-kanaal van de ECNY.

293 Generaal Zaloezjny's reactie op oproepen tot onderhandelingen met Rusland verscheen in een uitdraai van zijn telefoongesprek met generaal Milley, geplaatst op de officiële Facebook-pagina van de Oekraïense generale staf op 14 november 2022.

Nawoord

294 De BBC deed verslag van Zelensky's manier van reizen naar de VS in een artikel dat op 23 december 2022 werd gepubliceerd onder de kop 'How Did President Zelensky Get to Washington?'.

295 Ihor Smeljansky, de minister van Posterijen van Oekraïne, vertelde me dit voorval tijdens een interview.

296 *Bild* berichtte over de onenigheid tussen Zelensky en Zaloezjny wat betreft de strategie in Bachhmoet in een artikel dat op 6 maart 2023 werd gepubliceerd onder de kop 'Selenskyj streitet mit wichtigstem General!' ('Zelensky maakt ruzie met belangrijkste generaal!')

297 De opmerkingen van Ben Wallace werden gepubliceerd in *The New York Times* op 12 juli 2023.